La Douane face aux défis d'un monde en mutation

Le droit aujourd'hui

La collection « Le droit aujourd'hui » regroupe des études juridiques concernant des problèmes d'actualité nationale et internationale, dans divers domaines (éthique, politique, questions de société…).

Dernières parutions

Mélanie GRANSEIGNE-GAPAIL, *La confidentialité à l'épreuve de la médiation administrative*, 2025.
Héloïse PLAQUIN, *Identités culturelles régionales ou autochtones et Etats unitaires. Les exemples de la Corse en France et du peuple sami en Norvège*, 2024.
Jacques DELGA, *Avocat, Parcours et règles essentielles*, 2024.
Béatrice BLOHORN-BRENNEUR (dir.), *La médiation sur les cinq continents, rêve ou réalité ? GEMME 20 ans déjà !*, 2024.
Anaïs VIAL, *Le droit à la mort*, 2024.
Béatrice BLOHORN-BRENNEUR (dir.), *Médiation, écologie, environnement et intelligence artificielle*, 2024.
François GERBER, *Tempête Xynthia. La responsabilité des acteurs locaux dans les conséquences de la submersion*, 2023.
Olivier SALOMON, *Interprétation artistique et propriété intellectuelle, Essai d'une théorie du voisinage des droits exclusifs au sein de la propriété littéraire et artistique*, 2023.
Sarah TOUBAL, *Le rebond du débiteur. Contribution à l'étude du droit de la défaillance économique,* 2023.
Claire BORREL, Loïc PELISSIER, Abélisse PINCHON, *Altruisme et Droit*, 2023.
Cristina Elena POPA TACHE, *Le dynamisme du droit international public contemporain et la transdisciplinarité,* 2023.
Charles COLOMAR, *Le droit de l'art en question(s). 20 réponses juridiques sur des thématiques artistiques*, 2023.
Marcel Yannick MISONGUI, *La protection juridictionnelle par la Cour de justice dans l'ELSJ et la PESC après le Brexit*, 2023.
François CAMPAGNOLA, *Précis de droit de l'énergie*, 2023.
Sébastien DEMAY, *La charge de travail à l'ère du numérique*, 2023.

Sous la direction de
Serge Sur, Jean-Luc Albert
et Franck Durand

La Douane face aux défis d'un monde en mutation

L'Harmattan

5-7, rue de l'École-Polytechnique ; 75005 Paris

http://www.editions-harmattan.fr/

ISBN : 978-2-336-47483-0
EAN : 9782336474830

Avant-propos

Florian COLAS
Directeur général des douanes et droits indirects

C'est avec un grand enthousiasme que la douane a participé au premier colloque international organisé les 9 et 10 mars 2023 par l'université de Reims Champagne-Ardenne, consacré aux défis mondiaux auxquels elle fait face. En tant que directeur général des douanes, je mesure chaque jour combien ces défis sont nombreux et nous obligent à nous adapter en permanence afin de répondre pleinement aux attentes de nos autorités, de nos usagers et de nos concitoyens.

Premièrement, la douane est confrontée à de nouvelles frontières.

Elle a pleinement démontré sa capacité à appréhender une nouvelle frontière terrestre dans le cadre du Brexit en adaptant son organisation et ses outils afin d'apporter une réponse efficace à ce nouvel enjeu. Le développement du e-commerce a en outre nécessité le développement d'une véritable frontière numérique : depuis le 1er juillet 2021, la douane a ainsi absorbé plus de 200 millions de déclarations supplémentaires.

Deuxièmement, en matière de lutte contre la fraude et contre les trafics, le niveau de la menace a fortement augmenté.

Cette élévation concerne les stupéfiants (en particulier la cocaïne et les drogues de synthèse), le tabac, les contrefaçons, le blanchiment de capitaux — et elle se traduit par un niveau d'agressivité accru de la part des organisations criminelles.

Troisièmement, le contrôle des flux migratoires connaît une sensibilité accrue et a conduit la douane à renforcer son intervention aux côtés d'autres services de l'État.

La douane a contribué à l'expérimentation d'une « Border Force » dans les Alpes-Maritimes et sa composante garde-côtes est fortement sollicitée pour sécuriser les flux migratoires vers le Royaume-Uni.

Quatrièmement, la douane s'est progressivement affirmée comme acteur de la crise.

Déjà fortement mobilisée dans le cadre de la crise sanitaire du Covid, notamment pour sécuriser l'importation des masques, elle a joué toute sa part dans le cadre de la crise ukrainienne pour vérifier l'application des mesures d'embargo et de sanctions. Elle contrôle également la circulation des engins pyrotechniques, utilisés contre les forces de l'ordre dans les épisodes d'émeutes urbaines.

Cinquièmement, les enjeux environnementaux et la criminalité verte vont prendre de plus en plus d'importance dans les années à venir. La mise en œuvre du mécanisme d'ajustement carbone aux frontières (MACF) et le contrôle des réglementations environnementales nécessitent ainsi une expertise de plus en plus approfondie de la part des agents de la douane.

Dans un environnement international très évolutif, il me paraît indispensable de prendre le temps de la réflexion prospective afin de mieux comprendre le monde dans lequel s'inscrit l'action de la douane et les grandes tendances auxquelles elle est confrontée. Pour cette raison, la douane s'est dotée d'un conseil scientifique exclusivement composé de chercheurs, d'universitaires et de personnalités qualifiées, auquel j'ai confié l'examen de plusieurs questions d'ordre stratégique.

Le colloque « La douane face aux défis d'un monde en mutation » auquel plusieurs d'entre eux ont participé a été un moment passionnant de réflexion et d'échanges et je me réjouis qu'il puisse désormais être largement partagé grâce à la publication de ses actes.

Je remercie l'ensemble des participants pour leur contribution à la réflexion sur le rôle et l'avenir d'un service public régalien comme la douane dans le monde à venir et forme le vœu que cette démarche inspire d'autres contributions tout aussi enrichissantes.

Allocution d'ouverture du Colloque international La Douane face aux défis d'un monde en mutation

Franck DURAND
Maître de conférences (HDR)
à l'Université de Reims Champagne-Ardenne
Membre du Conseil scientifique de la Douane
Membre du Conseil d'administration de l'Association française de droit de la sécurité et de la défense (AFDSD)
Chercheur au CRDT (EA 3312)
Université de Reims Champagne-Ardenne,
Chercheur associé au CERSA (UMR 7106)
Université Paris-Panthéon-Assas/CNRS

Si la présentation d'un colloque marque l'ouverture des travaux, elle marque aussi la fin d'un long processus de préparation, faisant intervenir de nombreux acteurs, sans lesquels cette manifestation scientifique n'aurait pu se tenir. Ces acteurs doivent être ici remerciés.

Ces remerciements s'adressent tout d'abord à Mme Isabelle BRAUN-LEMAIRE, Directrice générale des douanes et droits indirects, qui a permis la tenue de ce premier colloque co-organisé par la DGDDI et le monde universitaire, en l'occurrence le Centre de Recherches Droit et Territoire (CRDT - EA 3312) de l'université de Reims Champagne-Ardenne.

Ces remerciements s'adressent ensuite aux intervenants tant douaniers — largement majoritaires — qu'universitaires, en particulier les deux présidents de séance, les Prs Serge SUR et Jean-Luc ALBERT, respectivement président et membre du Conseil scientifique de la Douane, qui ont donné une suite favorable aux sollicitations dont ils ont fait l'objet. Tous s'expriment ici en leur nom propre et n'engagent en rien les institutions auxquelles ils appartiennent.

Les participants à distance ne sont pas moins méritants, eux que l'éloignement a privés de la satisfaction d'être parmi nous. Je pense ici à Mme Schuchun WAN, professeure à l'École nationale des douanes de Shanghai et à Me Peter KIRBY, avocat aux barreaux du Québec, de l'Ontario et de New York.

Ces remerciements s'adressent enfin à Mme Emmanuelle GIDOIN, directrice de l'École nationale des douanes de Tourcoing, co-organisatrice avec moi de cet événement, et à Mme Stéphanie OUHIBI, responsable administrative du Centre de recherches droit et territoire de l'Université de Reims Champagne-Ardenne.

L'un des nombreux attraits de ce colloque international consiste à appréhender la Douane française tout à la fois en tant qu'administration publique, la première journée étant consacrée à « La Douane, une administration en mutation », et en tant que régulateur du commerce international au sein d'un monde évoluant « De la mondialisation à la globalisation », thème de la seconde journée de ce colloque.

S'agissant du premier aspect, force est de constater que de façon — hélas ! — devenue classique, les détracteurs de l'administration publique française se plaisent à dénoncer ses effectifs qui seraient pléthoriques, son coût qui serait prohibitif pour le contribuable et même — mais jusqu'où peut aller la médisance ? — sa relative inefficacité.

Trois reproches que n'encourt assurément pas la douane française !

S'agissant des effectifs, la douane totalisait au 31 décembre 2022, 16 626 agents, ce qui en fait l'une des plus modestes administrations de l'État et le plus petit intervenant au sein des acteurs de la sécurité intérieure, secteur qui compte environ 150 000 policiers nationaux ; 100 000 gendarmes ; 42 000 agents pénitentiaires et 25 000 policiers municipaux. Quant à l'incapacité supposée de l'administration à endiguer la croissance de ses effectifs, il est peut-être bon de rappeler qu'à la fin du Premier Empire, la douane comptait 35 000 agents.

S'agissant du coût pour les finances publiques, le budget de la Douane représentait en 2022, un peu plus de 1,5 Md d'€[1] alors que les recettes douanières ont représenté, cette même année, 59,68 Mds €.

---

[1] 1,581 Md €, Bilan annuel de la Douane 2022.

C'est dire que loin de gaspiller l'argent du contribuable, le douanier est — il faut bien le reconnaître — tout à fait rentable !

S'agissant de l'efficacité de la Douane, celle-ci est clairement attestée par les bilans plus que flatteurs de son activité, qui se succèdent année après année. Les résultats de l'année 2022 ne dérogent pas à l'habitude. Ainsi, sur le territoire national, 104 tonnes de stupéfiants ont été saisies, dont 66,25 tonnes de cannabis ; 17,86 tonnes de cocaïne ; 627 kg d'héroïne et 655 771 doses d'ecstasy. À cet égard, les deux ministres en charge de la douane ont souligné que « la douane intercepte chaque année entre 60 et 85 % des stupéfiants saisis en France, tous services de l'État confondus ».

Ont également été saisis : 649 tonnes de tabacs de contrebande ; 1 135 armes ; tandis que 3,93 millions de jouets ont été contrôlés ; 11,53 millions d'articles ont été retirés du marché pour contrefaçon et 423 constatations ont été effectuées pour la protection des espèces menacées. Enfin, en matière de fraude financière, 175,54 millions d'euros ont été saisis ou identifiés ; 233 cas de blanchiment douanier ont été relevés et ont donné lieu à redressement pour un montant de 350,70 millions d'euros.

C'est précisément en raison de cette efficacité, saluée par les plus hautes autorités de l'État, qu'un contrat pluriannuel d'objectifs et de moyens a été signé le 1er décembre 2021, par la directrice générale des douanes, la directrice du budget et la secrétaire générale du ministère de l'Économie, des Finances et de la Relance. Ce contrat sécurise la trajectoire d'évolution de la Douane qui se renforce sur ses deux piliers, la frontière et la marchandise. Il constitue, je cite « un pacte de confiance et de responsabilité, pour donner à la Douane les moyens de son ambition ».

S'agissant de son rôle de régulateur du commerce international au sein d'un monde évoluant « de la mondialisation à la globalisation », la Douane déploie tout à la fois une activité de sécurisation et de facilitation, deux missions essentielles qui, loin d'être aussi antagonistes qu'elles peuvent le paraître de prime abord, sont en réalité complémentaires.

L'activité douanière confère à l'administration qui en est chargée une importance primordiale en matière d'échanges internationaux et lui impose nécessairement une étroite collaboration avec ses homologues étrangers. Il est donc apparu indispensable que la parole soit donnée, au cours de ce colloque international, à deux spécialistes internationalement reconnus pour leur expertise en matière douanière, qui nous exposeront les éléments internationaux dans la loi douanière chinoise et les enjeux auxquels sont confrontés les services douaniers canadiens. Ces regards croisés, fort riches d'enseignements, permettent de mieux mesurer l'intrication des choix nationaux et des nécessités internationales dans l'élaboration et la mise en œuvre des politiques et des réglementations douanières.

Quiconque, ayant assisté à ce colloque ou ayant lu les actes qui suivent, se verrait interroger sur la Douane, ne pourrait affirmer qu'il n'a « rien à déclarer »…

Préface

La frontière en droit international et dans les relations internationales

Serge SUR
Président du Conseil scientifique de la Douane
Membre de l'Académie des sciences morales et politiques
Professeur émérite de l'Université Paris-Panthéon-Assas

L'impression initiale à propos des frontières est qu'elles tendent progressivement à s'effacer sous l'effet de multiples facteurs et qu'elles sont une barrière artificielle entre les hommes, les sociétés et leurs échanges de toute nature. Cette impression est particulièrement vive dans l'Union européenne, puisqu'elle tend à réaliser progressivement un espace commun, ouvert à la libre circulation. Les frontières nationales des pays membres ne sont pas abolies, mais transcendées par l'espace communautaire, tandis que la frontière extérieure de l'Union est poreuse. À l'extérieur en outre, la mondialisation économique, les pressions migratoires, un nomadisme touristique généralisé, une nouvelle division internationale du travail, celle de l'économie réticulaire dans le cadre de laquelle divers espaces nationaux contribuent à la production des biens de consommation, les problèmes communs de l'environnement font des frontières internationales des obstacles que l'on est tenté de surmonter.

À cette impression initiale, il faut cependant opposer des données récentes, qui tiennent aux effets négatifs de la mondialisation. Le début du XXIe siècle a été marqué par trois crises successives, la première sécuritaire, avec les attentats du 11 septembre 2001, la deuxième économique et financière avec la crise des subprimes en 2007-2008, la troisième sanitaire avec la pandémie du Covid entre 2019 et 2021. On a redécouvert l'utilité des frontières et de leur protection, assurée par les États territoriaux. S'y ajoutent des phénomènes plus lointains, mais en expansion rapide, les trafics de toute nature réalisés par des bandes organisées, la gangstérisation du monde, sur laquelle le présent ouvrage va revenir. Elle traverse les frontières et défie les autorités publiques. Particulièrement visible est le trafic de stupéfiants. D'où une tendance des États à un certain repli sur eux-mêmes renforcé par une perception négative croissante des migrations irrégulières, souvent vécues comme une menace pour la stabilité sociale, voire l'identité de différents pays.

On est donc en réalité confronté, non à un retour des frontières parce qu'elles n'ont jamais disparu, mais à leur réveil. Réveil aussi de leur vulnérabilité, notamment avec la guerre russo-ukrainienne. Elle souligne l'attachement de tous les États à leur intégrité territoriale, qui leur impose d'assurer la défense physique de leur frontière. Ces impressions contradictoires, les frontières entre effacement et réveil, traduisent au minimum leur complexité et les évolutions de leurs significations. On doit en conséquence les examiner sous plusieurs aspects, dans une approche analytique. La Douane, chargée de l'administration de la frontière et de la marchandise, est au premier rang des interrogations qu'elles soulèvent, comme le montrent les textes qui suivent en déclinant les principales dimensions de son action.

Dans cette préface, on devra d'abord s'interroger sur la définition même de la frontière et sur sa distinction d'avec diverses notions voisines, qui sont d'autres modes de séparation des espaces sur le plan international. On pourra ensuite s'attacher aux liens entre frontière et État, liens qui sont consubstantiels et qui comportent plusieurs dimensions. On constatera ensuite que les États déploient une politique des frontières, dont la Douane est un acteur. On mesurera ensuite encore la protection internationale dont bénéficie la frontière, à partir des concepts d'inviolabilité et d'intangibilité, qu'il ne faut pas confondre — mais aussi de leurs limites. Enfin, en conclusion, on s'interrogera sur l'avenir des frontières. Sont-elles appelées à être dépassées, à demeurer stables, à être renforcées ? Elles sont au carrefour de deux tendances permanentes des sociétés organisées, qui opposent les sédentaires et les nomades. Les États sont essentiellement sédentaires, les sociétés plus volontiers nomades.

La frontière en droit international

Autant sa définition est en principe simple et uniforme, autant elle ne peut se limiter à une notion juridique abstraite, parce qu'elle se démultiplie en fonction des espaces auxquels elle s'applique. La notion de frontière est en outre compliquée par l'intervention de lignes secondaires qui en dépendent, mais avec lesquelles elle ne doit pas être confondue.

La notion de frontière

Anciennement, on distinguait la frontière zone, ou les confins, dans l'Empire romain le *limes*, et la frontière ligne. La définition contemporaine privilégie la ligne unique, continue, qui sépare deux souverainetés étatiques ou une souveraineté et un espace international, généralement un ou des espaces fluides, comme la mer ou l'atmosphère. Car les frontières sont terrestres, maritimes, aériennes.

— Les *frontières terrestres* sont des lignes artificielles, dont les origines entre les États sont diverses. Elles peuvent résulter de guerres, comme souvent en Europe. Elles peuvent s'appuyer sur des réalités géophysiques, une chaîne de montagnes, un fleuve. Elles peuvent aussi résulter d'accords entre pays concurrents sur certains espaces — ainsi, historiquement, les frontières entre empires coloniaux —, voire sur des lignes géométriques — comme entre les États-Unis et le Canada. En toute hypothèse elles doivent être mutuellement reconnues par les États intéressés, à défaut de quoi elles sont factuellement et juridiquement instables.

Au-delà d'une fixation cartographique, elles doivent être matérialisées sur le terrain. La délimitation ne suffit pas, il faut y ajouter une démarcation beaucoup plus fine, puis un abornement qui les identifie sur le sol même. Ceci peut soulever des difficultés concrètes, souvent liées au problème des cartes. Elles doivent être suffisamment précises, elles doivent aussi faire autorité. C'est ainsi que, entre la Chine et le Vietnam, il existe un différend territorial fondé sur l'interprétation d'une carte établie par un traité franco-chinois à une époque où la France était État protecteur du Vietnam. Le Vietnam ne détient pas la carte authentique, liée au traité, alors que la Chine la possède. Elle refuse de considérer la photocopie vietnamienne, et la France refuse de remettre l'original au Vietnam. On pourrait aussi mentionner une contestation discrète entre la France et l'Italie à propos du sommet du Mont-Blanc, à partir de cartes équivoques. Ces contestations, souvent dormantes, ne sont pas rares, on y reviendra.

— Aux frontières terrestres, il faut ajouter des *frontières maritimes* pour les pays dotés de littoraux. Elles peuvent séparer deux territoires terrestres lorsqu'il s'agit de pays voisins ou proches, mais aussi le territoire maritime d'espaces internationaux vers le large, sur lesquels on va revenir, parce qu'ils sont extérieurs au territoire, mais pas à l'État. On distingue dans ce territoire les eaux intérieures, celles des ports, des baies, des embouchures, plus généralement celles qui sont en deçà des lignes de base permettant de calculer la largeur de la mer territoriale. Comme il s'agit d'un espace fluide, il est nécessaire de ne pas reprendre entièrement le trait de côte, mais de déterminer des segments de ligne qui s'appuient sur des points situés sur le rivage, à partir desquels la délimitation vers le large peut s'opérer. Si la côte le permet, on retient la laisse de basse mer, le point le plus bas découvert par les plus fortes marées.

La largeur de la mer territoriale était historiquement fixée par la coutume internationale à trois mille marins, ce qui représentait la portée d'un canon. On mesure l'intérêt sécuritaire qui s'attachait à cette notion. Désormais, en vertu de la convention sur le droit de la mer de Montego Bay (1982), la mer territoriale a été élargie à douze mille marins, et cela correspond à l'intérêt économique de cet espace, riche en ressources naturelles. La souveraineté de l'État est pleine et entière sur les eaux intérieures, assimilées au territoire terrestre. Elle connaît une limitation pour la mer territoriale, qui est celle du droit de passage inoffensif des navires de tous pavillons, y compris les navires de guerre, avec certaines conditions possibles. Les sous-marins doivent passer en surface et arborer leur pavillon. Ce droit de passage n'est pas un droit de stationnement, pas non plus un droit d'accès au port.

— Les *frontières aériennes* ont été établies depuis les débuts de l'aviation. Il est convenu que la colonne d'air surmontant l'État relève de sa souveraineté. Le partage avec les autres espaces aériens suit donc la frontière terrestre, mais aussi la frontière maritime. Il s'agit aussi d'un espace fluide, mais aucun droit de passage inoffensif des aéronefs n'est reconnu. Pour l'aviation commerciale existent des accords internationaux qui établissent un droit de survol et d'activité commerciale, de sorte que la frontière physique de l'espace aérien se situe concrètement dans les aéroports, où s'exercent notamment les contrôles douaniers.

La limite supérieure de l'espace aérien vers l'espace extra-atmosphérique n'est pas fixée par le droit international. Les statuts de ces deux espaces sont cependant radicalement différents. En vertu du traité sur l'espace de 1967, conforté par la coutume internationale, l'espace extra-atmosphérique est insusceptible de toute appropriation nationale, et doit rester libre à la circulation des satellites et autres objets spatiaux. On n'a pas jugé utile, ou possible d'établir une frontière entre les deux, ni géophysique ni conventionnelle. À mesure que les utilisations de l'espace extra-atmosphérique se développeront, il sera indispensable d'y parvenir, mais le droit international ne règle que les problèmes qui se posent, ce qui n'est pas encore le cas. Le même statut, interdiction d'appropriation nationale, s'applique à la Lune et aux autres corps célestes. Là encore, il faudra un jour différencier ces espaces solides du vide interstellaire. Tous ces espaces sont réservés à des utilisations pacifiques, ce qui soulève concrètement nombre de problèmes qui ne nous concernent pas ici.

Frontières et lignes secondaires

Comme ligne clôturant la compétence territoriale de l'État, la frontière doit être distinguée de lignes comme les lignes d'armistice ou de cessez-le-feu, lignes par définition provisoires. On peut ajouter deux observations plus générales. D'abord, on observe un certain retour au concept de frontière zone avec les ports et les aéroports, qui sont des espaces frontaliers plus que des lignes. Ensuite, les frontières engendrent souvent des lignes diverses, à l'intérieur desquelles s'exercent certaines compétences étatiques particulières, qui ne sont pas la souveraineté.

Pour les frontières terrestres, ce sont les zones franches, voire une coopération transfrontalière, en matière de police ou d'actions douanières. Sur le plan maritime, ce sont des espaces comme le plateau continental, la zone contiguë, la zone économique exclusive, qui étendent les compétences des États vers le large, sur le plan économique comme environnemental. Leur statut a été défini au XXe siècle par voie coutumière et confirmé par la convention de Montego Bay. Sur le plan aérien, ce sont des zones d'identification obligatoire des aéronefs avant qu'ils ne pénètrent dans l'espace étatique.

Frontière et État

Les liens entre frontière et État sont consubstantiels. Seuls les États ont des frontières, et en ce sens l'État est, sur le plan international, une machine à découper et à répartir les espaces. Comme on l'a vu, il est d'abord une réalité territoriale et par là sédentaire. Tous les autres espaces relevant de sa souveraineté dépendent de son territoire terrestre. Mais la frontière n'est pas simplement une coupure territoriale. Ses significations et son utilité se déploient sur plusieurs registres. Aussi, les États les utilisent de différentes manières, et développent des politiques étatiques de la frontière.

L'État, machine à découper les espaces

Si seuls les États disposent de frontières, l'existence d'un État n'est pas liée à leur existence. Israël par exemple n'a pas de frontières déterminées pour tout son territoire, à l'instar des deux Corées, séparées par une ligne d'armistice et non par une frontière. Toutes les frontières ne sont en outre pas reconnues par l'ensemble des États — ainsi pour certains territoires annexés par Israël, pour la Russie avec notamment la Crimée et le Donbass, mais aussi pour des républiques autoproclamées, la République de Chypre du Nord d'obédience turque, le Kosovo après sa séparation d'avec la Serbie… Il est clair qu'une frontière non reconnue, surtout par les États voisins, crée une insécurité structurelle. La sécurité est l'un des registres de la frontière, mais pas le seul. Ces registres sont sécuritaires, économiques, juridiques, politiques et culturels.

Le registre sécuritaire est le plus visible. Il entraîne la protection nationale de la frontière par l'armée et la police, et dans une moindre mesure par la Douane. L'armée protège contre les agressions d'autres États, la police contre les atteintes individuelles, quels que soient leurs motifs. La Douane intervient davantage sur le registre économique, puisque la frontière comporte les points de passage des marchandises. Elle est sur ce plan clôture et ouverture, puisque comme une écluse elle permet de réguler le trafic des biens mobiliers. Ce qui conduit au registre juridique, puisque la frontière est la limite extérieure de l'application de l'ordre juridique étatique.

On parle parfois d'extraterritorialité du droit interne. C'est là une terminologie confuse. C'est ainsi que les ambassades ne disposent nullement d'un privilège d'extraterritorialité, mais seulement d'immunités fonctionnelles. Quant à l'application obligée par des

États tiers de sanctions prises à l'encontre d'un autre État par un État donné, il ne convient pas non plus de parler d'extraterritorialité. Ces sanctions sont prises sur le territoire de l'État qui les décide, et ne s'appliquent que sur son territoire. Elles affectent uniquement les entreprises actives sur le territoire de l'État sanctionnateur qui sont enregistrées sur son territoire. Elles relèvent donc de sa juridiction fonctionnelle, non de sa juridiction territoriale. Cette situation est banale. Tout ressortissant d'un État donné continue à l'étranger de relever de son droit national en ce qui concerne son statut et parfois ses droits et obligations. Là encore, il s'agit d'une juridiction personnelle et non territoriale.

Restent les registres politiques et culturels de la frontière. Sur le plan politique, la frontière est en principe la limite des campagnes électorales et des élections. Toutefois, en fonction de la présence de nationaux à l'étranger, la juridiction personnelle peut permettre le vote dans des consulats, voire des réunions électorales extérieures, évidemment destinées aux seuls nationaux. La Turquie par exemple, qui dispose de diasporas importantes en Europe, est parfois autorisée à en tenir. On sait également que, dans le cadre de l'Union européenne, les ressortissants de tous les pays membres peuvent voter aux élections européennes sur le lieu de leur domicile et aux élections internes locales. Mais, sans être marginales, ces dérogations concernent des segments de la population très minoritaires.

Sur le registre culturel, la frontière, en bornant l'application d'un système juridique, est aussi la limite des valeurs et des mœurs dont il est l'expression. Même pour les pays qui ont une langue commune, elle connaît des accents voire des termes propres à chaque pays — le wallon, le suisse romand, le québécois se distinguent du français métropolitain, de même que celui des pays d'outre-mer ou d'Afrique francophone. L'homogénéité de langue est parfois utilisée pour nourrir des revendications irrédentistes ou impérialistes — ainsi l'allemand alimenta-t-il le pangermanisme, et aujourd'hui « le monde russe » est invoqué par la Russie pour des tentations impériales. De façon plus bénigne, une langue commune favorise la coopération, pas seulement culturelle, entre les États qui l'ont en partage — ainsi le Commonwealth, la Francophonie, la Hispanidad… À l'inverse, des langues différentes peuvent justifier des revendications séparatistes, comme récemment en Catalogne, et la question des langues régionales est parfois perçue comme une menace par certains États.

Politiques étatiques de la frontière

On peut ici se limiter à trois questions, l'une permanente, la suivante récurrente, la troisième contemporaine : la frontière est-elle ouverte ou fermée ? Où en sont les contestations de frontières ? Comment régler la question des communications immatérielles qui ignorent les frontières ?

— *Frontière ouverte ou fermée* : elle est une écluse, ou un thermostat, un marqueur de l'état des relations entre l'État territorial et son environnement. Politiquement, facilite-t-on ou pas la circulation ou l'installation des étrangers, quelle est la politique de visas ? Le plus souvent, il s'agit de politiques sélectives en fonction de l'origine et des motivations des personnes en cause. Économiquement, et en la matière, la Douane est au premier rang, est en cause le degré d'ouverture des échanges. Administrativement, il peut aussi d'agir du degré de coopération transfrontalière entre voisins pour gérer en commun des espaces adjacents, notamment des fleuves ou des lacs frontières, comme le Léman. Les fleuves internationaux requièrent une entente entre États du bassin, d'amont et d'aval, pour la répartition des eaux, la construction de barrages, la protection contre les pollutions. On pense au Rhin, au Danube, au Nil parmi d'autres. Un problème émergent est celui de l'environnement, particulièrement sensible autour des espaces fluides, aquatiques ou aériens qui sont par nature transfrontaliers. C'est, parmi d'autres, une source de contentieux multiples.

— *Contestations territoriales* : Au-delà des contentieux qui concernent l'utilisation du territoire, qui en principe doit être non dommageable pour les États tiers, on rencontre des différends qui touchent à la répartition physique des espaces entre voisins. Beaucoup sont dormants ou latents, on l'a dit, et nombre d'États sont peu satisfaits de leurs frontières, qu'ils aimeraient repousser pour diverses raisons, géographiques, sécuritaires, historiques… Il existe toujours des contestations terrestres. Le continent africain, marqué par l'acceptation voici plusieurs décennies des frontières issues de la colonisation, en connaît plusieurs — mais elles sont souvent liées à la défaillance de l'État, qui attise la convoitise de voisins. Il en résulte parfois des conflits, allant jusqu'à la violence armée, mais qui restent le plus souvent de faible intensité, comme entre la Chine et l'Inde. Parfois, on peut aboutir à des conflits de plus forte intensité, comme récemment entre l'Azerbaïdjan et l'Arménie à propos du Haut-Karabagh.

Les contestations récentes portent le plus souvent sur la répartition des espaces maritimes, dont le statut est récent, comme pour le plateau continental et la zone économique exclusive et qui donnent lieu à des rivalités économiques entre riverains. Ces contestations s'appuient parfois sur le contrôle d'îles qui génèrent d'importants espaces maritimes adjacents dont plusieurs États se disputent la maîtrise. Les rivalités en mer de Chine sont bien connues, et la tendance de la Chine à considérer la mer de Chine du Sud comme un espace réservé. La Chine se refuse à tout règlement négocié, mais dans d'autres situations les pays intéressés acceptent soit de négocier, soit de recourir à l'arbitrage ou à la Cour internationale de justice. Cette dernière a développé une importante jurisprudence en la matière. Encore faut-il que les décisions arbitrales ou judiciaires soient acceptées par les parties, ce qui n'est pas toujours le cas.

— *Communications immatérielles* : On pense à l'imagerie satellitaire, qui donne et prend, envoie des contenus parfois non désirés, capte à toutes fins des données sur le territoire des autres États par télédétection, laquelle est libre. Il est bien difficile aux États de s'y opposer, surtout dans les démocraties libérales. Les régimes autoritaires ou totalitaires y parviennent mieux, sans pouvoir éviter une porosité certaine de leurs frontières sur ces plans. La circulation des idées est en principe libre, protégée par les déclarations et conventions relatives aux droits de l'homme, mais beaucoup d'États tentent en pratique de l'entraver.

Sur le plan sécuritaire, on observera que l'espionnage n'est pas interdit par le droit international, et qu'il revient aux seuls droits internes de le réprimer. Quant à l'immense domaine d'Internet, dominé par les entreprises et par le droit américains, ce sont les pays hostiles aux États-Unis, comme la Chine ou la Russie, qui s'efforcent de le bloquer avec des succès divers. Ils sont moins désavantagés dans le domaine des cyberattaques, qu'elles soient publiques ou privées, qu'elles répondent à une politique d'agression indirecte par entrave à l'utilisation tranquille des réseaux ou par leur destruction, ou alors qu'elles obéissent à une logique de prédation, pour tirer argent et rançons du blocage de sites et d'utilisateurs. La réglementation internationale est défaillante en la matière, le monde d'Internet est un Far West planétaire, et il incombe à chaque État de protéger ses frontières en la matière.

Protection internationale des frontières

Que le droit international prévoie une protection spécifique des frontières est relativement récent. De même qu'il reconnaissait le droit des États de recourir à la guerre comme moyen de politique nationale, il ne rejetait ni annexions ni conquête éventuelle d'un État. C'est ainsi que la Pologne a disparu comme État de la scène européenne durant plus d'un siècle, à partir de partages successifs de son territoire par l'Autriche, la Prusse et la Russie. Désormais, au moins depuis la Charte des Nations unies en 1945, on garantit en principe l'inviolabilité des frontières des États constitués, et l'on s'efforce, sur le plan politicodiplomatique, de maintenir leur intangibilité. Inviolabilité et intangibilité, deux notions différentes, mais qui risquent d'être confondues sur la base de l'article 2, § 4 de la Charte, qui limite de façon drastique le recours à la force armée par les États, notamment contre « l'intégrité territoriale… de tout État ». Il convient cependant de distinguer, dans ce cadre, inviolabilité et intangibilité, étant ajouté que chacune de ces deux notions comporte des exceptions.

Inviolabilité

C'est la notion la plus étroite. On ne peut sans autorisation préalable franchir la frontière d'un État, qu'il s'agisse d'un État étranger, voire de son propre État, puisqu'il convient de disposer d'un passeport pour partir et, dans certains cas, d'un visa consulaire pour rentrer. Certains pays n'accordent pas, en effet, un droit d'accès de leurs nationaux à leur propre territoire, ce qui est source de contestations interétatiques. Il faut ici distinguer entre les violations commises par d'autres États et celles qui sont l'œuvre de particuliers, notamment dans le contexte des migrations internationales.

— Dans le premier cas, l'inviolabilité résulte de la *prohibition de l'agression armée contre un autre État*, du franchissement guerrier de ses frontières. Ces violations ouvrent le droit à la légitime défense, individuelle et collective, de l'État agressé. Il revient au Conseil de qualifier les faits et de prendre la défense de cet État, mais en l'absence de réaction de sa part, les États retrouvent le droit de recourir eux-mêmes à la force armée. La paralysie concrète du Conseil a fait en pratique de la légitime défense un moyen ordinaire de justification de l'emploi de la force. Les agressions ne sont pas condamnées par le Conseil de sécurité, de sorte que les guerres interétatiques n'ont pas disparu — on pense par exemple à l'agression anglo-américaine de l'Iraq en 2003, ou de l'Ukraine par la Russie en 2022. Une conséquence minimale est que les annexions éventuelles de territoires par un État agresseur ne sont pas internationalement reconnues par les tiers.

Les États peuvent aussi être victimes d'attaques en provenance d'acteurs non étatiques, et ce phénomène de guerres hybrides s'est beaucoup développé au cours des dernières décennies, souvent en liaison avec des guerres civiles. On pense ici au phénomène du terrorisme islamique, menace pour de nombreux pays, devenu pour certains menace territoriale, avec Daech et ses pseudopodes au Sahel notamment. Là encore, les États agressés disposent du droit de légitime défense, et peuvent faire appel à d'autres États pour les protéger, avec comme on sait des résultats incertains, comme au Proche-Orient ou au Sahel. Mais ce n'est pas la seule hypothèse où l'inviolabilité est affectée par des comportements d'acteurs non étatiques.

— Passons rapidement sur les *franchissements de frontière par des particuliers en* fonction d'un état de nécessité. Un navire en détresse peut se réfugier dans un port, un aéronef en danger se poser dans un aéroport, des personnes frappées par des catastrophes naturelles se mettre à l'abri en franchissant une frontière proche… Ces hypothèses sont rares, mais en principe acceptées par le droit international. Elles concernent des situations individuelles, ou touchent un petit nombre de personnes. Très différentes dans leur étendue et dans les problèmes, juridiques et autres, qu'elles soulèvent sont les migrations internationales irrégulières, dont on sait qu'elles mettent en mouvement des dizaines, voire des centaines de milliers d'individus.

Ce phénomène collectif s'est développé depuis plusieurs décennies, et touche nombre d'États de tous les continents. Le refoulement de ces migrants est en pratique souvent impossible, soit parce qu'ils n'ont pas de papiers d'identité, soit parce que les pays dont ils sont les ressortissants refusent de les accueillir, soit parce qu'ils demandent le droit d'asile, qui leur permet, à titre conservatoire, de demeurer sur le territoire. Certains y voient une invasion civile, sans doute pacifique, même si elle peut parfois recourir à la violence pour franchir la frontière — on peut penser aux enclaves espagnoles de Ceuta et Melilla au Maroc —, mais en toute hypothèse elle met au défi la capacité des États concernés de recevoir et de traiter ces migrants avec humanité. Un devoir de solidarité peut alors transcender l'inviolabilité des frontières, et conduit même certains pays à recueillir en mer des migrants en danger pour les conduire volontairement sur le territoire. Indépendamment de ce devoir de solidarité, la pénétration massive d'étrangers est un défi pour les États territoriaux, sur le plan sécuritaire, économique, social, mais aussi politique.

Intangibilité

Ce principe signifie que l'on ne peut changer les frontières, considérées comme établies une fois pour toutes. Il vaut surtout pour les frontières terrestres. Les États le considèrent généralement comme un élément de stabilité des relations internationales. Il est souvent résumé par une formule latine, *uti possidetis juris*, qui concerne les pays devenus indépendants à la suite de décolonisations. Il signifie que les nouveaux États conservent le territoire et les frontières issues de leur statut colonial. D'abord appliqué à l'Amérique latine au début du XIXe siècle, il a ensuite été accepté par les États africains au milieu du XXe, et posé en principe pour les pays devenus indépendants à la suite du démembrement de l'URSS. Il a cependant connu dans ce contexte des difficultés progressives : dislocation violente de la Yougoslavie, séparation pacifique de la République tchèque et de la Slovaquie, indépendance du Kosovo, et surtout au XXIe siècle annexion de la Crimée par la Russie en 2014 et conflit armé entre la Russie et l'Ukraine pour la maîtrise de nouveaux territoires depuis 2022. En Europe, ce sont quatre États qui ont disparu après la chute du mur de Berlin, l'URSS, la RDA, la Yougoslavie, la Tchécoslovaquie, entraînant l'apparition de nombre de nouveaux États et de modifications de frontières. En Afrique également, plusieurs hypothèses de remise en cause des frontières ont entraîné le démantèlement d'États constitués.

En principe, l'intangibilité des frontières ne saurait faire obstacle à l'exercice du droit des peuples à disposer d'eux-mêmes, généralement invoqué pour justifier des partitions ou un irrédentisme — ainsi pour la fragmentation de la Yougoslavie. Il peut aussi justifier des annexions, comme dans le cas de la Crimée, qui aux yeux de la Russie est un rattachement. La difficulté est de définir le « peuple » auquel le droit d'autodétermination s'applique. Quid de l'Écosse, de la Catalogne, voire de la Corse ? Dans des situations héritées de la colonisation, l'ONU tend à estimer soit que ces territoires ont droit à l'indépendance, soit que l'on ne peut diviser les territoires en cause, que le droit à l'autodétermination doit s'exercer en bloc et non en détail, comme dans le cas de Mayotte par rapport aux Comores. Les

États concernés sont généralement en désaccord avec l'ONU sur ce point. Mais il demeure que les séparations éventuelles ne doivent pas être réalisées par la force, et doivent être acceptées par les États concernés. Ainsi, l'intangibilité rejoint en fait l'interdiction de l'agression armée, qu'elle provienne d'un autre État ou d'acteurs non étatiques dans le cadre de guerres civiles.

*

* *

Si l'on tente, pour finir, de spéculer sur l'avenir des frontières, trois options se proposent *a priori*. D'abord, une vision kantienne, celle du cosmopolitisme, d'une humanité unifiée et réconciliée avec elle-même, un fédéralisme universel, abolissant les frontières. *No borders*! Ensuite, une vision impériale, dans laquelle les empires n'ont jamais de frontières définitives parce qu'ils ont vocation à s'étendre, comme ce fut le cas des empires coloniaux, jusqu'à l'URSS triomphante. Enfin, une vision mondialiste, celle de la gouvernance globale, assez proche du kantisme, vision pour laquelle les territoires n'ont plus d'importance face aux échanges de toute nature et à l'interpénétration des sociétés civiles qui s'organisent elles-mêmes par une sorte d'autogestion, avec des ONG et des groupes d'experts. Mais, concrètement, si l'on considère la situation présente, ce sont d'autres réalités qui dominent.

— La première est celle d'une consolidation des frontières existantes, justifiée par l'attachement des États territoriaux à leur souveraineté et à leur intégrité territoriale. C'est une tendance forte en dehors de l'Union européenne, spécialement pour des raisons sécuritaires. Le développement de murs qui séparent physiquement certains États en est un signe. Que l'on doive construire un mur démontre que la frontière n'est pas par elle-même un obstacle juridique suffisant. Ce renforcement ne fait pas obstacle à d'autres dimensions de l'ouverture des frontières, pour la circulation des marchandises ou pour le tourisme par exemple. Aussi bien les grands pays, États-Unis, Russie, Chine, Inde, que la plupart de ceux qui proviennent des diverses phases de la décolonisation, en Amérique latine, en Afrique et même en Europe hors Union européenne s'y appliquent, avec des succès divers.

— La seconde est propre à l'Union européenne, qui tente de dépasser les frontières étatiques, dans des conditions ambiguës. En réalité, en effet, les frontières extérieures de l'UE se surimposent aux frontières des États membres sans les remplacer. En outre, à mesure que l'on cherche à effacer les frontières intérieures de l'Union, les clôtures de toute nature se diffusent, se démultiplient au lieu de se dissoudre. On voit ainsi se multiplier au sein des pays membres des espaces privés qui tendent à se fermer — pour les immeubles les digicodes, pour les espaces publics une tendance à la privatisation et à la fermeture, les voies privées, les lotissements clos… Si l'UE ne parvient pas à protéger efficacement ses frontières, et dans ce cadre la Douane a un rôle important à jouer à condition d'accepter une européanisation, alors le risque est de revenir à la première solution, la fermeture des États sur eux-mêmes.

PREMIÈRE PARTIE

UNE ADMINISTRATION EN MUTATION

La Douane,
actrice de la transformation publique

Amaury DECLUDT
Inspecteur des finances,
et
Xavier PASCUAL
Administrateur supérieur des douanes,
Délégation à la stratégie

S'il est peu naturel de faire spontanément rimer « transformation » avec « administration », il l'est sans doute encore moins d'associer une administration régalienne et historique comme la douane aux notions de transformation ou de modernisation de l'action publique et d'imaginer qu'elle puisse en être actrice.

C'est pourtant la voie que suit la douane française depuis plusieurs années pour s'adapter aux enjeux économiques, internationaux, environnementaux du monde contemporain. La douane en tant qu'actrice de la transformation publique est donc une réalité, dont la présentation commence par une définition des termes du sujet (I) avant d'en préciser le contenu (II).

I. Les notions de douane et de transformation publique dans le monde contemporain

Quelques rappels s'imposent s'agissant de la douane, terme qui désigne tant l'administration française des douanes que la fonction régalienne de douane, commune à tous les États.

Si la douane française est une administration doublement centenaire, ses racines sont beaucoup plus profondes, la fonction de douane étant médiévale, voire antique. Cette fonction a connu des transformations profondes depuis son origine.

Le rôle originel de la douane est la taxation de marchandises, dans un but de collecte de ressources pour l'État. Dans le contexte d'une économie peu développée, il est aisé de taxer les marchandises qui circulent ou qui se trouvent sur un territoire dans la mesure où il s'agit d'objets matériels pouvant facilement être appréhendés. Il est en revanche plus difficile de taxer des revenus ou de la valeur ajoutée, qui sont eux immatériels. Par ailleurs, il est aisé de positionner un douanier sur un point de passage pour connaître, taxer, contrôler, intercepter, prendre en statistique les marchandises qui passent par ce point. C'est ainsi que, par exemple, l'administration qui a précédé la douane sous l'Ancien Régime, la Ferme générale, taxait des biens comme le sel (la fameuse gabelle) et percevait l'octroi sur les marchandises entre provinces.

Le rôle de la douane s'est transformé au fur et mesure que l'État et l'économie se sont développés. La fonction initiale de taxation s'est enrichie d'une ambition plus large de protection de l'économie promue par Jean-Baptiste Colbert, contrôleur général des finances de Louis XIV, qui a explicitement affiché l'objectif de protection contre les importations pour développer l'économie intérieure du royaume. En dressant ainsi de nouvelles barrières douanières, l'État a voulu tout à la fois percevoir de nouvelles ressources financières et protéger l'industrie nationale naissante.

Cette dualité entre taxation et protection de l'économie nationale a connu une inflexion après la Seconde Guerre mondiale avec la construction européenne. Les pères fondateurs de l'Europe ont misé sur la création d'une communauté économique entre États européens, qui les rendrait interdépendants économiquement et empêcherait la survenance de nouveaux conflits armés au sein du territoire européen notamment. Une première étape est franchie avec la Communauté européenne du charbon et de l'acier (CECA) en 1951, puis avec le traité de Rome de 1957 qui crée la Communauté économique européenne (CEE).

D'un point de vue douanier, la véritable évolution intervient en 1968, avec la mise en place de l'union douanière entre les États membres : la CEE se constitue comme un seul territoire douanier, se dote de droits de douane communs (« tarif extérieur »), ces droits de douane constituant les ressources propres du budget de la CEE. Entre les États membres, les droits de douane sont abrogés, mais les formalités déclaratives demeurent et ne seront abolies qu'en 1993 avec la mise en place du grand marché intérieur. Des dizaines de bureaux de douane et points de contrôle aux frontières intérieures ferment ainsi en une seule nuit. L'Union douanière européenne constitue un niveau d'intégration encore aujourd'hui sans équivalent dans le monde.

Conséquence de la chute de l'Union soviétique, les années 1990 et 2000 sont marquées par le développement du libre-échange et de la mondialisation. L'objectif premier n'est plus la collecte de ressources fiscales ni le protectionnisme. L'action de la douane se réoriente sur l'accompagnement des entreprises françaises dans leurs opérations de commerce international, à l'importation et à l'exportation. Dans le nouveau contexte d'ouverture des économies et de compétitivité accrue, bénéficier d'une logistique optimisée et de procédures douanières adaptées devient essentiel pour les entreprises qui opèrent dans plusieurs pays et mettent en compétition les douanes et les infrastructures portuaires ou aéroportuaires de ces pays : depuis 1993 en effet, les entreprises de l'Union européenne (UE) ont la possibilité d'effectuer leurs opérations de dédouanement dans l'État de leur choix.

Le corollaire de la mondialisation des échanges est la forte hausse des trafics de produits illicites ou dangereux, qu'il s'agisse de produits stupéfiants, d'armes, de contrefaçons, etc. On estime aujourd'hui que 80 % des produits illicites circulent sous couvert d'envois licites. La douane a donc intensifié sa maîtrise et sa connaissance des flux internationaux de marchandises, sa capacité d'identification des menaces, d'analyse de risque et de ciblage destinés à détecter les flux illicites dissimulés dans les flux licites afin d'empêcher leur entrée sur le territoire français et européen.

Le phénomène le plus connu est le trafic de stupéfiants, devenu un phénomène de masse et qui entraîne des dangers élevés en termes de santé et de sécurité publiques. D'autres sujets sont également identifiés par la douane, comme le trafic d'espèces animales ou végétales protégées. À titre d'exemple, la douane saisit régulièrement de l'ivoire d'éléphant ou des écailles de pangolin qui font l'objet de trafics entre l'Afrique et l'Asie et transitent le plus souvent par l'aéroport de Roissy Charles-de-Gaulle. Par ailleurs, la douane a développé son action de contrôle du respect des normes pour les produits importés, qu'il s'agisse des normes techniques, sanitaires, phytosanitaires ou environnementales. Les consommateurs et responsables politiques expriment des attentes élevées en termes de qualité, de sécurité des produits et de respect de ces règles par l'ensemble des opérateurs économiques, en particulier lorsqu'il s'agit de produits importés.

La douane a ainsi aujourd'hui une très grande palette de métiers. Elle est à la fois l'administration de la frontière et l'administration de la marchandise, avec un rôle de sécurisation des flux licites de marchandise et d'interception des produits illicites.

Ce bref historique met déjà en évidence que la transformation est dans l'ADN de la douane.

S'agissant de la notion de transformation publique, ce terme est apparu récemment en France, en 2017. Précédemment, à partir des années soixante, on parlait épisodiquement de modernisation de l'État. Puis une montée en puissance a été observée à la fin des années 2000, avec notamment la démarche de révision générale des politiques publiques (RGPP) sous le quinquennat de Nicolas Sarkozy, puis la démarche de modernisation de l'action publique (MAP) sous le quinquennat de François Hollande. Le premier quinquennat d'Emmanuel Macron a été marqué par la notion de CAP 2022, qui visait également à réformer l'action publique.

L'administration est ainsi passée de la réforme au réformisme, un processus dans lequel la réforme fait l'objet d'un travail incessant de l'administration avec trois objectifs :

— améliorer l'image de l'administration. Des actions ou des programmes (Charte Marianne, Services publics +…) sont régulièrement conduits pour adapter l'administration aux besoins qui évoluent, en la rendant plus accessible, à l'écoute et opérationnelle ;

— améliorer le service à l'usager. C'est le sens même du service public. Une réalisation emblématique concerne les formalités liées aux impôts, avec le site impots.gouv.fr. Les impôts étaient perçus comme l'une des démarches administratives les plus difficiles au début des années 2000, vécus comme une source d'angoisse pour les citoyens. Aujourd'hui, force est de reconnaître que la démarche est devenue à la fois facile, ergonomique et que l'administration fiscale a considérablement modernisé sa relation avec l'usager.

— améliorer la productivité de l'administration : si la diminution du nombre d'agents publics a parfois été une volonté clairement affichée, comme lors de la RGPP, l'objectif est plus généralement d'automatiser les tâches à faible valeur ajoutée qui peuvent l'être et de réallouer tout ou partie des effectifs qui s'y consacraient vers des tâches plus prioritaires sur le plan politique (par exemple, dans la sphère fiscale, automatiser le remplissage de la déclaration de revenus et le prélèvement de l'impôt pour développer d'autres actions dans le domaine fiscal, comme le contrôle, ou d'autres politiques dans d'autres domaines).

Depuis 2017, cette démarche de réforme de l'action publique est désignée sous le terme « transformation de l'action publique ». Cela renvoie à deux éléments de contexte :

— en premier lieu, le quinquennat qui a débuté en 2017 s'est revendiqué « disruptif », sonnant une rupture interne qui devait représenter un marqueur politique fort. La transformation ne s'appliquait d'ailleurs pas uniquement à l'action publique, mais aussi, plus généralement, à toute la démarche politique et à la vie politique.

— en second lieu, les précédentes tentatives de réforme de l'action publique, que ce soit la RGPP ou la modernisation de l'action publique, avaient plutôt une mauvaise image au sein des administrations. La RGPP avait été brutale et avait suscité une forte résistance, tandis que la MAP n'avait pas obtenu les résultats escomptés.

S'agissant du dernier terme du sujet, « actrice », il traduit le fait que la douane revendique aujourd'hui de ne pas être une administration passive, mais motrice. Les évolutions passées de la douane étaient le plus souvent subies et venaient en réaction, parce que la douane s'adaptait à une économie, à un contexte géopolitique en évolution. Aujourd'hui, la douane française connaît toujours des contingences extérieures incontournables, mais elle s'est dotée d'une démarche stratégique ambitieuse qui la rend non seulement objet, mais aussi sujet de transformation.

C'est dans cet objectif qu'une délégation à la stratégie a été créée au sein de l'administration des douanes, marquant le fait qu'elle n'est pas seulement en train de s'adapter aux contingences qu'elle a subies ou perçues. Bien au contraire, il s'agit de concrétiser le fait que la douane prend son destin en main, qu'elle est capable de définir une orientation et un cap vers lequel se diriger.

II. La douane française, actrice de la transformation publique

La douane française dispose aujourd'hui d'une stratégie claire, qui s'appuie sur un socle solide, un contrat d'objectifs et de moyens conclu avec le ministère et se déploie par des moyens modernes et innovants.

Tout d'abord, la douane s'est dotée d'une stratégie ambitieuse. La notion de stratégie concerne le secteur militaire avant de pénétrer le secteur privé puis le secteur public. La stratégie militaire consistait à concevoir une organisation et un plan pour pouvoir arriver à un but (de guerre). Dans le secteur privé, la stratégie consiste à se mettre en capacité de maximiser son taux de profit. Dans l'administration enfin, la stratégie est apparue plus récemment et ne va pas de soi, car son rôle est d'être aux ordres du politique. Elle est un outil au service d'une politique publique dont elle n'est pas décisionnaire. Le fait qu'une administration se dote d'une stratégie propre pourrait presque sembler antinomique.

Jacques Chevallier, dans son ouvrage *Science administrative*, indique cependant que la relation entre l'administratif et le politique n'est pas univoque. Ce n'est pas uniquement le politique qui donne des ordres à l'administratif. L'administratif a un rôle de conseil et un rôle de proposition qui sont très forts, même si cela n'est pas institutionnalisé (hormis s'agissant du Conseil d'État) et ne figure pas dans la Constitution. Si la douane se dote d'une stratégie et la fait valider par le politique, elle peut développer ce rôle de conseil et d'orientation auprès du politique, dont ce dernier pourra s'emparer pour rendre son action plus visible et efficace.

Par ailleurs, il existe plusieurs sujets sur lesquels l'administration peut avancer en termes de stratégie sans dépendre du politique. À titre d'exemple, la douane française des années 2000 et 2010 était très orientée sur l'indicateur de la Banque mondiale dit « indice de facilité de traverser les frontières », repris dans le rapport Doing Business publié annuellement. Il s'agissait d'améliorer le rang de la France dans ce classement. Cette démarche a été couronnée de succès puisque la France y est aujourd'hui classée à la première place, à égalité avec d'autres pays. Afin de progresser dans ce classement, la douane s'était beaucoup orientée vers les nouveaux outils ainsi que les nouvelles facilitations offertes aux opérateurs économiques et a pu négliger les complexités et difficultés que leur mise en œuvre pouvait engendrer pour ses agents. La stratégie actuelle de la douane renverse le paradigme : elle part du constat que le degré d'hétérogénéité et de complexité est tel que les agents des douanes doivent désormais intervenir dans un écosystème devenu peu lisible, avec de nombreux systèmes d'information qui se chevauchent, avec la constitution de beaucoup d'inefficacités au fil du temps. Une ambition de simplification, de rationalisation et de clarification au bénéfice des agents est ainsi une stratégie interne que l'administration peut développer de manière autonome, sans orientation du politique, et qui devrait avoir des conséquences positives sur la qualité de service vis-à-vis des usagers.

Le deuxième élément de la transformation publique dont la douane est actrice est le contrat d'objectifs et de moyens, signé en décembre 2021 par la directrice générale des douanes, la secrétaire générale de Bercy et la directrice du budget. Ce contrat pluriannuel d'objectifs et de moyens est novateur. Le principe de l'annualité budgétaire est gravé dans les règles constitutives des finances publiques françaises, mais l'annualité budgétaire n'est pas compatible avec une stratégie pluriannuelle, et une stratégie n'est rien si elle ne comporte pas de volet budgétaire. Le fait de disposer d'un contrat co-signé par la direction budget donne une visibilité sur les moyens alloués à court et moyen terme. Il ne s'agit pas de « droit dur », mais d'un engagement moral de la part des parties offrant une sécurité et une visibilité très importantes pour pouvoir mettre en œuvre une stratégie.

Pour mettre le contrat de la douane en perspective, rappelons qu'il n'existe que trois autres contrats d'objectifs et de moyens au sein de l'État : l'INSEE, la direction générale des finances publiques (DGFIP) et Météo France et que ces trois contrats conditionnent les moyens budgétaires à des baisses d'effectifs.

La douane est la seule administration à avoir obtenu un contrat d'objectifs et de moyens prévoyant un niveau d'effectifs stable. C'est une reconnaissance du niveau élevé des menaces auxquelles cette administration doit faire face (trafics de stupéfiants ou de tabac en hausse, nouvelles frontières avec le BREXIT ou le e-commerce), mais également du fait que la douane a su identifier en son sein des sources de gains d'efficacité (activités non prioritaires, automatisables ou susceptibles d'être exercées différemment) permettant de réallouer des moyens et de redéployer des personnels vers les missions identifiées comme prioritaires par la stratégie. Les travaux d'élaboration de la stratégie se sont ainsi efforcés d'identifier les procédures qui pouvaient être dématérialisées ou optimisées pour dégager de nouvelles marges de manœuvre pour l'action publique.

Le troisième élément par lequel la douane est actrice de la transformation publique est l'innovation et la technologie. La douane est l'une des administrations civiles les plus avancées en termes de big data et d'intelligence artificielle. Elle est naturellement loin derrière l'armée, qui dispose des moyens les plus développés, mais peut se comparer avec la direction générale des finances publiques avec qui elle partage les mêmes objectifs en termes de valorisation des données, c'est-à-dire essentiellement l'amélioration de la lutte contre la fraude. Pour l'administration fiscale, un exemple de valorisation des données, très largement médiatisé, est la possibilité de repérer par des images satellites automatiques des piscines qui n'étaient pas déclarées à la taxe foncière, ce qui a permis plusieurs milliers de redressements fiscaux.

La douane, quant à elle, traite les flux de marchandises. Elle met en œuvre la valorisation des données pour pouvoir contrôler les marchandises de manière plus efficace et intercepter plus massivement les marchandises illégales. Un cas d'usage de recours à l'intelligence artificielle est en cours de déploiement dans les entrepôts de fret de l'aéroport de Roissy Charles-de-Gaulle. Des milliers de colis issus du e-commerce y sont déchargés chaque jour des avions. Ils constituent un vecteur privilégié de trafic de stupéfiants, mais il n'est matériellement pas possible de tous les contrôler. La douane développe donc un projet de passage systématique dans des scanners de dernière génération de tous les colis postaux arrivant en France en provenance d'autres pays du monde, visant à adjoindre à ces scanners un algorithme d'intelligence artificielle qui permettra d'y détecter la présence de produits stupéfiants.

À ce stade, la douane a scanné plusieurs milliers de colis et collecté des milliers d'images. Ainsi, au fur et mesure de la découverte de stupéfiants dans les colis, la machine apprend ce qu'est une image de stupéfiant et l'algorithme devient capable de reconnaître automatiquement la présence de stupéfiants. Le niveau de reconnaissance des stupéfiants par l'algorithme est désormais élevé (plus de 80 % de « vrais positifs »), ce qui permet d'envisager de contrôler 100 % des colis postaux importés et d'intercepter de manière beaucoup plus efficace, voire presque systématique, les stupéfiants qui sont introduits en France par ce moyen.

Un dernier élément de l'innovation est celui des drones, qui peuvent identifier des mouvements suspects de marchandises, offrant une possibilité de plus grande présence aux frontières et par conséquent une plus grande capacité à repérer les trafics illicites. Plusieurs expérimentations sont en cours pour tester différents scénarios et mesurer l'apport des drones dans chacun de ces usages. Cela conduira le cas échéant à proposer une adaptation du cadre légal, dans un objectif de généralisation de l'usage des drones où le besoin en frontières se fait sentir, à horizon 2024-2025. Cela permettra aux douaniers d'être présents là où il faut l'être et aux drones de surveiller les zones sur lesquelles le douanier ne peut assurer une présence permanente.

Ce panorama de l'action de la douane en matière de transformation publique conduit enfin à rappeler que la douane n'agit pas seule. Elle s'inscrit dans une dynamique portée par la direction interministérielle de la transformation publique. Elle est en lien avec d'autres administrations, dispose de ressources partagées avec la direction générale des finances publiques avec laquelle elle travaille très étroitement. Elle échange en permanence avec d'autres administrations régaliennes telles que la Gendarmerie et la Police. L'objectif constant est de servir l'État, l'intérêt général, de protéger les citoyens vis-à-vis de la criminalité organisée, de protéger les entreprises et de leur permettre de continuer à commercer de manière facile, et en même temps d'intercepter et d'entraver les actions criminelles.

Les défis du soutien à l'activité économique et à l'attractivité du territoire

Guillaume VANDERHEYDEN
Inspecteur des finances
Sous-directeur du commerce international

L'optimisation du soutien à l'activité économique et à l'attractivité territoriale représente un enjeu majeur pour la croissance française. Pour renforcer la vitalité économique, il est crucial que la douane joue un rôle actif. Cela implique d'adopter une approche proactive envers les entreprises, en simplifiant les procédures douanières, en les sécurisant et en offrant des solutions sur mesure. Grâce à cette approche, les entreprises seront en mesure de prospérer sur la scène internationale, tout en renforçant l'attractivité économique et logistique de la France.

L'attractivité du territoire dépend également de la fluidité des échanges. La douane doit collaborer étroitement avec les acteurs économiques pour faciliter les mouvements transfrontaliers. Cette collaboration stratégique contribue à créer un environnement accueillant pour les investisseurs et à renforcer la compétitivité globale. En outre, l'innovation joue un rôle clé. La douane doit adopter les nouvelles technologies pour moderniser leurs opérations et offrir des services efficaces.

L'accompagnement des entreprises par les services douaniers est devenu une pierre angulaire dans le paysage économique actuel. Dans cette ère de complexité croissante des opérations commerciales, il est essentiel d'établir une relation solide entre les entreprises et la douane pour garantir des opérations douanières fluides et sécurisées. L'enjeu de la sécurité dans les opérations douanières est tout aussi important. En renforçant les mesures de sécurité, la douane peut aider les entreprises à prévenir les risques liés à la fraude et aux activités illicites. Cela instaure également la confiance dans les échanges commerciaux, essentielle pour bâtir des relations commerciales durables.

Dans le cadre de sa démarche stratégique pour la période 2022-2024, la douane, administration de la frontière et de la marchandise, a pour objectif de fluidifier les échanges en réduisant les coûts pour les entreprises, de développer l'attractivité des ports et aéroports français, de renforcer la relation de confiance avec les acteurs économiques, dans un objectif global d'attractivité des sites français et de soutien à l'activité économique. L'objectif est d'offrir un temps de dédouanement raisonnable, de tenir compte des adhérences avec les autres contraintes logistiques et d'offrir à l'entreprise un cadre juridique prévisible et sécurisant.

Par ailleurs, la mise en place d'une nouvelle frontière suite au BREXIT, la définition d'une stratégie nationale portuaire avec la DGDDI en tant qu'administration de référence à la frontière, la croissance exponentielle des flux express et postaux liée à l'e-commerce, ainsi que les défis persistants auxquels les entreprises françaises, notamment les PME-PMI, font face pour s'implanter sur les marchés internationaux, requièrent une consolidation de la politique de dédouanement en France.

Dans ce contexte, la douane se doit de trouver le point d'équilibre entre la sécurisation des flux et des opérateurs et les facilitations offertes par le code des douanes de l'Union (I). La stratégie de digitalisation des systèmes douaniers se poursuit en orientant la démarche vers l'utilisateur (II). Dans le cadre du BREXIT et de la stratégie de reconquête des ports français, la DGDDI œuvre en réseau avec les autres acteurs de la frontière pour faciliter le travail des agents et des opérateurs (III). Afin de renforcer l'attractivité et la compétitivité des entreprises françaises, la douane étoffe son offre d'accompagnement aux opérateurs (IV) et travaille en collaboration avec les autres acteurs économiques publics (V).

I. Trouver le point d'équilibre entre sécurisation et facilitation

Depuis la mise en place du code des douanes de l'Union européenne (CDU) se pose la question de l'équilibre global entre les avantages et les contraintes liées aux exigences légales et un ressenti ambivalent entre bénéfices potentiels et réels.

1. Le constat : un CDU au potentiel à exploiter

La DGDDI a déployé un plan « Dédouanez en France » pour accompagner les entreprises lors de l'entrée en application du code des Douanes de l'Union (CDU) le 1er mai 2016. Toutefois, nombre d'entreprises estiment que l'ensemble des simplifications et facilitations déjà offertes ne sont pas pleinement exploitées. Se pose ainsi la question de l'équilibre global entre les avantages et les contraintes liées aux exigences légales et un ressenti ambivalent entre bénéfices potentiels et réels.

2. Un dédouanement centralisé national inégalement exploité

Le dédouanement centralisé national (DCN) est une mesure de simplification prévue depuis le 1er mai 2016. Le DCN permet une dissociation du flux déclaratif des flux physiques : vous déposez votre déclaration en douane et centralisez vos formalités douanières auprès d'un bureau de douane (bureau de déclaration) et présentez vos marchandises dans d'autres bureaux de douane français (bureaux de présentation).

Le DCN présente plusieurs avantages :

* Un point de contact unique :

Le bureau de déclaration auprès duquel toutes les formalités douanières sont centralisées, à savoir, le dépôt de l'ensemble des déclarations en douane, des demandes de rectification, de révision ou d'invalidation des déclarations, le dépôt des demandes de remboursement, la fourniture des preuves alternatives de sortie des marchandises.

* Une centralisation du paiement des droits et taxes :

Auprès de la recette de rattachement du bureau de déclaration — et, le cas échéant, également une centralisation des crédits, ce qui optimise la trésorerie de la société.

* Un accompagnement optimal par le bureau de déclaration :

Il maîtrise parfaitement vos flux et vos problématiques de dédouanement et pilote votre DCN. Par conséquent, vous bénéficiez d'un traitement harmonisé de vos opérations douanières, quel que soit le lieu de présentation des marchandises.

* Une optimisation de la gestion logistique des flux.

Les importateurs/exportateurs se sont relativement bien approprié le dédouanement centralisé national (DCN), avec une part de 52 % de flux en DCN, tandis que les représentants en douane enregistrés ont une part évaluée à 48 % de dédouanement centralisé.

3. Les attentes des opérateurs économiques agréés (OEA)

L'autorisation OEA permet à toute entreprise établie au sein de l'Union européenne (UE) exerçant une activité liée au commerce international (PME ou grande entreprise) d'acquérir un label de qualité sur les processus douaniers et de sécurité-sûreté qu'elle met en œuvre. Délivrée en France par la douane française à l'issue d'un questionnaire d'autoévaluation suivi d'un audit de l'ensemble des process liés à la sécurité ainsi qu'aux opérations internationales de l'entreprise, l'autorisation OEA est reconnue dans toute l'UE et dans les pays signataires d'accords de reconnaissance mutuelle (Japon, Chine, États-Unis, Norvège, Suisse, Andorre, Royaume-Uni, Moldavie).

Trois types d'autorisation OEA existent, en fonction des besoins des entreprises.

Les avantages réservés aux OEA-C « Simplifications douanières » sont :

— Accès au dédouanement centralisé communautaire ;

— Dispenses de garantie financière ;

— Accès sur simple demande à l'ensemble des autorisations du CDU (autorisation d'établir des déclarations simplifiées, autorisation de destinataire agréé TIR, autorisation de constituer une garantie globale…) ;

— Modulation des taux de contrôles physiques et documentaires ;

— Traitement prioritaire des envois en cas de sélection à un contrôle douanier ;

— Priorité aux analyses de laboratoires lors des contrôles de produits soumis à normes ;

— Priorité de traitement et accompagnement personnalisé lors de l'octroi de facilitations liées au dédouanement.

Les avantages réservés aux OEA-S « Sécurité et Sûreté » sont :

— Notification préalable des contrôles douaniers ;

— Réduction des données à fournir pour les déclarations sommaires ;

— Facilités accordées en vertu des accords de reconnaissance mutuelle de l'autorisation OEA conclus par l'UE avec la Chine, les USA, la Suisse, la Norvège, Andorre et le Japon ;

— Accès facilité à l'ensemble des autorisations du CDU (autorisation d'établir des déclarations simplifiées, autorisation de destinataire agréé TIR, autorisation de constituer une garantie globale…) ;

— Allègement réciproque des formalités d'audit/inspection menées auprès des agents habilités et chargeurs connus titulaires de l'autorisation par la Douane française et la Direction générale de l'aviation civile.

Les avantages réservés aux OEA-F sont :

— Modulation des taux de contrôles physiques et documentaires ;

— Traitement prioritaire des envois en cas de sélection à un contrôle douanier ;

— Dispense de garantie financière ;

— Priorité aux analyses laboratoire lors des contrôles de produits soumis à normes ;

— Accès sur simple demande à l'ensemble des autorisations du CDU (autorisation d'établir des déclarations simplifiées, autorisation de destinataire agréé TIR, autorisation de constituer une garantie globale, d'établir des déclarations simplifiées, autorisation de destinataire agréé TIR, autorisation de constituer une garantie globale…) ;

— Priorité de traitement et accompagnement personnalisé lors de l'octroi de facilitations liées au dédouanement ;

— Notification préalable des contrôles douaniers ;

— Réduction des données à fournir pour les déclarations sommaires ;

— Facilités accordées en vertu des accords de reconnaissance mutuelle de l'autorisation OEA conclus par l'UE avec la Chine, les USA, la Suisse, la Norvège, Andorre et le Japon.

Les entreprises effectuant des opérations d'import-export ou « chargeurs » plaident pour une meilleure valorisation du statut de l'OEA, dont ils estiment que le retour sur investissement demeure insuffisant.

Enfin, les utilisateurs des systèmes d'information de dédouanement souhaitent leur optimisation, en termes d'offres et de fiabilité/disponibilité.

La mise en œuvre de la refonte des programmes informatiques de la douane à l'horizon 2025 offre de nouvelles opportunités pour faciliter le dédouanement. Il y a néanmoins un coût d'entrée pour s'approprier les nouvelles exigences réglementaires (jeu de données transmis au lieu d'une déclaration en douane « traditionnelle »), mais cette évolution permettra à terme d'alléger l'effort déclaratif si les données transmises sont de bonne qualité.

La bonne donnée, la douane ira la chercher le plus en amont possible, ce qui permettra aux entreprises ouvertes et respectueuses de la réglementation d'être plus agiles et à la douane d'exercer son métier de contrôle sans entraver le commerce légal.

II. Poursuivre une stratégie de digitalisation orientée vers l'utilisateur

L'objectif du CDU est la dématérialisation des formalités douanières par la mise en place de systèmes informatiques européens à l'horizon 2025, de l'avant-dédouanement (sûreté-sécurité, dépôt temporaire) au dédouanement à l'importation et à l'exportation, au transit.

La douane porte une attention particulière au processus du passage de la frontière, grâce à :

— La digitalisation de l'ensemble des process ;

— L'interconnexion avec le système d'information (SI) des autres administrations ;

— Une analyse de risque anticipée.

L'objectif est de rendre le passage frontière plus rapide, transparent, optimisé, mais aussi sécurisé et de dématérialiser complètement les échanges entre la douane et les entreprises.

La performance de la douane à la frontière s'appuie sur une politique intégrée des contrôles mise en œuvre avec la création du Service d'analyse de risque et de ciblage (SARC) pour distinguer les contrôles obligatoires devant être réalisés à la frontière de ceux pouvant être réalisés ultérieurement. Cette politique permet d'éviter la redondance des contrôles.

1. La numérisation des process

Elle recouvre plusieurs dimensions :

* Développer des outils de dédouanement modernes basés sur un socle technique fiable, évolutif et collaboratif, pour répondre aux besoins des opérateurs économiques (importateurs ou exportateurs réguliers, expressistes, opérateur postal, professionnels du dédouanement et représentants en douane enregistrés), tout en

permettant aux services douaniers de réaliser leurs missions dans les meilleures conditions, principalement en assurant le chaînage complet du dédouanement ;

* Promouvoir les interfaces SI dédouanement et SI privés : outre les interconnexions déjà existantes avec les acteurs de la chaîne logistique, il s'agit de s'appuyer davantage sur les systèmes privatifs pour assurer la traçabilité des flux physiques et documentaires avec des plates-formes de services ou d'approfondir les expérimentations déjà menées en matière de « blockchain » et d'inscription dans les écritures du déclarant, autre offre réglementaire mise à disposition des opérateurs ;

* Assurer une disponibilité et une fiabilité optimales des systèmes de dédouanement nationaux ainsi que leur complète interopérabilité avec les différents systèmes trans-européens existants ou à venir et avec les systèmes des administrations nationales partenaires ;

* Offrir un outil de dédouanement pour les particuliers : des modalités de dédouanement simplifiées et numériques doivent ainsi être possibles pour ce public (frontières suisse/britannique et passagers des vols internationaux).

Des changements majeurs vont intervenir en matière de dédouanement :

— Une nouvelle codification des déclarations en douane ;

— La disparition de la déclaration en douane au format DAU qui sera remplacé par une nouvelle déclaration en douane ;

— Des évolutions concernant la constatation de la dette douanière et la garantie.

— À terme, le passage de cinq systèmes d'information douaniers (DELTA-G, H7, XI, XE et ECS) à deux (DELTA I/E et H7).

2. L'interconnexion avec les SI des autres administrations

La douane s'est dotée d'un guichet unique national (GUN) qui automatise les contrôles des documents d'ordre public (DOP) délivrés par d'autres administrations (agriculture, intérieur, transition écologique, armées, etc.), qu'elle continuera à développer tout en le mettant en perspective avec le projet de la Commission européenne d'environnement européen de guichet unique pour les douanes.

La numérisation des services publics, axe important de modernisation de l'État, est aussi un levier efficace de simplification des démarches administratives et un soutien à la compétitivité des entreprises.

Toutes les initiatives prises dans ce domaine visent à satisfaire les attentes des usagers, à offrir un service de qualité et à améliorer la gestion publique. C'est le sens de la politique « Dites-le-nous une fois » sur laquelle la douane s'est récemment appuyée pour approfondir son offre de service dématérialisé, notamment au travers du Guichet unique national de dédouanement (GUN).

Le GUN est un dispositif qui permet le contrôle automatisé des documents d'ordre public dont la présentation est exigée au moment de l'accomplissement des formalités du dédouanement. Complément naturel du traitement automatisé des déclarations en douane, le GUN a suscité l'intérêt des entreprises du commerce international, bénéficiaires directes de ce service, bien avant la généralisation de la première liaison GUN en décembre 2015.

Il s'est aussi révélé être un excellent moyen de développer les relations interministérielles au travers des services impliqués dans les liaisons GUN et de favoriser une meilleure compréhension réciproque des enjeux et des contraintes des réglementations concernées.

Le fonctionnement des liaisons confirme que le GUN a atteint l'objectif d'assurer une gestion des documents d'ordre public mieux maîtrisée, mieux suivie, mieux encadrée. La dernière liaison avec le SI du ministère de la Défense SIGALE, le 16 janvier 2023, a permis de dématérialiser les licences d'exportation de matériel de guerre.

Pour sa part, la douane, soucieuse de fournir un outil performant, tire tous les enseignements possibles au fur et à mesure des développements spécifiques à chaque liaison pour étendre et généraliser les fonctionnalités de l'outil et en renforcer la robustesse technique.

En France, la douane a acquis la compétence d'autorité générale de surveillance de marché à l'import, ce qui renforce le rôle de la douane vis-à-vis d'administrations partenaires.

3. Une analyse de risque anticipée

La performance de la douane à la frontière se mesure à sa capacité à décider le plus en amont possible le type de traitement qu'elle réserve aux marchandises importées au regard des enjeux qui y sont attachés (protection du territoire, du consommateur et de l'environnement, lutte contre les grands trafics, protection des intérêts financiers) et à déterminer le moment et le lieu où le contrôle doit être réalisé, sachant que les moments de contrôle peuvent être, le cas échéant, cumulatifs, notamment dans le domaine de la lutte contre les prohibitions.

À ce titre, il convient tout d'abord de disposer d'une analyse de risque et d'un ciblage pertinents couvrant l'ensemble des champs du contrôle, à l'avant-dédouanement, lors des opérations déclaratives et à l'issue de celles-ci. Cette politique d'analyse de risque doit reposer sur le principe du « contrôler moins pour contrôler mieux » en assurant un juste équilibre entre facilitation et impératifs de contrôle et en anticipant, par un ciblage pertinent, les flux à contrôler et le moment de leur contrôle. Elle doit être pilotée au niveau central en interaction totale avec les services déconcentrés pour lesquels elle doit être adaptée. Enfin, elle doit répondre aux orientations réglementaires fixées au niveau européen.

Il s'agit donc de développer la politique intégrée des contrôles mise en œuvre avec la création du Service d'analyse de risque et de ciblage (SARC) et de se donner pour objectifs d'une part, de distinguer les contrôles qui doivent être réalisés à la frontière de ceux qui peuvent être réalisés ultérieurement, et d'autre part d'éviter les redondances de contrôles.

Dès lors, la question se pose de déterminer le moment et le lieu :

— des contrôles physiques et *ex ante* :

— soit sur la base des déclarations dites sommaires, lors du passage à la frontière avec la déclaration de sûreté/sécurité via l'outil Import Control System, ou s'il n'y a pas de risque sûreté lors de l'arrivée des marchandises à destination avec la déclaration de transit via l'outil Delta T ;

— soit sur la base de la déclaration en douane (avec potentiellement le déport de ces contrôles pour les Opérateurs économiques agréés, compte tenu de leur possibilité de choisir, sous conditions, le lieu dudit contrôle), lors du dédouanement (en frontière ou à l'intérieur du territoire — bureau/locaux de l'opérateur) ;

— des contrôles documentaires :

— soit ex ante lors du passage de la frontière,

— soit ex post après libération des marchandises ne présentant pas de risque relatif à la sécurité.

III. Le travail en réseau avec les autres acteurs de la frontière

La douane encourage le développement et l'interconnexion des systèmes d'information qui permettent une communication optimale au sein de l'ensemble des acteurs de la frontière.

Elle participe aux projets suivants :

— Interconnexion avec les « Cargo Community System » (CCS) portuaires et aéroportuaires pour optimiser la traçabilité des marchandises ;

— Programme « FRANCE SÉSAME ».

— Contrôle sanitaire et de qualité des aliments

Ces projets permettent d'assurer une simplification et une traçabilité des marchandises.

1. Interconnexion avec les CCS portuaires et aéroportuaires

Une opération de commerce international se traduit par une chaîne logistique impliquant nombre d'intervenants. Une coordination étroite entre acteurs privés et publics est nécessaire pour faciliter le passage en frontière.

La douane encourage dès lors le développement et l'interconnexion des systèmes d'information qui permettent une communication optimale entre l'ensemble des acteurs notamment : fabricant, importateur, exportateur, chargeur, entrepositaire, transporteur, logisticien, représentant en douane enregistré.

La douane soutient donc les projets de Cargo Community System (CCS) portuaires et aéroportuaires, afin d'améliorer la traçabilité des marchandises sur les plates-formes logistiques françaises et d'accroître leur compétitivité.

Au-delà de ce soutien, elle doit se donner la capacité d'animer les écosystèmes douaniers en agissant dans trois directions :

— Cartographier les acteurs économiques qui détiennent les données pertinentes liées aux marchandises qui entrent sur le territoire,

— Explorer toutes les possibilités de mutualisation de la donnée privée et publique dans la limite des possibilités juridiques,

— Soutenir les initiatives visant à améliorer les solutions CCS françaises et participer à leur promotion là où elles n'existent pas.

Le concept de frontière intelligente développé par la douane (« SI BREXIT ») pour traiter les échanges entre le Royaume-Uni et la

France est une illustration de la capacité de la douane à mettre en place des outils associant les gestionnaires d'infrastructures, permettant d'opérer un tri efficace des flux de camions et d'optimiser le passage frontière.

2. FRANCE SÉSAME

La douane, naturellement présente à la frontière pour ses propres missions, travaille aussi avec ses partenaires publics pour piloter une gestion davantage intégrée de la marchandise lors de son passage à la frontière.

Elle est ainsi étroitement associée aux travaux conduits au Havre, à Dunkerque, à Marseille pour organiser le point de contact unique physique, dont l'objectif est de favoriser les synergies immobilières et opérationnelles entre les services de l'État compétents à la frontière pour une même marchandise et de limiter les mouvements de marchandise au sein des installations portuaires, pour des gains de temps et de coût du passage.

La conception et la mise en œuvre de FRANCE SÉSAME sont portées au sein d'un projet interministériel français piloté par la DGDDI, en partenariat avec la DGCCRF, la DGAL et la DGITM.

Elle porte aussi le guichet numérique à la frontière (plate-forme interministérielle FRANCE SÉSAME), qui s'appuie sur l'interconnexion des systèmes d'information publics ou leur interopérabilité, pour la gestion et le suivi des formalités administratives, sanitaires et phytosanitaires, applicables à ce type de marchandises.

3. Contrôles sanitaires et de qualité des aliments

La DGDDI participe activement aux projets de rationalisation de l'action publique en frontière. À ce titre, la reprise par la douane des missions de contrôle à l'importation de la DGCCRF (contrôles sanitaires, de la qualité biologique et des normes de commercialisation de certaines denrées d'origine non animale) répond à la volonté gouvernementale de fluidifier le passage frontière des marchandises.

Ce chantier, désormais finalisé, a également vocation à améliorer la lisibilité de l'action des services de l'État, en réduisant notamment le nombre d'administrations intervenant dans les flux sanitaires et phytosanitaires.

IV. Renforcer l'accompagnement des entreprises grâce à l'interlocuteur unique

Pour renforcer sa mission économique, la DGDDI doit :

— Accompagner la mise en œuvre du dédouanement centralisé communautaire (DCC) ;

— Capitaliser sur l'expérience réussie du Service grands comptes ;

— Renforcer l'expertise et l'accompagnement des PME/PMI : le conseil personnalisé doit être consolidé et pleinement intégré dans le réseau de soutien aux entreprises en région.

1. Du dédouanement centralisé national au dédouanement centralisé communautaire

La DGDDI a déjà accompagné le mouvement de concentration du dédouanement, initié par les acteurs économiques et consacré par le dédouanement centralisé prévu par le CDU. L'opérateur dispose ainsi d'un interlocuteur privilégié au sein d'un bureau de douane qui supervise le dédouanement de ses marchandises, quel que soit le bureau de douane de France dans lequel elles arrivent.

La promotion du dédouanement centralisé national (DCN), la mise en place du Service grands comptes (SGC) et de ses quatre centres d'expertise constituent un premier aboutissement de la centralisation du dédouanement pour les grands groupes.

Par ailleurs le développement du dédouanement centralisé communautaire (DCC) doit être conforté pour répondre aux demandes des grands groupes et des entreprises de taille intermédiaire. Prévu à l'article 179 du CDU, le DCC va pouvoir être mis en place dans le cadre de la refonte des SI douaniers.

Actuellement, une procédure non dématérialisée a été mise en place et fonctionne. Les administrations douanières européennes et les opérateurs travaillent en réseau afin d'élaborer le projet de dédouanement centralisé au plan communautaire. Des DCC sont déjà mis en place avec l'Allemagne, l'Autriche, la Belgique, l'Italie, les Pays-Bas, la Pologne, la République tchèque. La procédure d'instruction peut aller jusqu'à 225 jours maximum et l'opérateur doit être en place une garantie financière globale pour un DCC à l'import (procédure longue).

Les avantages de cet interlocuteur unique, au niveau UE, en matière de dédouanement, sont nombreux :

— Fluidité des flux logistiques, à travers la désignation d'un bureau de déclaration dans un État membre, interlocuteur unique pour les formalités de dédouanement. Il simplifie et rationalise le dédouanement, dans une logique d'accompagnement ;

— Adaptabilité puisque le DCC est ouvert à tous les opérateurs OEA, quelle que soit leur taille, à la seule condition de réaliser des opérations de dédouanement dans plusieurs États membres pour leur compte ou en qualité de représentant en douane pour le compte d'un client en représentation indirecte ;

— Réduction des investissements informatiques en se connectant à un système de dédouanement plutôt que plusieurs.

2. Le Service grands comptes, les Pôles d'action économique et les attachés douaniers

Au niveau national, le Service grands comptes (SGC) est la structure dédiée à l'accompagnement des grands groupes. Il en gère 73, soit 394 sociétés, qui déclarent leurs flux auprès de l'un des quatre centres d'expertise sectoriels : Toulouse-Blagnac (aéronautique et défense), Rouen port (automobile et véhicules industriels), L'Isle-d'Abeau (chimie, énergie, électronique, pharmacie) ou Nantes Atlantique (luxe, agro-alimentaire, industrie et grande distribution). Cette organisation particulière permet d'assurer un meilleur pilotage du dédouanement, dans une logique d'interlocuteur unique.

Au niveau régional, les 40 pôles d'action économique (PAE) sont chargés d'accompagner gratuitement les TPE, PME et ETI dans leurs projets de développement sur les marchés internationaux, dans le cadre d'entretiens personnalisés et suivis, visant à leur permettre de mettre en place les procédures douanières adaptées à leurs besoins. Chaque année, environ 2 000 entretiens sont accordés par les PAE aux opérateurs du commerce international. Cette démarche est complétée par l'organisation annuelle de près de 200 réunions douane-entreprises portant sur des thématiques en lien avec la matière douanière et le suivi des accords de libre-échange.

Au niveau international, le réseau des attachés douaniers, positionné au sein des ambassades, fait le lien avec les contacts locaux permettant de répondre aux questions des entreprises et de résoudre les difficultés.

Le pilotage global du dispositif est assuré par la sous-direction du commerce international, dont la Mission action économique et entreprises (MA2E) est chargée d'animer et de coordonner le réseau des pôles d'action économique et d'assurer un dialogue régulier avec les fédérations professionnelles.

3. Le service Origine et Made in France (SoMIF)

Depuis le 2 mai 2022, la douane a créé un service national spécialisé en matière d'origine et de Made in France, établi à Clermont-Ferrand. Il est chargé de délivrer les Informations sur le Made in France (IMF) et les Renseignements contraignants sur l'Origine (RCO).

L'IMF permet aux entreprises souhaitant apposer un marquage de type « Made in/Fabriqué en France » sur leurs produits d'obtenir l'analyse de la douane sur le respect des règles d'origine non préférentielle prévues par le code des douanes de l'Union qui régissent ce type de marquage.

Le RCO est un rescrit européen. Il permet notamment aux entreprises de bénéficier en toute sécurité de réductions, voire d'exonérations de droits de douane prévues dans les accords commerciaux conclus par l'UE.

4. Les instruments douaniers pour gagner en compétitivité

— Les accords de libre-échange

Les accords de libre-échange offrent l'opportunité aux entreprises de conquérir des parts de marché, à l'exportation, grâce à la suppression des droits de douane. Elles doivent pour cela être formées sur les règles d'origine préférentielle permettant de solliciter les préférences tarifaires. La douane accompagne les entreprises pour les aider à connaître l'origine de leurs produits.

La Commission a publié une étude sur l'utilisation des préférences tarifaires par pays. Plusieurs accords de libre-échange sont sous-exploités (notamment le JEFTA) et l'exploitation complète des possibilités offertes permettrait une économie d'un milliard d'euros annuel de droits de douane.

Les accords permettent également, à l'importation, d'optimiser le sourcing d'une entreprise. La douane met à disposition l'outil RITA sur son site internet pour faire des comparaisons selon les pays d'approvisionnement.

— Les contingents et suspensions tarifaires

Les entreprises de l'UE peuvent obtenir des suspensions temporaires de droits de douane pour l'importation de matières premières ou de produits semi-finis entrant dans la fabrication de produits finis, pour lesquels il n'existe aucune production européenne. Ces suspensions font l'objet d'une négociation entre la Commission européenne et les États membres. En France, la DGDDI est chargée de la recevabilité et de la défense des dossiers auprès de la Commission européenne lors de cycles de négociations.

À ce titre, les entreprises ayant dédouané en France leurs marchandises importées ont économisé 146 M€ en 2021 grâce aux suspensions et contingents tarifaires autonomes (139 M€/7 M€). Ce chiffre est en constante augmentation depuis 2015. Les principaux secteurs économiques bénéficiaires sont les secteurs de la chimie, de la pharmacie et de l'automobile. La France se place à la 3e place en tant qu'utilisatrice des suspensions et contingents tarifaires derrière l'Allemagne et les Pays-Bas.

— Les régimes particuliers

Les régimes particuliers permettent d'importer dans l'Union européenne des marchandises non communautaires en suspension de droits de douane, de TVA et de mesures de politique commerciale, afin de les stocker, de les utiliser ou de les transformer, avant de les réexporter hors de l'UE ou de les verser sur le marché européen.

L'intitulé générique de ces régimes, au demeurant fort variés, renvoie à leur finalité et reflète leur particularité : ils ont vocation à favoriser les entreprises communautaires et s'efforcent, par leurs différentes variantes et modalités, de répondre aux besoins des opérateurs.

Plus précisément, l'attribution d'un régime particulier a un double effet :

— Suspensif : dispenser les opérateurs du commerce extérieur des obligations normalement attachées à l'importation ou à l'exportation (acquittement des droits de douane et des taxes, respect des règles de la politique commerciale) ;

— Économique : permettre de placer ces opérateurs dans des conditions favorables pour affronter la compétition internationale. On utilise les régimes particuliers à tous les stades de l'activité industrielle et commerciale (recherche, développement, stockage, production, sous-traitance, prospection, distribution). Si ces régimes avaient, à l'origine, une finalité essentiellement fiscale, l'aspect économique a pris progressivement une dimension plus importante afin de mieux répondre à la diversité des situations des entreprises et de renforcer leurs positions sur le marché mondial. Pour cette raison, chaque régime économique propose des variantes ou modalités particulières, ce qui explique la relative complexité de cette réglementation.

V. Travailler en collaboration avec les autres acteurs publics

Au niveau national comme au niveau régional, la douane s'affirme comme partenaire incontournable des acteurs de l'international, en tant que pièce maîtresse du dispositif d'import-export.

Forte de son implantation locale et nationale, la douane a développé une collaboration forte avec des partenaires afin de promouvoir les entreprises françaises à l'international.

L'objectif est d'offrir à l'entreprise un service cohérent qui permet de sécuriser ses opérations douanières et de gagner de nouveaux marchés à l'international.

1. La Team France Export

La Team France Export (TFE) est née de la stratégie du gouvernement en matière de commerce extérieur, dite « stratégie de Roubaix », présentée en février 2018. La TFE rassemble toutes les solutions publiques proposées par les régions, les services de l'État, Business France, les chambres de commerce et d'industrie (CCI) et Bpifrance pour accompagner les entreprises françaises à l'international. La douane est reprise comme partenaire « expert » de la Team France Export. Elle apporte son expertise réglementaire lors de manifestations portées par ses partenaires et lors d'entretiens croisés avec les autres entités de la TFE (organisation mensuelle de Matinales de l'export).

Le 31 août 2023 a été lancé le nouveau Plan export du gouvernement « Osez l'export » par Olivier Becht, ministre délégué auprès de la ministre de l'Europe et des Affaires étrangères, chargée du Commerce extérieur, de l'Attractivité et des Français de l'étranger. Le nouveau plan fixe 3 priorités et 13 mesures dont certaines concernent directement l'action des services de la douane. Les Pôles d'action économique et les services centraux sont mobilisés dans le cadre de la mesure n° 8 « accords commerciaux : des opportunités à saisir » pour la promotion des accords de libre-échange et des actions de formation à destination des parlementaires (mesure n° 3 « parlementaires pour l'export »).

2. Le partenariat avec Business France

Business France est l'agence nationale au service de l'internationalisation de l'économie française. Elle est chargée du développement international des entreprises et de leurs exportations, ainsi que de la prospection et de l'accueil des investissements internationaux en France. Elle promeut l'attractivité et l'image économique de la France, de ses entreprises et de ses territoires. Elle gère et développe le Volontariat international en entreprise (VIE).

Crée le 1er janvier 2015, Business France est issue de la fusion d'UBIFRANCE et de l'AFII (Agence française pour les investissements internationaux). Elle dispose de 1 500 collaborateurs situés en France et dans 56 pays via 75 bureaux.

Business France et la DGDDI ont pour objectif commun d'aider les entreprises françaises à développer leurs activités économiques internationales dans les meilleures conditions, de répondre à leurs besoins et de renforcer leur compétitivité. Cet objectif commun a abouti à la signature d'une convention renouvelée en 2022 afin de matérialiser la collaboration entre la douane et Business France.

3. Le réseau French Tech

La French Tech est le nom de l'écosystème des start-ups françaises. Elle a été lancée par le ministère délégué de l'Économie numérique en novembre 2013. La Mission French Tech a été créée en 2013 pour soutenir la structuration et la croissance de l'écosystème des start-ups tricolores en France et à l'international. Elle est en charge de déployer les politiques publiques à destination des start-ups et de fédérer cet écosystème sur le territoire national. On compte actuellement 16 capitales et 32 communautés en France et 67 communautés à l'international. L'ambition de la mission est de faire de la France un des pays les plus attractifs du monde pour les start-ups, talents et investisseurs.

Convaincue que la collaboration entre le secteur public et privé crée de la valeur, l'action du réseau French Tech repose sur la conception et la mise en œuvre de programmes d'accompagnement innovants à destination des entrepreneurs et entrepreneuses français. Ces programmes s'adressent autant aux start-ups performantes, capables de devenir des champions technologiques de rang mondial, qu'à celles moins matures, mais à fort potentiel et positionnées sur des sujets stratégiques dans le cadre de France 2030, mais aussi aux entrepreneurs et entrepreneuses sous-représentés dans l'écosystème qui souhaitent créer leur start-up.

Dans ce cadre, les PAE douaniers sont associés au réseau des capitales et communautés French Tech, en étant repris dans les services publics avec lesquels les start-ups peuvent prendre rendez-vous.

4. La direction générale des Finances publiques

La DGFiP a créé un service d'accompagnement fiscal des petites et moyennes entreprises (AFPME), qui a vocation à répondre aux problématiques fiscales spécifiques rencontrées par les PME et à sécuriser les opérations économiques présentant pour elles des enjeux importants et des risques élevés. Selon les situations, il peut donner lieu à une aide ponctuelle ou s'inscrire dans la durée et se matérialise par des réponses d'ordre général ou des prises de position sur des points spécifiques. Ce déploiement vise à concrétiser l'objectif fixé par le plan Agir contre les fraudes qui vise à passer de 1 500 à 8 500 PME accompagnées d'ici 2027.

Instauré dans le prolongement de la loi « pour un État au service d'une société de confiance » du 10 août 2018, le service d'accompagnement fiscal des PME était jusqu'à présent installé dans les directions régionales des Finances publiques et, pour la région Île-de-France, dans la direction des Hauts-de-Seine. Afin de le rendre plus accessible aux entreprises partout sur le territoire, ce service est élargi à 36 directions départementales le 6 juin 2023. Les entreprises étrangères peuvent également recourir à ce service, en particulier lorsqu'elles cherchent à investir en France.

Un partenariat entre la DGDDI et la DGFiP est en cours de construction avec le réseau chargé de l'accompagnement fiscal des PME. Une présentation de l'action économique de la douane a été faite auprès du réseau des conseillers fiscaux afin de permettre l'émergence de synergies entre les deux administrations ainsi que des entretiens croisés.

Conclusion

On le voit, la DGDDI joue un rôle crucial dans la sécurisation des transactions douanières tout en facilitant les flux commerciaux internationaux. Cet équilibre complexe représente le cœur des initiatives douanières visant à concilier sécurité et fluidité des échanges. L'objectif premier des douanes est d'instaurer des mesures sécurisantes tout en évitant les entraves au commerce mondial.

La douane tire des enseignements des réformes internes pour mieux remplir ses missions et répondre aux attentes des entreprises. Des réflexions sont menées pour optimiser l'organisation des pôles d'action économique, ainsi que pour renforcer le soutien réglementaire. Les opérations douanières sont soumises à la complexité de maintenir un équilibre entre la sécurisation des transactions et la facilitation des échanges internationaux. Les stratégies mises en place, allant de l'identification des risques à travers le statut d'opérateur économique agréé (OEA) à la modernisation informatique et à l'harmonisation des procédures, témoignent de la volonté de favoriser les flux commerciaux tout en garantissant la sécurité. C'est par la coopération entre les douanes, les entreprises et les instances internationales que cet équilibre délicat peut être atteint. La poursuite de l'adaptation, de la flexibilité et de l'amélioration des stratégies douanières contribuera sans aucun doute à une circulation plus fluide des marchandises à travers les frontières, dans le respect des normes de sécurité et de sûreté.

La numérisation des procédures douanières est un objectif fondamental pour l'avenir, en alignement avec le calendrier de déploiement des systèmes informatiques européens prévu d'ici 2025. Cette transformation numérique englobe plusieurs facettes, en mettant en avant le développement d'outils modernes de dédouanement basés sur une base technique solide, évolutive et collaborative. Ces outils doivent répondre aux besoins des opérateurs économiques, tels que les importateurs, exportateurs réguliers, expressistes, opérateurs postaux, professionnels du dédouanement et RDE. Parallèlement, ils doivent permettre aux services douaniers d'accomplir leurs missions de la meilleure manière en garantissant le processus intégral du dédouanement.

La coopération étroite entre les entreprises et les services douaniers promet des avantages substantiels, propulsant ainsi les acteurs économiques vers des horizons toujours plus compétitifs et florissants. Cette synergie offre une multitude de gains précieux, tant pour les opérateurs économiques que pour les douaniers qui œuvrent main dans la main pour un commerce international fructueux.

Du côté des opérateurs économiques, cette collaboration forge une nouvelle ère de compétitivité sur les marchés d'exportation. Les échanges fluidifiés et optimisés ouvrent des voies nouvelles, permettant aux entreprises de se positionner stratégiquement avec agilité. En réduisant les obstacles douaniers, les opérateurs économiques peuvent s'efforcer de conserver des liquidités précieuses et d'accroître leur marge de manœuvre financière. De plus, le retour sur investissement douanier se matérialise comme une réalité concrète, récompensant les efforts consentis.

Pour les douaniers, cette collaboration révolutionne leur rôle en repositionnant leur focus sur des tâches à valeur ajoutée. L'essor de la dématérialisation des formalités douanières décharge les douaniers des tâches administratives, leur permettant de se concentrer sur des responsabilités cruciales. La redéfinition des méthodes de travail grâce à ces nouvelles relations professionnelles et outils innovants enrichit leurs responsabilités et compétences. La valorisation des compétences non seulement facilite la mobilité professionnelle et géographique, mais élève également le prestige du métier de douanier.

En somme, cette coopération étroite entre entreprises et douanes apporte un véritable renforcement de la compétitivité française dans le commerce international. Les avantages pour les opérateurs économiques se matérialisent sous la forme de compétitivité renforcée, d'échanges simplifiés et de trésoreries optimisées. Les douaniers, quant à eux, embrassent une ère de tâches à valeur ajoutée, de compétences valorisées et de formations modernisées.

Le rôle de la Douane en matière de sécurité intérieure

Franck DURAND
Maître de Conférences (HDR)
à l'Université de Reims Champagne-Ardenne
Membre du Conseil scientifique de la Douane
Membre du Conseil d'administration de l'Association française de droit de la sécurité et de la défense (AFDSD)
Chercheur au CRDT (EA 3312),
Université de Reims Champagne-Ardenne,
Chercheur associé au CERSA (UMR 7106),
Université Paris-Panthéon-Assas/CNRS

Administration de la frontière et de la marchandise, la Douane a principalement pour mission de contrôler les marchandises à l'import et à l'export, de prélever les droits y afférant, ainsi que de lutter contre les trafics et la criminalité organisée afin de protéger le territoire national.

Cette fonction de protection, essentielle pour l'État, contribue à justifier l'existence même de la douane, depuis son origine.

Ainsi, le 23 avril 1791, lors du débat à l'Assemblée nationale devant déboucher sur la création de la Régie nationale des douanes, le député Goudard, rapporteur du projet, précisa-t-il : « C'est le royaume de France qu'il faut garder, c'est la contrebande qu'il faut empêcher[1] ». Deux siècles plus tard, l'opinion parlementaire quant à la mission de protection confiée à la Douane n'a guère évolué, la députée Jacquier-Laforge rappelant que : « Administration de la frontière et de la marchandise, la douane française est essentielle pour veiller à la

[1]Rapporteur au nom des comités des domaines, des contributions publiques, des finances et d'agriculture et du commerce. Archives parlementaires. Assemblée nationale, 23 avril 1791, p. 261.

sécurité du territoire, de la population et des échanges économiques[2]. »

Ce souci de protection du territoire de la République, mais aussi, plus largement, du territoire européen, par la Douane, est au cœur des préoccupations des gouvernements successifs. Au demeurant, l'intitulé même de la dernière loi adoptée en matière douanière, la loi nº 2023-610 du 18 juillet 2023 « visant à donner à la Douane les moyens de faire face aux nouvelles menaces », témoigne pleinement du rôle de protection et de sécurisation assigné à la Douane.

Même si elle ne constitue pas à proprement parler une force de police[3], la douane joue en matière de sécurité intérieure un rôle important qui semble relever de l'évidence, tant il est inhérent à la nature même de ses fonctions[4] et n'a donc jamais cessé d'exister, l'activité douanière visant tout à la fois à sécuriser et à faciliter les échanges[5], deux missions qui se veulent plus complémentaires que réellement antagonistes, mais qui ne semblent pas nécessairement revêtir la même importance, selon l'époque considérée[6]. En outre, l'amoindrissement de ses compétences fiscales, au cours de ces dernières années, a amené la Douane à se focaliser plus encore sur sa

---

[2]Avis fait au nom de la Commission des lois par Mme Élodie Jacquier-Laforge, Députée, dans Rapport (nº 1352) fait au nom de la Commission des finances, de l'économie générale et du contrôle budgétaire, sur le projet de loi, adopté par le Sénat après engagement de la procédure accélérée, visant à donner à la douane les moyens de faire face aux nouvelles menaces (Nº 1301) par Mme Nadia Hai, députée, p. 9.

[3]Bien qu'elle soit chargée de la police du commerce extérieur, dès la création de la Régie nationale des douanes, en 1791.

[4]Le Département fédéral des finances de la Confédération helvétique n'hésite pas à mettre en exergue l'importance de la fonction de police en indiquant que : « Un contrôle douanier est plus qu'un simple contrôle de marchandises. Le contrôle douanier est bien la prise en charge de tâches de police frontière pour lutter contre la contrebande, pour la recherche de véhicules et d'objets, ainsi que l'accomplissement de tâches de police économique, de police fiscale, de police du commerce, de police industrielle et de police sanitaire ». Extrait du document édité par le Département fédéral des finances (DFF), *Les douanes : plus qu'une simple protection des frontières*, cité par Jean-Luc Albert, *Douane et droit douanier*, PUF, Paris, 2013, p. 12.

[5] Sur ce point, voir Kunio Mikuriya, secrétaire général de l'Organisation mondiale des douanes (OMD), « Concilier sécurisation des flux et performances économiques », *Les Cahiers d'Administration*, hors-série de la revue *Administration*, « La Douane », supplément au nº 264, décembre 2019 (pp. 57-58).

[6]Ainsi, évoquant des « fonctions à prédominance sécuritaire », Jean-Luc Albert indique que « La DGDDI s'est vue confier, là aussi au gré des circonstances, ce que l'on pourrait présenter comme une mission générale de protection des citoyens et du patrimoine. Administration de sécurité économique, voire environnementale, la DGDDI intervient sur de multiples segments répressifs au travers d'une sorte de mutation qui n'est nullement une originalité française. » (J.-L. Albert, *op. cit.* p. 118).

mission de protection des frontières et de lutte contre les différents trafics.

Sur le plan de la sécurité extérieure, c'est le premier consul, Napoléon Bonaparte, qui, ayant restructuré l'ancienne Ferme générale issue de l'Ancien Régime, devenue Régie nationale des douanes le 23 avril 1791, puis Direction générale des douanes le 16 septembre 1801, dote ses membres d'un uniforme. Des unités douanières, structurées sur un mode militaire, participent activement aux campagnes napoléoniennes et leur bravoure est saluée par l'Empereur lui-même. Pour autant, le corps militaire des douanes, constitué en bataillons, n'est officiellement créé qu'à la faveur des ordonnances des 31 mai 1831 et 9 septembre 1832 prises par Louis-Philippe, textes qui dotent le service des brigades d'un statut militaire[7], les douanes ne recevant toutefois leur drapeau, commun à l'ensemble des bataillons, que le 14 juillet 1880, des mains du président Jules Grévy. S'agissant de leur engagement sur le front, les bataillons douaniers s'illustrent dès la guerre de 1870. En 1914, le corps militaire des douanes apporte une aide précieuse aux armées, notamment en matière de renseignement et de missions d'éclaireurs, compte tenu de la parfaite connaissance du terrain et des populations locales que possèdent les douaniers. En 1939, les bataillons douaniers sont de nouveau mobilisés. Le corps militaire des douanes est dissous par le décret du 27 juin 1940, après un siècle d'existence[8], sans pour autant que la Douane renonce à apporter son concours en matière de défense. Au demeurant, il est frappant de constater que la Douane a fourni une importante contribution aux activités de défense, avec ou sans statut militaire, et qu'elle poursuit aujourd'hui encore activement ses activités dans ce domaine, nonobstant l'extinction de son statut militaire.

La conclusion s'impose d'elle-même : la Douane n'est pas une force de police, mais elle concourt activement à la sécurité intérieure, elle n'est pas davantage une force militaire, mais elle participe aux activités de défense.

L'époque contemporaine a, de plus, ouvert de nouveaux champs d'intervention de la Douane en matière de sécurité, tant dans le

---

[7]L'autre composante des douanes, le service des bureaux, conservant un statut civil.

[8]Clinquart (Jean), *Origine et ambiguïté du corps militaire des douanes*, CHEFF, Études et Documents.

domaine économique et commercial [9], que dans le domaine environnemental[10].

Au fil de l'histoire, l'investissement de la Douane en matière de sécurisation, sans cesser d'exister à aucun moment, s'est progressivement amoindri en faveur de l'autre pilier de l'activité douanière qu'est la facilitation. Ainsi, pendant une cinquantaine d'années après la Deuxième Guerre mondiale, le curseur a très nettement progressé dans le sens de la facilitation, parfois même au détriment de la sécurisation, afin de permettre le développement du commerce international, dans le but de satisfaire une population mondiale toujours plus avide de consommation, dans un cadre de prospérité économique retrouvée et de stabilité politique relativement assurée, fût-ce par l'équilibre de la terreur.

Un coup d'arrêt est donné à cette évolution par les attentats[11] du 11 septembre 2001. Ceux-ci amènent en effet à constater que la facilitation des échanges a aussi facilité la circulation de produits, d'individus et d'idéologies pouvant menacer gravement la sécurité intérieure des États.

Parfois instrumentalisées politiquement, les conséquences de cette prise de conscience sont d'autant plus brutales et tendent à générer un repli des nations sur elles-mêmes, tout en légitimant l'instauration de contrôles drastiques et même de mesures protectionnistes. Fort logiquement, le curseur de l'activité douanière connaît alors un mouvement de balancier et repart dans le sens de la sécurisation accrue pendant une quinzaine d'années. Ce phénomène, observable à l'échelle de la planète, est entériné par l'Organisation mondiale des douanes (OMD), qui adopte en décembre 2015 la Résolution de Punta Cana, dans laquelle elle « invite les administrations des douanes à intégrer la sécurité dans leur mandat et fonctions, le cas échéant, en incluant la sécurité dans leurs plans stratégiques et en faisant percoler cet objectif vers les services de première ligne ».

La volonté de revenir à un certain équilibre entre sécurisation et facilitation reste tributaire des évolutions parfois brutales du contexte

[9] Sur ce point, voir, dans le présent ouvrage, la communication de M. Guillaume Vanderheyden, « Les défis du soutien à l'activité économique et à l'attractivité du territoire ».

[10] Voir, dans le présent ouvrage, la communication de M. Florian Simonneau, « Douane, protection de l'environnement et enjeux de société ».

[11] Dans sa préface à l'ouvrage de Jean-Luc Albert, *Douane et droit douanier* (PUF, 2013, p. 3), Luc Saïdj souligne, « depuis le 11 septembre 2001, le renforcement d'objectifs de surveillance économique, financière, sanitaire, environnementale, puis de plus en plus policière, voire judiciaire ».

international, tout autant sur le plan économique que sur le plan politique. Ainsi, dans son dernier rapport annuel, publié le 12 septembre 2023, l'Organisation mondiale du commerce constate qu'une nouvelle forme de mondialisation des échanges se développe sur la base d'affinités politiques. L'OMC révèle que les échanges entre les deux principaux blocs géopolitiques définis à partir de la proximité de leurs votes à l'Assemblée des Nations unies ont progressé de 4 à 6 % plus lentement qu'à l'intérieur de ces blocs, d'où elle déduit que :

> « Les premiers signes d'une recomposition du commerce sur la base d'affinités géopolitiques sont apparus, avec des relocalisations qui se font de plus en plus dans des pays amis ». Plus loin, le rapport constate que « Les tensions entre les États-Unis et la Chine ont débouché sur une guerre commerciale, avec une hausse des tarifs douaniers à partir de 2018. Même si les échanges entre les deux pays ont atteint un niveau record de 690 milliards de dollars en 2022, la part de la Chine dans les importations américaines est tombée de 22 % à 17 % entre 2017 et 2022. »

Cette recomposition du commerce mondial sur la base de convergences idéologiques ou d'intérêts stratégiques semble confirmer l'instrumentalisation politique des échanges économiques qui s'est clairement manifestée dès le début de l'intervention russe en Ukraine. Inéluctable, l'implication de la Douane dans un tel contexte en fait un acteur de premier plan de l'affrontement commercial qui accompagne la montée des rivalités stratégiques et le conflit militaire.

Si elle ne fait toujours pas partie des forces de sécurité intérieure *stricto sensu*, la Douane n'en contribue pas moins activement à celle-ci selon deux modalités essentielles. D'une part, la Douane agit directement, par ses propres structures, afin d'assurer la sécurité intérieure (I) ; d'autre part, la Douane coopère avec les forces de sécurité intérieure afin de contribuer à assurer la sécurité intérieure (II). Au-delà de la sécurité intérieure, la Douane contribue également de multiples façons à la sécurité au plan international (III). Enfin, on assiste, depuis une quinzaine d'années, à un resserrement de l'encadrement juridique des interventions de la Douane, en particulier sous l'effet conjugué des jurisprudences du Conseil constitutionnel et de la Cour de cassation, amenant à une recodification du code des douanes, devenu en partie obsolète, afin de sécuriser l'action douanière (IV).

I. L'action de la Douane en matière de sécurité intérieure

Dans le cadre de l'activité qui est ordinairement la sienne, la Douane agit en faveur de la sécurité intérieure en contribuant à l'accomplissement, par l'État des devoirs lui incombant en vertu de l'alinéa 2 de l'art. L.111- 1 du CSI qui dispose que : « L'État a le devoir d'assurer la sécurité en veillant, sur l'ensemble du territoire de la République, à la défense des institutions et des intérêts nationaux, au respect des lois, au maintien de la paix et de l'ordre publics, à la protection des personnes et des biens. »

La Douane agit concrètement et efficacement en faveur de la sécurité intérieure au moyen de ses propres structures, dont certaines sont dotées de prérogatives non négligeables en matière d'activité judiciaire, de recherche, de collecte et d'analyse du renseignement, d'activité aéromaritime ou bien encore d'autorisation des mouvements internationaux d'armes. De surcroît, la Douane a bénéficié, dans le cadre d'un plan gouvernemental, d'un accroissement de ses moyens humains, matériels et financiers, destiné à en faire un véritable acteur de la lutte contre le terrorisme.

A/ L'action de la Douane en matière d'investigations judiciaires[12]

La loi du 23 juin 1999 renforçant l'efficacité de la procédure pénale est venue insérer dans le code de procédure pénale un article 28-1 autorisant certains agents des douanes, spécialement habilités par l'autorité judiciaire, à mener des enquêtes judiciaires sur réquisition expresse du parquet ou sur commission rogatoire du juge d'instruction, uniquement dans les domaines précisés par le code de procédure pénale. Cette disposition est issue d'un amendement déposé par le gouvernement le 6 avril 1999, au cours de la discussion du texte à l'Assemblée nationale, malgré l'opposition du ministère de l'Intérieur, qui entendait rester le seul ministère de tutelle des agents investis de pouvoirs de police judiciaire[13].

---

[12] Sur ce sujet, voir, dans le présent ouvrage, la contribution du directeur du Service d'enquêtes judiciaires des finances, M. Christophe Perruaux, « La lutte contre la criminalité financière : du Service national de douane judiciaire à l'Office national anti-fraude aux finances publiques ».

[13] Ceci explique que les douaniers ne se soient pas vus reconnaître la qualité d'officier de police judiciaire, qui leur aurait permis de constater l'ensemble des infractions, mais

Dans le sillage de cette innovation est créé, en 2002, le Service national de douane judiciaire[14] (SNDJ), dirigé par un magistrat de l'ordre judiciaire et regroupant près de deux cents agents opérant sur l'ensemble du territoire national. Ceux-ci, agissant conformément aux dispositions du Code pénal, se révèlent fort complémentaires des autres douaniers, qui agissent sur la base du code des douanes, mais aussi des policiers et des gendarmes, qui ne possèdent pas leur expertise en matière d'infractions économiques. Le SNDJ ne peut toutefois diligenter d'enquête que s'il est saisi par un magistrat et ne peut intervenir qu'en matière douanière.

La loi du 23 octobre 2018 relative à la lutte contre la fraude, qui marque la volonté des pouvoirs publics de lutter plus efficacement contre la fraude fiscale qui prive l'État de ressources importantes, prévoit, parallèlement à un renforcement de l'arsenal pénal, l'affectation d'officiers fiscaux judiciaires au sein d'un nouveau service spécialisé dans la répression de la délinquance douanière, financière et fiscale, rattaché conjointement à la direction générale des douanes et droits indirects et à la direction générale des Finances publiques : le service d'enquêtes judiciaires des finances (SEJF). Créé le 1er juillet 2019 au sein du ministère de l'Action et des Comptes publics à partir du service national de douane judiciaire (SNDJ), le service d'enquêtes judiciaires des finances (SEJF) vient accroître les capacités d'enquête à disposition de l'autorité judiciaire en matière fiscale et douanière, en particulier s'agissant de la fraude fiscale complexe et du blanchiment. Dirigé par un magistrat de l'ordre judiciaire, le SEJF peut être saisi notamment par le parquet national financier (PNF) dans le cadre de dossiers nécessitant une expertise fiscale, douanière ou financière et peut également, en complément des investigations du ministère de l'Intérieur, être chargé de dossiers de présomption de fraude fiscale nécessitant une expertise fiscale de pointe et la mise en œuvre de moyens judiciaires d'enquête.

Recensant environ un millier d'enquêtes judiciaires en portefeuille en 2024, le SEJF déploie également une importante activité en lien avec ses homologues étrangers puisqu'il traite environ 80 % des

seulement une compétence spécialisée, limitée aux seules infractions douanières et exclusivement mise en œuvre à la demande d'un magistrat. La Douane se voit néanmoins dotée de véritables compétences judiciaires dont la mise en œuvre échappe au contrôle du ministère de l'Intérieur.

[14] Arrêté interministériel nº ECOP02000959A portant création du service à compétence nationale dénommé service national de douane judiciaire.

affaires dont la France est saisie par le parquet européen. La loi du 18 juillet 2023 est venue élargir le champ de compétences du SEJF à l'escroquerie aux finances publiques.

Le service d'enquêtes judiciaires des finances est composé de 266 enquêteurs habilités dont 241 officiers de douane judiciaire et 25 officiers fiscaux judiciaires, habilités à exercer des missions de police judiciaire dans le cadre des compétences qui leur sont reconnues par le code de procédure pénale. Au niveau central, le SEJF se compose d'un secrétariat général, d'un pôle ressources humaines, budget et logistique, d'un pôle contrôle interne et maîtrise des risques et d'un pôle investigations judiciaires. Au niveau déconcentré, le SEJF comprend dix unités : l'unité judiciaire fiscale ; l'unité douane judiciaire Paris ; nord ; est ; sud-ouest ; sud-est ; grand-ouest Bretagne ; centre-est Rhône-Alpes ; Occitanie ; Antilles-Guyane.

Le 9 mai 2023, M. Gabriel Attal, ministre délégué chargé des Comptes publics auprès du ministre de l'Économie, des Finances et de la Souveraineté industrielle et numérique, a annoncé une série de mesures de lutte contre la fraude fiscale et douanière, premier volet du plan gouvernemental de lutte contre toutes les fraudes aux finances publiques. Rappelant que « Le contrôle fiscal et douanier et la lutte contre la fraude sont une arme majeure pour la protection des intérêts financiers de l'État comme pour préserver notre pacte social », le ministre a souligné que, sur la période, un montant historique de 14,6 Md€ a été atteint en 2022, Tracfin ayant également transmis des signalements de fraude pour un montant de 1,5 Md€[15].

Afin d'agir plus efficacement contre la fraude aux finances publiques, qu'elle soit fiscale, sociale ou douanière, le gouvernement a donc présenté en juillet 2023 un plan en 35 mesures qui prévoit le déploiement de moyens humains et budgétaires sans précédent, au cours des cinq ans à venir.

Le 20 mars 2024, le gouvernement a publié le premier Bilan du plan de lutte contre les fraudes sociales, fiscales et douanières. Après avoir rappelé qu'en matière douanière, 70 tonnes de cannabis en France et 41 tonnes de cocaïne à l'étranger ont été saisies en 2023, celui-ci indique que : « Grâce aux services de renseignement de la

---

[15]Parallèlement, l'action de la Douane contre les trafics a atteint des niveaux records en 2022 : 104,53 tonnes de drogues ont été saisies en 2022 pour une valeur de revente illicite estimée à plus d'un milliard d'euros ; 640,1 tonnes de tabac et de cigarettes (contre 402 tonnes en 2021 soit +59,2 % en un an, et près de +125 % en deux ans), et 11,53 millions d'articles de contrefaçon contre 9,1 millions de 2021 (+27 %).

Douane, sur l'ensemble des stupéfiants, nous avons multiplié par deux les saisies à l'étranger, avec en particulier une multiplication par 2,5 pour la cocaïne, ce qui permet d'éviter davantage d'entrées sur le territoire national. »

Les douanes ont également saisi 521 tonnes de tabac et l'État a saisi ou identifié 163 milliards d'euros d'avoirs criminels et redressé 317 milliards d'euros de blanchiment douanier dans le cadre de 163 procédures.

La vingt-huitième mesure du plan de lutte contre les fraudes présenté en 2023 consistait à transformer le service d'enquêtes judiciaires des finances (SEJF) en Office national anti-fraude (ONAF), afin de renforcer la capacité de judiciarisation des fraudes, en particulier dans le domaine des finances publiques. Le décret nº 2024-235 du 18 mars 2024 est venu concrétiser cette proposition. Créé à compter du 1er mai 2024 au sein du ministère chargé du Budget, l'Office national anti-fraude a vocation à devenir le service d'enquêtes judiciaires de référence en ce domaine.

S'inscrivant dans le cadre d'une véritable stratégie de lutte contre la fraude, cette évolution se traduit par des moyens d'action élargis, tels que la possibilité, pour l'ONAF, de se saisir d'office d'une enquête dans tous ses domaines d'attribution autres que la matière douanière ou fiscale, et l'extension du champ de compétences à toutes les infractions portant atteinte aux finances publiques, qu'elles se rapportent aux recettes, aux dépenses et aux fonds ou aux avoirs publics, y compris les infractions portant atteinte aux intérêts financiers de l'Union européenne.

Ainsi, conformément à l'article 2 paragraphe premier du décret du 18 mars 2024, dans le cadre de sa mission de lutte contre la fraude aux finances publiques, l'ONAF a pour domaine d'intervention, parmi les infractions relevant de son champ de compétences, au titre des articles 28-1 et 28-2 du code de procédure pénale :

> « 1° les infractions prévues au code des douanes ;
> 2 ° les infractions en matière de contributions indirectes ;
> 3 ° les infractions prévues aux articles 1741 et 1743 du code général des impôts lorsqu'il existe des présomptions caractérisées que ces infractions résultent d'un des cas prévus aux 1o à 5o du II de l'article L.228 du livre des procédures fiscales ;
> 4 ° les escroqueries sur la taxe sur la valeur ajoutée ;
> 5 ° les escroqueries prévues au 5o de l'article 313-2 du Code pénal ;

> 6 ° les infractions relatives à la protection des intérêts financiers de l'Union européenne. »

La qualité d'office national vise à faciliter la reconnaissance de l'ONAF comme véritable acteur du monde judiciaire, conjointement rattaché à la direction générale des douanes et droits indirects et à la direction générale des Finances publiques, et comme chef de file dans son domaine de compétences. L'ONAF a ainsi vocation à recevoir des informations de l'ensemble des services de l'État, y compris de la police nationale et de la gendarmerie, afin de garantir la mise en place d'une stratégie d'ensemble reposant sur une véritable coordination de tous les services impliqués dans la lutte contre les fraudes. Dans ce cadre, les enquêtes mixtes seront développées par l'ONAF avec les services des enquêtes administratives et les protocoles entre l'ONAF et les administrations et organismes intervenant dans son champ de compétences seront généralisés afin d'encadrer les échanges d'informations. De plus, l'ONAF participe à la coordination interministérielle en matière de lutte contre la fraude aux finances publiques, confiée à la mission interministérielle de coordination anti-fraude.

Aucun des quinze offices centraux de police judiciaire existants, dont la direction est confiée soit à la police nationale, soit à la gendarmerie nationale, ne détenait de compétences complètes en matière de lutte contre les fraudes aux finances publiques ou d'infractions douanières, ne permettant pas à ces domaines d'être pris en compte au plus haut niveau. Toutefois, l'Office national anti-fraude n'est pas expressément qualifié d'office central de police judiciaire, mais de service à compétence nationale. De plus, le deuxième paragraphe de l'article 2 du Décret du 18 mars 2024 l'instituant précise que :

> « L'office intervient dans le respect des attributions des offices centraux de police judiciaire, notamment l'Office central de lutte contre le travail illégal et l'Office central de lutte contre la corruption et les infractions financières et fiscales, avec lesquels il coopère et se coordonne sur l'exercice de leurs domaines d'attribution respectifs. »

Dans le domaine d'intervention qui est le sien, l'ONAF est chargé, conformément à l'article 3 du décret du 18 mars 2024 :

> « 1 ° De procéder sur l'ensemble du territoire national à des enquêtes judiciaires ;
>
> 2 ° D'animer et de coordonner, sous la direction de l'autorité judiciaire dans la conduite des enquêtes, à l'échelon national et au plan

opérationnel, les recherches et les investigations de police judiciaire ;
3 ° De recueillir, centraliser et exploiter tout renseignement ou information entrant dans son domaine d'intervention à des fins stratégiques, opérationnelles ou documentaires, y compris ceux portant sur les fraudes et les phénomènes criminels mis en évidence dans le cadre des enquêtes judiciaires, pour renforcer la lutte contre les fraudes douanières et aux finances publiques et favoriser une meilleure circulation de l'information entre les administrations, services et organismes concernés ;
4 ° D'étudier et de participer à l'étude, avec les ministères, les organismes publics et privés et les organismes européens et internationaux, des moyens préventifs et répressifs à mettre en œuvre ;
5 ° D'effectuer ou poursuivre à l'étranger des recherches entrant dans son domaine d'intervention. À cet effet, sans préjudice de l'application des conventions internationales et des textes européens, l'Office national anti-fraude constitue, pour la France, le point de contact central dans les échanges internationaux. Il coopère avec les services compétents de l'Union européenne et les services homologues des pays étrangers, dans le respect de leurs missions respectives et des procédures qui leur sont applicables. Il entretient également avec ces services les liaisons opérationnelles nécessaires à son activité en vue de rechercher toute information relative aux infractions relevant de sa compétence ainsi qu'à l'identification et à la localisation de leurs auteurs. »

Étant précisé que : « Pour accomplir sa mission, l'office centralise, traite, exploite et transmet aux administrations, services et organismes sociaux mentionnés au deuxième alinéa de l'article 1er[16] ainsi qu'aux autorités judiciaires, toutes documentations et informations relevant de leur domaine de compétence. »

L'ONAF se compose d'un service central qui comprend des services communs et des unités de travail responsables des missions et d'unités territoriales dont la liste est fixée par arrêté du ministre chargé du Budget. Tout comme le SEJF qui l'a précédé, l'ONAF est dirigé par un magistrat de l'ordre judiciaire assisté, pour l'ensemble de ses attributions, de deux adjoints relevant de la direction générale des

[16]Conformément au deuxième alinéa de l'article 1er : « Les directions et services des douanes et droits indirects et des finances publiques sont associés aux activités de l'office, de même que les administrations et services sur lesquels le ministre chargé du budget exerce, seul ou conjointement avec les autres ministres intéressés, son autorité dans les matières mentionnées au I de l'article 2 et les organismes sociaux. Participent également à ses activités, en tant que de besoin, la direction générale de la police nationale et la direction générale de la gendarmerie nationale. »

douanes et droits indirects et de la direction générale des Finances publiques, qui le suppléent en cas d'absence.

S'agissant des moyens humains affectés à l'ONAF, est prévu, d'ici 2025, le doublement des effectifs des officiers fiscaux judiciaires (+40 ETP), tandis qu'est créé un statut d'agent d'enquête judiciaire permettant à ses bénéficiaires d'épauler les officiers douaniers et fiscaux judiciaires. Sont ainsi affectés à l'Office national anti-fraude : les officiers de douane judiciaire habilités[17] ; les officiers fiscaux judiciaires habilités[18] ; les agents de police judiciaire des finances[19].

Face à la multiplication des détournements massifs d'aides publiques, l'ONAF a vocation à centraliser les informations et à organiser une stratégie de lutte cohérente, afin de constituer le nouveau bras armé de l'État en ce domaine.

B/ L'action de la Douane en matière de renseignement : la direction nationale du renseignement et des enquêtes douanières[20] (DNRED)

La Douane déploie une intense activité dans le domaine du renseignement grâce à la direction nationale du renseignement et des enquêtes douanières (DNRED), créée en 1988[21] et devenue service à compétence nationale en 2007, en charge de la politique du renseignement, du contrôle et de la lutte contre la fraude en matière douanière sur l'ensemble du territoire.

Conformément à l'article 2 de l'arrêté[22] qui l'a réformée, la DNRED « est chargée de mettre en œuvre la politique du renseignement, des contrôles et de lutte contre la fraude de la direction générale des douanes et droits indirects, sous réserve des attributions dévolues au service d'analyse de risque et de ciblage (SARC) en matière d'avant-dédouanement, de dédouanement et de fiscalité ».

La DNRED comprend des services centraux et des unités locales.

---

[17]Mentionnés à l'article 28-1 du code de procédure pénale.

[18]Mentionnés à l'article 28-2 du code de procédure pénale, lorsqu'ils sont placés au sein du ministère chargé du Budget.

[19]Mentionnés à l'article 28-1-1 du code de procédure pénale.

[20]Sur ce sujet, voir, dans le présent ouvrage, la contribution du directeur du renseignement douanier, M. Arnaud Coupry, « La douane face au défi du renseignement ».

[21]Arrêté du 1er mars 1988 portant création de la direction nationale du renseignement et des enquêtes douanières et réorganisation du service des autorisations financières et commerciales.

[22]Arrêté du 29 octobre 2007 portant création d'un service à compétence nationale dénommé « direction nationale du renseignement et des enquêtes douanières ».

Les services centraux de la DNRED regroupent le secrétariat général, qui assure la coordination avec les autres services de renseignement et veille à la protection du secret ; l'agence de poursuite des infractions douanières ; la recette régionale pour la perception des droits et le recouvrement des amendes, le service de police nationale détaché. S'y ajoutent des services de soutien en charge des ressources humaines, de la logistique et de l'immobilier et de la communication.

Les quatre directions de la DNRED sont la direction du renseignement douanier (DRD), la direction des enquêtes douanières (DED), la direction des opérations douanières (DOD) et la direction technique (DT).

La direction du renseignement douanier (DRD) gère la filière « renseignement », élabore le plan national de renseignement et traite les informations sur la fraude. La DRD se compose de trois divisions d'analyse qui réalisent des études s'inscrivant dans un cadre stratégique, tactique et opérationnel.

En 2019, la directrice de la DNRED précise que celle-ci :

> « [...] s'appuie sur une veille des flux et une veille technologique. La veille des flux consiste à analyser les grands courants de fraude afin d'anticiper les agissements des organisations criminelles et à appréhender les nouveaux phénomènes frauduleux d'envergure, les nouvelles tendances et de nouveaux circuits de fraude. Elle permet également d'alerter les autorités nationales et internationales sur des menaces, par exemple le trafic grandissant des nouvelles drogues de synthèse comme le fentanyl. La veille technologique consiste à analyser les méthodes des organisations de fraude pour mieux les contrer, et à disposer également d'outils plus performants pour mieux les comprendre. La DNRED a ainsi développé sa capacité à identifier la traçabilité des opérations financières illicites en cryptomonnaies et mène des investigations complexes dédiées à la lutte contre la cyberdélinquance[23]. »

La direction des enquêtes douanières (DED) met en œuvre une compétence d'exception en matière de lutte contre la grande fraude, complétant la compétence générale d'attribution des services régionaux d'enquête (SRE). La DED se compose de quatre divisions d'enquêtes à compétence nationale.

---

[23]Cléostrate (Corinne), « Le renseignement est stratégique, tactique ou opérationnel... », *Les Cahiers d'Administration*, hors série de la revue *Administration*, « La Douane », supplément au nº 264, décembre 2019 (pp. 34-35).

La direction des opérations douanières (DOD) recherche et recueille le renseignement opérationnel, en particulier de source humaine. Elle a ainsi recours aux moyens d'assistance technique spécialisés, aux interceptions de sécurité, aux opérations de livraisons surveillées et d'infiltration. La DOD entretient des relations suivies avec les services étrangers et les services des ministères de l'Intérieur et des Armées mettant en œuvre des activités similaires. La DOD se compose d'une division parisienne et d'un réseau de neuf échelons et de douze antennes.

La direction technique (DT) est en charge des systèmes d'information et de communication et apporte son expertise pour la recherche et l'exploitation du renseignement d'origine technique.

La DNRED fait partie de la Communauté française du renseignement[24], qui réunit depuis 2008, dans le sillage du *Livre blanc sur la défense et la sécurité nationale*, les six principaux services de renseignement français[25]. Ces services, dits « du premier cercle », peuvent mettre en œuvre la totalité des techniques de renseignement prévues par la loi de 2015 et leurs responsables siègent au Conseil national du renseignement, qui constitue une formation spécialisée du Conseil de défense présidée par le président de la République permettant une meilleure coopération entre les principaux services français de renseignement.

Cette coopération entre services et entre administrations est indispensable afin de parvenir à une meilleure efficacité en matière d'activité de renseignement. Comme le souligne la directrice du renseignement douanier :

> « Les dispositifs de coopération sont multiples : ils peuvent s'appuyer sur le code de sécurité intérieure pour la communauté du renseignement, sur le code des douanes en matière de lutte contre

[24]À ce titre, elle relève de la Coordination nationale du renseignement et de la lutte contre le terrorisme rattachée au président de la République et de l'Inspection des services de renseignement placée auprès du Premier ministre.

[25]Les six services composant la Communauté française du renseignement sont la direction générale de la sécurité extérieure (DGSE) ; la direction du renseignement militaire (DRM) et la direction du renseignement et de la sécurité de la défense (DRSD) pour le ministère des Armées ; la direction générale de la sécurité intérieure (DGSI) pour le ministère de l'Intérieur ; le service de traitement du renseignement et d'action contre les circuits financiers clandestins (TRACFIN) et la DNRED pour les ministères économiques et financiers. En revanche, le service national du renseignement pénitentiaire (SNRP) du ministère de la Justice, la sous-direction de l'anticipation opérationnelle de la gendarmerie nationale (SDAO), le service central du renseignement territorial (SCRT) et la direction du renseignement de la préfecture de police (DRPP), qui relèvent tous trois du ministère de l'Intérieur, ne sont pas intégrés au premier cercle du renseignement français.

> la fraude fiscale (art. 59 code des douanes) avec ses partenaires du ministère de l'Action et des Comptes publics, sur des protocoles de coopération, etc. Le réseau de nos partenaires s'étend bien entendu à l'international : la DNRED par le vecteur de l'assistance administrative internationale mutuelle travaille au quotidien avec des services étrangers. Elle s'appuie également sur le réseau des attachés douaniers qui couvre plus de 80 pays[26] ».

Dans le cadre du plan anti-fraudes du gouvernement, un service de renseignement fiscal a été créé au sein de la DNRED, afin de renforcer les moyens de recherche et de prévention des fraudes fiscales les plus complexes. Ce service, composé d'une centaine d'agents, peut recourir aux diverses techniques de renseignement autorisées par le code de la sécurité intérieure (CSI). Le plan anti-fraudes prévoit également un investissement de cent millions d'euros en faveur du développement des moyens de renseignement économiques et financiers, au profit de la DNRED et de Tracfin.

C / L'action de la Douane en matière aéromaritime : la direction nationale Garde-côtes des douanes (DNGC)

La loi relative aux moyens de protéger les Douanes nationales, donnée à Paris le 16 octobre 1791 pour entériner le décret de l'Assemblée nationale du 30 septembre 1791, dispose à son article premier : « Il sera armé, dans le plus bref délai, pour écarter les fraudes des côtes du Royaume, & protéger le service des Douanes, quatre corvettes ou avisos, & des chaloupes canonnières ou autres petits bâtimens. » Dès son origine, la Douane s'est donc vue dotée de moyens maritimes destinés en premier lieu à lutter contre la fraude et à protéger les côtes françaises.

Aujourd'hui encore, plus que jamais, la Douane déploie en mer une intense activité et dispose, à cette fin, de moyens conséquents, qui font d'elle la première administration civile à la mer.

Afin de renforcer son rôle dans la surveillance de la frontière maritime et de mieux coordonner son action, une direction nationale Garde-côtes des douanes (DNGCD) a été instaurée le 1er juillet 2019. La direction nationale Garde-côtes des douanes est un service à compétence nationale qui regroupe, sous un commandement unifié basé au Havre, les différents services douaniers en charge du pilotage stratégique et opérationnel des moyens aéromaritimes. Trois services

---

[26] *Ibid*, p. 35.

garde-côtes implantés à Nantes, Marseille et Fort-de-France permettent d'assurer la présence douanière sur les façades maritimes de la métropole ainsi que dans l'arc Antilles-Guyane.

Dans le cadre de leur mission de surveillance et de protection de la frontière maritime, les services de la DNGCD assurent une grande variété de missions hauturières, semi-hauturières et côtières, relevant du cadre fiscal ou environnemental, mais aussi de la lutte contre la fraude et du service public de l'État en mer.

Afin d'assurer ses missions et de concourir au mieux à l'action de l'État en mer, la Garde-côtes des douanes dispose d'importants moyens d'intervention et d'interception, dont dix-huit vedettes et patrouilleurs naviguant dans les deux cents nautiques et treize vedettes côtières qui interviennent dans le rayon des vingt nautiques. Ces moyens navals sont appuyés par une composante aérienne composée d'avions disposant d'une autonomie de plus de 4 h 30 de vol et d'hélicoptères. Ces moyens aériens peuvent intervenir en soutien des moyens maritimes — ou terrestres — et permettre ainsi une intervention plus précise et mieux ciblée du dispositif naval ou terrestre qui peut alors adapter son action en temps réel.

Travaillant en synergie avec les autres services de la Douane, notamment la DNRED et les brigades terrestres, les moyens aéromaritimes de la douane se caractérisent par une importante interopérabilité tant opérationnelle que technique qui permet d'assurer la continuité de l'action douanière.

Composés de près de neuf cents agents spécialisés dans des domaines aussi variés que la maintenance des moyens, leur exploitation opérationnelle et l'analyse de l'information maritime, les services de la DNGCD constituent un acteur essentiel de la lutte contre les grands trafics tout en s'inscrivant dans le dispositif de l'Action de l'État en mer (AEM) piloté en métropole par les préfectures maritimes de Cherbourg, Brest, et Toulon ainsi que par les délégués du gouvernement pour l'Action de l'État en mer aux Antilles. La DNGCD s'emploie également à nouer des partenariats avec les autres administrations de la mer, tant françaises qu'étrangères.

D / Le service des autorisations de mouvements internationaux d'armes (SAMIA)

Le service des autorisations de mouvements internationaux d'armes est un service à compétence nationale rattaché au sous-directeur du commerce international de la direction générale des douanes et droits indirects, créé par le décret n° 2020-23 du 13 janvier 2020. Dans le cadre de la déconcentration administrative, le SAMIA assure depuis le 1er février 2020 la délivrance des autorisations en matière d'armes, de munitions, de leurs éléments et d'explosifs, précédemment délivrées par l'administration centrale.

Conformément à l'article 3 du décret qui l'a institué, le service des autorisations de mouvements internationaux d'armes :

> « – Instruit et délivre les autorisations de flux internationaux d'armes, de munitions, de leurs éléments et d'explosifs et les autorisations d'importation et de transit de matériels de guerre, prévues par le code de la sécurité intérieure et le code de la défense ;
>
> — assure un suivi statistique des autorisations dans ces domaines ;
>
> — contribue à administrer les applications informatiques nationales et européennes relatives aux mouvements internationaux d'armes ;
>
> — apporte un soutien aux services déconcentrés dans le domaine du dédouanement des marchandises soumises à autorisation de mouvements internationaux d'armes ;
>
> — contribue, par son expertise, à la concertation interministérielle relative aux mouvements internationaux d'armes ;
>
> — participe aux actions d'information et de sensibilisation des entreprises et des particuliers, en relation avec les services de la direction générale des douanes et droits indirects et les autres ministères intervenant dans ces domaines. »

S'agissant des armes, munitions et de leurs éléments, le SAMIA délivre et suit les autorisations d'importation de matériels de guerre ; les autorisations de transit de matériels de guerre ; les licences d'exportation d'armes à feu ; les accords préalables ; les permis de transfert ; les agréments de transfert ; les certificats internationaux d'importation ; les certificats de vérification de livraison.

En matière d'explosifs, le SAMIA délivre et suit les autorisations d'importation de produits explosifs ; les autorisations d'exportation de produits explosifs ; les autorisations de transit intracommunautaire.

En revanche, les licences d'exportation de matériels de guerre et les licences de transfert de produits liés à la défense ne relèvent pas de la compétence du SAMIA. Elles sont délivrées par le secrétariat général de la Défense et de la Sécurité nationale (SGDSN) et notifiées par le bureau Restriction et sécurisation des échanges de la direction générale des Douanes et Droits indirects.

E/ Le Plan de renforcement de la Douane en matière de lutte contre le terrorisme et de contrôle aux frontières

Le 22 janvier 2016, le secrétaire d'État chargé du Budget et des Comptes publics, Christian Eckert, a présenté un plan de renforcement de la Douane en matière de lutte contre le terrorisme et de contrôle aux frontières[27] se déclinant en cinq axes visant à :

— renforcer les effectifs pour assurer une meilleure protection ;

— donner plus de moyens d'action opérationnelle pour plus de sécurité et d'efficacité ;

— conforter le renseignement douanier au cœur des métiers de la douane ;

— moderniser, mieux cibler et coordonner le contrôle des flux de marchandises ;

— développer de nouveaux dispositifs dans la lutte contre le financement du terrorisme.

Dans le cadre de la mise en place de ce plan de renforcement, d'importants moyens ont été mobilisés : 45 millions d'euros pour l'achat d'équipements nouveaux et un millier de recrutements supplémentaires en deux ans, principalement destinés aux unités douanières de surveillance aux frontières et aux services de renseignement. De plus, de nouveaux outils juridiques ont été créés afin de lutter contre le blanchiment et les trafics qui financent le terrorisme.

1. Renforcer les effectifs pour assurer une meilleure protection

Le 16 novembre 2015, le président de la République a annoncé, devant le Parlement réuni en Congrès, le recrutement de 1 000 agents afin de renforcer les effectifs de la Douane, et plus particulièrement les effectifs des brigades aux frontières terrestres. Ainsi, les effectifs des unités douanières chargées des contrôles de sûreté ferroviaire sur la liaison transmanche et dans les gares de Paris-Nord et Lille-Europe sont renforcés.

---

[27]Ce plan est venu concrétiser une préconisation de l'Organisation mondiale des douanes, figurant dans la Résolution de la Commission de politique générale de l'Organisation mondiale des douanes concernant le rôle de la Douane dans le contexte de la sécurité, dite Résolution de Punta Cana, adoptée en décembre 2015, qui, dans le contexte de multiplication des actes terroristes, « encourage les gouvernements à fournir un soutien financier et un soutien en matière de ressources humaines et de service pour faire en sorte que les administrations des douanes puissent apporter une contribution à l'échelon national, mais aussi à l'échelon international, aux fins des activités du Programme Sécurité de l'OMD ».

2. Donner plus de moyens d'action opérationnelle pour plus de sécurité et d'efficacité

Face au risque terroriste, la capacité de riposte des services douaniers a été renforcée dans un double souci de sécurité des fonctionnaires et d'efficacité des dispositifs d'interception. Ainsi, les 120 unités de douane chargées des contrôles routiers ont été progressivement dotées, depuis mars 2017, de l'arme d'épaule HK UMP 9 mm, ainsi que de nouveaux gilets pare-balles renforcés.

Afin de tenir compte des spécificités de la menace terroriste, les formats des dispositifs de contrôles routiers et des schémas d'engagement des unités de la surveillance terrestre ont été adaptés, tant en matière de positionnement, de moyens de signalisation et de communication que de coopération avec les autres services de l'État[28].

Les unités de surveillance ont été progressivement dotées de nouveaux terminaux radio longue distance, favorisant des capacités accrues de réaction et la synergie avec les autres services de l'État. Les centres opérationnels douaniers terrestres (CODT) ont été équipés d'un outil de géolocalisation couplé aux terminaux des véhicules, permettant une meilleure sécurité des services et une plus grande réactivité.

Enfin, six centres opérationnels douaniers terrestres (CODT) ont été mis en place sur l'ensemble du territoire afin d'améliorer les liaisons avec les services sur le terrain, notamment en les renseignant sur leur environnement. Le CODT de Bordeaux a été mis en place dès 2016, suivi des CODT de Lille et de Metz en 2017, puis de Paris, Lyon et Marseille à partir de 2018.

3. Conforter le renseignement douanier au cœur des métiers de la Douane

Le plan visait également à améliorer la collecte, l'analyse et le partage de renseignements, déjà au cœur de l'activité douanière, en les élargissant au terrorisme, notamment en adaptant la formation des agents afin de les sensibiliser à cette question[29]. Chaque douanier a été initié à l'identification des signaux faibles et à la collecte du

---

[28]Le dispositif de lecture automatique des plaques d'immatriculation est déployé dans le cadre d'un programme interministériel incluant la gendarmerie nationale et la police nationale. Ce dispositif est connecté aux centres opérationnels de la douane terrestre (CODT).

[29]Depuis 2016, a été mis en place, au sein de chaque formation initiale des douaniers, un module de sensibilisation à la détection de la radicalisation et à la lutte contre le terrorisme.

renseignement lors des contrôles afin de contribuer à alimenter en informations, non seulement la direction nationale du renseignement et des enquêtes douanières (DNRED), mais aussi l'ensemble des services de la communauté nationale du renseignement, et principalement la direction générale de la sécurité intérieure (DGSI) et la direction générale de la sécurité extérieure (DGSE).

La cellule Cyberdouane, chargée, au sein de la DNRED, d'assurer une veille sur Internet, a vu ses effectifs doublés pour atteindre une quinzaine d'agents.

Afin de renforcer le rôle de la DNRED comme centrale du renseignement au sein de la DGDDI, a été créée, en son sein, une cellule spécialisée dénommée groupe opérationnel de lutte contre le terrorisme (GOLT), afin de centraliser la collecte et l'enrichissement des renseignements relatifs au terrorisme et à son financement. Le GOLT reçoit et transmet les renseignements et indices recueillis par les services douaniers, susceptibles de se rattacher à des activités terroristes. De plus, la DNRED a été dotée d'un référent « lutte contre le terrorisme » au niveau de chaque échelon territorial, soit vingt et un agents.

La Direction nationale du renseignement et des enquêtes douanières a également renforcé sa coopération inter-services en affectant un officier de liaison auprès de la DGSI et de la Direction du renseignement militaire (DRM) et participe aux travaux du coordonnateur national du renseignement (CNR) sur l'évaluation de la menace terroriste, notamment en transmettant des analyses concernant l'évolution des menaces, des fiches relatives aux affaires relevées par les services douaniers et des notes de renseignement.

4. Moderniser, mieux cibler et coordonner le contrôle des flux de marchandises

La lutte contre le terrorisme passe aussi par le renforcement de l'efficacité des activités traditionnelles de la douane.

S'agissant de la sécurisation des entrées d'armes à feu sur le territoire français, la DGDDI, autorité en charge de la délivrance des autorisations de circulation intracommunautaire des armes à feu civiles, de leurs éléments et des munitions, a mis en place le téléservice e-APS de gestion des autorisations délivrées aux particuliers sous forme d'accords préalables pour l'entrée sur le territoire national de ces armes en provenance d'autres États.

La Douane s'est vue confier la refonte du volet français du programme communautaire Import Control System (ICS), mis en œuvre pour sécuriser les flux internationaux de marchandises pour renforcer les capacités d'analyse avant dédouanement permettant d'affiner le ciblage des importations de marchandises dangereuses.

Par ailleurs, la Douane participe directement aux dispositifs de lutte contre la prolifération des armes de destruction massive dans le cadre du programme Container Security Initiative (CSI) et de l'initiative de sécurité contre la prolifération (PSI).

Afin de renforcer les capacités de contrôle non intrusif lors du dédouanement[30], mobilisées pour inspecter le fret, notamment le fret conteneur, susceptible d'être utilisé par les organisations criminelles, notamment à visée terroriste, pour dissimuler des trafics illégaux destinés à les financer (œuvres d'art, contrefaçons, stupéfiants…) ou servir leurs opérations (armes, munitions et explosifs), la Douane s'est dotée d'appareils de détection à rayons X sur les grandes plates-formes portuaires, de camions scanners, de camionnettes embarquant un appareil à rayons X, d'analyseurs de particules de nouvelle génération et de spectromètres Raman, appareils laser permettant l'analyse de produits à travers le contenant.

Les flux postaux ou de fret express de marchandises, principalement concentrés à Roissy et Paris, étant fréquemment utilisés par les trafiquants pour l'acheminement de marchandises prohibées (armes et parties d'armes notamment), les effectifs des services douaniers implantés dans les centres de dédouanement postal et de fret express ont été renforcés.

Ayant développé des compétences en matière de lutte contre le trafic d'armes, en coordination avec la gendarmerie nationale et la police nationale, la DGDDI s'inscrit dans le « plan Armes » mis en place en 2015 par le ministre de l'Intérieur et a vocation à participer à la création d'un service national de coordination du contrôle des armes.

La loi du 3 juin 2016 renforçant la lutte contre le crime organisé et le terrorisme a permis à la cellule Cyberdouane de réaliser des enquêtes sous pseudonyme et à la DNRED d'effectuer des infiltrations ou des « coups d'achat », dispositif étendu aux armes.

---

[30] La mise en œuvre de techniques de contrôle non intrusif est plus rapide et moins contraignante pour les importateurs, donc moins préjudiciable à la fluidité des échanges internationaux, et permet à la Douane de concilier les impératifs de sécurisation et de fluidification pesant sur elle.

5. Développer de nouveaux dispositifs dans la lutte contre le financement du terrorisme

Les contrôles effectués par la Douane lui permettent d'intercepter des sommes, titres ou valeurs transportés physiquement, susceptibles de provenir d'une activité illicite ou d'y être destinés. Afin de lutter contre le blanchiment de fonds et le financement du terrorisme, les services de la Douane développent leurs investigations sur l'origine des fonds qu'ils peuvent ainsi saisir. Grâce aux constatations de manquements à l'obligation déclarative (MOD) et aux déclarations de capitaux, la douane est en mesure de mettre à jour des phénomènes criminels et de lutter contre les flux illicites de capitaux. De plus, les effectifs des services d'enquête à compétence nationale, notamment au niveau de la DNRED, ont été augmentés.

Sur le plan juridique, la loi n° 2016-731 du 3 juin 2016 a renforcé l'efficacité de la Douane en créant l'article 415-1 du code des douanes assouplissant la charge de la preuve en matière de suspicion de blanchiment, puisque la personne en infraction doit dorénavant prouver la licéité de l'origine des fonds qu'elle transporte. La loi a également attribué au Service national de douane judiciaire (SNDJ) une compétence élargie en matière de blanchiment et de lutte contre le financement du terrorisme[31].

II. La coopération de la Douane en matière de sécurité intérieure

L'article L.111-2 du code de la sécurité intérieure précise à son 2° que : « Le renforcement de la coopération entre la police, la gendarmerie et la douane dans leur action en faveur de la sécurité » constitue l'une des « orientations permanentes de la politique de sécurité publique ».

Dans cette logique de coproduction de sécurité, la Douane coopère avec la police nationale et la gendarmerie nationale, afin de faire bénéficier de son expertise en matière économique et financière d'autres services de l'État qui en sont dépourvus. Cette coopération, dans le cadre de laquelle les douaniers mettent en œuvre leurs propres prérogatives, permet aux forces de sécurité intérieure de pouvoir disposer de compétences d'investigation élargies.

---

[31] Voir les articles 421-1-6 et 421-2-2 du Code pénal.

La Douane coopère ainsi avec les forces de sécurité intérieure afin de lutter contre l'économie souterraine et la délinquance organisée dans le cadre des groupes interministériels de recherches ; contre le trafic de stupéfiants au sein de l'office anti-stupéfiants et des cellules de renseignement opérationnel sur les stupéfiants et en matière d'infiltration grâce au service interministériel d'assistance technique.

A/ La coopération de la Douane en matière de lutte contre l'économie souterraine et la délinquance organisée : des groupes d'intervention régionaux aux groupes interministériels de recherches (GIR)

Considérant que « la lutte contre l'économie souterraine et les différentes formes de délinquance organisée qui l'accompagnent, source d'insécurité et de déstabilisation sociale dans de nombreux secteurs sensibles, nécessite la mise en œuvre en profondeur d'une action pluridisciplinaire » engageant non seulement la police nationale et la gendarmerie, mais également les administrations en charge de la répression de toute forme de fraude, pas moins de sept ministres[32] ont instauré, au moyen de la circulaire interministérielle signée le 22 mai 2002[33], les groupes d'intervention régionaux[34] (GIR).

La mise en place des GIR

Conçu comme devant constituer « une véritable force de projection, capable à tout moment, sur un territoire délimité, de mettre en œuvre sous la responsabilité des autorités administratives et judiciaires départementales ou régionales selon le ressort, un dispositif mobilisateur des moyens et compétences nécessaires à une intervention en urgence, comme sur le moyen terme, en assistance ou en relais des forces locales ou spécialisées habituelles[35] », chaque GIR constitue une structure interministérielle réunissant des policiers, des gendarmes, des douaniers, des fonctionnaires des services fiscaux, de la concurrence de la consommation et de la répression des fraudes

---

[32]Il s'agit des ministres de l'Intérieur, de la Sécurité intérieure et des Libertés locales ; des Affaires sociales, du Travail et de la Solidarité ; de la Justice ; de la Défense et des anciens Combattants ; de l'Économie, des Finances et de l'Industrie ; de l'Outre-Mer ; ministre délégué au Budget auprès du ministre de l'Économie, des Finances et de l'Industrie.
[33]Circulaire interministérielle NOR INTC0200129C.
[34]Pour une étude plus complète des GIR, voir Durand (Franck), « Des groupes d'intervention régionaux aux groupes interministériels de recherches : vingt ans de GIR », *Annuaire 2023 du droit de la sécurité et de la défense (AFDSD)*, Mare & Martin, Paris 2023, pp. 143-161.
[35]Préambule de la circulaire interministérielle NOR INTC0200129C du 22 mai 2002.

(CCRF), ainsi que du travail et de l'emploi. Lorsqu'ils interviennent au titre du GIR, ces agents publics agissent dans le strict respect de leurs attributions, telles qu'elles sont définies par les textes législatifs et réglementaires qui sont ordinairement applicables à leur administration d'appartenance. Les douaniers exercent donc, au sein du GIR, leurs attributions de douaniers et peuvent ainsi faire ce que les policiers ou les gendarmes ne peuvent faire.

La pluralité des administrations réunies au sein d'un GIR permet d'instaurer une véritable complémentarité des prérogatives reconnues à chacune d'elles et d'opérer simultanément sur différents volets d'activité de la délinquance organisée, du trafic au blanchiment, et de cumuler les sanctions inhérentes aux différentes incriminations.

La compétence qui lui est reconnue en matière judiciaire impose au GIR d'être administrativement rattaché à un service de police judiciaire ayant une compétence géographique régionale, soit une direction interrégionale de police judiciaire [36] (DIPJ) de la police nationale, soit une section de recherche (SR) de la gendarmerie nationale.

Chaque GIR se compose d'une structure permanente ainsi que d'éléments dits « ressources », dont les effectifs sont déterminés par la circulaire.

— La structure permanente constitue l'unité d'organisation et de commandement (UOC) qui a pour mission d'assurer la préparation et l'organisation des opérations d'intervention et d'assistance, sous la direction de l'autorité administrative ou judiciaire d'emploi. L'UOC dispose d'une logistique propre déterminée par les directeurs généraux des services concernés. Les militaires et fonctionnaires composant cette UOC relèvent sur le plan fonctionnel du SRPJ ou de la SR de rattachement[37].

— Les personnels « ressources » qui constituent le corps opérationnel du GIR sont pré-désignés par les responsables territoriaux des services participant au GIR. Les moyens individuels ou collectifs nécessaires à ces personnels ressources leur sont fournis

[36] Avant l'entrée en vigueur du décret du 24 avril 2023 sur la réforme des structures territoriales de la direction centrale de la Police judiciaire (DCPJ), la structure de rattachement au sein de la police nationale était le service régional de police judiciaire (SRPJ).
[37] L'UOC est dirigée soit par un commissaire de police ayant comme adjoint un officier de gendarmerie, soit l'inverse, selon le rattachement du GIR à une DIPJ ou à une SR.

sur proposition du chef du GIR par leur service d'origine et par les services bénéficiaires de l'intervention[38].

Le GIR intervient dans chaque département « à l'initiative conjointe et sur la base d'un diagnostic commun, du préfet et du procureur de la République », étant précisé par la circulaire, que :

> « En cas de nécessité d'arbitrage en raison de requêtes multiples, le concours du GIR sera attribué sur décision conjointe du préfet de région et du procureur général près la cour d'appel, assistés du directeur du SRPJ et du commandant de la SR de gendarmerie nationale ainsi que du chef du GIR. »

Le GIR a plus précisément vocation à intervenir dans le cadre d'opérations contre toutes les formes de délinquance endémique : réseaux d'économie souterraine, affaires de fraudes sociales, travail illégal et travail clandestin, dissimulation de fonds, blanchiment d'argent, fraude fiscale et évasion fiscale, production et vente clandestine d'alcool, de tabac, de drogues, d'animaux, et de végétaux, trafic d'armes...

Deux ans après l'instauration des GIR, le garde des Sceaux, M. Dominique Perben, soulignait que celle-ci :

> « [...] a constitué indiscutablement une approche novatrice de la lutte contre la petite et moyenne délinquance génératrice, on le sait, d'économie souterraine et d'insécurité. Novatrice parce que les groupes d'intervention régionaux reposent sur deux idées fondamentales : le décloisonnement des forces de sécurité et des administrations engagées dans la lutte contre l'économie souterraine et la mutualisation des hommes et des moyens. »

Constatant que : « Leur mise en place a véritablement bouleversé les méthodes traditionnelles de travail de l'ensemble des acteurs engagés au sein des groupes d'intervention régionaux, tant parmi les forces de sécurité que parmi les administrations associées », le ministre concluait : « Pourtant, ces acteurs ont su relever ensemble le défi qui leur était lancé et nul ne peut aujourd'hui mettre en doute le fait qu'ils y soient parvenus avec succès[39]. »

---

[38]La répartition globale des effectifs entre les différents services concernés, communiquée au procureur général, est effectuée sur la base des caractéristiques locales, par un collège présidé par le préfet de région et réunissant les préfets de départements, ainsi que les responsables régionaux ou départementaux des services concernés. Pour chaque opération, les effectifs à mobiliser, tant sur le plan quantitatif que qualitatif, sont déterminés par le chef du GIR, selon les objectifs qui lui ont été assignés. De plus, en matière d'ordre public, des unités mobiles peuvent être engagées aux côtés du GIR.

[39]Discours de M. Dominique Perben à l'Institut national des hautes études de sécurité, 9 septembre 2004.

L'évolution des GIR

La circulaire du ministre de l'Intérieur, de l'Outre-Mer et des Collectivités territoriales du 19 février 2008 [40] ayant pour objet le fonctionnement des groupes d'intervention régionaux visait à recadrer leur activité sur la base de quatre axes essentiels.

Le premier axe consistait à recentrer l'activité des GIR sur leur cœur de mission : la lutte contre l'économie souterraine, les GIR étant trop souvent sollicités pour des affaires mineures, ou bien, à l'inverse, pour des enquêtes internationales très longues.

Le deuxième axe consistait à accroître les sollicitations des GIR, la ministre appelant de ses vœux l'adoption d'un véritable « réflexe GIR » par les services territoriaux de la police nationale et de la gendarmerie, ceux-ci devant entretenir avec les GIR des relations de confiance et davantage les impliquer dès le début des enquêtes laissant présumer l'existence de trafics d'envergure.

Le troisième axe consistait à renforcer l'engagement des services du ministère en charge du budget au sein des GIR. Le but poursuivi était d'inviter les représentants de ces services au sein des GIR à mettre en œuvre leurs prérogatives en amont de la phase judiciaire de l'intervention, afin de renforcer l'efficacité des investigations menées contre les réseaux criminels. Appelant à un véritable « renouveau de coopération », la ministre de l'Intérieur a tout particulièrement souhaité que les services du ministère du Budget apportent « par leur initiative comme par leur assistance et leur expertise, une contribution plus importante ».

Enfin, le quatrième axe consistait à accroître les capacités d'intervention interministérielles. Rappelant que « la force des GIR réside dans leur caractère pluridisciplinaire lié à l'interministérialité des membres qui les composent », la ministre de l'Intérieur a souhaité que le mode de fonctionnement transversal des GIR, permettant le développement d'un lien opérationnel entre les enquêteurs de la police et de la gendarmerie nationales et les autres administrations, soit largement mis en œuvre, même en dehors de l'intervention des GIR.

La circulaire du 2 mars 2010 intitulée « Nouvelle étape dans l'action des groupes d'intervention régionaux [41] », rappelant la vocation des GIR à intervenir dans les faits de délinquance organisée

[40] Cette circulaire est adressée au préfet de police de Paris, aux préfets et aux directeurs généraux de la gendarmerie et de la police nationale.
[41] Circulaire NOR IOCK1002583C, du 2 mars 2010, Nouvelle étape dans l'action des groupes d'intervention régionaux.

présentant un volet patrimonial essentiel, est venue accroître la centralisation du pilotage des GIR en renforçant le rôle du niveau régional au détriment du niveau départemental jusque-là privilégié et en créant un comité de pilotage national réunissant l'ensemble des ministères engagés dans la composition des GIR.

Afin de donner une nouvelle impulsion aux GIR dans le but de permettre à chacune de ses composantes de tirer le meilleur profit du dispositif, la circulaire du 2 mars 2010 entend préciser les modalités d'action des GIR, s'agissant de leur gouvernance, de leur périmètre d'action et de leurs modalités d'engagement.

La circulaire interministérielle du 6 mai 2019 portant adaptation du dispositif des groupes d'intervention régionaux[42] est intervenue, d'une part pour modifier l'appellation des GIR tout en en conservant l'acronyme et, d'autre part, afin d'assouplir leurs modalités de pilotage.

Constatant qu'il convenait de conserver l'acronyme GIR, fort bien identifié par les autorités judiciaires et administratives, ainsi que par les services partenaires, la circulaire a toutefois relevé la nécessité d'en faire évoluer la signification. D'une part, il convenait de lever l'ambiguïté du terme « intervention », source de confusion avec l'action des services éventuellement co-saisis, d'autre part, la loi n° 2015-29 du 16 janvier 2015 qui a ramené le nombre de régions de 22 à 13 au 1er janvier 2016, a remis en cause le qualificatif « régional » pour 16 GIR qui se trouvaient dès lors répartis au sein de 7 nouvelles régions. Dans ce nouveau contexte, les GIR sont devenus les Groupes interministériels de recherches, ce qui a permis de souligner l'aspect essentiel de leur composition et de leur emploi interministériels.

En matière de pilotage des GIR, la circulaire de 2019 a assoupli les règles précisées par la circulaire du 2 mars 2010 en créant, à côté du comité régional de pilotage, un comité de pilotage territorial par GIR, présidé par le préfet de région ou, sur sa délégation, par le préfet du département d'implantation du GIR et les procureurs généraux concernés. À cet égard, la circulaire de 2019 a pris soin de rappeler la nécessité d'associer les préfets et les procureurs au pilotage des GIR.

[42] Circulaire NOR INTC1908935J, du 6 mai 2019, Adaptation du dispositif des groupes d'intervention régionaux.

Une fructueuse complémentarité

En 2021, s'agissant de la nature des infractions pénales constatées lors des opérations, le blanchiment représente 25 %, les infractions à la législation sur les stupéfiants 19,39 %, le travail dissimulé 17,52 %, les escroqueries 14,40 % et les fraudes 9,96 %. Les infractions douanières sont principalement relatives à la contrefaçon (12,22 %) et à la législation sur les tabacs (11,29 %).

Les principales infractions ayant donné lieu à des saisies d'avoirs criminels par les GIR en 2021 sont le blanchiment d'argent (40,05 %), les fraudes sociales (29,05 %), le travail dissimulé (17,24 %) et les infractions à la législation sur les stupéfiants (11,77 %).

Concernant l'action des GIR avec les administrations partenaires, celle-ci a permis de réaliser, en 2021, 398 procédures douanières concernant principalement les contrefaçons (39,45 %), les infractions à la législation sur les tabacs (36,45 %) et les infractions à la réglementation sur les métaux précieux (14,5 %). Sur le plan financier, le recouvrement des contentieux douaniers liés aux opérations des GIR en 2021 représente 3 664 703 €. Par ailleurs, 112 procédures administratives ont été établies en 2021 grâce à l'action des GIR[43], à raison de 44 par l'Urssaf, 39 par la DGCCRF et 29 par l'inspection du travail.

L'obstacle de la culture administrative propre à chacune des composantes des GIR a pu être surmonté grâce aux gains mutuels qu'a permis ce rapprochement résultant de la complémentarité des compétences, impliquant une concertation étroite, tant au niveau de la définition des objectifs que de la mise en œuvre des moyens. La logique fonctionnelle, qui s'est très rapidement manifestée par une volonté commune d'efficacité renforcée, a permis de lier les différents partenaires pour faire de chaque GIR un ensemble cohérent malgré — ou peut-être grâce à — la diversité des éléments le composant.

[43] 63,39 % de ces procédures administratives ont été établies lors de 115 opérations menées dans le cadre des Comités opérationnels départementaux anti-fraude (CODAF).

B/ La coopération de la Douane en matière de lutte contre le trafic de stupéfiants : l'office anti-stupéfiants (OFAST) et les cellules de renseignement opérationnel sur les stupéfiants (CROSS)

L'office anti-stupéfiants (OFAST), service à compétence nationale rattaché au directeur national de la police judiciaire[44], a été créé par le décret nº 2019-1457 du 26 décembre 2019[45] et s'est substitué, à compter du 1er janvier 2020, à l'Office central pour la répression du trafic illicite des stupéfiants (OCTRIS) et à la Mission de lutte anti-drogue (MILAD), dont il a recueilli les compétences. Il réunit des représentants des services de la police nationale, de la gendarmerie nationale et des douanes et droits indirects et a vocation à remplir le rôle de chef de file dans la lutte contre les stupéfiants.

Conformément à l'article 2 du décret qui l'a institué :

> « Cet office est compétent en matière de lutte contre la production, la fabrication, l'importation, l'exportation, le transport, la détention, l'offre, la cession, l'acquisition ou l'emploi illicites de stupéfiants, contre les opérations de blanchiment liées au trafic de stupéfiants et contre l'usage illicite de l'une des substances ou plantes classées comme stupéfiants. »

L'article 3 du décret lui assigne pour mission d'évaluer la menace liée aux trafics de stupéfiants, en liaison avec l'ensemble des administrations concernées. À cette fin, l'office anti-stupéfiants est chargé de centraliser, analyser, exploiter et communiquer aux services de la Police nationale, de la Gendarmerie nationale, des Douanes et Droits indirects, ainsi qu'aux autres administrations et services publics de l'État toutes documentations et données statistiques, relatives à son domaine de compétence. Les services de la Police nationale, de la Gendarmerie nationale, des Douanes et Droits indirects, ainsi que les autres administrations et services publics de l'État susceptibles de lui apporter leur concours adressent à l'office les informations relatives à son domaine de compétence dont ils disposent. Réciproquement, l'office, pour les infractions qui relèvent de sa compétence, adresse aux services de la Police nationale, de la Gendarmerie nationale, des Douanes et Droits indirects, ainsi qu'aux autorités judiciaires, toutes indications utiles à l'identification ou à la recherche des délinquants

---

[44]Direction générale de la police nationale.

[45] Décret nº 2019-1457 du 26 décembre 2019 portant création du service à compétence nationale dénommé Office anti-stupéfiants, *JORF* nº 0300 du 27 décembre 2019.

ainsi que, sur leur demande, tous renseignements nécessaires aux enquêtes dont ils sont saisis.

Le décret nº 2020-1780 du 30 décembre 2020 est venu élargir les missions de l'OFAST, à compter du 1er janvier 2021, en le chargeant, sur la base de l'état de la menace, d'élaborer et de soumettre au Comité interministériel de lutte contre les drogues et les conduites addictives, des propositions en matière de lutte contre les trafics de stupéfiants et les transactions financières qui s'y rapportent. De plus l'OFAST se voit assigner le suivi de la mise en œuvre de la stratégie interministérielle de lutte contre les trafics de stupéfiants définie par ce comité, ainsi que l'animation et la coordination des politiques mises en œuvre par les administrations et services publics de l'État en la matière.

Le même décret précise que l'office anti-stupéfiants est chargé de :

> « 1 ° Procéder sur l'ensemble du territoire national à des enquêtes judiciaires relatives à des trafics de produits stupéfiants d'importance nationale et internationale ou présentant une sensibilité particulière ;
> 2o Sous le contrôle de l'autorité judiciaire, coordonner les enquêtes de grande envergure diligentées par des services de la police nationale, de la gendarmerie nationale, des douanes et droits indirects, en particulier les enquêtes qui présentent une dimension internationale marquée et visent des filières d'importation complexes ;
> 3o Coordonner l'action des services territoriaux de la police nationale, de la gendarmerie nationale, des douanes et droits indirects, le cas échéant dans le cadre de saisines conjointes décidées par l'autorité judiciaire ;
> 4 o Centraliser les informations concernant les demandes adressées aux fonctionnaires ou agents publics visant à permettre la mise en œuvre des opérations de surveillance prévues par l'article 706-80-1 du code de procédure pénale et par l'article 67 bis-3 du code des douanes ;
> 5o Coordonner avec l'ensemble des partenaires concernés la mise en œuvre des mesures de prévention, de recherche et de constatation des infractions constitutives de trafic de stupéfiants[46]. »
> Dans son domaine de compétence, l'office anti-stupéfiants constitue, pour la France, le point de contact central dans les échanges internationaux. À ce titre, il entretient des liaisons opérationnelles avec les services spécialisés des autres États et avec les organismes

[46]Dont les modalités sont fixées par la loi nº 94-589 du 15 juillet 1994 relative à l'exercice par l'État de ses pouvoirs de police en mer pour la lutte contre certaines infractions relevant de conventions internationales.

internationaux et participe à l'élaboration de la position française en matière de lutte contre les trafics de stupéfiants dans les instances européennes et internationales, au sein desquelles il représente le ministère de l'Intérieur.

Il représente également celui-ci auprès de la mission interministérielle de lutte contre les drogues et les conduites addictives (MILDECA), dont il assure le suivi de la mise en œuvre des plans nationaux, s'agissant des actions relevant du ministère de l'Intérieur.

L'office anti-stupéfiants apporte son expertise et contribue, en lien avec les structures de formation de la Police nationale, de la gendarmerie et des ministères en charge de la Justice et des Douanes, à l'élaboration des programmes de formation en matière de lutte contre les trafics de stupéfiants au bénéfice des personnels concernés.

L'OFAST est dirigé par un membre du corps de conception et de direction de la Police nationale, nommé par arrêté du ministre de l'Intérieur ; il est assisté d'un adjoint, magistrat de l'ordre judiciaire, nommé selon les mêmes formes, qui le supplée en cas d'absence.

L'OFAST dispose également d'antennes créées par un arrêté du 27 décembre 2019[47]. Ces quinze antennes[48], qui peuvent bénéficier de détachements affectés dans d'autres villes, sont placées pour emploi auprès du directeur départemental, interdépartemental ou territorial de la Police nationale ou du commandant de région de la Gendarmerie nationale ou du commandant de la gendarmerie de département ou région d'outre-mer ou d'une collectivité d'outre-mer, territorialement compétents.

Afin de favoriser la coopération entre l'ensemble des services de l'État impliqués dans la lutte contre les stupéfiants, la Police nationale, la gendarmerie et la Douane dirigent chacune l'un des trois pôles de l'OFAST. Ainsi, la Douane dirige le « pôle stratégie », chargé d'analyser et de diffuser la connaissance en matière de produits, de trafics et de routes, et de produire un document présentant « l'état de la menace » ; la gendarmerie dirige le « pôle renseignement », chargé de développer le recueil du renseignement sur le territoire national et à

---

[47]Arrêté du 27 décembre 2019 portant création d'antennes et de détachements de l'Office anti-stupéfiants et diverses dispositions relatives à la création de l'office, *JORF* n° 0301 du 28 décembre 2019.

[48]Ces quinze antennes et leurs détachements mentionnés entre parenthèses sont implantés à Ajaccio, Bordeaux (Bayonne), Cayenne, Dijon, Fort-de-France (Saint-Martin ; Pointe-à-Pitre), Lille, Lyon (Grenoble), Marseille (Montpellier ; Perpignan ; Toulouse), Orléans, Papeete, Rennes (Nantes), Saint-Denis de la Réunion, Strasbourg (Mulhouse), Versailles et Le Havre.

l'étranger[49] ; enfin, le « pôle opérationnel » dirigé par la police nationale est chargé d'assurer la conduite des enquêtes judiciaires et leur coordination à travers le réseau des CROSS et des partenaires internationaux et de soutenir le développement des investigations.

Le rapport du Sénat fait en 2022 au nom de la commission des finances du Sénat sur l'organisation et les moyens de la Douane face au trafic de stupéfiants[50] évoque la question de la place de la Douane au sein de l'OFAST.

Soulignant que la coopération avec la police et les autorités judiciaires est essentielle pour les suites à donner aux interceptions douanières, les rapporteurs rappellent que :

> « La quasi-totalité des dossiers initiés par la Douane en matière de stupéfiants faisait désormais l'objet d'un traitement dans un cadre judiciaire, que ce soit en flagrance puis en enquête préliminaire, ou dans le cadre d'une commission rogatoire avec saisie d'un juge d'instruction pour les dossiers les plus importants. Les enquêtes judiciaires s'appuient donc sur les enquêtes administratives douanières. »

La différence de nature entre procédure administrative et procédure judiciaire explique précisément, selon les rapporteurs, la place particulièrement importante de la Douane au sein de l'OFAST. En effet, selon les parlementaires :

> « Si la Douane joue un rôle clé dans le dispositif interministériel déployé en matière de lutte contre le trafic de stupéfiants, par rapport aux autres services de l'État, c'est également dû aux spécificités de la procédure douanière. Les services de la Douane agissent dans le cadre d'une procédure administrative et non judiciaire, à partir des dispositions du code des douanes. Les prérogatives qui en découlent — fouille des moyens de transport et des personnes, visites domiciliaires, droit de communication — se justifient par la nécessité de contrôler des flux de marchandises et de capitaux, et non des personnes. Pour autant un certain nombre de ses pouvoirs, en particulier les plus coercitifs, demeurent soumis au contrôle de l'autorité judiciaire[51]. »

Créées en 2020 au sein de chaque département afin de collecter et d'analyser tout renseignement de terrain susceptible d'être en lien

---

[49]L'OFAST fait partie du second cercle du renseignement français.

[50]Rapport d'information fait au nom de la Commission des finances sur l'organisation et les moyens de la Douane face au trafic de stupéfiants, par MM. Albéric de Montgolfier et Claude Nougein, Sénateurs, Sénat N° 45. Enregistré à la Présidence du Sénat le 12 octobre 2022.

[51]*Op. cit.*, p. 81.

avec un trafic de stupéfiants, les cellules de renseignement opérationnel sur les stupéfiants (CROSS) constituent un lieu d'échange de renseignements entre Police nationale, gendarmerie et Douane.

En 2021, les 103 cellules de renseignement opérationnel sur les stupéfiants ont fait remonter environ 11 000 renseignements ou fiches d'information aux différents services compétents.

La Douane dispose de douaniers référents pour chaque CROSS, ce qui permet de partager, d'analyser et d'enrichir les renseignements transmis. De plus, deux CROSS nationales thématiques, co-pilotées par la DNRED et par l'OFAST, ont été mises en place, dans le domaine portuaire[52] et dans le domaine aéroportuaire.

Le Rapport parlementaire relatif à l'organisation et aux moyens de la Douane face au trafic de stupéfiants relève toutefois qu'il reste « quelques marges de progression, sur des points de friction », expliquant que : « L'apport de chacune des Cross dépend du niveau d'implication de la hiérarchie locale et la Douane contribue davantage au renseignement qu'elle ne se voit confier de dossiers ou de renseignements opérationnels. » Les parlementaires nuancent néanmoins ce constat en expliquant que ce déséquilibre résulte en grande partie de « la priorité donnée au démantèlement des "points de deal", qui ne relève pas de la compétence de la DGDDI[53] ».

C / La coopération de la douane en matière d'infiltration : le service interministériel d'assistance technique (SIAT)

Conformément à l'article 67 bis II du code des douanes, le procureur de la République, lorsque les investigations le justifient, peut autoriser qu'il soit procédé, sous son contrôle, à une opération d'infiltration, afin de constater :

> « – les infractions douanières d'importation, d'exportation ou de détention de substances ou plantes classées comme stupéfiants, de contrebande de tabac manufacturé, d'alcool et spiritueux ;
> — les infractions mentionnées à l'article 414 lorsqu'elles portent sur des marchandises contrefaisantes, des armes ou leurs éléments, des munitions ou des explosifs ;
> — les infractions prévues à l'article 415. »

[52]La CROSS portuaire a été mise en place dans le cadre de la mesure n° 12 du plan de lutte contre les stupéfiants, relative à la détection et au ciblage des conteneurs maritimes.
[53]*Op. cit.*, p. 82

Une opération d'infiltration peut aussi être autorisée « afin d'identifier les auteurs et complices de ces infractions ainsi que ceux qui y ont participé comme intéressés au sens de l'article 399[54] » ou afin d'effectuer les saisies prévues par le code des douanes.

L'autorisation doit être délivrée par écrit et être spécialement motivée. Elle doit impérativement mentionner la ou les infractions justifiant le recours à une infiltration, ainsi que l'identité de l'agent des douanes sous la responsabilité duquel se déroule l'opération. Doit également être indiquée, la durée de l'opération d'infiltration, laquelle ne peut excéder quatre mois, renouvelable dans les mêmes conditions de forme et de durée. Enfin, le magistrat ayant autorisé l'opération peut, à tout moment, ordonner son interruption avant l'expiration de la durée fixée par l'autorisation.

Aux termes de ce même article :

> « L'infiltration consiste, pour un agent des douanes spécialement habilité dans des conditions fixées par décret, agissant sous la responsabilité d'un agent de catégorie A chargé de coordonner l'opération, à surveiller des personnes suspectées de commettre un délit douanier en se faisant passer, auprès de ces personnes, comme un de leurs coauteurs, complices ou intéressés à la fraude. L'agent des douanes est à cette fin autorisé à faire usage d'une identité d'emprunt et à commettre si nécessaire les actes mentionnés ci-après. À peine de nullité, ces actes ne peuvent constituer une incitation à commettre des infractions. »

Il est en outre précisé que l'agent de catégorie A ayant coordonné l'infiltration doit rédiger un rapport comprenant les éléments strictement nécessaires à la constatation des infractions et ne mettant pas en danger la sécurité de l'agent infiltré et des personnes qu'il a pu requérir.

Le paragraphe III de l'article 67 bis du code des douanes vient préciser l'étendue des actions ouvertes aux agents des douanes dans le cadre d'une opération d'infiltration. Ainsi :

---

[54]En vertu de l'article 399, § .2 du code des douanes :

« 2. Sont réputés intéressés :

a) Les personnes physiques ou morales qui ont un intérêt à la fraude ;

b) ceux qui ont coopéré d'une manière quelconque à un ensemble d'actes accomplis par un certain nombre d'individus agissant de concert, d'après un plan de fraude arrêté pour assurer le résultat poursuivi en commun ;

c) ceux qui ont, sciemment, soit couvert les agissements des fraudeurs ou tenté de leur procurer l'impunité, soit acheté ou détenu, même en dehors du rayon, des marchandises provenant d'un délit de contrebande ou d'importation sans déclaration. »

« Les agents des douanes autorisés à procéder à une opération d'infiltration peuvent, sans être pénalement responsables de ces actes et sur l'ensemble du territoire national :
a) Acquérir, détenir, transporter, livrer ou délivrer des substances, biens, produits, documents ou informations tirés de la commission des infractions ;
b) Utiliser ou mettre à disposition des personnes se livrant à ces infractions des moyens de caractère juridique ainsi que des moyens de transport, de dépôt, d'hébergement, de conservation et de télécommunication.
L'exonération de responsabilité prévue au premier alinéa est également applicable, pour les actes commis à seule fin de procéder à l'opération d'infiltration, aux personnes requises par les agents des douanes pour permettre la réalisation de cette opération. »

Le paragraphe V de l'article 67 bis du code des douanes pose le principe selon lequel : « L'identité réelle des agents des douanes ayant effectué l'infiltration sous une identité d'emprunt ne doit apparaître à aucun stade de la procédure », la révélation de l'identité de ces agents étant pénalement réprimée par des peines d'emprisonnement et d'amende.

Le décret n° 2004-1026 du 29 septembre 2004 portant modification du code de procédure pénale[55] est venu insérer dans le chapitre I du titre I du livre I de la troisième partie du code de procédure pénale, une section IV intitulée « Des procédures d'infiltration, des sonorisations et fixations d'images de certains lieux ou véhicules ».

Afin de faciliter les opérations d'infiltration menées par la Douane, la gendarmerie et la Police nationale, ces nouvelles dispositions (article D.15-1-1), prises en application de la loi Perben II[56], créent au sein de la direction centrale de la Police judiciaire, à la sous-direction des affaires criminelles, « un service interministériel d'assistance technique composé de fonctionnaires de police, de militaires de la gendarmerie et d'agents des douanes ». Celui-ci est chargé « de la formation des agents infiltrés, de l'assistance technique aux opérations d'infiltrations définies par l'article 706-81 du code de procédure pénale et par l'article 67 bis-II du code des douanes et de la

[55] Décret n° 2004-1026 du 29 septembre 2004 portant modification du code de procédure pénale (troisième partie : Décrets) pris pour l'application des articles 706-81 et suivants de ce code relatifs à l'habilitation des agents chargés de participer à des opérations d'infiltration et des articles 706-99, relatif à la sonorisation et à la fixation d'image de certains lieux ou véhicules.

[56] Loi n° 2004-204 du 9 mars 2004 portant adaptation de la justice aux évolutions de la criminalité, *JORF* n° 59 du 10 mars 2004.

centralisation des informations de ces opérations menées par les douanes, la police et la gendarmerie nationales ».

Ces nouvelles dispositions précisent également les conditions dans lesquelles les officiers ou agents de Police judiciaire, des services de la Police nationale et des unités de la Gendarmerie nationale et les agents de l'administration des douanes spécialement habilités à effectuer des enquêtes peuvent être habilités à participer aux opérations d'infiltration.

L'ancien directeur général de la Police nationale, M. Frédéric Péchenard, précise que : « Le Siat a deux missions principales qui peuvent avoir cours tant en France qu'à l'étranger : d'une part, l'élaboration puis la mise en œuvre d'une opération d'infiltration, à la demande d'un service de la PJ et, de l'autre, la surveillance de cibles dites sensibles[57]. »

Témoignant de l'utilité de ce service, l'arrêté du 18 décembre 2017 [58] est venu créer huit antennes du service interministériel d'assistance technique, placées pour emploi auprès du directeur interdépartemental de la police nationale ou du directeur territorial de la police nationale compétent du lieu de leur implantation. Ces antennes sont implantées à Marseille, Lyon, Bordeaux, Lille, Strasbourg, Rennes, Versailles et Pointe-à-Pitre.

III. La Douane et la sécurité au plan international

La Douane voit aussi consacrer son rôle en matière de sécurité européenne et même mondiale au travers de la sécurisation des échanges internationaux.

L'Organisation mondiale des douanes (OMD), qui regroupe les administrations douanières de la quasi-totalité de la planète[59], est intervenue en matière de sécurité, constatant que :

> « Le terrorisme, la prolifération des armes de destruction massive et d'éléments connexes, le trafic d'armes légères et de petit calibre, de leurs composants et munitions, l'utilisation illégale de

---

[57]Péchenard (Frédéric), *Lettre à un jeune flic*, Éditions Tallandier, Paris, 2019, p. 125.

[58] Arrêté du 18 décembre 2017 portant création d'antennes du Service interministériel d'assistance technique, *JORF* n° 0298 du 22 décembre 2017.

[59]L'Organisation mondiale des douanes réunit les administrations douanières de 185 États, au 26 janvier 2023.

Sur l'OMD, voir Durand (Franck), « L'Organisation mondiale des douanes : soixante-dix ans d'existence, entre permanence et évolutions », *Annuaire 2024 du Droit de la Sécurité et de la Défense*, Mare & Martin, Paris 2024, pp. 181-202.

précurseurs d'explosifs ou encore le détournement à des fins illicites de biens à double usage représentent une grave menace pour le bien-être et la sécurité des personnes, mais aussi pour le développement économique, la stabilité politique et la cohésion sociale dans tous les pays du monde. »

Reconnaissant la nécessité de lutter contre les menaces que les actes de terrorisme font peser sur la paix et la sécurité internationales, le Conseil de l'OMD a adopté, en décembre 2015, la Résolution de la Commission de politique générale de l'Organisation mondiale des douanes concernant le rôle de la Douane dans le contexte de la sécurité, dite Résolution de Punta Cana.

Par ailleurs, l'Organisation mondiale des douanes a développé un programme pour la sécurité, reposant sur l'idée que la fonction de surveillance des frontières, en amenant les douaniers à contrôler les mouvements transfrontaliers de marchandises, de personnes et de moyens de transport, leur permet de jouer un rôle essentiel dans la lutte contre toutes ces menaces.

La Douane française assure également une mission de sécurisation des importations grâce à son réseau d'attachés douaniers, présents dans toutes les régions du monde.

Enfin, une coopération internationale entre la police et les douanes en matière de sécurité a été instaurée par la création des centres de coopération policière et douanière (CCPD)

A/ La Résolution de l'Organisation mondiale des douanes concernant le rôle de la Douane dans le contexte de la sécurité dite Résolution de Punta Cana

Prenant acte de la multiplication des attentats terroristes[60] qui menacent « la sécurité et la sûreté des personnes, ainsi que le développement économique, la stabilité politique et la cohésion sociale des pays dans toutes les parties du monde », de la Déclaration du G20 du 16 novembre 2015 sur la lutte contre le terrorisme et de la Résolution du Conseil de sécurité des Nations unies du 20 novembre 2015 condamnant les attentats terroristes commis par Daech, la Résolution de Punta Cana souligne que :

« Les administrations des douanes dans le monde entier constituent la première ligne de défense contre bon nombre d'organisations criminelles et d'organisations extrémistes et terroristes violentes

[60]Entre autres cibles, la Déclaration évoque la Tunisie, la Turquie, le Liban, la France, le Mali, ainsi qu'un avion de ligne russe au-dessus de l'Égypte.

qui exploitent les frontières internationales, ce qui ne fait que mettre en évidence le rôle important de la douane en matière de sécurité aux frontières via la gestion du mouvement des marchandises, des moyens de paiement, des personnes et des moyens de transport par-delà les frontières. »

Dès lors, l'OMD conclut que « la douane a un rôle clé à jouer dans la lutte contre l'apport transfrontalier d'un soutien matériel en matière de terrorisme et de financement du terrorisme » et décide de renforcer la coopération entre les administrations des douanes et entre celles-ci et les autres autorités de lutte contre les fraudes « en vue de renforcer la sécurité aux frontières, d'identifier, de désorganiser et de démanteler les organisations criminelles ».

B/ Le Programme sur la sécurité de l'Organisation mondiale des douanes

Si la Résolution de Punta Cana, en réaffirmant sur la scène internationale la contribution des douanes en matière de gestion de la sécurité aux frontières et de lutte contre le terrorisme, a joué un rôle de catalyseur, elle n'est pas, pour autant, le premier texte de l'OMD en matière de sécurité. Plusieurs textes spécialisés ont été précédemment adoptés par le Conseil de coopération douanière dans ce domaine essentiel de l'activité douanière. Ainsi en est-il de la Recommandation concernant le Protocole sur la fabrication et le trafic illicites d'armes à feu, de leurs pièces, éléments et munitions, additionnel à la Convention des Nations unies relative à la criminalité transnationale organisée (29 juin 2002) ; de la Recommandation concernant la nécessité d'élargir et de renforcer le rôle des administrations des douanes en vue de réprimer le blanchiment des fonds et de récupérer le produit des délits (25 juin 2005) ou bien encore de la Recommandation relative à l'emploi des renseignements préalables concernant les voyageurs (RPCV) et des Dossiers passagers (PNR) afin d'assurer l'efficacité des contrôles douaniers (juin 2015) ;

De plus, l'Organisation mondiale des douanes a lancé un Programme sur la sécurité, qui a précisément pour finalité de renforcer les capacités des administrations douanières afin qu'elles soient en mesure de gérer plus efficacement les risques spécifiques liés à la sécurité afin de faire face à toute menace, tant sur le plan intérieur qu'au niveau international. Les douanes du monde entier peuvent ainsi s'appuyer sur les normes internationales et les programmes d'assistance technique mis en place par l'OMD, tant pour le contrôle des passagers (les Renseignements préalables concernant les voyageurs [RPCV] et le Dossier passagers [PNR]), qu'en ce qui concerne le contrôle des marchandises (les explosifs et leurs composants, les armes de destruction massive et les armes légères et de petit calibre), ou bien encore le contrôle des flux financiers liés au financement de la criminalité et du terrorisme.

Le Cadre de normes SAFE visant à sécuriser et à faciliter le commerce mondial est l'instrument fondamental de l'OMD tendant au triple objectif de protéger le commerce contre le terrorisme international, de garantir le recouvrement des recettes et de faciliter les échanges partout dans le monde. Élaboré par l'OMD avec le concours de ses membres, le Cadre SAFE propose tout un processus à mettre en œuvre afin de garantir l'efficacité des contrôles douaniers concernant la sécurité de la chaîne logistique.

En outre, l'OMD coopère régulièrement avec les organes compétents des Nations unies et d'autres organisations internationales et régionales pour consolider l'assistance qu'elle fournit à ses membres afin qu'ils soient plus en mesure de se conformer à leurs obligations liées à la sécurité découlant des différentes résolutions du Conseil de sécurité des Nations unies.

Chaque année, le secrétariat général de l'OMD choisit un thème d'étude et de réflexion pour la communauté douanière internationale. Le thème retenu en 2019, « Des frontières SMART », acronyme faisant référence à la sécurisation, la Mesure de la performance, l'automatisation, la gestion des risques et l'utilisation de la Technologie — pour des échanges commerciaux fluides et le mouvement sans entrave des personnes et marchandises, traduit la très nette montée en puissance, au sein des activités douanières, des impératifs sécuritaires.

Plus récemment, en juin 2023, le Conseil de l'OMD a adopté le Plan d'action sur les frontières fragiles, qui répertorie un certain nombre d'éléments à mettre en œuvre en vue de renforcer la capacité des administrations douanières afin de faire face à des contextes de fragilisation des frontières ou de zones faisant l'objet de conflits de diverses natures.

Le Programme de l'OMD sur la sécurité s'articule à cette fin autour de six domaines stratégiques afin d'améliorer la gestion de la sécurité aux frontières : définition de politiques et analyse prospective ; formulation d'orientations et partage de bonnes pratiques sur la manière d'effectuer des contrôles douaniers efficaces pour garantir la sécurité aux frontières ; coordination et harmonisation des programmes et des opérations de lutte contre la fraude axés sur les questions de sécurité ; coopération internationale ; assistance technique et renforcement des capacités ; sensibilisation du secteur privé.

Le Programme de l'Organisation mondiale des douanes sur la sécurité se compose de quatre projets régionaux sur la sécurité et de quatre programmes, projets et initiatives thématiques, à savoir :

— le Projet sur la sécurité en Afrique occidentale (PS-AO) ;

— le Projet Union européenne (UE) — Ligue des États arabes (LEA) sur les armes légères et de petit calibre (ALPC) ;

— le Projet BOLT (projet sur les ALPC à destination des pays des Caraïbes) ;

— le Projet européen Sirius ;

— l'Initiative sur le contrôle des voyageurs ;

— le Programme Global Shield axé sur le contrôle des engins explosifs improvisés (EEI) ;

— le Programme sur l'application des contrôles aux échanges de nature stratégique (ACES) ;

— le Projet RANDA consacré à la sensibilisation à la détection de substances radiologiques et nucléaires.

Quelle que puisse être l'efficacité des différents éléments composant le Programme sur la sécurité de l'Organisation mondiale des douanes, la coopération demeure le ressort essentiel de la sécurité au plan international, comme le souligne la Résolution de Punta Cana en rappelant que « le partage de renseignements et l'étroite coopération entre les administrations des douanes et avec les autres autorités de lutte contre la fraude en vue d'atteindre des objectifs communs dans le contexte de la sécurité aux frontières constitue un facteur clé pour faire effectivement face à cette menace ».

C / Le réseau des attachés douaniers

La direction générale des Douanes et Droits indirects dispose d'une quinzaine d'attachés douaniers qui constituent un véritable réseau mondial au service des missions de la Douane, notamment en matière de sécurisation et de facilitation. Rattachés à la délégation aux relations internationales (DRI), les attachés douaniers exercent leurs missions au sein de certaines ambassades de France.

Ils ont vocation à remplir trois missions essentielles : la lutte contre la fraude douanière, l'action économique douanière à l'étranger et les actions de coopération douanière internationale.

Mission prioritaire des attachés douaniers, la lutte contre la fraude douanière concerne tous les trafics illicites, le blanchiment de capitaux et le financement du terrorisme ainsi que les fraudes économiques d'envergure. Véritables représentants de la DGDDI à travers la planète, les attachés douaniers recueillent des renseignements et assistent les services d'enquête, tant français — notamment la direction nationale du renseignement et des enquêtes douanières (DNRED) et l'office national anti-fraude (ONAF) — qu'étrangers, en vue de déceler des trafics illicites.

L'action économique douanière à l'étranger consiste, principalement, à informer les opérateurs du commerce international et les particuliers, notamment sur la réglementation douanière, afin de faciliter le développement de leur activité commerciale avec les États de la zone géographique où ils sont implantés. Ils peuvent aussi orienter leurs interlocuteurs, tant français qu'étrangers, vers les services administratifs susceptibles de leur être utiles.

Enfin, en matière de coopération douanière internationale, les attachés douaniers doivent veiller à la mise en œuvre des programmes bilatéraux de coopération douanière, au pilotage des opérations conjointes et maintenir des relations suivies avec les administrations publiques et les entreprises des États de leur zone de compétence. Ils favorisent également l'échange de bonnes pratiques entre la DGDDI et les douanes locales.

D / La coopération internationale police-douane en matière de sécurité : les centres de coopération policière et douanière (CCPD)

Dans le but de compenser le déficit de sécurité pouvant résulter de la libre circulation des personnes découlant des articles 29 et 30 du Traité sur l'Union européenne modifié par le Traité de Nice du 26 février 2001 [61] et afin de renforcer la coopération douanière instituée par la Convention de Naples II relative à l'assistance mutuelle et à la coopération entre les administrations douanières,

[61] Dispositions précisées par la Convention d'application de l'Accord de Schengen signée le 19 juin 1990 et de ses textes de mise en œuvre, ainsi par l'acquis de Schengen qui s'appuie sur ceux-ci et qui a été transposé dans le droit de l'Union européenne.

signée le 18 décembre 1997[62], peuvent être instaurés, par voie conventionnelle, des centres de coopération policière et douanière (CCPD) entre deux ou plusieurs États membres de l'Union européenne. Le but de ces centres de coopération policière et douanière est *a minima* de permettre un échange d'informations entre les administrations policières et douanières des États signataires, voire d'organiser les modalités d'une coopération plus poussée, selon le contenu de la convention de création propre à chaque CCPD.

À titre d'illustration, l'article 3 paragraphe 1 de l'accord approuvé par la loi du 8 juillet 2014 instaurant un centre de coopération policière et douanière dans la zone frontalière commune à la France, la Belgique, l'Allemagne et le Luxembourg[63] précise que les compétences du CCPD s'étendent à la coopération directe dans les domaines de la menace pour la sécurité et l'ordre publics dans la zone frontalière et de la lutte préventive et répressive contre la criminalité transfrontalière, au recueil, à l'analyse et à l'échange d'informations, ainsi qu'à la facilitation en temps réel des mesures d'intervention des services opérationnels.

Plus concrètement, l'article 3, paragraphe 3 de l'accord précise que :

> « Dans la zone frontalière, le centre commun exerce, notamment, les missions suivantes :
> — aider et faciliter la préparation et la coordination de mesures d'intervention ponctuelles lorsque les attributions de plusieurs autorités sont concernées ou qu'il est nécessaire de réaliser un haut degré de coordination,
> — soutenir les activités pour l'exécution administrative d'actions d'observation et de poursuite transfrontalières, visées aux articles 40 et 41 de la CAAS ou aux articles 20 et 21 de la Convention de Naples II, menées conformément aux dispositions de cette Convention et à ses textes de mise en œuvre,
> — faciliter la préparation et l'assistance en ce qui concerne la remise d'étrangers en situation irrégulière sur la base des accords

[62]En application de l'article K3 du traité d'Amsterdam repris dans les articles 82, 83 et 85 du chapitre IV du titre V du traité sur le fonctionnement de l'Union européenne.

[63] Loi n° 2014-777 du 8 juillet 2014 autorisant l'approbation de l'accord entre le Gouvernement de la République française, le Gouvernement du Royaume de Belgique, le Gouvernement de la République fédérale d'Allemagne et le Gouvernement du Grand-Duché de Luxembourg concernant la mise en place et l'exploitation d'un centre commun de coopération policière et douanière dans la zone frontalière commune. *JORF* du 9 juillet 2014, texte 3.

en vigueur suivant les stipulations des règlements (CE) Nr. 343/2003 et 1560/2003. »

Enfin, les articles 4, 5 et 6 de l'accord, quant à eux, prévoient et encadrent la création d'un fichier commun de données à caractère personnel dont la finalité est la collecte et la présentation de requêtes dans le cadre des missions du CCPD.

La mise en place d'un centre de coopération policière et douanière ne modifie en rien les missions et attributions des services de police et de douane, telles qu'elles sont définies par le droit interne de chacun des États. Les policiers et douaniers agissant au profit du CCPD interviennent donc dans le cadre de leurs compétences nationales.

IV. La sécurisation juridique des interventions de la Douane : l'évolution du droit douanier

C'est probablement parce qu'elle n'est pas une force de police, et qu'elle paraît donc moins répressive et menaçante pour les droits et libertés individuels, que la Douane a longtemps pu bénéficier de dispositions normatives lui conférant, dans l'exercice de ses fonctions, des prérogatives refusées au nom de la protection des libertés fondamentales, aux forces de sécurité intérieure classiques, que sont la Police nationale et la Gendarmerie.

Cette situation a cependant évolué ces dernières années, les jurisprudences de la Cour de cassation et du Conseil constitutionnel étant venues restreindre la mise en œuvre de certaines compétences dévolues à la Douane.

La censure, par le Conseil constitutionnel, de l'article 60 du code des douanes, fondant le droit de visite, outil essentiel à l'activité douanière, a amené les pouvoirs publics à adopter une nouvelle rédaction de cette disposition au moyen de la loi du 18 juillet 2023, qui a également inauguré le lancement d'une vaste entreprise de recodification du code des douanes, demeuré dans sa globalité inchangé depuis 1948 et dont l'obsolescence a été ponctuellement corrigée, générant un ensemble hétérogène et disharmonieux.

A/ L'intervention accrue du Conseil constitutionnel

L'instauration de la question prioritaire de constitutionnalité a permis au Conseil constitutionnel d'opérer un contrôle plus rigoureux du respect des droits et libertés individuels en regard de la mise en œuvre de certaines procédures douanières. En témoignent, précisément, quatre décisions du Conseil constitutionnel rendues dans le cadre de questions prioritaires de constitutionnalité.

1. La Décision n° 2010-32 QPC du 22 septembre 2010 M. Samir M. et autres a ainsi censuré certaines dispositions du code des douanes relatives à la retenue douanière, considérant que :

> « le 3 ° de l'article 323 [du code des douanes] ne permet pas à la personne retenue contre sa volonté de bénéficier de l'assistance effective d'un avocat pendant la phase d'interrogatoire ; qu'une telle restriction aux droits de la défense est imposée de façon générale sans considération des circonstances particulières susceptibles de la justifier pour rassembler ou conserver les preuves ou assurer la protection des personnes ; qu'au demeurant, la personne en retenue douanière ne reçoit pas la notification de son droit de garder le silence. »

Dès lors, le Conseil constitutionnel a considéré que « la conciliation entre, d'une part, la prévention des atteintes à l'ordre public et la recherche des auteurs d'infractions et, d'autre part, l'exercice des libertés constitutionnellement garanties, ne peut être regardée comme équilibrée ». Sur cette base, le Conseil constitutionnel a déclaré contraire à la Constitution le 3 ° de l'article 323 du code des douanes, en ce qu'il méconnaît les articles 9 et 16 de la Déclaration des droits de l'homme et du citoyen du 26 août 1789.

2. La Décision n° 2013-357 QPC du 29 novembre 2013 Société *Wesgate Charters Ltd* est venue censurer certaines dispositions relatives à la visite des navires par les agents des douanes, considérant que :

> « Les dispositions contestées permettent, en toutes circonstances, la visite par les agents des douanes de tout navire qu'il se trouve en mer, dans un port ou en rade ou le long des rivières et canaux ; que ces visites sont permises y compris la nuit ; qu'indépendamment du contrôle exercé par la juridiction saisie, le cas échéant, dans le cadre des poursuites pénales ou douanières, des voies de recours appropriées ne sont pas prévues afin que soit contrôlée la mise en œuvre, dans les conditions et selon les modalités prévues par la loi, de ces mesures ; que la seule référence à l'intervention d'un juge en cas de refus du capitaine ou du commandant du navire, prévue par le 2. de l'article 63 du code des douanes en des termes qui ne

permettent pas d'apprécier le sens et la portée de cette intervention, ne peut constituer une garantie suffisante. »

Dès lors, le Conseil constitutionnel a déclaré les articles 62 et 63 du code des douanes contraires à la Constitution en ce qu'ils privaient de garanties légales les exigences résultant de l'article 2 de la Déclaration de 1789 en matière de droit au respect de la vie privée et, en particulier, d'inviolabilité du domicile.

3. La Décision n° 2022-1010 QPC du 22 septembre 2022 M. Mounir S., a censuré l'article 60 du code des douanes relatif au droit de visite des agents des douanes, considérant que « les dispositions contestées permettent, en toutes circonstances, à tout agent des douanes de procéder à ces opérations [prévues à l'article 60] pour la recherche de toute infraction douanière, sur l'ensemble du territoire douanier et à l'encontre de toute personne se trouvant sur la voie publique », alors même que n'est pas suffisamment précisé

« le cadre applicable à la conduite de ces opérations, tenant compte par exemple des lieux où elles sont réalisées ou de l'existence de raisons plausibles de soupçonner la commission d'une infraction ». Dès lors, le Conseil constitutionnel a jugé que « le législateur n'a pas assuré une conciliation équilibrée entre, d'une part, la recherche des auteurs d'infractions et, d'autre part, la liberté d'aller et de venir et le droit au respect de la vie privée ».

4. Enfin, le Conseil, dans sa décision no 2024-1096 QPC du 12 juin 2024, M. Andrey P., a considéré que l'article 459, paragraphe 4 du code des douanes64, dans sa rédaction résultant de l'ordonnance no 2020-1342 du 4 novembre 2020 renforçant le dispositif de gel des avoirs et d'interdiction de mise à disposition, est contraire à la Constitution au motif que

« les dispositions contestées méconnaissent le principe d'individualisation des peines ».

Au travers de ses décisions, le Conseil constitutionnel s'emploie donc, grâce au mécanisme de la question prioritaire de constitutionnalité, à restreindre les compétences jugées exorbitantes

[64] Aux termes de l'article 459, § .4 du code des douanes : « Les personnes condamnées pour infractions à la législation et à la réglementation relatives aux relations financières avec l'étranger sont, en outre, déclarées incapables d'exercer les fonctions d'agents de change, d'être électeurs ou élues aux chambres de commerce, tribunaux de commerce et conseils de prud'hommes, tant et aussi longtemps qu'elles n'auront pas été relevées de cette incapacité. »

de la Douane, afin de protéger les libertés fondamentales. Ce faisant, le Conseil constitutionnel amoindrit aussi les particularités de l'activité douanière — qui ont largement contribué à son efficacité[65] — et participe au rapprochement des prérogatives de la Douane de celles mises en œuvre par les forces de sécurité intérieure. Ainsi se trouve progressivement atténué l'écart séparant les compétences de la Douane de celles détenues par la Police nationale et la gendarmerie.

B/ La recodification du code des douanes

L'intitulé même de la loi n° 2023-610 du 18 juillet 2023 « visant à donner à la Douane les moyens de faire face aux nouvelles menaces [66] », suffit à démontrer l'importance de la dimension sécuritaire dans l'activité douanière. Cette loi est venue tirer les conséquences de la décision du Conseil constitutionnel n° 2022-2010 du 22 septembre 2022, déclarant inconstitutionnel, à compter du 1er septembre 2023[67], le droit de visite des agents des douanes prévu à l'article 60 du code des douanes, notamment en ce que sa mise en œuvre était de nature à porter atteinte à la liberté d'aller et de venir et au droit au respect de la vie privée.

D'entrée de jeu, le sénateur Albéric de Montgolfier, auteur du Rapport n° 614 (2022-2023), déposé le 17 mai 2023, relatif au projet de loi visant à donner à la Douane les moyens de faire face aux nouvelles menaces,[68] rappelle le contexte dans lequel intervient ce texte :

---

[65]En tendant à restreindre les pouvoirs d'investigation de la Douane, la jurisprudence du Conseil constitutionnel semble aller à l'encontre de la Résolution de la Commission de politique générale de l'Organisation mondiale des douanes concernant le rôle de la Douane dans le contexte de la sécurité, dite Résolution de Punta Cana, adoptée en décembre 2015, qui « encourage les administrations des douanes à obtenir des prérogatives complémentaires dans les cas où elles ne disposent pas de pouvoirs suffisants pour apporter une contribution dans la lutte contre le terrorisme, y compris la prévention du financement du terrorisme via d'autres activités illégales ».

[66]*JORF* n° 0165 du 19 juillet 2023, texte n° 1.

[67]Le décalage entre le prononcé de la décision et sa mise en œuvre effective n'a pas été sans poser de réelles difficultés. En effet, les dispositions sur lesquelles s'est fondé le Conseil constitutionnel étant déjà en vigueur, certains avocats se sont fondés sur celles-ci — et non sur la décision du Conseil constitutionnel dont le caractère exécutoire était différé d'un an — pour contester la mise en œuvre de l'article 60. La démarche, couronnée de succès en première instance, a amené le garde des Sceaux à adresser des instructions aux parquets et la DGDDI à inviter ses agents à mieux circonstancier leurs procès-verbaux.

[68]Le Gouvernement a engagé la procédure accélérée sur ce texte lors de son dépôt devant le Sénat, le 13 avril 2023.

> « Un “électrochoc”, c’est ainsi que la directrice générale des douanes et des droits indirects a décrit la façon dont les agents des douanes avaient vécu la déclaration de non-conformité à la Constitution de leur droit de visite. Cette prérogative majeure des douaniers, qui leur confère un droit de fouille des personnes, des marchandises et des moyens de transport, n’avait fait l’objet d’aucune modification depuis 1948, en dépit des évolutions jurisprudentielles intervenues en matière de protection des droits fondamentaux. »

La réécriture de l’article 60 par le législateur a permis de rénover le droit de visite douanière en tenant compte de ses lieux d’exercice, des motifs de sa mise en œuvre et des garanties apportées aux droits des personnes, conformément aux attentes du Conseil constitutionnel.

Toutefois, outre le droit de visite, de nombreuses autres dispositions du code des douanes étaient devenues obsolètes, insuffisantes, voire d’application douteuse, en regard de la protection des droits fondamentaux et des libertés individuelles ou des évolutions technologiques. C’est pourquoi, loin de s’en tenir au seul article 60, le législateur s’est prononcé sur plusieurs autres articles du code des douanes.

Comme le souligne le communiqué du Conseil des ministres[69], le texte :

> « […] réaffirme, par ailleurs, la mission de contrôle de la douane à l’intérieur du territoire et sécurise ses moyens d’action et d’investigation, tout en les renforçant pour permettre aux douaniers de faire face à l’expansion des trafics et aux nouvelles menaces pesant sur la sécurité des Français et la souveraineté de notre territoire. Face aux évolutions des menaces criminelles, notamment le recours croissant par les fraudeurs à l’usage des nouvelles technologies pour faire prospérer leurs trafics tout en restant anonymes, les pouvoirs d’investigation des agents des douanes sont modernisés et adaptés pour leur permettre de continuer à assurer avec efficacité leurs missions de protection du territoire et de la population ainsi que la lutte contre la fraude. »

Plus encore, le législateur a autorisé le gouvernement, sur la base de l’article 38 de la Constitution[70], à prendre par voie d’ordonnance

[69]Conseil des ministres du 13 avril 2023.

[70]Les conseils méthodologiques du Guide de légistique élaboré par la Commission supérieure de codification précisent : « Si l’on recourt à l’article 38 de la Constitution, un effort de délimitation du périmètre du code doit permettre d’ajuster au mieux la rédaction de l’habilitation. Il convient de formuler celle-ci avec le plus grand soin, de façon à couvrir l’ensemble des dispositions à codifier et rendre possibles toutes les opérations envisagées, y

toutes les mesures relevant du domaine de la loi nécessaires à la refonte de la partie législative du code des douanes afin :

> « 1° D'en aménager le plan ainsi que d'y inclure :
>
> a) Des dispositions non codifiées relevant du domaine de la loi et entrant dans son champ d'application ;
>
> b) Les dispositions contenues dans d'autres codes relatives aux contributions indirectes et aux réglementations assimilées, portant sur les pouvoirs de contrôle, le régime de sanction, les procédures devant les tribunaux, les remises et les transactions à titre gracieux et le recouvrement des créances ;
>
> 2° D'améliorer la lisibilité du droit en adaptant, en tant que de besoin, les dispositions relevant du domaine de la loi prévues par d'autres codes ou des textes non codifiés, afin d'assurer leur coordination avec les dispositions recodifiées, en harmonisant et en simplifiant la rédaction des textes ainsi qu'en abrogeant les dispositions, codifiées ou non, obsolètes ou devenues sans objet ;
>
> 3° D'harmoniser les éléments mentionnés au b du 1 ° du présent I avec ceux relatifs aux droits de douane et aux réglementations contrôlées et réprimées comme ces derniers ;
>
> 4° D'étendre l'application des dispositions mentionnées aux 1 ° à 3 °, en procédant aux adaptations nécessaires, aux îles Wallis et Futuna ainsi qu'à la Nouvelle-Calédonie et à la Polynésie française, pour celles qui relèvent de la compétence de l'État, et en procédant aux adaptations nécessaires en ce qui concerne les collectivités de Saint-Barthélemy, de Saint-Martin et de Saint-Pierre-et-Miquelon ainsi que les Terres australes et antarctiques françaises. »

Comme toute codification, la recodification du code des douanes doit s'effectuer à droit constant, sous réserve « des modifications qui seraient rendues nécessaires pour mettre en œuvre les 3 ° et 4 °, assurer le respect de la hiérarchie des normes, adapter les dispositions de droit interne au droit de l'Union européenne ainsi qu'aux accords internationaux ratifiés et adapter les renvois au pouvoir réglementaire à la nature et à l'objet des mesures d'application concernées ».

L'ordonnance devra être prise dans un délai de trois ans à compter de la promulgation de la loi, un projet de loi de ratification devant être déposé devant le Parlement dans un délai de trois mois à compter de la publication de l'ordonnance.

---

compris les modifications de conséquence ou de coordination requises par la codification. » Rapport annuel 2021 de la Commission supérieure de codification, p. 106. Voir également, pour une approche plus détaillée. Premier ministre, Secrétariat général du Gouvernement et Conseil d'État, Guide de légistique, 3e édition 2017, mise à jour du 04/10/2023, p. 223.

Le code des douanes n'ayant fait l'objet d'aucune refonte d'ensemble depuis 1948, l'entreprise revêt une importance toute particulière, d'autant plus qu'en parallèle, l'Union douanière européenne est en pleine réforme. Au demeurant, le Premier ministre Jacques Chirac avait déjà mentionné le code des douanes parmi les « codes dont la refonte ou la mise à jour est à envisager » dans la Circulaire du 15 juin 1987 relative à la codification des textes législatifs et réglementaires[71].

Qualifiant la recodification de « chantier historique et stratégique », la directrice générale des douanes et droits indirects précise « Notre stratégie de recodification, qui comprend un important volet d'accompagnement des agents et des utilisateurs du code, est assise sur une méthode souple, agile et participative afin de produire, en 2026, un code juridiquement sûr, pleinement opérationnel[72]. »

La Mission recodification du code des douanes, créée par la DGDDI, est dirigée par un chargé de mission, spécifiquement recruté à cette fin, assisté de plusieurs collaborateurs spécialisés en droit douanier. Dans un souci pragmatique, la mission associe à ses travaux un panel d'une vingtaine d'agents, représentatifs de la diversité des métiers de la douane, qui sont invités à se prononcer sur la conception et la rédaction du futur code. Par ailleurs, a été mis en place un cercle des experts[73], réunissant deux magistrats de la Cour de cassation, deux enseignants-chercheurs des facultés de droit, des avocats et des représentants d'entreprises, qui se prononcent sur la rédaction du futur code des douanes.

De façon classique, les textes ainsi rédigés et révisés sont ensuite transmis à la Commission supérieure de codification[74], placée auprès du Premier ministre. Il faut toutefois rappeler que le Conseil d'État a

---

[71]Circulaire NOR : *PRMG8700037C, JORF* du 17 juin 1987, p. 6460.

[72]Braun-Lemaire (Isabelle), « La recodification du code des douanes », *Recueil Dalloz* 2024, p. 56.

[73]Un cercle des experts a déjà été instauré lors de la rédaction du code des relations entre le public et l'administration et lors de la rédaction du code de la commande publique.

[74]La Commission supérieure de codification a pour mission de procéder à la programmation des travaux de codification, fixer la méthodologie d'élaboration des codes en émettant des directives générales, animer et coordonner les groupes de travail chargés d'élaborer les projets de codes, adopter et transmettre au gouvernement les projets de codes élaborés, se prononcer sur les projets de textes modifiant les codes existants. La Commission supérieure de codification a été créée par le Décret n° 89-647 du 12 septembre 1989 relatif à la composition et au fonctionnement de la Commission supérieure de codification, modifié par le décret n° 2019-60 du 30 janvier 2019. Cette Commission succède à la Commission supérieure chargée d'étudier la codification et la simplification des textes législatifs, créée par le décret n° 48-800 du 10 mai 1948.

considéré que : « La saisine de la Commission pour les projets de refonte de codes existants, particulièrement opportune, n'est, en revanche, qu'une faculté à la décision du Gouvernement[75]. »

Après examen par la Commission supérieure de codification, les textes sont ensuite transmis au Conseil d'État pour examen. Enfin, le gouvernement doit présenter au Parlement une loi de ratification, conformément à l'article 38 de la Constitution.

Pour la directrice générale, la recodification du code des douanes est avant tout conçue comme « un outil précieux devant permettre à la douane de mettre en œuvre, de manière plus claire et intelligible, des règles assurant le soutien de l'attractivité de l'économie et de la performance des entreprises et, dans le même temps, la protection de la sécurité du territoire et de la population ».

On ne saurait mieux souligner la dimension sécuritaire de la tâche entreprise.

Au fil du temps, la dimension sécuritaire, présente dès l'origine de l'activité douanière, a considérablement évolué au point d'être aujourd'hui devenue protéiforme. À côté de la sécurité intérieure *stricto sensu*, qui demeure et s'est considérablement renforcée ces dernières années, il convient en effet d'ajouter la sécurité économique au sens large, incluant, notamment, la sécurité du producteur (lutte contre la contrefaçon), la sécurité du consommateur (respect des normes techniques et alimentaires [76]), mais aussi la sécurité environnementale.

Les récentes évolutions du paysage sécuritaire, qui visent à promouvoir une coproduction de sécurité et une communauté du renseignement, s'inscrivent fort logiquement dans le sens d'un renforcement de la participation de la Douane à la sécurité intérieure. Dans le même temps, celle-ci voit aussi consacrer son rôle en matière de sécurité européenne et même mondiale au travers du renforcement de la sécurisation des échanges internationaux et de la lutte contre le terrorisme.

Évoquant la volonté du Gouvernement d'ériger la lutte contre toutes les fraudes en priorité, le Bilan annuel de la Douane pour 2023 indique que la Douane y a pris toute sa place, et souligne : « Elle a

---

[75]Rapport annuel 2021 de la Commission supérieure de codification, p. 14.

[76]Le rôle essentiel du Service commun des laboratoires (SCL), rattaché conjointement à la DGDDI et à la DGCCRF doit être ici tout particulièrement souligné.

ainsi vu son rôle dans la protection de notre territoire, de nos concitoyens et de nos entreprises conforté et renforcé. »

Plus que jamais, la sécurité est une préoccupation essentielle de la Douane, face aux défis d'un monde en mutation…

La lutte contre la criminalité financière : du service national de douane judiciaire à l'office national anti-fraude aux finances publiques

Christophe PERRUAUX
Magistrat, directeur du service d'enquêtes judiciaires des finances

Le service d'enquêtes judiciaires des finances (SEJF) vient de célébrer ses 20 ans. Tout au long de ces deux décennies, le service a gagné la confiance des magistrats et s'est imposé dans le paysage judiciaire par son sérieux et ses compétences. Cette confiance et le devoir d'être utile obligent à maintenir ce haut niveau d'engagement et de professionnalisme qui a fait sa réputation et à s'adapter sans cesse aux évolutions de la criminalité à laquelle le service est confronté.

Il convient d'abord de revenir sur son histoire, car se rappeler sa raison d'être, d'où il vient, dans quelles conditions et surtout pour quelles raisons a été créé ce nouveau service de police judiciaire à compétence nationale ne dépendant pas du ministère de l'Intérieur, c'est aussi prendre et conserver un cap que les évolutions ne doivent pas lui faire perdre de vue, sous peine de perdre de sa légitimité, un cap qu'il ne pourra continuer à suivre que s'il s'adapte afin de continuer à remplir au mieux sa mission dans un environnement, criminel, légal et institutionnel qui lui ne cesse d'évoluer.

I. Du Service national de douane judiciaire (SNDJ) au service d'enquêtes judiciaires des finances (SEJF)

La loi créant la fonction d'officier de douane judiciaire a été promulguée en 1999. La première promotion, constituée d'agents des douanes tous issus de la Division nationale du renseignement et des enquêtes douanières (DNRED), est alors formée au droit pénal et à la procédure pénale, plus globalement à l'enquête judiciaire, par la Gendarmerie nationale. Les agents sont ainsi habilités au terme de celle-ci en qualité d'« officiers de douane judiciaire » (ODJ) par le procureur général près la Cour d'appel de Paris en novembre 2001. Ils disposent dès lors des mêmes prérogatives que celles accordées par la loi aux officiers de police judiciaire (OPJ) de police ou de la gendarmerie.

Très vite, la préservation du secret de l'enquête judiciaire et la direction exclusive des investigations par les magistrats rendent impossible le maintien des ODJ au sein de la DNRED. Il faudra cependant encore attendre un an pour que soit créé le service national de la douane judiciaire (SNDJ) par arrêté du 5 décembre 2002.

La conception et la naissance du service ont été effectivement difficiles et les complications, pour des causes tout autant internes qu'externes à la Douane, ont été nombreuses… et n'ont pas toutes disparu.

En 1992, Michel Charasse, alors ministre du Budget, exprimait le regret suivant au moment de quitter ses fonctions :

> « Il restera à s'assurer d'un *consensus* que je n'ai malheureusement pas pu obtenir — on y était presque pourtant en ce qui concerne la qualification d'officier de police judiciaire à certains agents de la douane. Certes, il s'agit d'une qualification partielle, liée aux affaires douanières : les douaniers ne sont pas faits pour instrumenter sur des crimes de sang ou sur des délits de droit commun et il n'est pas question qu'ils soient tous OPJ. Mais votre direction générale des douanes ne cesse pas d'être performante dans la lutte contre les trafics. […] La direction des douanes est donc excellente dans ces domaines et elle doit finir de recevoir les moyens nécessaires à son action : OPJ en fait partie ».

Il reprenait ainsi à son compte le souhait que lui avait exprimé dès 1988 un ancien directeur de la DNRED qui avait rédigé sans résultat une note tendant à ce que les douaniers français, à l'instar de leurs homologues étrangers, puissent « réaliser des enquêtes judiciaires relevant de leur compétence » et disant au ministre qu'il disposerait ainsi d'une « Garde des Finances ».

Cette judiciarisation par la douane des affaires douanières était de bon sens et reposait d'abord sur le constant flagrant que ces contentieux spécialisés et souvent complexes étaient maltraités, voire ignorés, par les policiers et les gendarmes et n'avaient donc pas les suites judiciaires qu'ils méritaient.

Il s'agissait ainsi de renforcer l'action menée par la douane en lui permettant, chaque fois que cela était nécessaire, d'aller plus loin dans ses enquêtes et d'utiliser les moyens probatoires supplémentaires qu'offre la procédure pénale pour caractériser les infractions relevant de son domaine de compétence et dont elle constatait la matérialité.

Cette idée simple, et comme l'indiquaient ses initiateurs, déjà partagée par de nombreux pays européens, allaient pourtant susciter de très nombreuses réactions négatives, principalement du ministère de l'Intérieur qui arguait d'un mélange des genres, soutenait que la douane bénéficiait déjà de prérogatives exorbitantes du droit commun et, pour tout dire, refusait la concurrence d'un nouveau service de police judiciaire ancré au ministère des Finances.

Trois projets successifs, plus ou moins complets, étaient proposés en 1989, 1992, et en 1994 ; ce dernier dessinait déjà à grands traits le futur SNDJ en prévoyant la création de 200 à 300 OPJ douaniers, dans une structure à compétence nationale avec des antennes locales et dirigée par un magistrat de l'ordre judiciaire… il était soumis au Premier ministre de l'époque, ce dernier n'y donnait pas de suite.

C'est au terme d'un long combat, fait de nombreux compromis, que cette proposition trouvait finalement sa concrétisation légale avec la promulgation de l'article 28-1 du code de procédure pénale dans sa rédaction première issue de la loi du 23 juin 1999 qui disposait que des agents de douanes spécialement désignés par arrêté des ministres de la Justice et du Budget, placés sous la direction administrative d'un magistrat de l'ordre judiciaire, allaient pouvoir effectuer sur tout le territoire national des enquêtes judiciaires… mais, et tout est dans le mais, en bornant très strictement leurs compétences :

— ces « officiers de la douane judiciaire » (ODJ) ne peuvent initier des enquêtes préliminaires et doivent attendre d'être saisis sur réquisition du procureur de la République ou sur commission rogatoire du juge d'instruction.

— toujours pour les différencier des officiers de police judiciaire, les ODJ ne disposent que d'une compétence d'attribution très encadrée : ils ne peuvent réaliser des enquêtes que dès lors que celles-ci ne portent que sur des infractions habituellement traitées par la douane administrative (et les infractions connexes) et à la condition que ces faits ne caractérisent pas parallèlement des infractions de droit commun mobilisant fortement les autres services de police judiciaire, à savoir celles relatives aux armes et aux stupéfiants (auxquels cas les ODJ doivent être associés à des OPJ dans le cadre « d'unités temporaires » spécialement créées). Autre impossibilité traduisant la très grande défiance qui présidait alors : il était interdit aux ODJ de mener des enquêtes de flagrance ou en préliminaire en suite d'une procédure douanière.

Au terme de cette première formation, ces pionniers, soutenus et encouragés par leur premier patron Michel Dobkine, vont jouer un rôle essentiel dans la création et l'autonomisation du service en exigeant, le mot n'est pas trop fort, car ces stagiaires iront jusqu'à faire grève, que soit coupé le cordon qui les liait à la DNRED dont le service n'était alors qu'une entité. Son directeur et les agents partageaient même leurs bureaux, au sein de la direction rue de Charonne à Paris ou dans les échelons de province, avec leurs anciens collègues de la DNRED.

Bien plus, les nouveaux ODJ ont d'emblée revendiqué leur autonomie et, conformément à la loi, le droit de ne rendre compte des affaires judiciaires qui leur étaient confiées qu'à leurs magistrats mandants et à l'exclusion de la hiérarchie DNRED qui n'avait pas probablement pas envisagé cette indépendance de fonctionnement.

Ce coup de force, après un arbitrage favorable du directeur général des douanes de l'époque, se concluait par la publication de l'arrêté du 5 décembre 2002 proclamant dans son article 1 : « Il est créé un service à compétence nationale dénommé service national de douane judiciaire, rattaché au directeur général des douanes et droits indirects. »

La loi Perben du 10 mars 2004 va procéder à une très importante réécriture de l'article 28-1 du code de procédure pénale sous l'impulsion de son nouveau directeur Bruno Dalles : en sus de ses compétences initiales essentiellement douanières, le service peut désormais diligenter des enquêtes portant notamment sur des escroqueries à la TVA, sur des vols de biens culturels, sur des infractions relatives à la protection des intérêts financiers de l'Union européenne et sur les infractions de blanchiment.

Année après année, de nombreux autres douaniers ont ainsi rejoint le service et se sont formés à la procédure pénale et au droit pénal.

Si ses effectifs ont ainsi augmenté, ses implantations géographiques n'ont cessé de se multiplier également : Paris, Bordeaux, Lille, Lyon, Marseille, Metz et Nantes sont les premières unités créées en 2003, rejointes par Toulouse en 2005. Il faudra alors 12 ans pour que Fort-de-France complète la liste des implantations en 2017. Liste à laquelle il convient d'ajouter les antennes dijonnaise, perpignanaise et niçoise.

En 2010, Solange Moracchini en devient la nouvelle directrice. Association de malfaiteurs en 2013, blanchiment et financement du terrorisme en 2016 viennent accroître encore la palette des compétences du SNDJ.

C'est sa successeure nommée en septembre 2016, Nathalie Becacche, qui va en 2019 porter la plus grande réforme du service depuis sa création en le transformant en Service d'enquêtes judiciaires des finances (SEJF).

Au total, promotion après promotion, ce sont 457 agents qui ont ainsi été habilités aux fonctions d'officier de la douane judiciaire et 46 agents de la DGFIP à celles d'officiers fiscaux judiciaires qui, depuis l'origine, ont réalisé plus de 10 000 enquêtes, petites ou grandes, anonymes ou médiatiques.

Les conditions de la création du SNDJ, comme celles qui présideront aussi pour partie à sa transformation (SEJF) en 2019, contre l'avis du Conseil d'État qui pensait que la lutte contre la fraude fiscale complexe devait rester dans le giron du ministère de l'Intérieur, traduisent pour une bonne part la difficulté de penser l'action judiciaire autrement, dans une réelle complémentarité avec les autres services de l'État, en potentialisant les différences et la complémentarité pour plus d'efficacité.

II. Vers une plus grande complémentarité des actions judiciaire, administrative et fiscale dans la lutte contre la fraude.

Le SEJF tire d'abord sa légitimité de la compétence professionnelle acquise par ses enquêteurs dans le cadre de leurs fonctions antérieures en qualité de douanier ou d'agent des services fiscaux. Ce sont ainsi des experts de la lutte contre la fraude qui peuvent poursuivre sous l'autorité des magistrats et des moyens procéduraux de la justice l'action de leurs deux administrations de tutelle contre la fraude. Parce que telle est bien sa spécificité, le service se doit bien sûr d'entretenir, de favoriser cette proximité, cette indispensable complémentarité avec ces deux administrations d'origine. Et ce n'est pas toujours si simple.

En effet, si l'objectif de lutte contre la fraude est partagé par tous, chaque entité tend naturellement à considérer son action comme prioritaire. Or le recueil et l'analyse du renseignement, la saisie de la marchandise ou du produit frauduleux, la confiscation des biens des criminels ainsi que les condamnations pénales sont autant d'outils qui devraient être davantage utilisés dans le cadre d'une véritable stratégie globale au regard du but recherché et de l'efficacité des moyens mis en œuvre pour y parvenir.

Parce que le SEJF sert d'abord l'action de la justice, que les contentieux traités par le service ne sont le plus souvent pas considérés comme des priorités de politique pénale par les parquets, que les ODJ et OFJ tenus au secret de l'enquête ne rendent compte de leurs investigations qu'aux juges et procureurs, que les quantités de marchandise saisies ou les pénalités recouvrées n'intéressent que peu les magistrats, la DGDDI et la DGFiP ont encore parfois des difficultés à intégrer l'action du SEJF dans leur stratégie globale de lutte contre la fraude.

Pourtant sa différence est un formidable atout, un pont entre la justice et l'administration, qui doit permettre que l'action de l'État de lutte contre la fraude s'inscrive bien davantage selon une stratégie et des priorités définies en commun.

Bien évidemment toute l'action administrative n'a pas à être judiciarisée pour être efficace. Ce n'est ni souhaitable ni, encore moins, possible au regard de ce que sont les moyens de la justice. Cependant, à l'ère d'une judiciarisation grandissante de la plupart des contentieux, la possibilité et l'utilité de celle-ci doivent être pensées bien en amont par nos administrations, intégrées à leur logiciel quand elles élaborent des stratégies en matière de lutte contre la fraude et davantage enseignées aux agents de ces deux administrations.

Plutôt que de la subir, plutôt que de considérer qu'il s'agit de deux mondes qui se succèdent l'un à l'autre, pire, que l'un, la justice, serait indifférent, voire hostile à l'autre, cette possible judiciarisation des procédures douanières et fiscales, ce passage de l'autre côté de la frontière, devraient avantageusement être appréhendés comme une opportunité, une arme supplémentaire qui mériterait d'être davantage réfléchie dans la possibilité, le moment et les modalités de son utilisation.

Bien plus, la communauté du renseignement doit nécessairement participer à l'élaboration de cette stratégie.

Cela suppose que soient améliorées, favorisées et structurées les modalités d'échanges d'informations entre tous. La classification d'informations, le secret fiscal ou celui de l'enquête judiciaire ont pour principal objet de se prémunir contre l'accès injustifié et potentiellement préjudiciable de tiers à ces informations. Ces secrets sont efficacement protégés par les dispositions pénales sanctionnant la compromission, la violation du secret professionnel ou de l'enquête. En revanche, de nombreux textes hétéroclites, parfois contradictoires et *in fine* peu pratiqués, rendent très difficiles les modalités d'échange d'informations entre les différents acteurs publics de la lutte contre la fraude qui pourtant « mériteraient d'en connaître ».

Confronté à une criminalité organisée éminemment déstructurante de notre modèle social et qui reconvertit ses énormes profits dans l'économie légale, l'État doit absolument unir ses forces et moyens et permettre que ses services travaillent davantage de concert.

Pour revenir à l'action du SEJF et afin d'éviter une judiciarisation inutile, des progrès doivent être réalisés quant aux caractéristiques des dossiers confiés au service dans la continuation de l'action de la douane afin que la saisine du SEJF ne soit envisagée que dès lors que son action est en mesure d'apporter une plus-value réelle à l'action menée par les autres services douaniers.

La douane « classique » doit être en mesure d'assurer majoritairement et de façon autonome le traitement judiciaire des faits qu'elle constate et qui ne nécessitent pas que soient mises en œuvre les dispositions du code de procédure pénale. Encore peu fréquentes, les poursuites pénales exercées sur le fondement des seules procédures douanières pourraient être utilement encouragées et éviteraient ainsi la remise des mis en cause à d'autres services de police judiciaire non spécialisés ou des saisines parfois non nécessaires du SEJF.

À cette fin, le rôle et les compétences de chacun des services douaniers doivent être plus précisément connus et exploités par l'autorité judiciaire. Cela implique également une plus grande sensibilisation des agents de la douane à la possibilité d'une judiciarisation de leurs procédures qui par ailleurs pourraient être davantage adaptées aux exigences formelles du procès pénal.

Cette plus grande complémentarité de l'action des services de la douane suppose également que soit davantage institutionnalisé le partage de l'information sur les priorités, objectifs et modalités d'action qui ne repose aujourd'hui principalement que sur des initiatives individuelles. La nécessité et le moment d'une éventuelle judiciarisation des procédures devraient être ainsi discutés en amont. En retour, il est également souhaitable que les textes permettent au SEJF de communiquer plus aisément à la douane des éléments recueillis dans le cadre des procédures judiciaires.

De façon plus générale, le SEJF, fort de ses implantations locales, se propose d'accentuer encore cette sensibilisation avec l'ensemble des services douaniers intéressés et de façon plus globale de contribuer à la formation dispensée par l'École nationale des douanes sur cette thématique.

Si la nature des faits, leur complexité et l'efficacité de l'action menée justifient que soient mises en œuvre les dispositions du code de procédure pénale en suite de l'action douanière, le SEJF doit davantage apparaître aux yeux de l'ensemble des acteurs de la lutte contre la fraude comme le service devant être prioritairement saisi à l'instar des offices centraux de la DNPJ, des directions zonales de la police judiciaire ou des sections des recherches de la gendarmerie sur les pans de la criminalité relevant de leurs compétences.

Pleinement arrimé à la douane et à la DGFIP, fort des moyens légaux dont il dispose, le SEJF souhaite ainsi se positionner encore davantage dans la complémentarité et la continuité de l'action menée par l'ensemble des services et ainsi sensiblement améliorer le traitement de ses contentieux par l'autorité judiciaire.

La possibilité d'initier des enquêtes préliminaires, à l'instar de l'ensemble des autres services de police judiciaire, concourrait fortement à permettre au SEJF de développer des enquêtes sur les faits constitutifs d'infractions définies comme stratégiques par la douane. Cette proposition n'a pu être retenue dans le cadre de la loi du 18 juillet 2023 visant à donner à la douane de nouveaux moyens d'agir face aux nouvelles menaces. Nul doute que la nécessité de cette mesure se concrétisera à bref délai.

C'est donc informellement, et usant de son pouvoir de suggestion auprès des autorités judiciaires, que le service s'emploie à mettre en avant sa disponibilité et sa compétence dans la lutte contre les manifestations de la lutte contre criminalité organisée sur les contentieux suivants :

— escroquerie à la TVA sous toutes ses formes et fraude aux intérêts financiers de l'Union

Historiquement reconnu pour ses compétences en la matière par les juridictions françaises, le SEJF s'est rapidement imposé comme le service de police judiciaire prioritairement saisi par le parquet européen pour traiter des affaires relevant de sa compétence.

Il est essentiel que le SEJF, et plus généralement la douane, conserve la confiance de ce nouvel acteur dont l'activité ne va cesser de croître, notamment dans les luttes contre les fraudes européennes à la TVA et aux droits de douane, ainsi que celles liées à l'utilisation des fonds européens.

— *trafic de tabac*

Contentieux douanier par excellence, en croissance exponentielle, la vente sur le territoire national de tabac en fraude de tout droit génère des profits considérables dont se sont emparées les organisations criminelles. Il ne lui est pourtant réservé qu'une importance relative par les parquets et les suites judiciaires données aux constatations douanières sont encore insuffisantes au regard de l'importance de la menace.

En développant sa collaboration avec la DNRED et les services territoriaux de la douane, le SEJF s'est donné comme objectif prioritaire d'investir ses compétences et moyens dans la lutte contre cette forme de criminalité organisée.

À cette fin, il a été entrepris de sensibiliser davantage l'autorité judiciaire à la nécessité d'un traitement plus stratégique de ce phénomène désormais comparable au trafic de stupéfiants dans ces conséquences sur l'ordre public local et dans l'organisation de ses filières de production et de distribution.

Le recoupement des informations par les JIRS et la JUNALCO, en capacité de développer des investigations en nécessaire collaboration avec les autorités judiciaires étrangères dans le cadre d'une démarche pro-active, doit ainsi permettre des suites judiciaires plus conformes à la gravité objective de ce phénomène criminel.

— *Blanchiment*

Le service dispose d'une compétence pour enquêter sur le blanchiment d'infractions douanières, mais aussi sur le blanchiment de toutes infractions, y compris terroristes. Ces affaires de blanchiment représentent 40 % des saisines du service qui a acquis avec le temps une technicité reconnue par les autorités judiciaires (affaires de la taxe carbone, des biens mal acquis…). Nous poursuivons ainsi et notamment les investigations à la suite des constatations de manquement aux obligations déclaratives opérées par la douane ou en suite de dénonciations Tracfin.

Le blanchiment des trafics de stupéfiants reste cependant insuffisamment travaillé par l'ensemble des services de police judiciaire et les saisies d'argent ou de biens opérées en cette matière sont insignifiantes. Le service se propose de devenir un acteur majeur de lutte contre ces trafics en offrant la possibilité aux juridictions spécialisées (JIRS et JUNALCO) de nous saisir de ces faits sous l'angle des circuits de blanchiment du produit de ces trafics dans l'économie légale (entreprises employant une forte proportion de main-d'œuvre non déclarée, fraudeurs fiscaux…).

Depuis deux ans le service s'est organisé avec succès pour acquérir et développer une compétence au bénéfice de tous les agents en matière de blanchiment via les cryptoactifs. Cette sensibilisation de premier niveau à la détection et à la saisie nous a permis de constater que ceux-ci sont aujourd'hui utilisés par la majorité des fraudeurs et de saisir plusieurs dizaines de millions d'euros en cryptoactifs. Au-delà de cet aspect essentiel de saisie des avoirs criminels aux fins de confiscation, et ayant fait le constat que les réseaux de blanchiment recouraient de plus en plus fréquemment aux cryptoactifs, nous adaptons aujourd'hui nos enquêtes sur le blanchiment à ces nouveaux procédés. Notre savoir-faire sur cette thématique a été immédiatement relevé d'une part par les magistrats qui nous saisissent de ces enquêtes, mais aussi par les autres services spécialisés dans la cybercriminalité qui sollicitent que nous soyons co-saisis à leurs côtés.

Pour plus d'agilité et d'efficacité, il sera nécessaire à terme de porter la réforme de la suppression de l'obligation de co-saisine avec un autre service d'enquête judiciaire lorsque les sommes blanchies sont suspectées de provenir d'infractions à la législation sur les stupéfiants. Cette distinction ne répond plus à aucune réalité criminelle, car les organisations criminelles qui proposent des structures et schémas de blanchiment collectent l'argent d'activités criminelles de toutes natures (escroqueries à la TVA et aux droits de douane par la criminalité chinoise, escroqueries aux mesures d'aide et de financement publics, fraudeurs fiscaux…).

De plus cette obligation de co-saisine prive le service de nombre de constatations de manquement aux obligations déclaratives portant sur des sommes supposées provenir du trafic de stupéfiants, les parquets faisant alors souvent le choix de ne saisir qu'un service de police ou de gendarmerie.

— *La fraude aux finances publiques*

Devenus en quatre ans des acteurs majeurs de lutte contre la fraude fiscale complexe, les officiers fiscaux judiciaires du service sont principalement saisis par le procureur de la République national financier pour diligenter des enquêtes sur les fraudes fiscales que les moyens classiques de l'administration fiscale peinent à caractériser.

Poursuivant les procédures initiées par la DGFIP ou exploitant un signalement de Tracfin, avec qui le service échange de manière particulièrement efficace, le SEJF offre « d'aller plus loin », de poursuivre les investigations de manière plus intrusive et coercitive, en usant des canaux judiciaires de coopération internationale, en se servant des moyens juridiques importants qu'offre la procédure pénale sous le contrôle de l'autorité judiciaire.

Les surveillances sur tout le territoire national ou transfrontalières, les perquisitions possibles en tout lieu et à tout moment, les interceptions de correspondances de toutes natures, les sonorisations et captations d'images lorsqu'elles permettent d'entendre et de voir des choses utiles à la manifestation de la vérité, les saisies de biens de toute nature en vue de confiscation ultérieure, qu'ils soient situés en France ou bien à l'étranger, les gardes à vue des suspects, les demandes d'entraide adressées directement aux autorités judiciaires étrangères, voire la constitution de dossiers communs transnationaux avec l'aide d'Eurojust et le soutien d'Europol, et bien d'autres outils procéduraux, permettent ainsi et effectivement « d'aller plus loin » et plus fort dans la lutte contre les fraudeurs les plus aguerris et les organisations criminelles transnationales.

Ceux qui font profession de détourner à leur profit les fonds publics, qui échappent indûment à l'impôt ou prospèrent en se livrant à un commerce exempté de règles et de contributions, ceux qui pour résumer prospèrent sur les flux de marchandises ou financiers illégaux, sont des malfaiteurs et doivent être appréhendés comme tels.

Ce constat vaut bien évidemment pour tous ceux qui, fragilisant notre système de solidarité nationale, conçoivent des schémas frauduleux pour profiter illégalement des allocations, aides ou subventions publiques.

Parlant de l'évolution des activités de la mafia au cours de ces dernières années, Giovanni Mellilo, procureur national italien antimafia, répondait le 21 décembre 2022 au journal *Le Monde* : « Les mafias ne parlent plus le langage du crime, mais celui du marché. »

Plus que jamais les organisations criminelles prospèrent sur les échanges internationaux, sur leur capacité à enfreindre les règles douanières et fiscales, à détourner à leur profit l'argent public, à blanchir le produit du crime en investissant dans l'économie légale, à corrompre. La capacité du SEJF à travailler sur les flux internationaux de marchandises et d'argent, la compétence spécifique et pointue de ses agents, ses relations privilégiées avec l'ensemble des acteurs agissant contre toutes les formes de fraude aux finances publiques, le désignent naturellement pour lutter sur le terrain judiciaire contre cette forme moderne de criminalité la plus lucrative.

Ce constat a conduit le ministre des Comptes publics à proposer, dans le cadre d'un plan général de lutte contre les fraudes, que le SNDJ, devenu SEJF, poursuive son évolution, sa croissance, et mette à disposition son expertise pour traiter de toutes les fraudes aux finances publiques.

Le SEJF va ainsi devenir l'Office national anti-fraude aux finances publiques (ONAF). Toujours sous la direction des magistrats, dans le respect des compétences et avec la collaboration des autres services de police judiciaire, et en liens toujours plus étroits avec tous les services de Bercy, les organismes sociaux et, bien sûr, fort de l'expertise de ses agents des douanes et de la DGFiP, le service poursuit ainsi sa nécessaire adaptation pour traiter au mieux de l'évolution de la menace.

Avec toujours la même passion et volonté de servir.

La douane face au défi du renseignement

Arnaud COUPRY
Administrateur des douanes
Directeur du renseignement douanier

Si la douane est une institution connue de nos concitoyens, il n'est pas certain que l'étendue de son action le soit et sa présence au sein de la communauté nationale du renseignement l'est certainement encore moins. Comme le remarque Philippe Hayez : « Il est assez facile d'expliquer aux Français à quoi sert le renseignement quand il prévient des attentats dans le métro[1]. » Pourtant, par sa présence sur l'ensemble du territoire et sa spécificité de police de la marchandise et plus encore de police des flux, la douane a su se développer dans un vaste éventail de missions portant sur la défense des intérêts supérieurs de la nation, jusqu'à assurer sa présence au sein de la communauté nationale du renseignement via son service de renseignement, la direction nationale du renseignement et des enquêtes douanières (DNRED). Ainsi, aux côtés des autres grands services tels que la DGSE, la DRM, la DRSD, relevant du ministère des Armées, la DGSI qui relève du ministère de l'Intérieur, la DNRED et TracFin sont les deux services de renseignement qui relèvent de l'autorité du ministère de l'Économie, des Finances et de la Souveraineté industrielle et numérique et viennent compléter ce qu'il est convenu d'appeler le « premier cercle » des services de renseignement.

« Faire » du renseignement : quels défis ?

Pour une institution telle que la douane, faisant face aux défis polymorphes d'un monde en rapide mutation, il faut être certain de disposer des bons outils et surtout de les connaître : donc d'être

---

[1] Philippe Hayez, interview dans le hors-série *Le Monde* mai 2023 : « Les espions, techniques, profils, légendes ».

conscient d'en disposer et de savoir les utiliser. Pour saisir le défi que représente le renseignement en douane, il apparaît essentiel de se pencher tout d'abord sur ce qu'est le renseignement au-delà des clichés scénarisés et des raccourcis simplificateurs. La définition qui en est donnée par la Stratégie nationale du renseignement est la suivante :

> « Le renseignement recouvre l'ensemble des informations et faits révélés et analysés par le travail des services dans le but de prévenir les atteintes aux intérêts de la Nation, de protéger les personnes, les biens et les institutions et de défendre et promouvoir les intérêts de la France. C'est une politique publique qui met en œuvre des moyens et des outils de puissance publique et un instrument de souveraineté qui contribue à préserver l'autonomie de décision de l'État. »

Ce que ne dit pas explicitement cette définition, c'est que le renseignement est avant tout un processus, une machinerie qui reste fondamentalement identique d'un service de renseignement à l'autre, d'un pays à l'autre. Seuls feront la différence le cadre légal dans lequel ces services vont évoluer, les outils à leur disposition, les moyens budgétaires et humains, les objectifs fixés…

À l'origine du processus, l'impulsion initiale : une interrogation, une « orientation », émise par l'exécutif. Le renseignement comme politique publique est un outil au service de la protection de la Nation et de ses intérêts : il s'agit de mieux voir le paysage environnant, d'y distinguer les menaces, les opportunités et mieux encore, de les anticiper. Or, si les agents des services connaissent les menaces et les terrains sur lesquels ils évoluent, l'auto-orientation est une dérive dangereuse. Le renseignement est un outil au service de l'État et non l'inverse. Pour ce faire, les services reçoivent des orientations générales dans un cadre légal défini et soumis à contrôle puis les déclinent au regard de leur périmètre de moyens.

Si savoir ce que l'on cherche (et non pas ce que l'on aimerait trouver…) représente une réelle difficulté, dans un service ou une structure de renseignement tout commence lorsqu'il s'agit de mettre en œuvre la « machinerie ». La compréhension de ce processus, de ses enjeux et difficultés est déterminante pour identifier comment il est possible de produire du renseignement et non pas uniquement de l'information et pourquoi produire du renseignement s'accompagne de nombreux défis pour la douane.

Lors d'une conférence de presse donnée le 12 février 2002 au Pentagone, Donald Rumsfeld, alors secrétaire d'État à la Défense, avait été interrogé sur le rôle du renseignement dans le déclenchement de la guerre en Iraq. Indépendamment du jugement que l'Histoire portera sur les motivations et la pertinence de cet engagement américain, un extrait de cette conférence de presse est à retenir par la justesse du propos, au-delà de la forme atypique :

> « Les rapports qui disent que quelque chose ne s'est pas produit m'intéressent toujours parce que, comme nous le savons, il y a des choses connues : il y a des choses que nous savons que nous savons. Nous savons également qu'il existe des inconnues connues : c'est-à-dire que nous savons qu'il y a des choses que nous ne savons pas. Mais il y a aussi des inconnues inconnues — celles que nous ignorons ne pas savoir. Et si l'on regarde à travers l'histoire de notre pays et d'autres pays libres, c'est cette dernière catégorie qui a tendance à être la plus difficile[2]. »

Paradoxalement, les deux premiers énoncés (« je sais que je sais et je sais que je ne sais pas ») sont particulièrement confortables, y compris le second puisque pour savoir ce que je sais ignorer, je vais devoir déployer des moyens pour pallier ce manque et seule ma capacité à déployer intelligemment et puissamment ces moyens me permettra d'accéder à ces éléments dont je savais qu'ils me manquaient.

Une remarque, toutefois : dans cette configuration, il est particulièrement facile de tomber dans un effet tunnel et de s'obstiner à chercher ce qui aurait été identifié en amont sans prendre en considération les éventuelles évolutions contextuelles, voire les erreurs d'appréciation initiales. Nous verrons ultérieurement comment éviter ce travers.

---

[2] *« Reports that say that something hasn't happened are always interesting to me, because as we know, there are known knowns; there are things we know we know. We also know there are known unknowns; that is to say we know there are some things we do not know. But there are also unknown unknowns – the ones we don't know we don't know. And if one looks throughout the history of our country and other free countries, it is the latter category that tends to be the difficult ones. »*
https://archive.today/20180320091111/http://archive.defense.gov/Transcripts.

I. Le premier défi auquel va faire face la douane face à la nécessité de produire du renseignement est donc de définir le « processus manufacturier » : comment produire du renseignement ?

La mise en route de cette machinerie et son fonctionnement optimal sont précisément les défis principaux auxquels chaque service de renseignement fait face et la DNRED en tant que service de renseignement de la douane n'y échappe pas.

Le renseignement est un processus, et à ce titre s'inscrit dans une pratique concrète. Celle-ci se développe en deux axes majeurs : la recherche et l'analyse, et en plusieurs phases : orientation, captation, transmission vers l'analyste, éventuelle réorientation, exploitation, analyse, diffusion… Il serait erroné d'identifier ces phases comme séquencées, se suivant les unes à la suite des autres, une séquence commençant une fois la précédente achevée. Comme des vagues incessantes, chaque phase doit parfois se retourner sur elle-même, un recueil de renseignements qui va se révéler incomplet va nécessiter une réorientation des capteurs, une analyse suscitant une réaction du destinataire qui réexaminera ses orientations majeures, etc.

L'orientation initiale est donc suivie de la phase de collecte. Le service met en œuvre ses capteurs, qu'ils soient techniques, humains (officiers traitants au contact de sources humaines), de source ouverte ou d'imagerie satellitaire ; tout capteur d'information est utilisé dès lors qu'il figure dans la panoplie des moyens à disposition et déployé dans le cadre légal qui est le sien.

L'agent de la DNRED possède de nombreux outils lui permettant d'accéder à l'information, mais qu'il s'agit d'optimiser. L'enjeu est la mise à disposition permanente de renseignements tant vers l'ensemble du réseau douanier que vers les autorités supérieures et les autres services de la communauté du renseignement. Or nous verrons que la nature même des renseignements produits est conditionnée par le positionnement et les attentes du destinataire. De plus, s'il est possible de ne pas tout connaître d'un sujet donné, il est de moins en moins accepté d'être surpris par les événements : la capacité à produire du renseignement d'anticipation devient primordiale.

C'est ce travail d'anticipation qui caractérise le renseignement par rapport à l'investigation judiciaire : là où le renseignement doit permettre de prévenir ou d'anticiper une situation avant qu'elle ne survienne, l'investigation judiciaire permet d'apporter les éléments de preuve d'une situation advenue. Dans ce cadre se pose la question de déterminer dans quelle mesure la production de renseignement douanier peut avoir valeur probatoire alors que l'action opérationnelle de la douane intervient souvent en phase antérieure, voire initiale, d'un processus judiciaire.

Enfin, la captation du renseignement passe par un travail régulier fait de la collecte d'une multitude d'éléments parfois anodins (signaux faibles). Le quotidien d'un douanier le met en contact avec une masse hétérogène d'informations diverses, éparses et sans cohérence apparente. Or, la capacité à relever ces éléments, à les rassembler, à les ordonner pour ensuite exploiter cette masse de données pour en tirer des éléments à valeur ajoutée est au cœur du processus. Mais ne nous y trompons pas : il ne s'agit pas seulement d'exploiter le « big data » par moyens techniques, mais également d'exploiter le renseignement d'origine humaine, aviseurs sensibles comme contacts utiles ou « honorables correspondants ». Chaque contact humain est potentiellement porteur d'informations. Comment les exploiter utilement ? Comment les faire remonter pour une centralisation permettant, par traitement, une mise en cohérence ?

Pour ce qui est de la recherche d'informations utiles, l'exploration des sources ouvertes, l'OSINT, ouvre l'accès à une masse d'informations précieuses et de tout type. De la même manière, la masse de données collectées quotidiennement par les applications informatiques, qu'elles soient publiques ou du secteur privé, peut être mise à contribution dans un cadre légal cependant plus restrictif. Venant s'intégrer dans le fonctionnement normal du cours de l'État, la pratique du renseignement est accompagnée d'un cadre juridique évolutif face aux nouvelles technologies et dont les services ne s'affranchissent pas. À titre d'exemple, l'exploitation des données de masse par les services est singulièrement encadrée au contraire — et paradoxalement — des données que tout un chacun divulgue souvent inconsciemment aux opérateurs étrangers des principaux réseaux sociaux et moteurs de recherche… Là encore, le cadre légal réglementant l'accès à ces informations par les services de renseignement étatiques et leur exploitation jouera un rôle majeur sur la capacité de tel ou tel service à en extraire du renseignement, mais le mot crucial à retenir à ce stade est celui d'exploitation, de mise à disposition des spécialistes de ce flux de données.

Si le recueil de l'information de plus ou moins haute « densité » en renseignement est l'affaire de chaque douanier, le processus de transformation, de valorisation de ces informations en un renseignement analysé, validé, recoupé, enrichi est le travail des spécialistes de la direction du renseignement de la DNRED.

Nous avons vu que, potentiellement, toute situation est porteuse de renseignement. Pour éviter la saturation et le parasitage de l'action par une collecte d'informations tous azimuts aussi inutiles qu'inexploitables, le recueil de renseignements se fait au regard d'orientations générales, d'axes de recherches définis au niveau de la DGDDI et qui portent sur les menaces identifiées : lutte contre la fraude, mais également tout élément issu de données douanières permettant de développer une vision stratégique.

II. Car le deuxième défi — et peut-être le plus ardu — est l'élaboration de renseignement stratégique et d'anticipation.

Il s'agit précisément de sortir d'une situation dans laquelle le renseignement douanier s'est longtemps retrouvé cantonné : hors du cas d'un ciblage partagé avec les autorités judiciaires, le danger est de ne produire que du renseignement opérationnel pour un usage purement interne dans un objectif de saisies ou d'élaborer un renseignement au mieux tactique, mais fruit d'une analyse *a posteriori* de phénomènes constatés.

L'objectif voulu par l'exécutif d'une synergie accrue entre les services de la communauté nationale du renseignement pousse désormais la DNRED à produire un renseignement stratégique et d'anticipation au-delà des besoins opérationnels, non seulement parce qu'elle est en mesure de le faire et de fournir un renseignement qu'elle seule est en mesure de produire, mais aussi parce que sa situation de service de renseignement douanier et sa place au sein du premier cercle de la communauté du renseignement l'obligent. Les analyses réalisées et leur accueil par la CNRLT confirment ainsi la capacité de la douane via la DNRED à produire du renseignement à haute valeur ajoutée outre sa capacité avérée à l'entrave et au renseignement opérationnel.

Pour ce faire, la DNRED, et en particulier sa direction du renseignement, se doit de distinguer le travail de l'exploitation de celui de l'analyse : la mise en forme de données brutes pour faciliter leur utilisation (notamment pour un usage opérationnel) et leur mise en perspective pour développer une vision stratégique.

L'analyse est un processus spécifique (la mise en valeur des éléments recueillis étant le dernier maillon de la recherche et le premier de l'analyse) et qui se décompose comme suit en plusieurs niveaux et compétences :

— recueil des éléments épars, issus d'un ciblage ou d'un recueil de masse ;

— recoupement avec d'autres éléments portant sur le même sujet ;

— réorientation du capteur initial ;

— apport de compléments ;

— mémorisation (stockage de l'information) ;

— mise en forme, rédaction, commentaires, diffusion pour action opérationnelle ou information stratégique des autorités.

Cette chaîne du renseignement n'est pas linéaire puisque l'orientation-réorientation réalisée à tous les niveaux permet d'assurer un dialogue permanent entre les différents niveaux et fonctions, tant en recherche qu'en analyse.

L'officier de renseignement douanier — l'analyste de la direction du renseignement douanier — a une connaissance géographique, thématique ou vectorielle de son domaine de compétence et se doit d'assurer une veille permanente, faite d'un dialogue régulier avec ses capteurs et ses destinataires. Il n'appréhende pas une crise comme un journaliste : il doit être en mesure de la voir se « potentialiser », puis se « probabiliser », enfin naître, s'installer et s'amplifier. Cette action de fond doit lui permettre de fournir à l'avance des éléments consolidés et contextualisés permettant par leur exploitation et leur diffusion de prendre les mesures qui s'imposent, dont certaines seront opérationnelles : mise en œuvre des pouvoirs douaniers, voire mise à disposition d'éléments contextuels dans un dossier judiciarisé, etc.

Le cœur de métier de la chaîne de renseignement devrait être en priorité l'anticipation, l'identification pour entrave, le démantèlement des organisations criminelles et à moindre titre seulement, la réaction *a posteriori*.

Ce travail sur le long terme est un travail d'analyse prospective. L'« anticipation opérationnelle » adossée à une capacité d'analyse est précisément « le renseignement ». Il s'agit d'évaluer l'incertitude et de la réduire :

> « Cette analyse se fonde sur les renseignements obtenus et l'expertise que l'analyste a de son sujet. Il est ainsi en mesure de prendre du recul sur les faits pour fournir un travail de réflexion permettant au destinataire de la note de mieux appréhender une situation, d'anticiper et de se préparer aux éventuelles conséquences. [...] Un service de renseignement dévoile, éclaire, mais il évolue en permanence dans un jeu d'ombre et de lumière. Le renseignement n'est pas tout et ne peut pas tout. [...] Il ne peut apporter de réponses définitives et fermes à toutes les interrogations du moment. Le renseignement peut ne pas être parfaitement recoupé : l'information recherchée peut être particulièrement protégée, et peut même faire l'objet d'une manipulation. Disposer de renseignements ne veut pas dire administrer la preuve, car le renseignement est par nature fragmentaire et déductif[3]. »

Cette définition de l'action de renseignement d'anticipation est pertinente pour la douane.

L'orientation est une étape fondamentale de la chaîne renseignement : que chercher et à quelles fins est une question que chaque acteur doit pouvoir garder en tête : quel est l'effet à atteindre ? Pour ce faire, il est vital d'animer l'orientation et le dialogue permanents entre chaque étage de la chaîne renseignement : recueillir du renseignement répond à un besoin qui doit être formalisé. La recherche de renseignement répond à des orientations générales déclinées éventuellement en fonction des groupements et régions en orientations spécifiques. En l'absence de ces orientations et réorientations permanentes qui se traduisent par un dialogue régulier entre l'analyste et l'agent de terrain, la chaîne renseignement court le risque de faire face à deux écueils majeurs : l'absence de recherche ou la saturation du dispositif par une transmission indistincte d'éléments divers et non pertinents.

De plus, le renseignement d'anticipation opérationnelle ne doit pas être confondu avec le renseignement de « réaction » ou de situation. Il doit être distingué du renseignement établi dans l'urgence. La chaîne du renseignement vit naturellement des rythmes contrastés en fonction des événements et des commandes : soit elle peut s'inscrire dans un temps long et travailler au recueil extensif des informations, au recoupement et à la réorientation et fournir un renseignement structuré

---

[3] Bernard Bajolet, « La DGSE, outil de réduction de l'incertitude ? », *Revue Défense nationale*, janvier 2014, p. 27-31.

et précis, soit elle fait face à une situation d'urgence où il convient de fournir rapidement des éléments de réponse au risque de la fragilité des éléments transmis.

Cette dernière situation est d'autant moins délicate à gérer qu'un travail de fond préexiste. Par exemple, si une cellule de renseignement et de pilotage des contrôles (CRPC — échelon local) est sollicitée sur un événement donné alors qu'elle ne dispose d'aucune connaissance préalable de la thématique et ne dispose pas de relais efficaces sur le terrain, il lui sera difficile de dépasser le stade de l'information de réaction, faite de constats et d'informations d'opportunité, souvent pauvre.

Sans capteurs efficaces, sans la sollicitation active des agents de terrain pour obtenir des éléments constitutifs du renseignement, il sera difficile de dépasser le stade de la production « d'analyses » uniquement factuelles, court-termistes, *a posteriori*, constituées de résumés, de redites ou d'explications contextuelles sans analyse prospective. Les événements ne sont alors plus compris ni anticipés.

Au contraire, si un réseau de capteurs est en place, si les bases de données sont correctement exploitées, si elles sont « nourries » de manière exploitable et légale, si un dialogue permanent entre les différents acteurs en douane existe, il sera beaucoup plus aisé à l'ensemble de la chaîne renseignement de gérer une situation exceptionnelle en sollicitant l'ensemble des capteurs à disposition, en s'appuyant sur une connaissance déjà solide du terrain. De plus, un réseau de contacts humains en place, suivis et fidélisés, peut être réorienté rapidement, non seulement pour un but opérationnel, mais également pour une meilleure connaissance générale et contextuelle des menaces.

Enfin, le renseignement ne vaut que s'il est lu et exploité par son destinataire.

La rédaction du renseignement doit être guidée par le souci de clarté, de rigueur et surtout d'adaptation aux besoins du destinataire. Or, un rédacteur de la DNRED peut s'adresser aussi bien à un lecteur d'un cabinet ministériel voire au ministre lui-même qu'à un agent de la branche surveillance qui a besoin d'information utile et rare sur les *modus operandi* des fraudeurs.

Le renseignement doit donc :

— sortir au bon moment,

— répondre exactement aux besoins du destinataire sans chercher pour autant à ne lui fournir que ce qui peut « plaire »,

— être facile à comprendre afin d'être lu rapidement, intégralement et efficacement,

— présenter ce qui est connu et ce qui ne l'est pas (« l'inconnu connu »), ainsi que le degré de fiabilité des éléments présentés,

— être objectif, laissant le subjectif dans la partie commentaire et identifiable comme tel.

Trois principes fondamentaux guident la rédaction et la transmission du renseignement :

— Le principe d'empathie : la communication n'est pas ce que l'on dit, mais ce que l'autre comprend. Le document rédigé est-il compréhensible par le lecteur ? Peut-il comprendre la situation décrite autant que le rédacteur ? Les enjeux sont-ils immédiatement identifiables ? Les faits sont-ils bien séparés du contexte et des commentaires ?

— Le principe de clarté : le renseignement vise à réduire l'incertitude en travaillant sur des faits dont la véracité et l'assurance peuvent être variables. De plus, l'interprétation, les commentaires du rédacteur permettent d'éclairer des faits parfois obscurs ou imprécis. Dans ces conditions, la rigueur rédactionnelle est indispensable : exposer les faits, en séparer le commentaire interprétatif ou contextuel et respecter une chronologie de la narration. Il s'agit pour le lecteur d'appréhender les tenants et aboutissants en une seule lecture — même rapide. Le canevas rédactionnel doit être limpide.

— Le principe de réputation : on juge un service par la qualité et la pertinence du renseignement fourni et la clarté de sa communication. Une rédaction négligée, imprécise, confuse, entravera l'exploitation du renseignement fourni. À terme, c'est la crédibilité de l'institution qui serait mise à mal.

III. Le troisième défi, une fois l'ensemble de la machinerie « renseignement » mise en place et bien comprise, est précisément de ne pas s'en satisfaire

Ce défi est parfaitement illustré par le troisième énoncé de Donald Rumsfeld, résumé en « je ne sais pas que je ne sais pas ».

La sérendipité, bien qu'étant un anglicisme (*serendipity*), est une notion bien utile à intégrer. Sa définition en est la capacité, l'aptitude à faire par hasard une découverte inattendue et à en saisir l'utilité (scientifique, pratique).

Rester dans le cadre somme toute confortable de l'orientation initiale, du dialogue avec les capteurs et de l'analyse des éléments que l'on savait vouloir obtenir, c'est se trouver dans la tête d'un officier allemand attendant le débarquement allié en 1944 sur les côtes du Pas-de-Calais : comme je sais qu'il aura lieu là, je cherche les renseignements liés à ce postulat de base, en courant le risque d'écarter ceux qui ne le conforteraient pas ou qui risqueraient de déplaire à mon commandement. Le seul renseignement opérationnel et tactique à usage immédiat entraîne une spécialisation des agents (capteurs de terrain et analystes) qui peut présenter le risque de ne pas voir ce qu'ils ne cherchent pas et de devoir opérer une réorganisation rapide, imprévue et périlleuse des moyens en cas de crise non anticipée.

Cette sur-spécialisation sur le renseignement opérationnel présente également le danger d'opérer essentiellement un renseignement de réaction en se focalisant sur l'effet à atteindre qui, en douane, va fondamentalement — et culturellement — consister en une saisie ou une entrave. Celle-ci faite, comme dans le cadre du renseignement à visée judiciaire, les éléments contextuels ou ceux non utilisés dans le cadre de la procédure, seront peu ou mal exploités aux fins de compréhension plus globale et à plus long terme des phénomènes.

Autre écueil important qu'il convient d'identifier afin de le contrer : la méconnaissance par les agents des moyens dont ils disposent. Aux trois énoncés de Donald Rumsfeld, il est donc aisé d'en rajouter un quatrième et qui porte sur la gestion des accès à l'information et à la connaissance de la donnée existante : « je ne sais pas que je sais », voire : « je ne sais pas que ça compte ». Seule une pédagogie volontariste en termes de formation généralisée au renseignement sera en mesure de combler ce déficit.

IV. Le quatrième défi est l'un des plus complexes à affronter, bien qu'à la portée des acteurs du renseignement douanier et des autorités nationales : le cadre légal, technique et « culturel » de l'action du service

Outre l'articulation entre le renseignement dit administratif et la phase judiciaire, de nombreuses contraintes jalonnent le processus d'élaboration du renseignement notamment pour ce qui est du cadre légal contraint dans la mise en œuvre de l'ensemble des moyens à la disposition de la DNRED dans sa phase d'acquisition du renseignement.

De plus, la nécessité d'une coordination fluide entre services douaniers et la répartition précise des missions de chacun se superposent à l'indispensable fluidité de la remontée de l'information comme nous l'avions vu précédemment. Il est d'ailleurs à noter que pour ce qui relève de la coopération entre services de renseignement nationaux, la spécificité de la DNRED ne la place pas en situation de concurrence exacerbée avec ses partenaires. De manière paradoxale, la coopération internationale entre services douaniers dans le domaine du renseignement est plus délicate en raison de la difficulté de la DNRED à trouver un partenaire « en miroir » : les particularités de la DNRED en tant que service de renseignement douanier ne se retrouvent que chez très peu de partenaires internationaux.

Pour ce qui relève des défis techniques, leur ampleur est telle qu'ils se heurtent à la capacité matérielle (et budgétaire) des services de déployer des applications susceptibles de traiter une masse considérable d'informations hétérogènes et surtout d'en dégager du sens.

Au-delà, quelle utilisation la douane peut-elle ou veut-elle faire des technologies de l'information et de la communication pour améliorer le renseignement douanier ? De fait, les technologies de l'information et de la communication (TIC) jouent un rôle crucial dans la transformation du renseignement douanier et l'amélioration de sa capacité à lutter contre les fraudes douanières. Face à la complexité croissante des fraudes et à l'évolution rapide des technologies, la douane française a dû adopter de nouvelles approches pour exploiter efficacement les TIC dans sa mission de renseignement à but de contrôle. En effet, le volume colossal des données générées par les transactions commerciales et les échanges internationaux nécessite l'utilisation d'outils d'analyse de données capables de traiter et d'analyser ces informations en temps réel. La mise en place de systèmes automatisés de détection des anomalies permet aux services douaniers d'identifier rapidement les opérations suspectes et de cibler les contrôles de manière plus précise.

Dans ce cadre, quelle place peut occuper l'intelligence artificielle ? Peut-elle remplacer le travail d'un agent chargé des contrôles ? Pourra-t-elle même remplacer celui d'un analyste rédacteur ? À titre d'exemple, tout le paragraphe précédent a été intégralement rédigé par une application d'intelligence artificielle bien connue…

Enfin, le défi culturel n'est sans doute pas le moindre : mieux anticiper ou mieux saisir ? Poser cette question, c'est réfléchir à la gestion des capteurs qu'ils soient humains ou techniques. Chaque source d'information doit être optimisée sur les deux volets afin de, comme me l'a dit un de nos partenaires américains, « squeeze the lemon till the last drop »… Quel est l'effet à atteindre ? La prise de conscience de la nécessité d'utiliser toute information non seulement dans un sens descendant, afin de réaliser des saisies, mais également montant, afin de remonter les phénomènes en identifiant les réseaux et en anticipant les trafics afin de les entraver le plus en amont possible, relève aussi de la révolution culturelle du renseignement stratégique douanier.

V. Le cinquième défi est le plus évident puisqu'il s'agit de l'adversaire

Tout ce processus visant à produire du renseignement ne tient que parce que nous faisons face à des menaces de plus en plus intenses, protéiformes, et dont on peut dire que la fraude (entre petite contrebande et organisations criminelles surpuissantes) est l'une des expressions les plus tentaculaires.

À titre d'exemple et parce qu'il s'agit de la fraude la plus connue, le trafic de stupéfiants ne connaît aucun répit et l'adversaire ne connaît aucune limite matérielle, organisationnelle et évidemment morale dans son action. Les limites que nous nous imposons (légales comme organisationnelles) doivent ainsi être identifiées pour repousser celles qui n'ont aucun fondement éthique, constitutionnel, légal et ne conserver que celles qui nous distinguent moralement de l'adversaire.

Du trafic organisé sur le Darknet où les cryptomonnaies sont l'outil de transaction, jusqu'au trafic de bas d'immeuble, un gigantesque terrain est occupé par les organisations criminelles, traversé et nourri de trafics qu'il s'agit pour la douane de connaître et d'entraver par une présence dissuasive, des contrôles efficaces et ciblés et une action répressive. En un mot, entraver l'adversaire par la connaissance de son organisation et de ses moyens. Ce défi du quotidien est celui de tenir front face à une adversité par submersion. En conservant l'exemple du trafic de drogue, si la production mondiale annuelle de cocaïne est estimée à 2 500 tonnes (et vraisemblablement plus), la production de drogues de synthèse, non tributaires de la production localisée dans la Cordillère des Andes de feuilles de coca, est une menace exponentielle.

Mais la criminalité et la fraude investissent d'autres champs que ceux connus et le renseignement douanier doit de même opérer sur des volets aussi divers que le contournement des sanctions internationales, les fraudes visant à générer des fonds susceptibles d'alimenter les organisations terroristes (et ce du trafic d'art à la contrefaçon de cigarettes) et tout autre moyen frauduleux et lucratif. S'il est malheureusement illusoire d'espérer annihiler toute forme de criminalité organisée, il doit être possible de l'entraver, de la réduire, de la gêner, par une action résolue d'autant plus efficace qu'elle sera le fruit d'un renseignement d'amont donnant aux moyens de la douane un « coup d'avance ».

Enfin, un nouveau chantier ouvert pour le renseignement douanier sera de mieux identifier les fragilités économiques liées à nos dépendances à certaines importations que la crise sanitaire liée à la pandémie du Covid a illustrées. La multitude de données issues du travail quotidien de la douane doit permettre par leur exploitation via des applications techniques *ad hoc* de discerner des dépendances excessives menaçant la souveraineté nationale, voire européenne.

De fait, s'il a été vital de se focaliser sur le terrorisme et même si cette menace perdure, l'ampleur occupée par cette dernière au sein des services de renseignement a fait prendre un temps de retard sur la prise en compte de nouvelles menaces. L'invasion de l'Ukraine, l'activisme russe en Afrique sont des illustrations exemplaires de la rapidité avec laquelle l'Histoire évolue parfois. La pénétration des régimes politiques par les mafias ou la menace que les organisations criminelles font porter jusqu'au cœur de l'État, comme les Pays-Bas ont dû y être confrontés, placent la douane, sa connaissance des trafics criminels et sa capacité à répondre présent au sein de la communauté nationale du renseignement en première ligne face à des menaces tout aussi dangereuses que celles identifiées par les autres services.

L'avenir du renseignement douanier repose donc sur une combinaison équilibrée de ressources technologiques, d'expertise humaine, de professionnalisation de la fonction renseignement et de coopération internationale. La douane française doit continuer à innover et investir dans ces domaines pour anticiper les risques, détecter et prévenir les fraudes, connaître l'adversaire, les grandes organisations criminelles, les failles du commerce international, pour mieux entraver les menaces et protéger les intérêts économiques et sécuritaires de la nation.

Car en paraphrasant Auguste Comte, il est possible d'affirmer que le renseignement, c'est « savoir pour prévoir, pour pouvoir ».

Douane, protection de l'environnement et enjeux de société

Florian SIMONNEAU
Directeur des services douaniers de 2e classe,
Chef du bureau restriction et sécurisation des échanges

Face aux changements climatiques, l'ensemble des États doivent répondre à des défis majeurs liés aux enjeux environnementaux et qui ne peuvent trouver de solutions sans prise en compte des questions économiques et sociétales. La prise de conscience croissante de l'urgence climatique et de la dégradation de la biodiversité génère de nombreuses initiatives tant au niveau de la société civile que du monde politique. La promotion de la durabilité environnementale est devenue une priorité, en particulier aux niveaux national et européen.

Au sein de ce paysage en mutation, la Douane joue un rôle essentiel en tant qu'acteur clé dans la mise en œuvre de ces initiatives. Administration chargée du contrôle des flux de marchandises aux frontières, elle occupe une position privilégiée pour contribuer à la protection de l'environnement, en assurant la conformité des biens aux réglementations environnementales.

La Douane ne peut cependant tenir ce rôle crucial sans une coopération efficace avec les administrations partenaires, autorités compétentes dans le domaine environnemental, sur qui repose une partie de l'expertise nécessaire aux pouvoirs publics (I). Les atouts de la Douane reposent sur sa capacité d'action, ses différentes méthodes de contrôle et ses liens permanents avec les opérateurs spécialisés dans l'import/export (II). Cette capacité d'intervention et les logiques réglementaires qui en découlent sont mises à profit dans les nouvelles réglementations visant à faire respecter les normes environnementales ambitieuses que se fixe l'Union européenne, comme le mécanisme d'ajustement carbone aux frontières ou la réglementation sur la déforestation. Plus largement, cette même approche est envisagée pour répondre à d'autres enjeux sociétaux comme la lutte contre le travail forcé (III).

I. La mise en œuvre des réglementations environnementales par la Douane, une coopération avec les autorités compétentes

A/ Les contrôles aux frontières en matière environnementale sont nombreux et divers

En plus de son rôle traditionnel de contrôle des marchandises et de perception des droits et taxes à l'importation, la Douane est chargée de faire respecter un large éventail de réglementations nationales et européennes. La part des réglementations environnementales parmi ces réglementations non douanières va grandissant. Sans volonté d'exhaustivité, les réglementations suivantes comportent des dispositions applicables à l'importation des marchandises :

– La réglementation concernant l'enregistrement, l'évaluation et l'autorisation des substances chimiques, ainsi que les restrictions applicables à ces substances (REACH) ;

– La réglementation sur les substances appauvrissant la couche d'ozone (SAO) ;

– La réglementation sur les gaz à effet de serre fluorés (F-Gaz) ;

– La réglementation sur les transferts transfrontaliers de déchets ;

– La réglementation concernant l'importation de bois (FLEGT) Forest Law Enforcement Governance and Trade ;

– La réglementation relative à la protection des espèces de faune et de flore sauvages (CITES).

Cette liste traduit à elle seule la diversité de l'action de la Douane en matière environnementale.

Chacune de ces réglementations est suivie par une administration compétente, responsable de l'élaboration, de la mise en œuvre et de l'application des textes relevant de son domaine. Au cas particulier, les réglementations listées ci-avant sont du ressort de directions du ministère de l'Agriculture et de la Souveraineté alimentaire (direction générale de la performance économique et environnementale des entreprises — DGPE) ou du ministère de la Transition écologique et de la Cohésion des territoires (direction générale de l'aménagement, du logement et de la nature — DGALN / direction générale de la prévention des risques — DGPR).

Dans la très grande majorité des cas, les dispositifs de contrôles à l'importation reposent sur la vérification de documents d'ordre public émis par l'autorité compétente.

B/ Les documents d'ordre public et l'application des réglementations environnementales

Les documents d'ordre public sont des documents officiels délivrés par une autorité compétente qui atteste du respect des réglementations et des lois en vigueur. Ces documents sont nécessaires pour effectuer certaines opérations ou activités.

Les documents d'ordre public peuvent prendre différentes formes :

– Permis, licences, autorisations : ce sont des documents délivrés par les autorités compétentes pour exercer une activité réglementée ;

– Certificats et attestations : ce sont des documents qui confirment la conformité à certaines normes ou exigences spécifiques ;

– Autorisations, enregistrements, dérogations : ce sont des documents qui accordent des autorisations spéciales ou des dérogations à certaines règles ou réglementations. Par exemple, une dérogation pour l'utilisation d'un produit soumis à restriction ou une autorisation d'importation de substances soumises à contrôle.

Ces documents sont essentiels pour garantir la conformité aux réglementations en vigueur et pour assurer la préservation de l'environnement et d'autres intérêts collectifs.

La Douane contrôle ces documents lors des procédures douanières afin de s'assurer que les opérations commerciales respectent les exigences légales et réglementaires. Elle vérifie leur conformité et leur validité lors des procédures d'importation et éventuellement pour certaines réglementations lors de l'exportation ou pour le transit des marchandises. La Douane examine les documents fournis et s'assure que tous les documents requis sont présents et qu'ils sont correctement remplis et signés avant de permettre la mise sur le marché des marchandises. Elle vérifie la correspondance entre les informations figurant sur les documents et celles figurant sur les marchandises elles-mêmes, telles que les quantités, les descriptions et les valeurs. La Douane peut également effectuer des contrôles plus approfondis pour s'assurer de l'authenticité des documents. Cela peut inclure la vérification des numéros des documents, la comparaison des signatures et des cachets avec les registres officiels, ainsi que la consultation des bases de données nationales ou internationales pour détecter d'éventuelles fraudes ou falsifications.

Si des documents d'ordre public sont absents, incorrects ou jugés frauduleux, la Douane peut prendre des mesures appropriées, telles que la saisie des marchandises, l'imposition de sanctions ou le signalement des infractions aux autorités compétentes pour instructions complémentaires.

En résumé, la Douane contrôle les documents d'ordre public en vérifiant leur validité, leur authenticité et leur conformité aux réglementations en vigueur. Cela contribue à garantir que les marchandises importées respectent les exigences légales et réglementaires, assurant ainsi la protection de l'environnement.

À cette fin, elle collabore étroitement avec les autorités compétentes. Cette coopération implique notamment l'échange d'informations et de données. Les autorités compétentes fournissent à la Douane les informations nécessaires sur les exigences réglementaires spécifiques pour chaque type de marchandise. En retour, la Douane partage des informations sur les mouvements de marchandises et les infractions potentielles, ce qui permet aux autorités compétentes d'exercer leur mission tant du point de vue des contrôles exercés que de l'évaluation de l'application de la réglementation.

Dans cette logique, la Douane met en place un guichet unique national, dit « GUN », dont l'objectif est de participer à la dématérialisation des documents d'ordre public et à la mise en place de liaisons informatiques entre le système informatisé de dédouanement de la Douane et les systèmes d'information des partenaires administratifs, généralement administrations compétentes.

Les liaisons « GUN » permettent notamment :

– le contrôle automatisé des documents d'ordre public invoqués dans les déclarations en douane par les opérateurs ;

– la gestion automatique des imputations des documents d'ordre public, lorsque le dispositif réglementaire prévoit une association de ces documents à un contingent maximum de marchandises, en quantité ou en valeur ;

– la possibilité pour les services douaniers d'obtenir les documents d'ordre public au format dématérialisé à partir de la déclaration en douane, notamment en cas de contrôle.

L'automatisation des contrôles associée au système présente ainsi un double intérêt :

– la fiabilisation du dispositif par la limitation des possibilités de falsification des documents d'ordre public et du risque d'erreur lors des contrôles de ces documents ;

– la fluidification du passage frontière pour les opérateurs, car le dispositif permet de réduire considérablement le temps nécessaire à la présentation des documents au format papier.

Au niveau européen un dispositif similaire au GUN est actuellement en cours de développement. Le périmètre du futur environnement « Single Window » est à ce jour priorisé autour de huit formalités non douanières.

C / La Douane en charge de la délivrance des documents d'ordre public : le cas particulier de la réglementation sur l'agriculture biologique

La réglementation sur l'agriculture biologique promeut les bonnes pratiques agricoles en amont des filières, au-delà des frontières de l'Union européenne

L'agriculture biologique est une approche agricole qui vise à cultiver les produits agricoles de manière durable. Cette approche met l'accent sur des pratiques respectueuses de l'environnement et repose sur des principes fondamentaux visant à :

– préserver l'environnement : préservation des sols, réduction de l'utilisation de pesticides ;

– promouvoir la biodiversité : préservation des habitats naturels notamment le maintien des haies, favorisation de la pollinisation naturelle ;

– garantir la sécurité alimentaire et la santé des consommateurs : promotion de la diversité des cultures, ce qui contribue à la sécurité alimentaire en offrant une plus grande résilience face aux maladies des plantes et aux changements climatiques, diminuer les résidus chimiques dans les denrées alimentaires. Ce point sert notamment de base aux contrôles des denrées importées, car la présence de résidus peut être identifiée au stade de l'importation.

Les règles en vigueur pour les produits biologiques importés sont équivalentes à celles appliquées aux produits biologiques du territoire de l'Union européenne. Les réglementations visent donc à garantir que les produits biologiques importés répondent aux mêmes normes et exigences de certification que ceux produits localement.

Ainsi, aux fins d'importation de produits biologiques, la Commission européenne a prévu un système d'équivalence des normes biologiques des pays exportateurs avec celles applicables dans l'Union européenne. Par ailleurs les produits biologiques importés doivent être certifiés par des organismes de certification reconnus. Les organismes de certification étrangers doivent être évalués et approuvés pour s'assurer de leur sérieux et de leur conformité aux normes biologiques. Enfin les organismes de certification reconnus doivent effectuer des inspections régulières sur les exploitations agricoles et les entreprises agroalimentaires pour vérifier leur conformité aux normes biologiques. Des inspections sur site et des audits des organismes de certification étrangers peuvent également être mis en œuvre.

Le rôle de la Douane, en tant qu'autorité compétente, dans la vérification des produits biologiques importés et sa contribution à la promotion de pratiques agricoles durables

Ce dispositif est complété par un contrôle des autorités compétentes avant dédouanement des marchandises biologiques sur le territoire de l'Union européenne pour s'assurer de leur conformité aux normes biologiques. La douane est chargée de la réalisation de ces contrôles sur l'ensemble du territoire français depuis le 1er juin 2023. Auparavant exercée par la direction générale de la concurrence, de la consommation et de la répression des fraudes (DGCCRF), cette mission a été confiée à la Douane par étapes successives depuis 2020 après une expérimentation menée à Dunkerque. Cette nouvelle répartition des compétences au sein des directions des ministères économiques et financiers rend plus lisible l'action de l'État, tout en renforçant le rôle de la douane comme administration de référence à la frontière.

Ces contrôles exercés par la Douane incluent :

– des vérifications des documents et étiquetages physiques : documents d'accompagnement y compris les certificats d'inspection biologique fournis par les opérateurs et signés des organismes certificateurs du pays tiers, factures, lettres de transport, étiquetages… Les agents des Douanes s'assurent que les informations fournies sont complètes, exactes et conformes aux exigences réglementaires ;

– des contrôles d'identité et physiques : la douane peut effectuer des inspections approfondies visant à vérifier que les marchandises correspondent à celles décrites dans les documents fournis par les professionnels. Des contrôles physiques des produits biologiques importés peuvent également être réalisés : cela peut inclure des prélèvements d'échantillons pour analyses, effectuées par le service commun des laboratoires, dont l'objectif est de détecter la présence de résidus de pesticides ou d'autres substances non autorisées dans les produits biologiques.

À l'issue de ces contrôles et en fonction de leurs résultats, la Douane valide le certificat d'inspection biologique (COI). Ce document d'ordre public permet le dédouanement de la marchandise pour une mise sur le marché en tant que produit issu de l'agriculture biologique.

Pour mener à bien ces contrôles et assurer la cohérence du dispositif de contrôle français, la Douane collabore étroitement avec l'INAO, les services du ministère de l'Agriculture, en particulier ceux en charge des contrôles à l'importation des denrées alimentaires d'origine animale et avec la DGCCRF qui réalise des contrôles de l'application de la réglementation sur l'agriculture biologique sur le marché intérieur. Ces collaborations se traduisent par des échanges d'informations permettant une plus grande réactivité des services de contrôle dans la lutte contre la fraude, l'identification des non-conformités, la prise de mesures appropriées et l'application de sanctions.

Ainsi, en contribuant à la vérification de l'application de la réglementation des produits biologiques importés, les douanes jouent un rôle important dans la promotion des pratiques agricoles durables, respectueuses de l'environnement. L'agriculture biologique offre des possibilités de valorisation des productions, en particulier celles de petits exploitants et d'agriculteurs familiaux. Elle peut ainsi permettre aux agriculteurs de bénéficier de prix équitables pour leurs produits, d'améliorer leurs conditions de vie et de contribuer au développement économique local. Dans le contexte général, l'action de la Douane est d'autant plus essentielle que les défis liés à la demande croissante en agriculture biologique peuvent générer des comportements opportunistes d'opérateurs qui voient en ce marché une possibilité de plus-value pour leur production sans mettre en œuvre les pratiques culturales associées. Au-delà du simple respect de cette réglementation, les contrôles opérés sont donc de nature à garantir une concurrence loyale entre opérateurs.

II. La Douane, l'administration de la frontière et de la marchandise

A/ Le rôle de la Douane

En raison de son positionnement à la frontière, l'action de la douane en amont des chaînes d'approvisionnement du marché européen permet de faire appliquer des réglementations et normes très diverses applicables aux marchandises. Le contrôle des documents d'ordre public, maillon essentiel du dispositif de surveillance du marché, n'est pas le seul axe sur lequel peut intervenir la Douane.

En effet, cette administration dispose de moyens d'action variés pour détecter les produits non conformes, assurer le respect des réglementations et prévenir l'entrée de marchandises non conformes sur le territoire, par exemple :

– la mise en œuvre de contrôles physiques ;

La Douane effectue des inspections physiques des marchandises pour vérifier leur conformité. Elle peut procéder à des échantillonnages ou à des examens visuels pour détecter d'éventuelles indications de non-conformités ;

– la mise en œuvre d'analyses grâce à l'appui du service commun des laboratoires ;

La Douane bénéficie pour la mise en œuvre de ses contrôles de l'expertise d'un réseau de laboratoires. Les analyses réalisées sur les échantillons de marchandises peuvent par exemple permettre d'identifier la nature de marchandises, mesurer des critères définis dans des normes ou caractériser des éléments matériels susceptibles de constituer une non-conformité ;

– le ciblage des flux à risque ;

La Douane travaille, grâce à des services spécialisés dans le ciblage des contrôles, à optimiser l'impact de son action. L'ensemble des informations à sa disposition, dont les données douanières, font l'objet d'analyse pour identifier d'éventuels flux illicites, des stratégies de contournement…

– la mise en œuvre de sanctions proportionnées ;

La Douane a le pouvoir de prendre des mesures coercitives et d'imposer des sanctions en cas de non-respect de certaines réglementations applicables, en particulier celles prévoyant des obligations lors de l'importation ou l'exportation de marchandises. Cela peut inclure la confiscation des marchandises non conformes, l'imposition de pénalités financières et la poursuite en justice des contrevenants ;

– la coopération internationale ;

La Douane collabore étroitement avec d'autres autorités douanières et administrations partenaires notamment dans le cadre de protocoles et accords définissant des mécanismes de coopération internationale. Ces échanges d'informations permettent notamment d'identifier des flux de marchandises susceptibles de contrevenir à la réglementation européenne ;

– la sensibilisation des opérateurs ;

La Douane est présente aux côtés des entreprises. En premier lieu, elle les accompagne dans leurs opérations douanières dans le but de sécuriser leurs circuits logistiques. Son rôle de sensibilisation aux enjeux douaniers ne s'arrête cependant pas à cet accompagnement des opérateurs du dédouanement. La Douane communique sur les réglementations nouvelles auprès de l'ensemble des parties prenantes à l'importation et à l'exportation des marchandises (entreprises importatrices/exportatrices, représentants en douane, opérateurs portuaires et aéroportuaires, entreprises de transport et logistique, organismes de certification…). Par ailleurs la communication élaborée par la Douane contribue à la sensibilisation des voyageurs et plus largement du grand public sur les enjeux de l'importation et l'exportation de biens.

B/ L'exemple du contrôle des espèces protégées

Très tôt, la Douane s'est investie dans la protection de la biodiversité et la préservation des espèces sauvages, axes fondamentaux de la protection de l'environnement, au travers de son action dans l'application de la Convention sur le commerce international des espèces de faune et de flore sauvages menacées d'extinction (CITES).

Le trafic illégal d'espèces protégées constitue l'une des activités criminelles les plus lucratives au monde, avec des conséquences désastreuses pour la biodiversité. Ainsi, le secrétariat de la Convention CITES estime qu'il représente entre 8 et 23 milliards d'euros par an, classant ce dernier au quatrième rang mondial après le trafic de drogues, la traite d'êtres humains et le commerce des armes. Les espèces sauvages sont chassées, capturées ou récoltées illégalement pour alimenter un marché mondial demandeur de produits exotiques, tels que des animaux vivants, des parties de leur corps (comme les ivoires, les cornes de rhinocéros ou les écailles de pangolins), des produits obtenus à partir de celles-ci (cosmétiques, sacs en crocodilien…) ou des plantes rares. Ce commerce illégal met en péril la survie de nombreuses espèces, contribuant à leur diminution rapide et parfois à leur extinction.

Adoptée en 1973 et entrée en vigueur en 1975, la CITES est un accord international contraignant qui vise à protéger les espèces sauvages de la surexploitation due au commerce international. Son objectif principal est d'assurer que le commerce international des espèces de faune et de flore sauvages ne menace pas leur survie à l'état sauvage. La CITES comprend actuellement 184 États parties, ce qui en fait l'un des accords multilatéraux les plus largement ratifiés au monde. Elle établit un système de classification des espèces en fonction de leur degré de protection. Pour les espèces les plus menacées, le commerce est interdit sauf dans des circonstances exceptionnelles. Par ailleurs la CITES liste les espèces qui ne sont pas nécessairement en danger critique, mais pour lesquelles un commerce réglementé est nécessaire pour prévenir leur surexploitation et assurer leur survie à long terme.

Ce contrôle des espèces protégées est essentiel pour prévenir le commerce illégal, réduire la demande de produits dérivés d'espèces menacées et promouvoir la conservation de la biodiversité à l'échelle mondiale.

En travaillant en étroite collaboration avec d'autres autorités compétentes, la Douane veille à ce que les importations et les exportations respectent les règles de la CITES. Elle vérifie la conformité des documents, inspecte les cargaisons et identifie les espèces protégées. Cela implique l'inspection et la déclaration des produits contenant des espèces protégées lors des contrôles aux frontières. Les douaniers sont formés pour identifier certains spécimens réglementés, leurs produits et leurs sous-produits. Ils utilisent des techniques d'identification telles que l'observation des caractéristiques physiques, l'analyse documentaire, les bases de données d'identification et, dans certains cas, les tests génétiques, en faisant appel en cas de besoin à l'expertise des autorités compétentes, en particulier le Muséum national d'histoire naturelle. En cas de constatation d'une infraction, les agents des douanes sont habilités à saisir les marchandises et à engager des poursuites judiciaires.

La Douane, dans la mise en œuvre de sa mission, est confrontée à des défis majeurs, notamment la sophistication croissante des réseaux criminels qui utilisent constamment de nouvelles méthodes par exemple pour dissimuler les espèces protégées dans des cargaisons licites. Outre l'investissement en termes de formation et de sensibilisation de ses agents pour une plus grande performance de son action, la Douane collabore étroitement avec les autres services chargés de la protection des espèces (Office français de la biodiversité et l'Office central de lutte contre les atteintes à l'environnement et à la santé publique). Elle peut ainsi être amenée à échanger des informations sur les circonstances des saisies dans le but d'améliorer ses connaissances sur les techniques de contournement, les itinéraires du trafic, les réseaux criminels, les schémas et tendances du trafic d'espèces protégées.

Enfin, de par sa position à la frontière, la Douane contribue aux dispositifs de prévention en coopérant avec les acteurs du secteur privé. Dans la mesure où le commerce des espèces protégées présente dans certains cas une forte dimension culturelle, la Douane complète ses contrôles par des actions de communication ciblées, notamment à destination des voyageurs. Ils sont ainsi sensibilisés à la protection des espèces sauvages, en premier lieu pour la préservation de la biodiversité, et aux enjeux de santé publique associés au transport de ce type de marchandises, susceptibles de véhiculer des maladies humaines et animales.

III. Une logique renforcée pour des réglementations nouvelles à contrôler

L'appui de l'administration des Douanes est de plus en plus prévu au travers de mécanismes similaires à ceux présentés supra dans les réglementations européennes. L'action de la Douane contribue ainsi à la diffusion au niveau mondial des standards de l'Union. C'est par exemple le cas pour le règlement instituant un mécanisme d'ajustement carbone aux frontières ou celui définissant de nouveaux moyens de lutte contre la déforestation.

A/ Le Mécanisme d'ajustement carbone aux frontières (MACF)

Le MACF vise à réduire les émissions de gaz à effet de serre associées aux importations

Le Mécanisme d'ajustement carbone aux frontières (MACF) vise à réduire les émissions de gaz à effet de serre (GES) liées aux importations. Il s'agit d'une approche novatrice dans la lutte contre le changement climatique, offrant une opportunité de réduire les émissions mondiales de GES tout en préservant l'équité et la compétitivité entre les industries nationales et étrangères.

L'objectif principal du MACF est de s'attaquer à un problème majeur des politiques environnementales et climatiques : les fuites de carbone. Les fuites de carbone correspondent aux déplacements de la production de pays imposant des politiques climatiques vers des pays avec des réglementations environnementales moins strictes. Ces mouvements peuvent entraîner une augmentation nette des émissions de GES mondiales, dans la mesure où la production est simplement délocalisée et où ces délocalisations peuvent en elles-mêmes générer de nouvelles émissions de GES.

Après avoir mis en place une politique de quotas carbone sur leurs territoires, les États membres de l'Union européenne et la Commission européenne ont donc élaboré une réglementation instaurant un MACF visant à éviter ces fuites de carbone en imposant un coût sur les émissions de carbone générées par la production de certaines marchandises. Ce règlement MACF, négocié dans le cadre du paquet « fit for 55 », prévoit une tarification du carbone pour les importations des produits à haute intensité de carbone, à savoir le ciment, l'acier, l'aluminium, les engrais, l'hydrogène et l'électricité. Il sera pleinement en application le 1er janvier 2026.

Par la mise en place du MACF, les pays de l'Union cherchent à s'assurer que les entreprises étrangères effectuent des efforts comparables à ceux demandés aux entreprises européennes. Cela permet de créer un environnement équitable où les réductions des émissions de GES réalisées en Union européenne ne sont pas contrecarrées par la concurrence déloyale de pays à réglementations plus laxistes. Le MACF encourage ainsi les entreprises à adopter des pratiques plus durables et à réduire leur empreinte carbone tout au long de leur chaîne d'approvisionnement.

Un autre objectif du MACF est de stimuler la transition vers une économie bas-carbone à l'échelle mondiale. Ces dispositifs peuvent encourager l'innovation, l'adoption de technologies plus propres concourant à la réduction de la dépendance aux combustibles fossiles et la mise en œuvre de pratiques durables dans les pays exportateurs.

Plusieurs questions sont encore à résoudre dans la mise en œuvre du MACF notamment concernant la tarification carbone et le calcul de l'équivalent carbone des produits importés. Ainsi, les calculs des équivalences font actuellement l'objet de discussions dans des groupes de travail au niveau européen afin de définir des méthodes de calcul partagées et scientifiquement fondées.

Par ailleurs, pour garantir la fiabilité du dispositif, des mécanismes de vérification et de certification des émissions de carbone des produits importés seront mis en œuvre.

Enfin, si la tarification du carbone importé sera basée sur le prix du carbone du marché européen, l'éventuel coût du carbone dans les pays tiers ayant mis en place un marché du carbone devra être déduit lors de l'application du MACF européen. Cette prise en compte des réglementations internationales est essentielle pour éviter que certains pays exportateurs considèrent le MACF comme une barrière commerciale déguisée, susceptible de désavantager leurs produits sur le marché européen. Il est donc essentiel de mener des discussions et négociations internationales pour garantir une mise en œuvre équitable et éviter des conflits commerciaux.

Le rôle des douanes et de l'autorité compétente dans la mise en œuvre du MACF.

La mise en œuvre du règlement MACF doit se dérouler en deux phases durant lesquelles les obligations des opérateurs et des administrations sont amenées à évoluer :

– Une période de transition du 1er octobre 2023 au 31 décembre 2025 durant laquelle :

– les importateurs de produits couverts par le MACF ont une obligation de rapportage trimestriel auprès de la Commission ;

– les importateurs sont informés de leurs obligations lors de leurs opérations de dédouanement ;

– des sanctions doivent pouvoir être mises en œuvre en cas de manquements répétés au rapportage trimestriel ou d'absence de régularisation de rapports incorrects ;

Le fonctionnement effectif du dispositif à compter du 1er janvier 2026 comprend :

– l'obligation pour tout opérateur soumis aux obligations du règlement MACF de détenir une autorisation « Déclarant MACF autorisé » pour importer des produits couverts par le règlement. La délivrance des autorisations « Déclarant MACF autorisé » sera possible à compter du 1er janvier 2025 ;

– une déclaration annuelle de l'importateur dans le registre MACF des émissions importées, soumise à un vérificateur indépendant ;

– l'achat et la restitution de certificats MACF, à hauteur des émissions importées ;

– la mise en œuvre de sanctions par l'autorité compétente en cas de restitution insuffisante de certificats MACF.

La douane et l'autorité compétente portent donc plusieurs responsabilités clés pour une mise en œuvre correcte du MACF en particulier pour la collecte des droits d'ajustement carbone et la vérification des données sur les émissions. C'est notamment le cas s'agissant des missions suivantes :

– Vérification des données sur les émissions : la Douane a un rôle essentiel pour la vérification par la Commission européenne et l'autorité compétente des données sur les émissions fournies par les entreprises dans la mesure où c'est auprès d'elle que les opérateurs effectuent les démarches de dédouanement lors desquelles ils déclarent les quantités de marchandises importées. Des échanges de données permettant de recroiser les informations douanières et le contenu des déclarations annuelles des émissions importées seront donc mis en place. Ces transmissions permettront de s'assurer de l'exactitude et de la fiabilité du dispositif MACF ;

– Identification des stratégies de contournement du dispositif par la Douane : forte de son expérience dans l'identification de stratégies de contournement pour l'application d'autres réglementations, où l'origine et l'espèce des marchandises constituent le socle des dispositifs en place à la frontière, la Douane contribuera à la recherche de pratiques équivalentes pour l'application de la réglementation MACF. Des pratiques frauduleuses pourraient par exemple consister en des modifications de l'origine des marchandises afin de bénéficier d'éventuelles déductions applicables aux tarifications carbones en Union européenne ou en l'utilisation de nomenclatures produits non prévues dans le périmètre de MACF alors que ces marchandises y sont soumises.

– Sensibilisation et communication : la Douane et les autorités compétentes ont également un rôle clé dans la sensibilisation et la communication autour du MACF. Ils peuvent informer les entreprises importatrices des procédures applicables au MACF, les aider à comprendre les implications financières et les inciter à adopter des pratiques plus durables. La sensibilisation du public aux objectifs et aux bénéfices du MACF est également importante pour une compréhension du plus grand nombre de cette nouvelle réglementation.

B/ La réglementation sur la déforestation

Présentation du règlement relatif à la mise à disposition sur le marché et à l'exportation à partir de l'Union de produits associés à la déforestation et à la dégradation des forêts

Chaque année, de vastes étendues de forêts sont détruites et font place à des activités agricoles. Les produits agricoles cultivés sur ces terres sont souvent exportés vers d'autres pays, notamment vers l'Union européenne, où ils sont utilisés dans diverses industries et chaînes d'approvisionnement. Or cette conversion entraîne la destruction des écosystèmes forestiers, la perte de biodiversité et la libération de grandes quantités de dioxyde de carbone dans l'atmosphère.

Dans le cadre du pacte vert pour l'Europe et de la stratégie de l'Union européenne pour la biodiversité à l'horizon 2030, la Commission a présenté une proposition de règlement relatif à la mise sur le marché de l'Union européenne ainsi qu'à l'exportation à partir de l'Union européenne de certains produits associés à la déforestation et à la dégradation des forêts, dit « règlement sur la déforestation ».

Le règlement vise à freiner la déforestation et la dégradation des forêts en mettant en place des mesures contraignantes pour les entreprises qui opèrent sur le marché européen. Il impose des obligations aux importateurs et aux exportateurs de certains produits associés à la déforestation, notamment en termes de diligence raisonnée et de traçabilité. Les entreprises doivent être en mesure de fournir des documents garantissant que les produits importés/exportés n'ont pas engendré de déforestation illégale ou non durable. À ces fins, les entreprises :

– collectent et conservent pour une durée de 5 ans certains documents et données telles que les coordonnées géographiques des parcelles de production ;

– évaluent le risque de non-conformité des marchandises ;

– mettent en œuvre de procédures permettant de diminuer ce risque.

Pour déterminer les produits agricoles visés, l'impact potentiel sur les écosystèmes forestiers, la présence de zones à haut risque de déforestation et l'importance économique des produits concernés ont été prises en compte. Cette approche permet de cibler les produits les plus à risque pour concentrer et rationaliser les efforts des opérateurs.

Les produits visés par ce règlement sont l'huile de palme, le soja, le bois, les bovins, le cacao, le café, le caoutchouc. Parmi ces produits :

– l'huile de palme est l'un des produits agricoles les plus controversés en termes de déforestation. Les vastes plantations de palmiers à huile ont souvent conduit à la destruction de forêts tropicales, en particulier en Asie du Sud-Est. Le règlement sur la déforestation vise à encourager les importateurs d'huile de palme à s'approvisionner auprès de producteurs qui respectent des normes de durabilité et de protection de l'environnement ;

– le soja a un lien étroit avec la déforestation, en particulier dans les régions d'Amérique du Sud. La demande mondiale de soja pour l'alimentation animale a entraîné la conversion de vastes étendues de terres forestières en plantations de soja ;

– le bœuf est également un produit agricole lié à la déforestation, car l'élevage extensif de bovins est une activité qui suppose la conversion de terres forestières en pâturages.

Les produits dérivés de ces productions (meubles, chocolat, cuir…) entrent également dans le champ de cette réglementation nouvelle. Le périmètre des marchandises soumises au règlement doit, de plus, être réévalué au plus tard deux ans après l'entrée en vigueur du règlement.

En adoptant ce règlement, l'Union européenne envoie un signal fort aux acteurs économiques mondiaux, en les incitant à adopter des pratiques plus durables et à réduire leur empreinte environnementale. Il vise à créer une dynamique positive en encourageant les producteurs et les fournisseurs à respecter des normes plus élevées en matière de préservation des forêts.

Les mesures à prendre par la Douane pour contrôler les importations, détecter les produits non conformes et assurer le respect du règlement sur la déforestation

La douane est appelée à jouer le rôle d'autorité de contrôle lors des opérations d'importation et d'exportation des marchandises visées. En effet, à la différence du règlement bois de l'Union européenne qui s'applique au moment de la mise sur le marché, des dispositions de cette réglementation nouvelle sont applicables dès le stade de l'importation. La Douane est donc amenée à jouer un rôle majeur dans sa mise en œuvre.

Une fois le dispositif pleinement opérationnel, les contrôles douaniers porteront sur la déclaration de diligence raisonnée et sur les marchandises. Il s'agira en premier lieu de vérifier automatiquement et systématiquement la présence, le statut de la déclaration de diligence raisonnée et la correspondance de cette dernière avec les marchandises déclarées.

Selon les résultats de l'analyse de risque et des contrôles effectués par l'autorité compétente (ministère de la Transition écologique et de la Cohésion des Territoires — MTECT), un statut sera attribué, dans un registre européen, à la déclaration de diligence raisonnée de l'opérateur. Les différents statuts possibles restent à ce stade à préciser. Cependant ces statuts devraient distinguer *a minima* les déclarations « acceptées » et les déclarations « refusées » et permettre ainsi d'autoriser, suspendre ou refuser la mise en libre pratique ou l'exportation de marchandises. La suspension de la mise en libre pratique ou de l'exportation par le service des douanes est renouvelable par périodes de trois jours, sur demande de la part de l'autorité compétente. En l'absence de demande en ce sens, le service des douanes libère la marchandise.

La consultation de la déclaration de diligence raisonnée sera automatisée une fois que la Commission aura développé une interconnexion entre le registre européen et l'environnement de guichet unique des douanes. Dans l'attente de cette interconnexion, l'intervention des douanes reposera sur la coopération et l'échange d'informations avec l'autorité compétente.

Les contrôles devront également permettre de détecter les éventuelles fausses déclarations en douane (nomenclature/quantité/origine). La correspondance entre la marchandise importée et la déclaration en douane pourra faire l'objet de contrôles documentaires et/ou physiques. Il revient à la douane d'apprécier en opportunité la nécessité d'effectuer des contrôles sur les éléments portés sur la déclaration en douane.

C / L'application de la logique du contrôle à l'importation à la réglementation sur le travail forcé

Le travail forcé est une pratique qui viole les droits de l'homme et constitue un enjeu social majeur à l'échelle mondiale. Il implique l'exploitation de personnes qui sont contraintes de travailler contre leur volonté, souvent sans rémunération adéquate. Il est souvent associé à des formes de coercition, de violence et de discrimination. Le travail forcé constitue une violation fondamentale des droits de l'homme, car il nie la dignité, la liberté et l'autonomie des individus. Il enfreint les principes de base du travail décent, tels que le respect des droits du travail, la sécurité et la santé au travail, ainsi que la rémunération équitable. Cet enjeu social majeur touche de nombreux secteurs d'activité, tels que l'agriculture, l'industrie manufacturière ou la construction. Les causes du travail forcé sont complexes et multifactorielles, allant de la pauvreté à l'inégalité sociale et économique, en passant par les conflits armés, les migrations forcées et la discrimination.

Face à cette réalité préoccupante, des efforts internationaux ont été déployés pour lutter contre le travail forcé et promouvoir le respect des droits de l'homme. Des conventions internationales visent à éradiquer cette pratique et à protéger les travailleurs contre l'exploitation et les abus. Cependant, malgré ces initiatives, le travail forcé reste une préoccupation dans de nombreuses régions du monde.

Sur ce constat, la Commission européenne a proposé au Parlement européen et au Conseil un règlement interdisant la mise sur le marché de l'Union européenne des produits issus du travail forcé. Sa proposition constitue une approche globale ne ciblant ni entreprises ni secteurs d'activité. Tout type de produits pourrait donc se voir refuser l'accès au marché européen.

Ce projet, actuellement en cours de discussion, constitue un nouveau mécanisme visant à éradiquer cette pratique et permettra de sensibiliser davantage l'opinion publique au travail forcé.

Si l'avancement des travaux ne permet pas à ce stade de connaître précisément le rôle que pourrait avoir la Douane dans le dispositif qui sera mis en place en Union européenne, il est très probable que le mécanisme choisi s'inspirera des autres mécanismes existants. À ce titre, la Douane devrait jouer un rôle essentiel pour l'identification des produits ciblés lors du passage frontière des marchandises, la vérification des principaux prérequis à définir par la réglementation (comme un système de diligence raisonnée), le blocage éventuel de ces marchandises avant mise sur le marché ou l'identification de contournements de la réglementation par des opérateurs cherchant à se soustraire à leurs obligations.

La Douane sera donc amenée, à l'instar de ce qui peut exister dans le domaine environnemental, à jouer un rôle majeur dans la surveillance des importations et la détection des produits fabriqués grâce à une main-d'œuvre exploitée pour lutter contre le travail forcé et, à terme, certainement plus largement encore, dans la protection des droits de l'homme et la promotion des normes sociales et éthiques dans le commerce international.

L'action de la Douane dans la protection de l'environnement et la promotion des normes et standards européens rend opérationnels les mécanismes de vérification des prérequis réglementaires pour l'importation de marchandises. Son expertise permet également un contrôle efficace de l'ensemble des réglementations non douanières qui ont vocation à s'appliquer lors de l'importation ou de l'exportation de marchandises.

À l'initiative de coopérations multiples, avec les autorités compétentes en France et dans les États membres de l'Union européenne, avec les autorités douanières partout dans le monde ou les opérateurs de tous les secteurs, la Douane est un maillon essentiel pour la mise en œuvre des réglementations, au carrefour des enjeux économiques, sociaux, éthiques et environnementaux.

Son rôle est conforté par sa place dans la gestion des enjeux émergents. L'application stricte des normes européennes aux marchandises provenant de pays tiers est la garantie d'une concurrence loyale entre les opérateurs, permettant de porter à travers le monde les standards ambitieux de l'Union européenne en particulier en matière environnementale et contribuant à la préservation de notre planète pour les générations futures, dans une logique de développement durable. Cet engagement et cette utilité de la Douane se transposent également sur d'autres enjeux de société, comme le respect des droits de l'homme.

Réaffirmant le rôle central de la Douane face à la multiplication de ses missions non douanières, la Commission vient de proposer un projet de réforme douanière de l'Union européenne. Elle souhaite notamment au travers de ce texte faciliter l'échange des données et fournir aux États membres un appui en matière d'interprétation de la réglementation, pour contribuer à son harmonisation. Le projet prévoit dans ce cadre la création d'une autorité douanière européenne apportant soutien aux administrations nationales. Ces initiatives doivent permettre une meilleure application de la réglementation sur l'ensemble du territoire de l'Union européenne, au bénéfice de tous et en particulier de l'environnement.

La formation des cadres des douanes, formation polyvalente au service de la diversité des métiers

Emmanuelle GIDOIN
Administratrice des douanes,
Directrice de l'École nationale des douanes de Tourcoing

Administration de la frontière et de la marchandise, exerçant ses missions au cœur d'un monde en mutation accélérée, la Douane doit faire évoluer son système d'organisation, d'action et d'innovation au service du développement économique et social, de la protection de l'environnement, de la sécurité globale du territoire et de sa population.

Dans ce contexte, donner aux personnels les capacités de comprendre les nouveaux défis auxquels l'Administration est confrontée et les moyens d'y faire face dans l'exercice de leurs fonctions constitue un enjeu majeur de formation. Il s'agit également de renforcer la qualité de service et la confiance des usagers envers l'administration, parce que des agents bien formés sont plus à même d'exercer leurs missions avec professionnalisme, efficacité et bienveillance dans le cadre d'une production de service public transparente et socialement acceptée.

La formation des cadres douaniers vise à leur permettre d'appréhender les transitions en cours, d'accompagner les transformations et d'impulser le changement dans leur administration. C'est tout l'objectif de la formation initiale des inspecteurs[1] qui se déroule à l'École nationale des douanes de Tourcoing (ENDT), avant que la formation continue ne prenne le relais pour développer et adapter leurs compétences tout au long de leur carrière.

[1] Arrêté du 25 juillet 2022 fixant la formation initiale des inspecteurs stagiaires de la Direction générale des douanes et droits indirects, JORF n° 0177 du 2 août 2022.

L'ENDT est rattachée à la direction nationale du recrutement et de la formation professionnelle (DNRFP), service à compétence nationale de la sous-direction des ressources humaines et des relations sociales à qui l'École nationale des douanes de La Rochelle, qui assure la formation initiale et continue des personnels des catégories B (contrôleurs) et C (agents de constatation), les formations techniques (maître de chien, agent motocycliste, marins…) ainsi que la formation continue de l'ensemble des agents relevant de la branche de la Surveillance, est également rattachée.

Installée depuis 2003 au milieu d'un parc arboré de 26 000 mètres carrés sur l'emplacement de l'ancien hôpital Clemenceau, à proximité immédiate de Lille, l'École nationale des douanes de Tourcoing accueille les stages de formation initiale et continue des cadres et cadres supérieurs de la direction générale des douanes et droits indirects.

Dans un contexte où le niveau d'étude des candidats est de plus en plus élevé[2] et les stagiaires de plus en plus exigeants sur la qualité et la polyvalence des contenus de formation, l'administration des douanes s'attache à sélectionner les éléments les plus prometteurs tant par leurs capacités intellectuelles et leur sens du service public que par leurs qualités humaines. Elle travaille ensuite à les fidéliser par une formation axée sur les requis de leurs activités professionnelles à venir, sans préjudice de leur ouverture sur les grands enjeux de société, que l'on vise la France, les pays européens ou la société internationale, la bonne gouvernance, la réactivité, la technicité et le sens de l'intérêt public étant devenus les vertus cardinales de l'efficacité, de la compétitivité et de la sécurité (I).

La formation des cadres douaniers vise ainsi à créer les conditions intellectuelles et psychologiques d'une véritable envie de formation tout au long de la vie qui concourt à renforcer l'attractivité de l'Administration en facilitant les parcours professionnels et la mobilité des fonctions.

L'ambition affichée est claire dans sa complexité : faire du séjour à l'ENDT un temps fort de l'épanouissement intellectuel, professionnel et humain de ses usagers (II).

---

[2] Sur les deux dernières promotions d'inspecteurs-élèves, 71 % ont un diplôme de niveau bac+5 et plus, et 21 % sont titulaires d'un Master 1 ou équivalent.

I. Une formation professionnalisante, articulée aux grands enjeux des sociétés nationale, européenne et internationale

A/ Une formation rénovée, dans le cadre la modernisation de l'appareil de formation de l'État

Dans la ligne de la loi du 13 juillet 1983 portant droits et obligations des fonctionnaires qui leur reconnaît [3] le droit à la formation professionnelle tout au long de la vie, le « schéma directeur de la formation professionnelle tout au long de la vie », outil de pilotage et de coordination des politiques de formation au sein de la fonction publique de l'État élaboré de manière triennale par la direction générale de l'administration et de la fonction publique, a pour ambition d'améliorer la qualité de la formation en permettant notamment une meilleure adaptation des agents aux évolutions des métiers.

En 2018, le premier schéma directeur définit une « nouvelle articulation entre la formation initiale et la formation continue en renforçant l'évaluation des compétences et en individualisant les parcours de formation ». Il s'agit de renforcer une logique de formation directement liée au métier que l'agent sera amené à exercer à l'issue de sa scolarité, dans un objectif de professionnalisation fondé sur une approche par compétence liée à sa filière professionnelle d'affectation.

Plusieurs axes de travail sont identifiés[4] :

— une meilleure évaluation des compétences détenues par l'agent dès son entrée en formation pour cibler les enseignements sur les compétences manquantes ;

— l'identification plus précoce des fonctions qu'il exercera à la sortie de l'école pour mieux articuler les enseignements théoriques et pratiques et préparer leur application en situation professionnelle ;

— le raccourcissement du temps passé en école au profit d'une logique d'alternance entre enseignements et expériences professionnelles coordonnée par l'école, en lien plus étroit avec les fonctions que le stagiaire exercera lors de son affectation.

---

[3] Loi n° 83-634 du 13 juillet 1983, article 22.
[4] Schéma directeur de la formation professionnelle tout au long de la vie 2018-2020 puis 2021-2023.

Assise sur l'idée d'une meilleure adaptation aux besoins individuels et d'une plus forte cohérence entre les enseignements dispensés et le processus d'emploi dans les réalités du métier, l'approche par compétence en formation met l'accent sur le développement de compétences spécifiques informées et facilitées par les connaissances théoriques acquises par l'entremise des enseignements de type académique. La compétence se définit comme la capacité à mobiliser et combiner différentes ressources (dont les connaissances) en vue de s'adapter à des situations de travail pour produire un résultat satisfaisant aux critères de performance de l'Organisation. Les compétences développées étant directement liées aux défis du monde réel, les stagiaires acquièrent des compétences utilisables dans leur vie professionnelle et personnelle. Cette approche pédagogique encourage un apprentissage actif, favorisant l'autonomie, la résolution de problème, la prise de décision et le travail collaboratif.

L'évaluation des compétences prend en compte les réalisations et performances concrètes des stagiaires dans divers contextes professionnels, offrant une vision plus complète à la fois des acquis et des besoins en compétence, regardés comme l'écart entre la compétence attendue et la compétence réellement mise en œuvre par l'apprenant (c'est-à-dire la pratique professionnelle).

Cette évaluation peut toutefois se révéler plus subjective et difficile à standardiser que l'évaluation des savoirs. Elle doit par ailleurs s'appuyer sur une définition précise des compétences à acquérir, sous peine de conduire à des objectifs d'apprentissage mal définis, voire inadaptés.

Ces recommandations et considérants ont servi de fil directeur à la réforme de la formation initiale des inspecteurs des douanes survenue en 2022, effectuée sous l'impulsion du bureau Recrutement, pilotage des emplois et formations de la sous-direction des ressources humaines et des relations sociales. Elle s'inscrit dans un équilibre indispensable entre connaissances théoriques et compétences pratiques, dans le cadre d'une appréhension de la réglementation douanière adossée à la connaissance des normes de rang plus élevé, qu'il s'agisse de normes communautaires ou de normes internationales, ainsi que des besoins du fonctionnement des entreprises.

En bref, il s'agit de mieux préparer les stagiaires à leurs premières fonctions de cadres d'une administration dynamique, moderne et qui sait s'adapter.

B/ Une formation polyvalente, ouverte sur les savoirs et savoir-faire du monde contemporain

L'image du douanier à la frontière, poursuivant à pied, par monts et vaux quelque contrebandier récalcitrant a bien évolué. Enquêteur, auditeur, chef d'un bureau de douane ou d'une brigade de surveillance, rédacteur à la réglementation ou en service support, gestionnaire de procédures, superviseur, officier de douane judiciaire, conseiller en entreprise, agent poursuivant... La douane est riche de la diversité de ses métiers.

Rattachée au ministère de l'Économie, des Finances et de la Souveraineté industrielle et numérique, la douane est en prise directe avec les grands problèmes actuels de la vie nationale, européenne et internationale : une compétition économique féroce dans un contexte de massification des échanges commerciaux, une concurrence ouverte ou larvée entre territoires européens aussi bien en termes d'attractivité douanière que de logistique, l'émergence constante de nouvelles menaces, des formes de fraude de plus en plus sophistiquées via des technologies de plus en plus avancées et des attentes fortes de l'Union européenne comme des usagers en matière de sécurisation du dédouanement, de simplification et de dématérialisation.

Son cœur de métier est à la croisée de ces enjeux : soutenir la compétitivité des entreprises à l'international, contribuer à l'attractivité économique de la France, protéger le territoire, les populations et l'environnement, lutter contre la grande criminalité internationale...

« Comment la douane peut-elle à la fois travailler à la fluidité des opérations commerciales et financières internationales des entreprises et lutter sans concession contre les trafics ? C'est contradictoire », entend-on parfois dans le grand public. En réalité la contradiction n'est qu'apparente. La Douane s'appuie sur des effectifs bien formés et compétents, dotés de moyens techniques et technologiques de pointe ainsi que de capacités d'analyse, d'évaluation et d'anticipation qui mobilisent les acquis scientifiques modernes les plus sûrs. La formation des douaniers ne saurait ainsi limiter son périmètre aux techniques professionnelles d'application immédiate, mais doit s'élargir à la connaissance des variables de contexte et à des savoirs plus larges, sans lesquels la maîtrise des règles techniques est nécessairement insuffisante. En particulier, celle des inspecteurs doit leur permettre d'acquérir une bonne maîtrise du sens et de la portée socio-économique, juridique et humaine des techniques et pratiques professionnelles. C'est ce défi d'envergure que l'ENDT s'efforce de relever.

La formation des inspecteurs stagiaires, d'une durée de douze mois, est un cursus en alternance entre des cours à l'école et des stages dans les services douaniers. Elle s'appuie sur une équipe de formateurs permanents à laquelle s'ajoutent des porteurs de compétences différentes, personnels universitaires, cadres d'entreprises et d'autres administrations, magistrats, praticiens du droit et cadres douaniers. Des travaux en ateliers et des conférences dispensées par des professionnels complètent des cours magistraux.

La scolarité se déroule en quatre phases :

1. Un tronc commun généraliste donne aux stagiaires une bonne connaissance du contexte économique européen et international. En ouverture, l'enseignement de droit international économique dispensé à l'ENDT depuis 2021, réparti en deux masses constituées, l'une, du « droit des échanges commerciaux internationaux » et l'autre, du « droit monétaire, bancaire et financier international » vise à exposer les règles juridiques permettant aux futurs cadres de l'administration des douanes d'exercer leurs missions et compétences techniques en bonne connaissance des règles juridiques internationales fondamentales qui les surdéterminent et en cristallisent les éléments de légitimité, dans l'intérêt d'une application compréhensive, efficiente et sécurisée du système de normes juridiques professionnelles appelé « droit douanier ». Une formation à la politique commerciale de l'Union européenne fixe auprès des stagiaires la dimension européenne de notre administration.

Une visite au sein de l'Organisation mondiale des douanes et des instances européennes à Bruxelles complète le dispositif.

Après la présentation par les chefs des bureaux de la direction générale de la stratégie et des missions de la douane, les élèves font connaissance avec les fondamentaux réglementaires douaniers et fiscaux. Des formations au management, à la gestion des ressources humaines et gestion de projet ainsi qu'à la bureautique sont également dispensées. C'est au cours de ces premiers mois que les stagiaires effectuent un stage de découverte dans les services douaniers.

Entamée en octobre, cette première phase s'achève au mois de février par la pré-affectation des stagiaires sur leur futur poste de travail, en fonction d'un classement établi à la suite des résultats obtenus aux examens organisés au mois de décembre.

2. Les stagiaires sont ensuite répartis en quatre filières selon leur poste d'affectation pour l'entame des formations différenciées : filière « action économique et soutien aux entreprises », filière « contrôle et lutte contre les trafics », filière « support » et filière « informatique », sachant que les stagiaires de cette dernière sont issus d'un concours spécifique. Les quatre mois suivants sont consacrés à l'acquisition des connaissances et compétences attendues dans la filière d'affectation des stagiaires, jusqu'à la clôture de la scolarité à l'ENDT début juin.

Au cours de cette période, un stage dit « d'immersion », effectué sur leur poste d'affectation, permet aux élèves de découvrir leur futur environnement de travail.

3. La scolarité à l'ENDT se termine en juin et marque le départ des élèves pour un stage de quatre mois supervisé par l'École, dit « de professionnalisation ». Il est effectué dans leur service d'affectation et destiné à leur permettre de mettre en pratique les savoirs et savoir-faire appris à l'École et à les confronter aux réalités du terrain, tout en bénéficiant du suivi personnalisé d'un tuteur de stage.

4. La titularisation des stagiaires sur un poste d'affectation début octobre constitue la dernière phase, sous réserve de la validation des examens organisés à l'École et du stage probatoire effectué de juin à septembre.

II. Favoriser l'épanouissement intellectuel, professionnel et humain des stagiaires

A/ Une école ouverte sur l'extérieur

La formation fait partie intégrante de l'action internationale de la douane, en s'inscrivant notamment dans le programme de renforcement des capacités soutenu par l'Organisation mondiale des douanes (OMD). Depuis sa création dans les années 1950 et son installation, d'abord à Neuilly-sur-Seine, puis à Tourcoing, l'École nationale des douanes ouvre ses portes à des fonctionnaires des douanes étrangers désireux de se former aux méthodes de travail mises en œuvre par la DGDDI et d'échanger sur leurs pratiques professionnelles. C'est ainsi qu'elle a accueilli, depuis 70 ans, 1 700 auditeurs étrangers originaires de 40 pays :

— d'une part dans le cadre d'une formation longue, consistant en un cursus de formation douanière généraliste sanctionnée par la remise d'un diplôme d'études douanières, pendant laquelle les stagiaires sont placés en immersion avec les inspecteurs-élèves français. À cette occasion, des formations et visites sont organisées avec les auditeurs étrangers de l'École des douanes de Bruxelles et de l'Institut régional d'administration de Lille ;

— d'autre part, dans le cadre de cycles internationaux courts, d'une à quelques semaines, sur des thématiques professionnelles particulières telles que l'optimisation des contrôles dans le fret international, l'ingénierie de la formation professionnelle ou encore la facilitation des échanges.

L'École nationale des douanes de Tourcoing est par ailleurs active au sein du réseau des écoles du service public (RESP), association à laquelle adhèrent 35 écoles formant les agents de catégorie A des trois fonctions publiques. Elle participe notamment aux sessions inter-écoles permettant pendant une semaine l'échange de stagiaires qui ont ainsi la possibilité de découvrir d'autres ministères et d'autres administrations tout en travaillant ensemble sur l'une des thématiques proposées par le réseau. Elle accueille également, dans ce cadre, des auditeurs de justice de l'ENM qui viennent découvrir l'organisation, les missions, les méthodes de travail de l'administration des douanes et les relations douane-justice.

La dimension ministérielle de la formation n'est pas oubliée avec le Cycle ministériel de formation initiale (CMFI) qui organise annuellement au bénéfice des stagiaires en formation initiale des interventions communes aux trois écoles de Bercy (ENDT, École nationale des finances publiques — ENFIP — et École nationale de la concurrence, de la consommation et de la répression des fraudes — ENCCRF) sur l'organisation, les valeurs et principes du ministère.

L'ouverture sur l'extérieur concerne également le monde économique. Parce que la bonne compréhension des besoins, des contraintes et du fonctionnement des entreprises ainsi que les difficultés réelles qu'elles peuvent rencontrer dans leurs opérations du commerce extérieur sont des pré-requis pour tout futur cadre des douanes, les élèves effectuent un stage de découverte chez un opérateur du commerce international, un praticien du droit douanier ou une fédération représentative des opérateurs du commerce international.

C'est enfin dans le cadre de cette ouverture que l'ENDT assure la formation des agents recrutés hors concours douaniers (contractuels, détachés, mis à disposition…) afin de leur permettre de se familiariser avec leur nouvel environnement de travail.

B/ L'intégration d'activités de recherche appliquée dans la scolarité

Les inspecteurs-élèves des douanes et droits indirects ont la possibilité de rédiger un mémoire au cours de leur scolarité, en petits groupes, sur des sujets proposés par la Direction générale ainsi que par des membres du Conseil scientifique de la douane. Il s'agit de travaux de recherche appliquée visant à développer leurs capacités à sublimer les connaissances et compétences qu'ils ont acquises durant leur année de formation, à l'épreuve de situations douanières effectives ou prospectives, travaux collectifs réalisés en forme de mémoires ayant vocation à constituer des contributions originales à la stratégie de l'administration des douanes.

La valeur d'un tel exercice pour une maîtrise renforcée des contenus professionnels n'est plus à démontrer. Le caractère collectif du mémoire permet également aux auteurs de s'approprier la méthode du travail en équipe : apprendre à écouter et échanger, à confronter les opinions, à négocier et à prendre une décision commune consensuelle dans le respect des contraintes de temps est une expérience particulièrement enrichissante dans un contexte professionnel où les dossiers sont complexes et multidisciplinaires. Il s'agit également pour les élèves de travailler en étroite collaboration avec des experts douaniers ou d'autres administrations, des opérateurs économiques et des utilisateurs finaux pour s'assurer de la pertinence de leur problématique, de leur analyse et de leurs propositions.

Rédigés sous la direction d'un directeur de mémoire, les mémoires sont soutenus au siège de la direction générale des Douanes et Droits indirects, onze mois après le début de la scolarité, devant un jury composé du sous-directeur concerné, du directeur de mémoire, d'une personnalité extérieure à l'administration des douanes et de la directrice de l'ENDT. Moyennant l'accord du jury, ils peuvent faire l'objet d'une présentation devant le conseil scientifique de la douane.

Par ailleurs, l'ENDT travaille en étroite collaboration avec l'Association pour l'histoire de l'administration des douanes (AHAD), notamment dans le cadre du prix d'histoire douanière[5] créé en 2011 par l'association et destiné à « susciter, encourager et promouvoir les travaux de recherche et de réflexion à caractère historique, qui contribuent à faire progresser les connaissances du passé de

---

[5]Ce prix porte le nom de Jean Clinquart, haut fonctionnaire des douanes, ancien directeur de l'école des douanes, co-fondateur de l'AHAD, décédé en 2010.

l'administration des douanes et des réglementations que cette administration a été ou est chargée d'appliquer[6] ». Délivré tous les deux ans, ce prix s'adresse aux doctorants, aux étudiants de M2 et aux inspecteurs-stagiaires de l'ENDT.

Les travaux sont soutenus devant un jury composé de quatre personnalités qualifiées de l'université ou du ministère et de quatre membres de l'AHAD.

C / Favoriser la diversité

La grande École des douanes à laquelle aspirent tous les inspecteurs-élèves ne saurait être celle qui laisse les plus défavorisés au bord de la route. L'égalité juridique est une grande conquête républicaine, mais elle ne suffit pas à réaliser l'égalité concrète. L'administration des douanes participe pleinement au dispositif public des « Classes Prépa Talents », précieux instrument de réalisation de l'égalité des chances. Il permet à des étudiants sélectionnés sur des critères sociaux ainsi qu'à des demandeurs d'emploi de bénéficier d'une préparation renforcée aux concours de la fonction publique ainsi qu'à une bourse, tout en suivant une formation diplômante.

L'ENDT est ainsi partie prenante au dispositif « prépa talents » géré par l'IRA de Metz, aux côtés de deux autres écoles du service public (ENFIP, Centre national de la fonction publique territoriale — CNFPT) et des universités de Strasbourg, de Lorraine et de Paris-Est Créteil.

En 2023, l'ENDT et l'université de Reims Champagne-Ardenne se sont associées pour créer la première classe prépa talents « douane », au bénéfice d'étudiants inscrits en 1re année de Master Droit public — Parcours Administration publique qui se déroule sur le site de Troyes, sous la direction de M. Franck Durand.

D / Assurer la formation des cadres tout au long de la vie

La formation initiale doit éveiller l'envie de se former tout au long de la vie, dans le cadre d'un continuum de développement professionnel et personnel visant à offrir aux cadres des possibilités réelles en termes de construction de leur projet professionnel.

La formation continue est indissociable de la formation initiale dont elle prend le relais. Elle vise à conforter et valoriser les acquis tout en les adaptant aux évolutions accélérées des sociétés

[6]Site Internet AHAD.

contemporaines qui voient naître sans cesse de nouvelles technologies, de nouvelles méthodes, de nouvelles pratiques et de nouveaux métiers.

La mise en continuité du calendrier de la formation continue avec celui de la formation initiale permet ainsi aux inspecteurs nouvellement titularisés de prolonger leurs apprentissages au-delà de la phase « école ».

Chaque année, près de 3 000 cadres douaniers sont accueillis à l'ENDT, qu'il s'agisse de préparation aux concours internes, de stage institutionnel de formation en cas de promotion ou de stage technique ou managérial offert dans le catalogue de formation de l'Administration des douanes.

Il n'existe pas de critère technique objectif permettant de définir ce qu'est une « grande école ». Le sens commun la représente comme une école connue et reconnue pour la polyvalence et l'excellence de sa formation et dont les lauréats sont crédités d'une grande capacité d'adaptabilité, de performance et d'innovation. Il est dès lors possible de dire, sans le moindre doute, que l'École nationale des douanes de Tourcoing peut s'en réclamer.

contre, [illegible] qu'il [illegible] d'autre [illegible] de [illegible] de nouvelles méthodes [illegible] avec [illegible] pratiques [illegible] [illegible] [illegible] du [illegible] [illegible] nouvellement [illegible] [illegible] à l'école.

[illegible] l'ENDF [illegible] [illegible] institution [illegible] et ménagerie [illegible] la formation des équipes.

Il n'existe pas [illegible] une école [illegible] formation et dont [illegible] d'adaptation, de [illegible] et d'[illegible] le dire [illegible] que l'école [illegible] l'encadrement [illegible]

DEUXIÈME PARTIE

LES DÉFIS INTERNATIONAUX : DE LA MONDIALISATION À LA GLOBALISATION

L’évolution de l’activité douanière dans le monde

Jean-Luc ALBERT
Professeur des universités, Aix-Marseille Université
Membre du Conseil scientifique de la Douane

En utilisant les deux concepts de mondialisation et de globalisation, les organisateurs de ce colloque s’inscrivent dans une réflexion majeure qui relève de nombreux travaux touchant en fait à la théorie du droit.

Pour reprendre les interrogations d’un collègue aixois, le Pr Frédéric Rouvière :

> « L’expression droit global propose de réfléchir sur l’unification de la théorie du droit. En ce sens, c’est le concept de droit qui serait lui-même global” ; or, à ses yeux, “l’unification du phénomène juridique via un concept global de droit signifierait qu’une définition universelle du droit puisse être formulée permettant de dire ce qui est juridique, quels que soient le lieu et le temps des éléments considérés[1]. »

Mais pour conduire à un droit global ne faudrait-il pas être amené à l’existence d’une source devenue commune et à une unification des valeurs de référence ? Or, en matière douanière et au-delà de la technicité et de l’objectivité apparente des cadres juridiques, les acteurs concernés ont-ils les mêmes valeurs ?

M. Jean-Marc Sauvé, alors vice-président du Conseil d’État, avait pu énoncer, lors d’un discours tenu en 2010, que :

> « Le droit global n’est pas un nouvel ordre normatif, structuré, hiérarchisé, articulé à la manière de la pyramide de Kelsen, mais il résulte en fait d’une utilisation nouvelle du droit. S’il défie à ce point la dogmatique juridique, c’est qu’il est d’abord le fait d’acteurs transnationaux, comme les entreprises, les organismes profession-

---

[1] Frédéric ROUVIERE, « La globalisation du droit : une idée théoriquement inutile », communication, colloque « La science du droit dans la globalisation », Aix, 2010, dans *La science du droit dans la globalisation*, Bruylant, 2011, p. 113 et s.

> nels ou les ONG, selon des circuits qui échappent souvent au contrôle des États. »

Tout en soulignant le fait que :

> « Plutôt que de penser la France face à la mondialisation, il nous faut plutôt envisager sa place dans la mondialisation. Plutôt que de chercher à jouer le rôle de leader de l'opposition mondiale — qui est une tentation permanente —, mieux vaut choisir d'investir les cercles et les instances intellectuelles de la mondialisation et s'inscrire résolument à l'intérieur pour y participer, plutôt que de prétendre exercer de l'extérieur un magistère exclusivement critique[2]. »

Le droit douanier constitue l'un des espaces juridiques parmi les plus pertinents pour s'interroger sur la rencontre de ces deux concepts, mondialisation et globalisation, et sans doute aussi pour impulser cette dynamique à laquelle faisait référence Jean-Marc Sauvé.

Si l'on peut sans doute affirmer que le droit douanier comporte aujourd'hui un socle commun, sans doute inabouti, il constitue de façon moins perceptible un instrument au service de stratégies divergentes et de valeurs conceptuelles qui ne sont pas identiques et ne s'inscrivent pas dans la même tonalité temporelle.

En ce sens, l'activité douanière évolue, comme elle a évolué au XIXe siècle, comme elle a évolué au XXe siècle, les douanes, le droit douanier, les opérateurs économiques s'y adaptant, tout comme les modes de transport des marchandises, les facteurs de production et d'organisation des entreprises… les conceptions politico-économiques s'y sont aussi adaptées ou ont aussi évolué[3].

Mais, de façon constante, certaines préoccupations comme la lutte contre la contrebande, la contrefaçon, ont constitué un fil conducteur de l'action douanière.

Pour sa part, l'Union européenne s'inscrit dans une démarche multilatérale d'ouverture des marchés construite dans les années 1950 et dans un choix « historique », fruit de la conférence de Messine de juin 1955.

Le choix de l'époque, et qui ne s'est jamais démenti, fut en faveur d'un futur de la « petite » Europe à six fondé sur une union douanière qui sera créée en 1957 avec le traité de Rome créant la Communauté économique européenne, « petite » Europe qui à ce jour est désormais composée de 27 États membres, alors même que, autour des

---

[2] Discours IHEJ, 2 février 2010, site Conseil d'État.

[3] Cf. Jean-Luc ALBERT, *Douane et droit douanier*, PUF, Questions judiciaires, 2013.

Britanniques, se construisait parallèlement une autre Europe économique fondée sur une zone de libre-échange, l'Association européenne de libre-échange créé en 1960, organisation qui regroupe à ce jour quatre États, l'ensemble s'étant pour l'essentiel rejoint avec l'Espace économique européen créé en 1992 et rassemblant 30 États.

Dans un tel cadre, l'Union européenne s'est développée en affirmant ses valeurs, sa conception d'une économie ouverte, tout en voyant se développer un espace économique mondial foncièrement différent de celui qui existait à la naissance des constructions européennes ; comment en effet comparer l'état du monde en 1955 et celui de 2023 ? Comment affirmer que les choix décisifs de 1955 ne conduisent pas à des interrogations nouvelles dans un cadre juridique reconstruit du commerce international avec la transformation du GATT de 1947 en une organisation permanente en 1994 au travers de l'Organisation mondiale du commerce, alors même que le Conseil de coopération douanière, né en 1953, se transformait en Organisation mondiale des douanes en 1994 ?

L'univers économique des années 1950 avec des empires coloniaux, la naissance de puissances « secondaires » comme le Japon, la Chine, les interrogations sur le développement de l'Inde… conduisant alors à une certaine organisation de l'activité douanière, est foncièrement différent de celui des années 2020 devenu multipolaire avec une réorientation des flux, des marchés, des consommations de matières premières, des espaces de transport, des circuits économiques et l'émergence et le développement majeur de l'économie numérique.

La douane a dû s'y adapter comme les entreprises elles-mêmes qui se sont organisées pour intégrer les nouvelles constructions économiques régionales, les phénomènes de logistique, les chaînes de production, l'ouverture des marchés mondiaux amenant à considérer que les droits de douane ressemblent « diablement » à des taxes en cascade qu'il convient de faire disparaître pour favoriser cette nouvelle approche de l'économie, la « supply chain » ou chaîne logistique devenant l'expression maîtresse des opérateurs organisés dans une logique mondialisée ; alors, la frontière douanière doit dans leur esprit s'effacer, le dédouanement des marchandises devant s'accélérer avec un temps de dédouanement le plus court possible pour permettre la facilitation des échanges, les flux devant être les plus rapides possibles, avec de nouveaux choix comme le dédouanement décentralisé, le guichet unique, les douanes s'adaptant à cette nouvelle configuration que véhicule l'accord sur la facilitation des échanges (AFE) conclu en 2014 et applicable depuis 2017. Désormais, les « maîtres mots » pour les opérateurs sont « compliance » et gestion des risques[4] !

Comment alors se projeter des années 1950 dans les années 2023 pour ensuite se projeter dans les années 2050 ?

La vision future du commerce international n'est-elle pas amenée à muer pour ne pas se limiter à ce qu'indiquait la CJUE en 2005 pour l'Union douanière européenne, à savoir que l'un des objectifs de la Communauté était de « contribuer à la suppression progressive des restrictions aux échanges internationaux[5] », vision évidemment mise à mal par le développement de fort nombreuses réglementations en particulier européennes constitutives de mécanismes dérogatoires à la liberté du commerce des marchandises : biens à double usage, biens susceptibles d'être utilisés en vue d'infliger la peine capitale, la torture ou d'autres peines ou traitements cruels, inhumains ou dégradants, règles relatives à la santé et au bien-être des animaux, à la santé des végétaux et aux produits phytopharmaceutiques, biens présentant un risque, commerce des armes, restrictions à finalité environnementale[6]…

Les « puissances économiques » ont intégré ces évolutions et ont transformé le droit douanier en un droit stratégique au service de leurs intérêts, à l'instar de la Chine[7].

Dès lors, à côté des préoccupations tarifaires auxquelles les instances internationales et en particulier l'OMC ont pu se consacrer dans le prolongement des activités du GATT, le domaine d'activité le plus « essentiel » aujourd'hui repose d'abord sur le non tarifaire, alors même que le processus juridique international n'est pas achevé.

C'est cette double dimension qu'il convient de mettre en avant en notant que le socle commun international est inachevé (I), alors même que le droit douanier ne se limite plus à une dimension classiquement tarifaire, mais est devenu un instrument de stratégies internationales qui peuvent être divergentes (II).

---

[4] CF. Marie-Anne FRISON-ROCHE, *Les outils de la compliance*, Dalloz, 2021.

[5] CJUE, 25 mars 2005, *Royaume d'Espagne c. Conseil de l'Union européenne*, aff. C—342/03, *Rec. 2005 I-01975*.

[6] Cf. Jean-Luc ALBERT, *Le droit douanier de l'Union européenne,* Bruylant, 2e éd., 2022, p. 135 et s.

[7] En ce sens, Colloque « Les nouvelles routes de la soie — Approches fiscales et douanières », Aix, 2021, *REIDF*, 2022/1.

I. Un socle commun partiellement inachevé

La construction d'un droit international douanier repose sur un ensemble d'accords multilatéraux couvrant des domaines essentiels de la matière douanière, en particulier dans le cadre de l'OMC et de l'OMD, que l'on songe à l'accord sur la valeur en douane, aux inspections, à la facilitation des échanges, au système harmonisé de classification des marchandises... Ces dimensions essentielles concrétisent le développement d'un multilatéralisme juridique international (A) qui n'en demeure pas moins encore quelque peu inabouti ou inachevé (B).

A/ Un fort développement multilatéral

Historiquement le commerce international a reposé, au moins tout au long du XIXe siècle et de la première moitié du XXe siècle, sur ces mécanismes bilatéraux de type traité commercial.

Le plus célèbre d'entre eux est sans doute le traité de libre-échange franco-britannique du 23 janvier 1860[8] qui reposait sur une vision nouvelle, en particulier du côté français, des échanges et de la concurrence internationale. Présenté alors comme un « coup d'État douanier », il caractérisait une réelle avancée et un changement de doctrine en matière douanière, Napoléon III présentant ce texte de la façon suivante :

> « Il faut multiplier les moyens d'échange pour rendre le commerce florissant ; que sans concurrence, l'industrie reste stationnaire et conserve des prix élevés qui s'opposent aux progrès de la consommation ; que sans une industrie prospère, qui développe les capitaux, l'agriculture elle-même demeure dans l'enfance ; que pour encourager la production industrielle, il faut affranchir de tous droits les matières premières indispensables à l'industrie ; que l'abaissement successif de l'impôt sur les denrées de grande consommation sera une nécessité, ainsi que la substitution de droits protecteurs au système prohibitif qui limite nos relations commerciales. »

Tout est dit[9] ! Même si en 1881 la France renoncera à ce traité en recréant et rehaussant ses droits de douane.

---

[8] Gabrielle CADIER, « Les conséquences du traité de 1860 sur le commerce franco-britannique », *Histoire, économie & société*, 1988, n° 3, pp. 355-380.

[9] Dans Jean-Luc ALBERT, *Douane et droit douanier*, *op. cit.*, pp. 24-25.

Les États alterneront durant la fin du XIXe siècle et au cours de la première moitié du XXe siècle entre ouverture, protection, semi-protectionnisme, les évolutions ou plutôt concrétisations les plus importantes apparaissant avec le GATT de 1947 et ses prolongements.

Très progressivement, les parlements nationaux vont perdre les compétences normatives essentielles, soit au profit de cette construction internationale, soit au profit d'une construction régionale.

Les échanges internationaux vont relever d'une démarche traditionnelle bilatérale, mais renouvelée avec des dimensions géographiques foncièrement différentes de ce qu'elles étaient alors puis dans le développement d'une production juridique nouvelle fondée sur un ensemble essentiel d'accords multilatéraux institutionnellement consacrés par l'OMD et l'OMC.

Il en résulte un « tissu » juridique constitutif d'un réel droit international douanier fondé sur plus d'une soixantaine d'accords qui relèvent sans doute du droit des traités, au sens le plus classiquement international, mais aussi dans certains segments d'activités du recours aux arrangements internationaux qui n'ont pas été soumis aux instances nationales, comme c'est le cas d'ailleurs avec le GATT, accord en forme simplifiée, qui ne fut jamais débattu nationalement, ou encore, de façon fort méconnue, mais essentielle, de l'arrangement de Wassenaar de 1995 sur le contrôle des exportations d'armes conventionnelles et de matériels de guerre ainsi que de biens et technologies à double usage associé, qui fédère 42 États et qui a succédé au Comité de coordination pour le contrôle multilatéral des exportations (COCOM1)…

On ne peut non plus passer sous silence l'apport d'organismes de droit privé comme les modèles de contrat proposés par la Chambre de commerce international, à savoir les INCOTERMS…

Et pourtant…

Ce faisant, le droit douanier que beaucoup avaient enterré face à une dynamique d'ouverture et de libération des échanges et des marchés a pu et su s'adapter à ces mutations normatives essentielles.

Claude Berr avait en son temps souligné que le « droit douanier a réussi son *aggiornamento* sans renoncer pour autant aux acquis de son riche passé… » ; les douanes ont, elles aussi, effectué leur *aggiornamento*.

Ce droit dit de contrainte et de contrôle sans doute jugé très formaliste n'en reste pas moins essentiel face aux risques et menaces de toutes sortes dans une démarche accentuée de coopération internationale promue par l'OMD et un ensemble diffus d'accords multilatéraux et bilatéraux comme en matière de coopération policière et douanière au sein de l'Union européenne. Claude Berr prônait de passer de la protection passive à une protection active et d'une protection autonome à une protection négociée... ces enjeux restent d'actualité[10].

B/ Un système inabouti

Il faut inévitablement noter que l'un des segments juridiques majeurs de la question douanière n'est pas finalisé, à savoir celui de l'origine des marchandises.

Or, c'est un enjeu fondamental, facteur de distorsions concurrentielles déjà existantes ou potentielles et un souci d'adaptation permanent pour les opérateurs, d'analyse stratégique en termes d'investissement et de contrôle pour les douanes.

L'OMC précise en ce domaine que :

> « Les règles d'origine sont les critères utilisés pour définir le lieu de fabrication d'un produit. Ces règles définissent la nationalité économique des marchandises.
> L'article premier de l'Accord sur les règles d'origine définit les règles d'origine comme étant les lois, réglementations et déterminations administratives d'application générale appliquées pour déterminer le pays d'origine des marchandises, à condition que ces règles d'origine ne soient pas liées à l'octroi de préférences tarifaires. »

L'OMC nous indique que :

> « Depuis l'adoption de l'Accord sur les règles d'origine, les activités du Comité sont principalement axées sur l'harmonisation des règles d'origine non préférentielles. Plus récemment, les membres de l'OMC ont aussi entamé des travaux sur les règles d'origine préférentielles et, en particulier, sur les règles d'origine utilisées dans le cadre des préférences commerciales en faveur des PMA. »

En somme, la définition de l'origine d'une marchandise ne repose pas sur une définition internationale.

Le recours à des taux d'utilisation tels qu'appréhendés par l'OMC « constitue un outil analytique utile pour l'examen des préférences commerciales en général et des règles d'origine en particulier », ce qui nous amène à cette dualité problématique complémentaire entre

---

[10] Claude J. BERR, *Introduction au droit douanier, Economica*, 2008.

origine non préférentielle et origine préférentielle ; l'accord de commerce et de coopération entre l'Union européenne et le Royaume-Uni organise ainsi un régime spécifique sur les règles d'origine (section I du chapitre II « Règles d'origine ») dont l'objectif est de permettre à ces marchandises de bénéficier d'un traitement tarifaire préférentiel et ce nonobstant l'existence d'un régime de cumul d'origine : « Un produit originaire d'une Partie est considéré comme originaire de l'autre Partie lorsqu'il est utilisé comme matière dans la production d'un autre produit dans cette autre Partie. »

Or, c'est sur cette question de l'origine et donc de l'origine préférentielle que butent les administrations et entreprises avec d'évidents risques contentieux.

La démarche est évidente : l'origine préférentielle est un facteur de détournement économique et de développement de nouvelles distorsions de concurrence.

En ce sens, le Tribunal de première instance de l'UE vient de sanctionner des produits originaires en apparence d'Égypte, mais produits par des entreprises égyptiennes, sous contrôle de capitaux chinois, qui s'y sont installées au travers d'une zone de coopération économique et commerciale et ont bénéficié d'aides publiques à cet effet[11].

L'accord conclu entre l'UE et le Royaume-Uni à propos de l'Irlande du Nord en février 2023 sous la dénomination de « cadre de Windsor » et qui est fondé sur l'accord de retrait de 2019 est en ce domaine loin de constituer les bases de résolution du problème en ce domaine, mais peut ouvrir la voie vers de nouvelles contestations[12] ; or, il s'échelonne dans sa mise en œuvre côté britannique :

> « The UK announced in December that it will construct permanent SPS Inspection Facilities. The Commission and the UK government have agreed on a gradual deployment of SPS Inspection Facilities: 1 October 2023 for the delivery of enhanced facilities and 1 July 2025 for the delivery of final facilities. »

Cette approche « internationale » se double en réalité de dimensions régionales inégales au travers des Accords commerciaux régionaux (ACR) auxquels appartient l'Union douanière européenne.

---

[11] Trib. 1er mars 2023, T 480/20, *Hengshi Egypt Fiberglass Fabries* SAE.

[12] From 1 October 2023, the frequency rate of identity checks will be down to 10% of all consignments of retail goods. That frequency rate will be further reduced to 8% by 1 October 2024 when all milk and dairy products are individually marked. From 1 July 2025, that frequency rate will be furthermore reduced to 5% of all consignments of retail goods – this is when all retail goods are individually marked.

Si l'on se situe sur un plan plus régional, voire local, et si l'on appréhende la question européenne, on doit certes noter l'originalité de cette construction juridique qui repose sur une Union douanière européenne, alors que nombre d'accords commerciaux régionaux sont plutôt des accords de libre-échange.

Cependant, si cette union douanière, au-delà du tarif unique, de la classification unifiée des marchandises, des process normatifs de résolution des litiges et d'interprétation du droit de l'Union, est à l'évidence le système le plus intégré (tarif, nomenclature combinée, réglementations de transposition...), il est en lui-même inabouti : pas d'administration douanière européenne, pas d'agence exécutive douanière, pas d'école européenne des douanes (ou d'académie), pas d'harmonisation des régimes européens de sanction douanière [13], développement incomplet des renseignements contraignants en matière tarifaire et d'origine, mais non en matière de valeur...

Si l'on ajoute à cela de nouvelles questions en matière de TVA et de propriété des marchandises, de nouvelles frontières... les problématiques sont nombreuses, tout comme sont nombreuses les interrogations liées au système SPG, au certificat pan-euro-méditerranéen, aux accords commerciaux préférentiels, et ce nonobstant le développement des zones franches, quelle qu'en soit la dénomination.

Or, la multiplication des zones franches de par le monde conduit aussi à initier de nouveaux courants commerciaux et à s'interroger sur leur adéquation avec un commerce international libre et loyal[14].

Le projet britannique du Brexit était fondé sur la création d'un ensemble de zones franches (ce qui était déjà possible dans le cadre de l'UE) dont l'objectif était de « partir à la conquête » du marché européen et du commerce mondial.

La formule du « global britain » était dans toutes les têtes, dans toutes les instances de la Chambre des communes, dans toutes les stratégies avec en outre un concept bien attractif, celui d'un « Singapour sur la Tamise » qui fut au cœur de la problématique commerciale britannique et sans doute de nombre d'attentes, attentes

---

[13] Cf. Fabien FOUCAULT, « Les enjeux et défis d'une harmonisation européenne du contentieux douanier », *DF*, 2023, n° 8, 106 ; cf. Rapport de la Commission, *Sur l'évaluation des infractions et sanctions douanières dans les États membres*. Code des douanes de l'Union, 6 janv. 2023.

[14] Colloque Aix, *Les zones franches et les zones d'entreprises. Aspects juridiques nationaux et internationaux*, PUAM, 1989.

ignorant ou feignant d'ignorer les contraintes processuelles douanières inévitables dès lors que se constitue une frontière douanière.

Or, dans le même temps, la Chine densifiait son réseau commercial, concluait nombre de traités commerciaux et aidait à la constitution de telles zones en fournissant une logistique juridique et financière.

Ainsi, la Chine, selon une étude du gouvernement canadien[15], en était en 2021 à 21 zones économiques spéciales baptisées zones de libre-échange, représentant 17,3 % du commerce extérieur chinois et 18,5 % des flux d'investissements directs étrangers, avec une originalité juridique, ces différentes zones obéissant à des règles qui sont ou peuvent être différentes et font apparaître des flux entre zones économiques intra-chinoises sous transit.

La dernière création chinoise est la zone dénommée Hainan Free Trade Port[16] (île de Hainan) qui a connu en novembre 2022 la création d'un établissement public « the establishment of Huibaichuan Fund Management Co., Ltd. », présenté comme la première société publique de gestion de fonds à Hainan, approuvée par la China Securities Regulatory Commission (CSRC).

L'Union européenne est à contre-courant de ces logiques concurrentielles internationales[17]. Peut-elle envisager de développer des approches similaires ?

En somme, et de façon plus globale, l'Union européenne est au milieu du gué et se devrait de franchir un pas décisif pour se doter d'une dimension nouvelle, mais les États membres en veulent-ils ? L'Union européenne y pense-t-elle d'ailleurs ?

II. Un droit stratégique au service d'intérêts divergents

En publiant dans le quotidien *Les Échos* du 4 mars 2023[18] un article intitulé « Le nouvel ordre stratégique mondial », Christian Saint-Étienne met l'accent sur des dimensions juridiques, économiques, incontournables marquées par l'émergence de nouveaux « leaders » économiques dans une approche multipolaire pouvant

---

[15] Gouvernement du Canada, *Zones de libre-échange en Chine*, Trade commission service, 2022.

[16] La Chine présente ainsi cette zone comme telle : « China rolled out its master plan to build Hainan, the southernmost tropical island province, into a world-class free trade port by 2050 which can compete with other mature free trade ports like Singapore and Hong Kong. Read on to find out about the advantages for companies and investors. » TMF Group.

[17] OMD, *Zones douanières spéciales/zones franches*, 2018.

[18] *Les Échos*, 3-4, mars 2023, Idées, p. 12.

opposer États-Unis, Chine, tout en rappelant le développement de nouveaux espaces économiques comme l'Afrique ou encore l'Inde.

Tout en soulignant que la France « prépare son suicide lent », il met aussi en avant les divergences quasi stratégiques fondamentales marquant les États membres de l'UE et en particulier entre la France et l'Allemagne.

Or, si les stratégiques juridiques, financières, de politique publique, sont différentes, l'Union européenne en elle-même ne développe pas une réelle stratégie internationale, en particulier au service des entreprises européennes.

Le droit douanier mis en œuvre par les administrations douanières peut constituer un instrument dynamique (A) de la compétition internationale, alors même que perdure une interrogation de fond : quelles sont les valeurs portées par ce droit (B) ?

A/ Un instrument « dynamique »

À la différence de la Chine au travers des nouvelles routes de la soie étudiées à Aix en 2021 et dont les principaux éléments ont été publiés en 2022, il n'y a pas de véritable politique et stratégie douanière européenne. D'aucuns seront sans doute choqués par cette assertion !

La France, en dépit de la compétence de l'Union, se devrait d'avoir une telle stratégie : la Douane devrait y contribuer.

Les crises Covid, Brexit, Ukraine ont réveillé l'Union européenne qui paraît être sortie d'un long assoupissement.

Nos collègues et amis chinois ont clairement montré comment ils pensaient utiliser (et utilisent) les avancées douanières et fiscales au service du développement économique des entreprises chinoises, que cela soit en Asie du Sud-Est, en Afrique… : accords commerciaux, zones franches, prêts, subventions[19]…

Dès lors, la présence de la vision douanière au service d'un développement économique à l'international des entreprises françaises participe d'une lecture dynamique indispensable, et nous rejoignons ici les propos de Jean-Marc Sauve.

Il faut en ce sens lire et intégrer les travaux des organisations concernées par des thématiques en matière douanière.

Les questions douanières ont évolué avec le temps.

---

[19] « Les nouvelles routes de la soie -Approches fiscales et douanières », *REIDF*, *op. cit.*

Elles s'inscrivent dans une dimension multilatérale affirmée que traduit parfaitement à la fois la convention de Kyoto (révisée) pour la simplification et l'harmonisation des régimes douaniers[20], qui est présentée par l'OMD comme étant « le fondement des régimes douaniers efficaces et modernes du XXIe siècle », dont huit principes sont extraits de ce texte comme la transparence, la standardisation, la simplification des procédures, l'utilisation « maximale » des technologies informatiques, etc., alors que l'accord sur la Facilitation des échanges, plus récent (2014) et qui est entré en vigueur le 22 février 2017 et auquel a adhéré l'Union européenne rappelle ou consacre certains principes essentiels comme l'impartialité, la non-discrimination, la transparence tout en organisant des mécanismes plus spécifiques concernant « les produits alimentaires, les boissons ou les aliments pour animaux faisant l'objet d'une notification ou d'une orientation aux fins de la protection de la vie et de la santé des personnes et des animaux ou de la préservation des végétaux sur son territoire ».

Or, l'OMC dans son rapport 2022 mettait l'accent sur une nouvelle dimension :

> « La lutte contre le changement climatique passe par une transformation de l'économie mondiale. Il serait certes utile de limiter la consommation et de modifier les modes de vie, mais il sera impossible de ramener les émissions nettes de gaz à effet de serre à zéro sans un changement technologique et structurel à l'échelle mondiale. Cette transformation entraînera des coûts, mais offrira aussi des opportunités — non seulement pour éviter une catastrophe environnementale, mais aussi pour réinventer la façon dont le monde produit de l'énergie, fabrique les biens et produit les cultures destinées à l'alimentation. Tout comme le commerce a contribué au progrès économique dans le passé — en encourageant l'innovation, en tirant parti des avantages comparatifs et en élargissant l'accès aux ressources et aux technologies —, il peut jouer un rôle central dans l'évolution vers une économie mondiale à faible émission de carbone. Mais pour exploiter le potentiel du commerce, il faudra de nouvelles politiques et une coopération accrue[21]. »

Enfin, si l'on prend comme repère les thèmes des colloques organisés par le Cercle Collin de Sussy on peut noter que depuis 2000

---

[20] Du 19 mai 1973, révisée en 2008 (17 mai).

[21] OMC, *Rapport sur le commerce mondial. Le changement climatique et le commerce international*, « Introduction », p. 18.

ceux-ci étaient plutôt centrés sur des thématiques relativement usuelles pour les opérateurs : le contrôle, la fonction douane, les enjeux, la valeur, mondialisation et flux, traçabilité et conformité, jusqu'à des approches tenant en compte certaines évolutions non seulement techniques, mais juridiques comme le dédouanement centralisé. Le colloque le plus récent organisé à l'automne 2021 à Avignon était d'une tout autre teneur et s'inscrivait dans un temps « post-Brexit ».

Son titre était relativement évocateur : « Guerre économique : l'arme douanière » ; alarmiste, ce colloque était organisé en trois temps en commençant par un questionnement général : état de la menace, pour s'interroger sur les armes défensives des États, la nécessaire adaptation permanente de l'entreprise, pour ensuite examiner les armes défensives et les stratégies offensives que les entreprises peuvent adopter. Avec une double interrogation : quelles armes et quel niveau offensif : l'État ou l'Union européenne ?

Ce colloque est en lui-même révélateur d'une nouvelle réflexion sur le rôle du droit douanier et sur l'élargissement conséquent des préoccupations économiques en relation avec la douane. En ce sens, la réglementation non tarifaire européenne portant en particulier sur les biens à double usage est illustratrice d'une mutation sécuritaire rendue inévitable dans un contexte international particulièrement difficile ; pour reprendre la formulation du président du Cercle Collin de Sussy, Marc Tertrais, « La sécurité domine et s'impose à la facilitation des échanges et aux nouvelles technologies de la communication » ; les administrations douanières sont ainsi amenées à développer leurs différentes formes de contrôle en regard de la multiplication des législations et réglementations restrictives.

C'est un nouveau paysage de l'action douanière qui se construit et auquel doit faire face cette administration. Tel est le sens de l'une des nouvelles orientations de l'activité douanière dans le monde.

B/ Des valeurs douanières différenciées

Il apparaît essentiel d'appréhender le cadre d'activité des différentes administrations douanières à côté des questions plus traditionnelles liées au statut des marchandises et de leur commerce ou des questions de nature plus « policière » de lutte contre les trafics et fraudes.

Oserait-on ici une remarque un peu provocatrice ?

La Douane n'est pas en soi au service des seuls intérêts de l'Union européenne.

Elle a une identité propre, une culture historique propre, des fondements administratifs spécifiques.

Faut-il encore les rappeler et redonner à l'activité douanière un format homogène, un nouveau creuset dans lequel fondre un ensemble cohérent de compétences.

Elle peut être porteuse d'un regroupement de compétences destiné à asseoir une dynamique qui paraît être perdue à ce jour.

La Douane se cherche, les douaniers s'interrogent.

À la question de l'évolution de l'activité douanière dans le monde, il pourrait être répondu d'abord qu'il est difficile d'avoir une prétention universaliste en matière douanière, mais aussi que seul le secrétaire général de l'OMD, M. Kunio Mikuriya pourrait nous offrir une telle perspective.

En attestent d'ailleurs les nombreuses et diverses activités de l'OMD.

Cette réponse conduit à se reporter en réalité aux travaux et activités de l'OMD, de différentes administrations à vocation douanière : suisse, belge, américaine… quelle que soit la forme organisationnelle de cette administration qui est de fait peu uniforme de par le monde. Le concept de « Douane » revêt une très grande diversité de contenus, d'organisation, d'institutions.

Cinq réalités se discernent (à notre sens) avec évidence :

– La lutte contre les fraudes et en particulier les trafics illicites, la contrefaçon… cette dernière, massive, posant la question de la place du Royaume-Uni. Ce pays ne devient-il pas une simple plate-forme de fraude que le nouvel accord relatif à l'Irlande du Nord risque d'accentuer ?

– Les stratégies commerciales des entreprises concurrentes de l'UE aidées par les puissances économiques que sont les États-Unis et la Chine conduisant à s'interroger sur la remise en cause des mécanismes préférentiels (SPG, accords commerciaux régionaux[22]).

– Les nouvelles exigences sécuritaires et de renseignement.

– Le renforcement de la coopération, la transmission des données, la fiabilité des informations, alors même que les pratiques

[22] Patricio GALELLA, « The no Drawback Rule in EU Preferential Agreements », *Global trade and customs Journal,* vol. 18, 2023, pp. 31–36.

administratives sont extrêmement divergentes, notamment en matière de contrôle.

– La nécessaire mise en œuvre d'une stratégie douanière européenne unifiée (Agence exécutive, sanctions, contrôle des administrations…).

Or, ces perspectives s'inscrivent dans une dimension renouvelée sur le plan européen.

La Commission européenne a ainsi pu énoncer que :

> « Les services des douanes, qui auparavant percevaient uniquement des recettes, doivent désormais veiller en outre à ce que les valeurs auxquelles sont attachés les citoyens de l'Union — comme la durabilité, la sûreté, les droits de l'homme, les préoccupations en matière de santé et de sécurité — soient respectées lors de toutes les opérations douanières. Ce rôle s'élargira considérablement au fur et à mesure de l'entrée en vigueur de nouvelles dispositions législatives environnementales et sociales, comme l'interdiction des produits issus du travail des enfants ou du travail forcé. »

Les valeurs précitées et promues par l'Union européenne, sans doute majeures, peuvent-elles constituer les fondements d'un socle juridique douanier à dimension universaliste ? On peut en réalité en douter.

Mais les évolutions de l'Union européenne se font à l'horizon 2030.

Cela suffit-il ?

L'Union européenne est en réalité au milieu du gué et doit effectuer un bond en avant significatif et rapide : 2030, c'est bien loin par rapport aux dynamiques des concurrents de l'UE !

Plus globalement, c'est aussi et sans doute la question d'un rapport au droit qui transparaît dans les questionnements douaniers.

Il est sans doute loin le temps où la Cour permanente de justice internationale était amenée à se prononcer, seule souveraine, sur des questions intéressant le commerce international et les questions douanières[23].

---

[23] Ainsi, la CPJI avait précisé que « la liberté du commerce, telle qu'elle résulte de la convention (de Berlin), est la faculté, en principe illimitée, de se livrer à toute activité commerciale, que celle-ci ait pour objet le négoce proprement dit, c'est-à-dire la vente et l'achat des marchandises, ou qu'elle s'applique à l'industrie et notamment à l'industrie des transports, qu'elle s'exerce à l'intérieur ou qu'elle s'exerce avec l'extérieur par importation ou exportation. La liberté du commerce ne signifie pas l'abolition de la concurrence commerciale ; elle présuppose cette concurrence… », CPJI, 12 déc. 1934, *Aff. Oscar Chinn*, Fasc. n° 63, Série A/B, arrêts, ordonnances et avis consultatifs. Sur ces mêmes questions : CPJI, Avis consultatif du 5 septembre 1931, *aff. régime douanier entre l'Allemagne et l'Autriche*, Fasc. n° 41, Série A/B ; CPJI, Ord., 6 décembre 1930, *Aff. des zones franches de la*

C'est, peut-être, et aussi, le modèle juridique construit à la fin de la Seconde Guerre mondiale qui est ou pourrait être en discussion, mais c'est là aussi ou encore une question qui dépasse les seuls questionnements douaniers.

Haute-Savoie et du Pays de Gex (deuxième phase), Série A — n° 34.

La gangstérisation des relations internationales

Serge SUR
Professeur émérite à l'Université Paris Panthéon-Assas
Membre de l'Académie des sciences morales et politiques

Les grandes puissances se sont toujours comportées comme des gangsters, et les petites comme des prostituées. Cette formule est attribuée à Churchill. L'a-t-il réellement écrit ou dit ? On ne prête qu'aux riches. Machiavel aussi aurait pu le revendiquer et Thucydide le penser. Il y aurait donc une dimension criminelle permanente dans les relations internationales, les grandes puissances ne s'estimant tenues par des règles juridiques ou éthiques que lorsqu'elles sont conformes à leurs intérêts. Toute puissance hégémonique serait déliée des obligations qui pèsent sur les autres. Les États-Unis en donnent de multiples exemples. *De legibus princeps solutus est*, affirment les doctrines absolutistes, ancêtres du totalitarisme. Il y a de ce point de vue plusieurs catégories d'États. Ceux qui sont acteurs peuvent plier les règles à leur convenance, ceux qui sont sujets les respectent et les subissent. D'autres sont plutôt des objets dont les autres disposent. Ils peuvent même se réduire à des espaces, lorsqu'ils sont incapables d'exercer leur autorité sur leur territoire, livré à la prédation et à l'anarchie. Acteurs, sujets, objets, voire simples espaces, telles sont les différentes postures que peuvent connaître les États dans les relations internationales.

Un fond de puissance déréglée conduit à l'emploi inconditionné de la force armée et de la violence, mais aussi à toutes formes de transgressions que le droit international s'efforce de canaliser et de limiter. L'aboutissement le plus récent en est la Charte des Nations unies. Elle vise à substituer à la société polémique, dont la guerre était la régulatrice suprême, une société politique dans laquelle ce sont des décisions collectives qui règlent pacifiquement les questions internationales, tout en disposant de moyens coercitifs pour faire respecter la paix. Une société politique est par définition une société pacifique. L'idée, répandue comme un dogme depuis Clausewitz, que la guerre est la continuation de la politique par d'autres moyens est un contresens, parce qu'en réalité elle en est la négation. La guerre change les buts de la politique, ses acteurs, ses produits. Elle est un saut dans l'inconnu là où la politique repose sur l'anticipation, elle détruit là où la politique construit. La croyance en ce contresens a engendré deux guerres mondiales, et conduit à la défaite de ceux qui utilisaient la guerre comme moyen de politique nationale.

La Charte des Nations unies en a justement tiré les conséquences en rejetant radicalement le postulat clausewitzien. Plus récemment, on s'est efforcé d'y ajouter une dimension judiciaire avec les juridictions internationales pénales, d'abord les tribunaux spéciaux pour juger les auteurs de crimes internationaux en ex-Yougoslavie et au Rwanda, institués par le Conseil de sécurité en 1994, puis la Cour pénale internationale pénale, établie par un traité international, le Statut de Rome en 1998. Cette justice pénale est indépendante de la justice internationale classique, chargée avec la Cour internationale de justice de régler les différends juridiques entre États, et qui existe depuis plus d'un siècle. Les deux demeurent marginales, même si la justice entre États est beaucoup plus active. La justice internationale pénale est en outre plus un signe de l'échec des systèmes de maintien de la paix et de la sécurité, une sorte de pansement, qu'une avancée authentique du droit. Le pansement, les juridictions qui l'ont incarnée jusqu'à présent sont nées après la chute du mur de Berlin, alors que beaucoup pensaient entrer dans une longue période de paix, qui allait favoriser une mondialisation heureuse, par l'ouverture généralisée des échanges dans un climat de confiance entre États et peuples.

Il a fallu déchanter après que les États-Unis, qui en avaient l'occasion, aient renoncé à toute réforme de fond des organisations internationales, spécialement de l'ONU et de l'OTAN, pour repenser et reconstituer un ordre international consensuel où chacun aurait pu trouver sa place. Cette *benign neglect* a conduit à trois crises successives qui constituent le roman noir de la mondialisation. La première, sécuritaire, le 11 septembre 2001, a présenté une dimension universelle et permis de mesurer les limites de la pacification et remis au premier plan l'importance des États. Avant cela, le démembrement violent de la Yougoslavie, au cours de la dernière décennie du XXe siècle, apparaissait comme une séquelle de la chute du communisme, une fin de série sans lendemain, un conflit purement local. La deuxième crise, en 2008-2009, est la crise des *Subprimes* qui a entraîné une grande dépression économique par le monde. La troisième est la pandémie de Covid-19 qui a poussé au repli des pays touchés sur eux-mêmes et créé un trouble sociétal généralisé. Observons que ces trois crises sont dues aux trois acteurs dominants des deux premières décennies du XXIe siècle, l'islamisme, les États-Unis et la Chine : le terrorisme islamique pour la première, l'incurie financière américaine pour la deuxième, la fragilité de la situation sanitaire chinoise pour la troisième.

De ces crises, seule la première a été volontairement provoquée, les autres témoignent d'une absence de vision ou de maîtrise. C'est dans ce contexte — on parle de contexte et non de causalité — que se situe le conflit ouvert par l'invasion de l'Ukraine en 2022. À nouveau une crise de caractère belliqueux, volontairement provoquée par un acteur, la Russie. On y mesure le retour de la guerre interétatique, de la guerre en Europe, d'une politique d'agression qui semble balayer tous les progrès du droit international depuis un siècle, tant dans la limitation *du jus ad bellum* que du *jus in bello*, ou droit humanitaire. Haro sur la Russie ! Et l'on revient à la formule attribuée à Churchill. Sans doute, mais c'est oublier que cette dérive a des origines plus anciennes, et qu'elle ne peut être imputée à un seul acteur. En réalité, la gangstérisation des relations internationales est plus générale, dans ses manifestations et ses origines, que la seule agression russe contre l'Ukraine. Le droit international est un peu comme la victime du crime de l'Orient-Express, et beaucoup y sont allés de leur coup de surin. Lorsque l'on tente d'analyser la situation issue de l'après-guerre froide, on observe généralement qu'à une phase de mondialisation heureuse, durant laquelle il semblait qu'une longue période de paix promettait un avenir tourné vers la gouvernance globale et l'effacement des États au profit des sociétés civiles, a succédé depuis le début du XXIe siècle une perspective opposée, marquée par la fragmentation du monde, le retour des clivages entre États et l'affaissement de tous les modes de régulation des relations internationales, dont le droit international.

On est aussi à la recherche de concepts qui puissent rendre raison de la situation actuelle. Comme de coutume, on se tourne vers le passé — un retour au monde du XIXe siècle, une nouvelle guerre froide, la rivalité depuis au moins Thucydide entre deux grandes puissances aspirant à la domination, le roman noir de la mondialisation succédant à son roman rose… Dans l'océan des concepts flottants, on rencontre aussi la gangstérisation des relations internationales. De quoi s'agit-il ? On entend par là les transgressions volontaires et organisées, par des acteurs étatiques et non étatiques, de règles internes ou internationales, aussi bien éthiques que juridiques, à des fins de domination ou de prédation. Elle peut impliquer la violence, mais pas nécessairement, et son arc s'étend des cyberattaques aux violations des limitations du recours à la force armée, en passant par le terrorisme. À première vue, elle est le fruit de la mondialisation et de la privatisation des relations internationales. Si l'on essaie d'analyser, au-delà de la scène de crime, les données et les facteurs, on peut les ramener à trois, au demeurant enchevêtrés : l'affaiblissement de l'emprise des États sur la vie publique ; l'inadaptation des régulations et institutions internationales ; la libération du recours unilatéral à la force armée et à la violence.

L'affaiblissement de l'emprise des États sur la vie publique

On peut parler d'une défaillance généralisée des États, individuellement et collectivement, sous des formes et avec des conséquences différentes. La défaillance, c'est le fait qu'un État n'assure plus ses fonctions régaliennes, la paix et la sécurité publiques, la justice, l'éducation, le fonctionnement des services publics essentiels – santé publique –, le respect de la sûreté de ses ressortissants. Pour les pays développés, c'est de leurs dysfonctionnements, en partie résultat de leur retrait volontaire, qu'il s'agit. Pour les anciens pays socialistes, ce sont les conditions de la privatisation des économies qui ont engendré dans certains d'entre eux des régimes d'oligarques et de cleptocrates. Pour les pays en développement, parmi lesquels on rencontre souvent ceux auxquels on réserve le terme d'États défaillants, c'est l'incapacité d'exercer leurs fonctions régaliennes, soit en raison de l'absence d'une culture de l'État, soit en raison d'une corruption structurelle, les deux s'épaulant mutuellement.

Dans tous les cas, ce sont des acteurs des sociétés civiles, bienveillants ou malveillants, mais fréquemment transgressifs ou criminels, qui sont les auteurs de la gangstérisation, et d'une gangstérisation qui s'introduit au sein des États eux-mêmes. La distinction principale entre États n'est cependant pas leur niveau économique, mais le caractère volontaire ou involontaire du déclin de leur emprise sur les affaires publiques. Les acteurs non étatiques (ANE) : le terme est devenu officiel depuis le début du XXIe siècle dans le vocabulaire du Conseil de sécurité. Il désignait alors les groupes terroristes, avec donc une connotation fortement négative, et une criminalisation de leurs activités. Mais la privatisation des relations internationales implique beaucoup d'autres acteurs, dont le rôle est plus ambigu, qu'il s'agisse des firmes transnationales ou des organisations non gouvernementales. Ces deux catégories constituent des nébuleuses complexes, non saisies par le droit international en dépit de leurs activités internationales, et que les droits internes ne maîtrisent que de façon limitée. Dans ces conditions, le développement de la privatisation des relations internationales met au défi tous les ordres juridiques internes autant qu'elle souligne l'insuffisance des régulations internationales.

Le retrait volontaire

Depuis au moins la chute du mur de Berlin, le libéralisme économique a universellement triomphé sur le plan universel, et ce triomphe se répercute sur les économies étatiques internes. Des pays qui, depuis la Seconde Guerre mondiale, assuraient un État providence dans le cadre d'une économie mixte ont été conduits à la privatisation et à la diminution des protections sociales, dont pâtissent les services publics chargés de la solidarité ou de l'assistance. On n'y renonce pas officiellement, on les paupérise voire on les privatise, et le marché les oriente vers le profit au détriment du service. Cette tendance est encouragée par la construction européenne, qui impose un régime de concurrence entre pays membres de l'Union aussi bien qu'avec les tiers. La concurrence, considérée comme l'alpha et l'oméga du libéralisme, produit parfois, si elle n'est pas encadrée et dès lors limitée, des effets pervers. D'abord, elle joue contre les intérêts des pays membres lorsque l'on empêche en son nom la constitution de groupes européens de taille à se mesurer aux transnationales extérieures. Ensuite, elle donne libre cours au capitalisme, et le capitalisme n'est pas le libéralisme, parce qu'il est amoral et qu'il tend à la concentration et au monopole — et ainsi il est conduit à se nier lui-même.

La puissance des oligarques dans les pays récemment convertis à l'économie libérale l'illustre de façon caricaturale, mais le phénomène est plus général. Les GAFAM, par exemple n'aiment guère la concurrence et préfèrent racheter les start-ups qui pourraient menacer leur hégémonie. Le résultat est que les États ont laissé s'installer face à eux des lobbies extrêmement puissants, qui utilisent leur activité internationale pour optimiser leur fiscalité, jouant sur la compétition entre les différents pays où ils sont actifs. Ils privent ainsi les États d'une partie de leurs ressources, concourant à leur paupérisation. Ils deviennent aussi des instruments de contrôle sociétal, dans la mesure où ils disposent de moyens importants de communication et gèrent des budgets publicitaires qui leur permettent de limiter les critiques à leur égard. On évoque souvent le modèle de la gouvernance, prenant les entreprises comme optimum du gouvernement des choses et des hommes qui devrait être étendu aux systèmes politiques, un nouvel élément du triomphe du privé sur le public. C'est oublier deux mille ans d'histoire de la pensée politique, à la recherche de l'ordre et de la liberté assurés par un pouvoir légitime, c'est oublier la séparation des pouvoirs et les libertés publiques, comme si le libéralisme économique effaçait le libéralisme politique. Or il existe une autonomie irréductible du politique comme recherche de l'intérêt général, et son affaiblissement conforte la gangstérisation des relations sociales.

Si l'on revient à l'ouverture des frontières, la réduction des contrôles policiers ou douaniers a de multiples conséquences néfastes. Cette ouverture facilite l'internationalisation de la criminalité de toute nature — trafics de drogue, trafics d'armes, fausse monnaie, faux médicaments, prostitution, vaste panoplie de la délinquance liée à Internet, cyberattaques, hackers et autres, voire un halo délinquant qui accompagne diverses activités sportives —, mais aussi le développement de la corruption, sur laquelle on va revenir, parce que les sommes considérables générées par les trafics servent en partie à assurer une couverture auprès de diverses autorités publiques. Malheureusement, la plupart des démocraties sont corrompues, de façon plus ou moins prononcée. On va même jusqu'à évoquer des « narco-États », y compris en Europe, qu'ils soient producteurs, consommateurs ou de transit, et on sait que les prises de stupéfiants par les organes étatiques chargés de leur répression demeurent marginales par rapport à la circulation intensive de ces produits toxiques. La criminalité internationale met particulièrement au défi les ordres juridiques internes, soit qu'ils aient abaissé leurs standards de surveillance, soit que ceux-ci soient inefficaces, soit parce que la corruption les rend insignifiants. Tout ceci relève du roman noir de la mondialisation. Criminalité et corruption ont des liens étroits, la seconde est une forme et un instrument de la première, et *fraus omnia corrumpit*.

À côté de ces trafics illicites, il est une forme de transgression vertueuse, ou tout au moins qui s'affiche comme telle : celle des ONG qui, au nom de l'intérêt général, n'hésitent pas à sortir de la légalité — manifestations non autorisées contre le réchauffement climatique, actions contre des centrales nucléaires, installation de ZAD contre divers projets d'aménagement ou d'équipements publics, par exemple. Pour être officiellement pacifiques, ces modalités de contestation peuvent aussi comporter de la violence. Les démocraties libérales, surtout européennes, en sont particulièrement affectées avec le phénomène des Black Blocs. Les pays qui subissent leurs exactions et destructions semblent pour l'instant incapables de les résorber. Ils sont confrontés à un dilemme. Ou ils tolèrent pour éviter de faire des victimes, et cette politique de l'édredon souligne leur incapacité d'assurer la sécurité des personnes et des biens, fonction régalienne essentielle. Ou ils répriment et s'exposent à l'accusation d'être des États policiers, ce qui contribue à radicaliser les clivages. À ces dérives d'acteurs non étatiques s'ajoute que, de façon générale, les ONG sont bien peu contrôlées, dans leur financement comme dans leur démocratie interne. Combien ne sont que de faux-nez destinés à capter des fonds publics, sans parler des ONG qui sont des OVG, c'est-à-dire des organisations vraiment gouvernementales, instruments cachés d'ingérences étatiques contre d'autres États ! Le terme de gangstérisation peut apparaître excessif s'agissant de ces actions. Il n'en demeure pas moins qu'il s'agit d'une délinquance volontaire et organisée.

Les défaillances régaliennes

Il s'agit ici, pour la plupart, de pays en développement, de constitution souvent récente, fruits de la décolonisation ou de la disparition de l'empire soviétique. Les dérives qui viennent d'être relevées les affectent de façon plus radicale encore. Ce sont les États eux-mêmes qui sont atteints dans leur substance et rendus incapables d'exercer leurs fonctions essentielles, assurer la paix publique, l'éducation des populations, la santé publique, les équipements collectifs. Une féodalisation généralisée fait des institutions publiques un enjeu de groupes privés, uniquement tournés vers leur prospérité.

Un crime de « capture d'État » a été particulièrement analysé pour l'Afrique du Sud, où il correspondait au pillage organisé et systématique du pays par quelques groupes appuyés par de multiples réseaux, politiques, juridiques, sociétés de conseil… Même s'il est prévu et criminalisé dans certains pays concernés par ce risque, comment le réprimer ? Les féodalités internes sont parfois localement plus puissantes que les pays en cause, et aucune culture d'État mis au service de l'intérêt général ne vient les contrecarrer. Elles peuvent aussi s'appuyer sur des légitimités alternatives, ethniques ou tribales, et bénéficier de la tolérance de pays développés, directement bénéficiaires pour leurs entreprises ou refuges pour des capitaux ainsi mis à l'abri par des malfrats.

Dans ces conditions, les États défaillants ne peuvent compter sur aucune solidarité de leurs populations, livrées à elles-mêmes, conscientes de leur exploitation et hors d'état de s'y opposer. Ce phénomène s'ajoute à celui des guerres civiles qui menace plus directement et visiblement la sécurité des habitants. Comment ne seraient-elles pas tentées par l'émigration, alimentant des migrations qui sont d'abord des fuites, et des actes d'accusation silencieux contre les pays qui les laissent faire quand elles ne les encouragent pas ? Ces migrations sont donc pour les pays de départ un signe de la défaillance profonde d'États qui ne parviennent pas à garder leur population, et d'insuffisance régalienne pour les États de transit ou d'accueil qui ne peuvent protéger leurs frontières contre des passages ou des intrusions illicites. Le rôle décisif des réseaux de passeurs relève assurément de la criminalité internationale, si l'on est tenté de considérer les migrants comme des victimes de l'incurie des États dont ils sont les ressortissants. Comme on le sait, certains pays poussent même à ce type de migrations, non seulement pour se débarrasser d'une population indésirable ou excédentaire, mais aussi pour disposer dans d'autres pays d'une diaspora qui viendra en aide aux populations locales par des transferts de fonds.

Quant aux pays de transit, ils peuvent être complices des pays de départ, comporter leurs propres réseaux de passeurs, mais aussi exploiter les migrants et leur faire subir toutes formes d'exactions. On sait que certains ont par exemple été vendus comme esclaves, ce qui viole les règles les plus élémentaires et les plus universelles du droit humanitaire. Certains, et l'on connaît le jeu de la Turquie en ce sens, peuvent utiliser les migrants sur leur territoire comme instrument de chantage, menaçant de favoriser leur passage vers des pays développés qui ne souhaitent pas les accueillir afin d'obtenir des concessions économiques ou politiques. D'autres pays suivent son exemple, comme récemment le Maroc. Les migrations sont donc à l'origine de plusieurs formes de gangstérisation, étatiques et non étatiques. Ce ne sont plus seulement les grands pays qui se comportent comme des gangsters, mais les petits pays y viennent également, dans un climat d'insécurité généralisée, dans une dialectique immémoriale entre sédentaires et nomades. Les migrations ont un effet multiplicateur d'insécurité. Fuyant une insécurité locale, les migrants illégaux ne trouvent pas souvent la sécurité dans les pays où ils cherchent à se fixer, cependant que certains d'entre eux contribuent à la criminalité locale faute de moyens de s'intégrer paisiblement.

Ubiquité et diversité de la corruption

Indépendamment des pays, des régimes politiques, économiques et sociaux, des niveaux de développement, la corruption est omniprésente. Elle est en outre contagieuse. Le thème accompagne la théorie des modèles politiques depuis Aristote, celui de la décadence ou de la corruption des gouvernements, qui connaissent d'abord une forme pure puis une forme dégradée, ce qui conduit à leur remplacement. C'est par exemple la théorie du cycle politique de Polybe, auteur grec actif à Rome au deuxième siècle avant Jésus Christ : la démocratie engendre la démagogie, ce qui conduit à la monarchie, laquelle s'avilit en tyrannie, qui est renversée par un régime aristocratique, devenant rapidement oligarchique, parmi d'autres types de circulation entre régénération et décadence. La corruption publique n'est pas la seule à considérer, puisque les sociétés civiles connaissent également ses dérives. À la limite, elle leur est même naturelle, puisque chacun recherche son intérêt privé, son gain personnel en ne se souciant que médiocrement, et en toute hypothèse à titre secondaire de l'intérêt général et des intérêts d'autrui, sauf à être un être parfait, membre d'un peuple de Dieux comme disait Jean-Jacques Rousseau. Le mot selon lequel l'État n'est qu'une fiction au travers de laquelle chacun s'efforce de vivre aux dépens de tout le monde n'est pas nécessairement inexact et forme le lien entre corruption privée et publique.

Il existe des formes différentes de corruption, entendue comme transgression systématique ou occasionnelle des règles juridiques ou éthiques dans un but lucratif, le premier type étant seul réprimé sauf lorsqu'existent des codes de déontologie — mais ils sont de nature disciplinaire plus que pénale. De façon grossière, on peut distinguer trois formes principales parmi ses mille visages, trois formes suivant leur rapport avec la légalité. D'abord, de l'illégal vers le légal — ainsi le blanchiment d'argent sale, qui permet de s'enrichir de façon apparemment légale. Ensuite, du légal privé vers l'illégal, avec par exemple l'évasion fiscale qui prive les États de ressources importantes. Enfin, du légal public vers l'illégal, dont un type répandu est le trafic d'influence — des responsables politiques utilisent leurs réseaux pour favoriser des relations pour obtenir des marchés publics ou autres avantages, activité fréquente et rarement réprimée. Les conflits d'intérêts sont également légion. On pourrait aussi classer les types de corruption en fonction du degré de violence qu'elle implique, de la violence armée des trafics de drogue à la captation invisible de la captation de données personnelles, invisible mais sensible avec le pillage de comptes en banque par des tiers. Le vaste domaine d'Internet a permis la multiplication de ce type de gangstérisation et rendu plus complexe l'identification des délinquants et, du fait de l'internationalisation des processus, leur répression.

La corruption est certes difficile à connaître, puisque par définition elle se dissimule. Aussi bien les indices qui s'efforcent de l'évaluer reposent sur des perceptions. Il existe des institutions, généralement privées, think tanks ou ONG, qui le tentent. Tranparency international est l'une des plus connues d'entre elles, cependant que, en France, Anticor entreprend non seulement de dénoncer les faits, mais s'efforce aussi de déclencher des poursuites contre les auteurs. Des groupes de magistrats tentent aussi sur le plan international d'attirer l'attention. Il existe des indices objectifs de corruption. Le système juridique peut être plus ou moins transparent, par exemple en matière de marchés publics, grands pourvoyeurs en la matière. Des fortunes apparaissent de façon ostentatoire sans que l'on connaisse la provenance. Des dirigeants disposent de biens considérables à l'étranger. Des indiscrétions de hackers révèlent les comptes clandestins de personnalités… Sur ces bases on peut proposer un classement des États, des plus vertueux au plus corrompus. Les démocraties sont davantage épargnées que les régimes autoritaires et les pays développés mieux protégés que les pays en développement, ou que les anciennes démocraties populaires. Les pays nordiques sont les moins touchés, certains des pays les plus pauvres occupent le fond du classement. Si tous les pays sont frappés, c'est donc sous des formes et à des degrés très différents.

On comprend bien que les États de droit, avec une circulation régulière du personnel politique grâce à des élections périodiques, soumis à la transparence d'une presse libre et pluraliste, contrôlés par des autorités judiciaires indépendantes, sont mieux armés pour résister à la corruption — mais le Parlement européen lui-même, parangon de la démocratie, pourtant prospère et contrôlé, est atteint, et les autres institutions, surtout la Commission, sont loin d'être à l'abri de tout soupçon. L'importance et l'activisme des lobbies de tout poil qui pullulent à Bruxelles engendrent des facilités et des tentations auxquelles il n'est pas toujours facile de résister. Quant aux pays non démocratiques, l'opacité du pouvoir, l'impunité des dirigeants, leur maintien indéfini au pouvoir, leur soif de richesses, leur crainte de devoir fuir un pays qui se dresserait contre leurs abus constituent autant d'incitations à transgresser leur devoir d'État au profit de leurs intérêts personnels. Pour certains dirigeants, la corruption se trouve même justifiée par la redistribution de ses bénéfices. Elle tient lieu de système fiscal dans des pays incapables de percevoir des impôts. On peut aussi faire vivre des clients avec son produit, et assurer le soutien d'une catégorie d'affidés puissants. Pour tous les pays de façon plus générale, le trafic de drogue génère de telles sommes d'argent qu'il est bien difficile à certains de résister aux sollicitations. Conformément à une formule célèbre, si tout ne se vend pas, tout s'achète — et seul le prix diffère.

L'inadaptation des institutions et régulations internationales

La Déclaration des droits de l'homme et du citoyen, texte admirable, déclare dans son préambule que « l'ignorance, l'oubli ou le mépris des droits de l'homme sont les seules causes des malheurs publics et de la corruption des gouvernements ». La seule cause… La corruption provient aussi bien des sociétés civiles et, même dans les démocraties, on est frappé par une certaine indulgence, voire tolérance à l'égard de diverses formes de corruption. En France par exemple, le Parquet national financier (PNF), institué voici une dizaine d'années précisément pour les combattre, est en butte à l'opposition non seulement de plusieurs forces politiques, mais aussi des médias et n'a que peu de soutien dans l'opinion. Pour paraphraser ce que disait Jean-Jacques Rousseau de la servitude, la corruption abaisse les hommes jusqu'à s'en faire aimer. Comment dans ces conditions ces démocraties lutteraient-elles contre la corruption de pays étrangers ? Lorsque les pays d'Europe centrale et orientale ont demandé leur intégration à l'Union européenne, on n'a guère approfondi les exigences en la matière, et plusieurs nouveaux membres demeurent notoirement corrompus. On vante aussi la pureté de l'Ukraine, victime de l'agression russe, candidate à une accession accélérée à l'Union, alors que ce pays est structurellement corrompu. Ce sont les États-Unis, non les pays membres de l'UE, qui imposent des réformes en la matière, et ce qui est montré est surtout de l'ordre de la communication, sans aller aux racines du mal. Dans ces conditions, faut-il se tourner vers les organisations internationales, dont la vertu est inscrite dans les chartes constitutives, et vers un multilatéralisme bienveillant ? La réponse, hélas, n'est guère positive, ni pour l'un ni pour l'autre.

La mise hors circuit des institutions internationales universelles

On pourrait penser que les institutions et régulations internationales ont vocation à répondre efficacement au défi que la criminalité internationale lance à tous les États, en lien le plus souvent avec leurs propres limites et défaillances. Les ramifications de cette gangstérisation débordent en effet des frontières, les ignorent ou les transgressent. C'est même une force pour elle que l'incapacité des États de protéger leurs propres frontières. Pourquoi ne pas utiliser les instruments que fournissent ces moyens internationaux pour compléter et renforcer les arsenaux étatiques ? Le Conseil de sécurité, dont la mission est d'assurer la paix et la sécurité internationale, peut parfaitement considérer que certaines formes de criminalité constituent une menace, ou une atteinte, à la paix et à la sécurité. C'est ce qu'il a fait dans le cas du terrorisme international. Après les attentats du 11 septembre, il a autorisé les États-Unis à recourir à la force armée sur le fondement de la légitime défense (résolution 1368, 12 septembre 2001). Surtout, il s'est impliqué plus directement avec deux résolutions successives, les résolutions 1373 du 28 septembre 2001 et 1540 du 28 avril 2004. Ces textes, obligatoires pour tous les

États, prévoient une coopération interétatique pour la prévention et la répression du terrorisme international sur tous les registres civils — policier, judiciaire, douanier, en matière de renseignement notamment. Elles imposent aussi aux États de prendre dans leurs ordres internes des législations aux mêmes fins, et prévoient un mécanisme de suivi des mesures prises en application de ces résolutions.

Mais d'une part la criminalité caméléon parvient toujours à avoir un coup d'avance sur les mécanismes coercitifs, et d'autre part les approches rationnelles des instruments internationaux, qui reposent sur des compromis, sont parfois inadaptées à la montée d'une radicalité appuyée sur des passions irrationnelles, terrorisme islamique, totalitarisme, dictatures, nationalismes exacerbés. Dans ces conditions, le monde évoque davantage l'univers du film *Le Parrain* que ceux de Fukuyama ou d'Huntington. Dans le premier volet de cette saga, on assiste à une réunion des « cinq familles » mafieuses de New York afin de pacifier leurs relations et de se partager le marché du crime. C'est une métaphore consciente du Conseil de sécurité, avec ses cinq membres permanents. Comment des États qui ne respectent pas le droit dans leurs ordres internes le feraient-ils sur le plan international ? Une difficulté structurelle d'adaptation affecte aussi bien les institutions que les règles internationales. En outre, avec le temps, l'efficacité de ces mesures s'érode. L'attention portée à la criminalité dépend largement de son actualité, et de sa visibilité. C'est ainsi que, entre les résolutions du Conseil de 2001 et de 2004, on constate un certain recul des obligations imposées aux États. Et l'on sait que, face à l'État islamique au Moyen-Orient, dont la progression menaçait plusieurs États de la région et constituait un défi universel, le Conseil de sécurité est resté très discret du fait des divergences entre ses membres.

Plus généralement, il faut se souvenir que la plupart des institutions internationales à vocation universelle remontent sous leur forme actuelle à l'après-Seconde Guerre mondiale. Elles n'ont pas connu depuis lors de refonte ou même de renouvellement substantiel, sauf la dilatation quantitative qui a incorporé les États issus de la décolonisation, puis du démembrement de l'URSS. Mais aucune réforme de fond n'a été possible. Dans ces conditions, elles datent et se trouvent en porte-à-faux par rapport à l'évolution des relations internationales. L'exemple du Conseil de sécurité est éclairant. Il a connu une reviviscence au début des années 1990, après la paralysie qui caractérisait la confrontation Est-Ouest. Il a contribué efficacement à la lutte contre le terrorisme international comme on vient de le rappeler. Mais il a progressivement été victime d'un retour à une opposition entre les pays occidentaux dominés par États-Unis d'un côté, la Russie et la Chine de l'autre côté. Cette opposition a fait en particulier de l'Ukraine un nouvel objet de rivalité Est-Ouest, débouchant sur un conflit ouvert à partir de 2014, l'annexion russe de la Crimée et la prolongation d'une violence civile et internationale dans le Donbass, avant même l'agression de 2022. L'OSCE, dont la vocation aurait été de réorganiser un ordre de sécurité paneuropéen après la chute de l'URSS, a été marginalisée au profit de l'OTAN, qui a survécu à la disparition du Pacte de Varsovie et reconstitué des lignes de clivage en Europe. À nouveau paralysé, le Conseil de sécurité est débranché face à un tel conflit, comme il l'est devant toute perspective de tension militaire entre les États-Unis et la Chine à propos de Taïwan.

Le Conseil de sécurité risque alors de se voir supplanté par l'OTAN, comme il l'a déjà été au début de la guerre froide voici plus de six décennies. L'OTAN revient d'une longue éclipse après la chute de l'URSS. Il a repris des couleurs, de l'autorité et du service, intervenant en fait dans le conflit russo-ukrainien devenu guerre par procuration entre ses membres et la Russie. Les États-Unis, qui assurent ainsi au passage leur ascendant sur l'Union européenne, sorte d'instrument de l'Otanie, souhaitent en outre sa solidarité dans leur affrontement en gestation avec la Chine. Or l'OTAN n'est pas une organisation universelle, encore moins de sécurité collective, mais de défense collective, de sorte qu'il lui faut des ennemis. Un mot ici sur la différence entre les deux concepts. La sécurité collective est tournée vers l'intérieur, dans la mesure où elle assure la sécurité de tous. Elle les mobilise contre l'agression qui provient de l'un des membres de l'Organisation, qui par définition a violé ses obligations. La défense collective est tournée vers l'extérieur, et protège les membres de l'alliance contre une attaque qui vient d'ailleurs. Présenter l'OTAN comme instrument de sécurité collective est un contresens ou une usurpation. Elle se fonde au demeurant sur la légitime défense collective, non sur la sécurité collective. On reviendra dans le point suivant sur la légitime défense et ses conséquences pour la sécurité internationale. Un avantage revendiqué par l'OTAN par rapport à l'ONU : elle serait l'organisation des démocraties, une alliance fondée sur des valeurs, alors que l'ONU, au-delà de sa rhétorique, comporte en son sein nombre de gouvernements issus de coups d'État, ou dictatoriaux, ou corrompus, ou criminels, qui maltraitent leurs populations.

Qu'en est-il des institutions spécialisées de l'ONU, organisations à vocation universelle qui agissent dans des domaines particuliers des relations internationales et font partie de la « famille » des Nations unies, auxquelles il faut ajouter quelques organisations indépendantes, comme l'Organisation mondiale du commerce (OMC), l'Agence internationale de l'énergie nucléaire (AIEA), Interpol qui coordonne les polices étatiques ? On doit également constater leur inadaptation face à la gangstérisation des relations internationales. On peut en prendre quelques exemples. S'il s'agit de l'OMS, on a pu mesurer son insuffisance dans la lutte contre la pandémie de Covid des années 2019 jusqu'à aujourd'hui, pandémie qui a nourri sa propre criminalité, trafics de médicaments ou de matériel médical, commerce des vaccins échappant à toute régulation… On sait aussi que l'OMC l'a emporté sur l'Organisation internationale du travail (OIT) dans la phase, désormais révolue, d'ouverture des échanges, laissant libre cours à l'exploitation des enfants ou au travail forcé dans divers pays en développement, contribuant à l'enrichissement d'entrepreneurs sans scrupule. Quant au FMI, il a perdu la maîtrise du système monétaire international face au règne du dollar, à la fois monnaie nationale et internationale. Le règne du dollar, monnaie de tous les trafics, a entraîné sa propre contestation avec le développement des cryptomonnaies, Bitcoin et autres. Il s'agit d'instruments de blanchiment de trafics criminels, et d'une escroquerie internationale en soi, puisqu'elles reposent sur le vieux système de la pyramide de Ponzi, qui attire les investisseurs avides et crédules avant de les gruger au profit d'habiles truands.

Déclin du multilatéralisme, essor de l'unilatéralisme

Le multilatéralisme a bonne réputation. Substitut de législation internationale, il semble organiser juridiquement et pacifiquement la société internationale, soumettant la plupart des États aux mêmes règles et aux mêmes obligations, contribuant à la construction progressive de l'équivalent d'un État de droit sur le plan universel. En réalité, il est beaucoup plus complexe et contrasté qu'il n'y paraît. Il s'est développé sur plusieurs terrains et sous l'impulsion d'acteurs différents. Il est sécuritaire, sur la base d'accords américano-soviétiques, surtout en matière nucléaire (*arms control* ou maîtrise des armements), humanitaire à partir de pays européens, économique à l'instigation d'abord des pays en développement en complément de la décolonisation puis des États-Unis dans le cadre de la mondialisation. Cette différence de portage est déjà le signe d'une inspiration et d'un contenu opposés. Là où les pays en développement aspiraient à un système économique redistributeur en faveur de leur croissance, les États-Unis ont voulu ouvrir les marchés à la libre compétition — d'un côté la protection des faibles, de l'autre la suprématie des forts. Plus généralement, le multilatéralisme est aujourd'hui en reflux dans ces différents domaines. L'OMC est aujourd'hui paralysée. Les États-Unis s'abstiennent de participer aux récentes conventions multilatérales humanitaires, comme le Statut de Rome créant la Cour pénale internationale (CPI, 1998), les conventions d'Ottawa (1997) et d'Oslo (2008) interdisant les mines antipersonnel et les armes à sous-munitions. Ils entreprennent aussi de sortir de l'*arms control*.

Dans tous ces cas, les États-Unis estiment que l'unilatéralisme est préférable pour eux, parce que ces conventions multilatérales leur imposent des contraintes qu'ils refusent. Si le FMI par exemple a perdu la maîtrise du système monétaire international, c'est du fait de la dénonciation en 1971 des accords de Bretton Woods par les États-Unis, accords qui rattachaient le dollar à l'or. Cela a été le point de départ d'une politique d'unilatéralisme juridique, initiée par les États-Unis et imitée par d'autres grandes puissances moins démocratiques. À vrai dire, on pourrait trouver un précédent dans le refus américain de ratifier le traité de Versailles, alors même qu'il était largement le fruit de l'influence d'outre-Atlantique. Parallèlement à l'existence de nombreuses régulations multilatérales, aux trente glorieuses des conventions quasi universelles entre les décennies 1960 et 1990 s'est substitué un unilatéralisme qui ignore ou transgresse les règles internationales en vigueur. Au fond, les États-Unis tendent à considérer que le multilatéralisme est bon pour les autres, mais pas pour eux-mêmes. C'est toutefois de façon plus générale que, aujourd'hui, on ne négocie plus rien. On affiche et on affirme des positions unilatérales et on attend les réactions. D'autres grandes puissances suivent alors cet exemple, comme la Chine, la Russie, l'Inde. Tous préfèrent conserver la maîtrise de leurs comportements internationaux et tendent à éluder les contraintes extérieures. Déjà, l'ONU attribue un droit de veto inconditionné aux cinq membres permanents du Conseil de sécurité, Chine, États-Unis, France,

Royaume-Uni, Russie, ce qui revient à les placer au-dessus de la Charte.

Il faut ici préciser que l'unilatéralisme en soi n'est pas contraire au droit international, puisqu'à l'inverse il le fonde, avec la souveraineté des États. Les traités ne sont qu'un bouquet d'actes unilatéraux réunis par le principe *Pacta sunt servanda*, et la coutume résulte largement de la convergence d'actes unilatéraux étatiques. Beaucoup de ces actes sont en outre la mise en œuvre de règles existantes. Ainsi, ce n'est pas tant sur le plan juridique que multilatéralisme et unilatéralisme s'opposent. Les deux appartiennent à la panoplie des instruments ordinaires du droit international. En revanche, sur le plan des politiques juridiques suivies par les États, ils peuvent avoir des significations très différentes, voire opposées. Le multilatéralisme repose sur une négociation permanente, l'unilatéralisme substitue l'affirmation à la négociation, la dialectique des actes au dialogue des diplomates. Dans ces postures unilatérales, à côté d'actes conformes au droit international, d'autres sont de nature plus transgressive. Ils constituent des violations du droit international, qui ne sont pas ou ne sont que partiellement réprimées par des mécanismes coercitifs internationaux. Il peut s'agir de la dénonciation irrégulière de traités internationaux, ou encore d'entreprises de prolifération des armes nucléaires, contraires au TNP qui l'interdit, comme pour la Corée du Nord et l'Iran. Malgré tous les efforts, étatiques ou institutionnels, ces manquements unilatéraux sont très difficiles à arrêter. Aux États-Unis, on avait créé voici quelques décennies le concept d'« États voyous » pour désigner ceux qui transgressaient systématiquement les règles du droit international, constituant selon le président Reagan « l'axe du mal ».

Disons que ce modèle, forme de gangstérisation étatique, s'est beaucoup diffusé. La tendance à l'unilatéralisme transgressif est évidemment plus forte dans les régimes totalitaires ou dictatoriaux, mais les États-Unis le pratiquent aussi — ainsi l'existence de prisons clandestines dans divers pays, des enlèvements illicites, des transferts illégaux de prisonniers à Guantanamo après les attentats du 11 septembre, des exactions et supplices en violation de la convention de 1984 sur la torture… Ils l'ont fait avec la complicité de divers États, dont certains membres de l'Union européenne et du Conseil de l'Europe, pourtant garant du respect des droits de l'homme. Le camp de prisonniers de Guantanamo est en outre une violation de la résolution 1368, qui demandait la poursuite en justice des auteurs et complices des attentats du 11 septembre. Or beaucoup des personnes capturées ont été détenues à Guantanamo de façon indéfinie sans procès sur des bases juridiques douteuses, même en droit américain. Rien de comparable cependant avec la violation des règles les plus canoniques en matière de recours à la force armée, telles qu'elles sont établies par la Charte des Nations unies et universellement acceptées. L'article 2 § 4 de la Charte stipule que les États renoncent à la menace ou à l'usage de la force contre l'intégrité territoriale ou l'indépendance politique de tout État, et de toute autre manière incompatible avec les buts des Nations unies. Là encore, les États-Unis ne sont pas les derniers à le transgresser, mais ils ont fait école, comme on va le voir.

La libération du recours unilatéral à la force armée

Longtemps, le droit international a reposé sur la distinction entre deux types de rapports entre États, également légaux, la paix et la guerre. Il était à la fois droit de la paix et droit de la guerre. À partir de la fin du XXe siècle jusqu'après les deux guerres mondiales, son effort à l'inverse a été de mettre la guerre hors la loi. La mettre hors la loi, cela n'était pas seulement interdire le recours à la force armée par les États, c'était aussi poursuivre les responsables d'une entrée en guerre pour crime contre la paix. Le Traité de Versailles prévoyait à ce titre le procès de Guillaume II, les tribunaux de Nuremberg et de Tokyo ont poursuivi sur cette base, entre autres, après 1945. Désormais, le Statut de Rome instituant la CPI prévoit que le crime d'agression est un crime individuel qui relève sous certaines conditions de la juridiction de la Cour. On assiste donc à une criminalisation de la guerre, et au minimum de la guerre d'agression, ce qui est dans la logique de la Charte de l'ONU. Cette criminalisation était condamnée par Carl Schmitt, juriste allemand un temps proche du parti nazi. Elle lui semblait non seulement contraire au droit international classique, mais en outre contraire à l'égalité des belligérants, sans parler de la justice puisque le résultat était que le vainqueur jugeait le vaincu et le pendait dans les formes. La criminalisation est à la fois une définition de la gangstérisation et une réponse, puisqu'elle entreprend de réprimer les acteurs responsables du crime d'entrée en guerre, considérés comme des criminels. C'est ainsi que certains réclament un procès contre le président Poutine pour agression contre l'Ukraine. Mais le fait qu'on doive à cette fin créer un tribunal spécial, à l'efficacité très aléatoire, montre bien le caractère virtuel de cette incrimination.

Les choses se passent en effet tout différemment. La gangstérisation l'a emporté sur la criminalisation. Ce n'est plus le cinéma qui est le miroir du monde, mais le monde qui devient le miroir du cinéma. Là encore, les conflits armés ressemblent beaucoup plus au monde de la saga du *Parrain* qu'à une enquête pénale. Les bellicistes exploitent en particulier les failles du droit international pour trouver d'apparentes justifications légales, sans que l'on parvienne à les réfuter efficacement. Ce droit comporte en effet beaucoup d'ouvertures, et peut s'adapter aux pratiques les plus variées. La légitime défense est en particulier une grande pourvoyeuse de prétextes. D'abord, le développement de l'emploi de la violence armée n'est plus un monopole des États, mais de plus en plus d'acteurs non étatiques de diverse nature le pratiquent de façon déréglée, avec leurs propres justifications. Ensuite, beaucoup d'États aux régimes politiques, économiques et sociaux différents n'hésitent guère à l'utiliser, et les démocraties ne sont pas les dernières — spécialement les États-Unis ou Israël. Cependant, en l'occurrence, la réalité est plus réconfortante que le droit. Ce qui caractérise en effet la plupart de ces emplois de la force armée, qu'il s'agisse de guerres classiques, de conflits de sécession, de conflits hybrides opposant États et acteurs non étatiques, voire de violence diffuse au sein d'États défaillants, ce sont leurs échecs. Depuis la Seconde Guerre mondiale, les conflits ont débouché sur davantage de destructions matérielles et humaines que de *success-stories*. Si l'on prend le mot guerre au sens large, c'est d'un échec historique de la guerre que l'on peut parler.

La fin du monopole étatique du recours à la violence armée

En dépit de ce monopole qui est une composante de la souveraineté de l'État et qui est une constante du droit international, il a toujours existé une violence incontrôlée, qu'ils n'avaient pas initiée et avaient de la difficulté à maîtriser. Les révoltes, les révolutions, les guerres civiles, les guerres de décolonisation en ont été des manifestations multiples. Mais, sans être marginal, ce type de conflits était résorbé par un retour en force des États, et le monopole rétabli. Depuis au moins les premières décennies du XXIe siècle, un double phénomène l'a remis en cause de façon plus accusée : la multiplication des États défaillants et la montée du terrorisme islamique ont fait d'acteurs non étatiques constitués et criminels des participants redoutables à des conflits d'un type nouveau, plus diffus, échappant aux règles classiques de l'affrontement entre armées régulières et menaçant autant les institutions publiques que les sociétés civiles à l'intérieur d'elles-mêmes. Qu'il s'agisse de Daech, de l'État islamique, et de leurs déclinaisons régionales multiples, les États aussi bien que les institutions internationales ont les plus grandes difficultés à les combattre et à les éradiquer. Ni fronts, ni forces ouvertement constituées, ni victoire assurée, jamais de traités de paix, cette conflictualité caméléon apparaît, se résorbe, reparaît, change de visage et de méthode et suscite une insécurité génératrice de méfiance généralisée. Voilà une gangstérisation visible et largement impunie qui prospère au mépris ouvert du droit.

Quelles que soient leurs idéologies justificatrices, ces groupes terroristes contribuent en effet à la gangstérisation des relations internationales. Leurs méthodes par exemple, attaques contre des civils, destructions, meurtres, prises d'otages, relèvent de la criminalité et sont réprimées par les codes pénaux. Ceux-ci sont cependant insuffisants, et leur répression comporte une dimension sécuritaire beaucoup plus que judiciaire, même internationale. Combattre ces groupes, les éradiquer, prend la priorité sur les poursuites pénales. Et lorsque la réponse pénale prend le dessus sur la réponse sécuritaire, c'est en général parce que celle-ci a échoué. Cet échec permet aux groupes terroristes de passer à un échelon supérieur et de mettre en cause l'intégrité territoriale d'États constitués, comme avec l'État islamique au Moyen-Orient ou dans le Sahel. Ces groupes peuvent aussi tendre au changement de régime de certains pays. La faiblesse ou la défaillance des institutions publiques favorise leur action. S'y ajoute que pour le financement de leurs activités ils sont conduits à recourir à des moyens illicites, violents ou non, et l'on ne sait plus trop ce qui relève dans leur motivation des convictions religieuses ou idéologiques, des projets politiques ou du gangstérisme de droit commun. Ils peuvent participer à des trafics criminels, et à l'inverse des groupes criminels ordinaires sont tentés de placer leurs transgressions sous le pavillon d'une criminalité politique, censée être plus noble puisqu'elle correspond à une motivation d'intérêt général.

En outre, l'ignorance ou le mépris par ces groupes terroristes du droit humanitaire, leur violence déréglée, a un effet miroir sur ceux qui les combattent. On assiste, au sein de certains des pays visés, à la constitution de forces paramilitaires, milices, « sociétés militaires privées » — formule contradictoire dans les termes puisqu'être militaire est un statut étatique, de droit public —, mercenaires de tout poil. Les États-Unis, la Russie, d'autres encore y recourent volontiers. Ces forces officieuses, souvent obscures, sont employées sur le terrain et peuvent utiliser des méthodes semblables à celles des groupes ennemis. On évoque parfois une privatisation de la guerre. En réalité, il s'agit d'une gestion privée de la guerre, puisque ces mercenaires agissent pour le compte d'États qui les ont missionnés et les rémunèrent, en dépit des conventions qui condamnent le mercenariat. S'il est vrai que la guerre porte en elle le crime, les conflits qui génèrent ces formes de violence sont lourds de crimes internationaux dans les deux camps. L'effet miroir peut même être une cause, puisqu'il est plus facile à ces mercenaires de s'affranchir du droit humanitaire qu'à des armées régulières — et c'est parfois l'effet recherché par les États qui utilisent ce type de concours. Il s'y ajoute le développement des activités couvertes par nombre de pays, ou les assassinats ciblés qui sont pratiqués de façon parfois systématique ou avouée... Le droit humanitaire a connu une forte promotion juridique et médiatique au cours des dernières décennies. Mais en réalité, si l'on pense le droit international au lieu de le rêver, on doit constater que sa pratique ne correspond pas à sa rhétorique.

La facilité du recours à la force armée par les États

Joseph de Maistre déclarait au début du XIXe siècle que ce qu'il fallait expliquer, ce n'était pas tant la possibilité de la guerre que la facilité de la guerre. Or, en dépit des interdictions de principe posées par le droit international depuis la Seconde Guerre mondiale et la Charte de l'ONU, interdictions qui restreignent considérablement la possibilité de recourir à la force armée, *jus ad bellum*, et l'intensité des moyens employés dans son cadre, *jus in bello*, les États, ou du moins certains d'entre eux, ceux qui en ont les moyens, y recourent volontiers. La théorie de la paix démocratique assure que les démocraties sont moins belliqueuses que les régimes non démocratiques. Pourtant, ce sont les États-Unis qui ont utilisé le plus largement la force armée depuis 1945 — Corée, Vietnam, Kosovo, Iraq, Afghanistan pour ne citer que les plus connus. Les pays occidentaux n'ont pas été les derniers à ignorer, contourner, excéder et violer les règles internationales en la matière : pas d'autorisation du Conseil de sécurité pour l'intervention occidentale au Kosovo en 1999, violation de la Charte et de résolutions du Conseil lors de l'invasion américano-britannique de l'Iraq en 2003, abus de l'autorisation donnée à la France et au Royaume-Uni d'intervenir en Libye en 2011… Autant de mauvais exemples donnés à d'autres États, notamment à la Russie qui, en son temps, a fait publiquement savoir qu'elle pourrait s'en inspirer. Il en est de même sur un plan politico-stratégique de l'expansion de l'OTAN vers l'Est, incluant d'anciennes républiques soviétiques, les pays baltes, sans prise en considération des perceptions et intérêts de sécurité de la Russie, qui ne sont pas moins légitimes que ceux de l'Ukraine. Prétendre que cette expansion est anodine oublie les origines de l'alliance et sa vocation à désigner un ennemi.

Aujourd'hui, la Russie est diabolisée du fait de son agression contre l'Ukraine. Il est clair qu'il s'agit d'une agression, quelle que soit l'argumentation russe, qui ne saurait être considérée de bonne foi. Mais l'exemple lui a été donné par certains pays occidentaux, qui ne sont donc pas les mieux placés pour s'en indigner. De la même manière, ses crimes de guerre sont dénoncés, à juste titre, et un effort inusité est entrepris par la justice internationale pénale pour les poursuivre. C'est bien, mais il serait plus convaincant si la même célérité avait suivi, par exemple, l'agression et les exactions américaines en Iraq, et les violations du droit humanitaire en Afghanistan. Rien de tel ne s'est produit, et si l'on réclame l'institution d'un tribunal international pour juger le président Poutine, coupable d'agression, cette vindicte ne s'est pas manifestée contre le président George W. Bush et le Premier ministre Tony Blair après leur agression de l'Iraq. La solidarité de groupe l'emporte sur l'impartialité à l'égard des normes. Ceux qui préfèrent l'impartialité à la complicité sont taxés de lâcheté ou de trahison, comme la France lorsqu'elle a critiqué l'agression américano-britannique contre l'Iraq en 2003. C'est elle qui s'est retrouvée en position d'accusé, livrée au *French bashing*. Faire observer ce double standard face au conflit russo-ukrainien est aujourd'hui très mal porté dans le monde occidental. À l'extérieur, en revanche, il choque beaucoup de pays tiers, qui ne sont pas dupes. Dans ces conditions on ne doit pas être surpris par leur peu d'empressement à condamner la Russie.

L'échec historique de la guerre

Clausewitz, il faut y revenir, écrivait que la guerre était la continuation de la politique par d'autres moyens. C'est une théorie que réfute justement la Charte de l'ONU. Elle oppose à l'inverse la guerre d'un côté, la paix et la sécurité de l'autre, en condamnant la première. Le pacte Briand-Kellogg rejetait déjà en 1928 la guerre comme moyen de politique nationale. En réalité, il semble que la formule de Clausewitz soit non seulement juridiquement condamnée, mais en outre historiquement fausse. Comme on l'a souligné d'emblée, la guerre change non seulement les moyens, mais aussi les buts de la politique — les buts de guerre ne sont plus les buts de paix — et ses acteurs — militaires et non politiques. La politique peut avoir des perspectives définies, prévoir, planifier, la guerre est toujours un saut dans l'inconnu, et ses résultats sont imprévisibles. On peut approuver Clausewitz lorsqu'il évoque le brouillard de la guerre. La politique vise à rassembler autour de buts communs, elle est à somme positive pour tous, la guerre divise, oppose et est à somme négative pour les belligérants, au moins humainement. La guerre est un échec et non une poursuite de la politique. Les deux guerres mondiales ont détruit l'Europe, physiquement, politiquement, moralement. La construction européenne est jusqu'à présent une grande réussite parce qu'elle a été tournée vers la réconciliation et non vers la confrontation. Il est aujourd'hui aussi regrettable que dangereux pour elle-même de la voir s'engager dans une politique guerrière qui est la négation de sa raison d'être et ne sert que des intérêts extérieurs, voire contraires aux siens.

Si on se limite à l'après-Seconde Guerre mondiale, on doit observer les multiples échecs du recours à la force. Les guerres de décolonisation ont généralement été perdues par les puissances coloniales, la guerre de Corée aboutit à une sorte de match nul, la guerre du Vietnam est un désastre américain, l'annexion par la force des Malouines débouche sur la déconfiture des envahisseurs argentins, la guerre Iraq-Iran se termine sans vainqueurs, l'annexion du Koweït par l'Iraq est combattue avec succès, l'Afghanistan a rejeté successivement les occupants britanniques, soviétiques, américains, la guerre contre l'Iraq aboutit au chaos terroriste, l'intervention occidentale en Libye produit le même résultat dans le pays et l'exporte vers le Sahel, tandis que l'intervention française qui tend à l'éradiquer débouche sur son rejet par les pays concernés… L'agression russe contre l'Ukraine ne promet rien de bon pour l'agresseur. Elle est une faute autant qu'un crime. On pourrait en conclure que, sauf exception, seules les guerres défensives réussissent. C'était déjà la leçon des deux guerres mondiales du XXe siècle. Ces constatations ne semblent arrêter personne, et le recours à la force armée est une solution aussi facile que vaine. Un savoir-faire expéditif et limité : c'est ainsi que de Gaulle vilipendait les auteurs du putsch d'Alger en 1961. Ce reproche s'applique aux politiques qui décident de la guerre autant qu'aux militaires qui la livrent. En toute hypothèse, il y a mieux à faire qu'une troisième guerre mondiale. L'échec de la violence armée, est-ce une limite de la gangstérisation des relations internationales, une consolation face à son expansion ? Ou sa progression est-elle un signe fort d'un glissement vers une guerre généralisée ? La réponse dépend de la lucidité et de la sagesse des hommes et femmes d'État.

Douane et accords internationaux

Marcel SINKONDO
Maître de conférences HDR
à l'Université de Reims Champagne-Ardenne,
Docteur d'État en Droit,
Docteur en histoire militaire et études de défense,
Directeur du Master 2 Codev Afrique et Moyen-Orient

La confiance légitime dans les constructions scientifiques de celles et ceux en qui le monde du savoir a célébré les plus hautes qualités de l'esprit nous instruit des bonnes raisons de prendre leur parti, sans risque majeur de nous livrer à une cause hasardeuse. Et nous voici prêts à suivre un Max Weber — l'œil ouvert malgré tout — sur la question de l'identité de nature entre l'État et l'administration. L'ordre étatique étant selon l'éminent analyste de la bureaucratie « puissance » et « domination[1] », en son statut d'organe de l'appareil d'État, la Douane est l'un des centres d'exercice de la puissance publique. Elle ne saurait dès lors être isolée du système social interne et international, et son organisation aussi bien que ses activités et moyens d'action sont indissociables des fonctions de l'État, souverain interne et sujet originaire du droit international. En effet, dans la mesure où l'administration des douanes met en œuvre le pouvoir d'État, ses fonctions s'inscrivent dans les deux composantes essentielles de ce pouvoir que sont la coercition légitime d'une part, et de l'autre, la satisfaction des besoins économiques, sociaux et culturels fondamentaux, raison d'être de l'organisation des services publics[2]. La mondialisation économique, financière, technologique et culturelle a sans doute réduit le périmètre d'action et le mode d'opération de l'État,

---

[1] Max WEBER, La vocation d'homme politique, 1919, dans Le savant et le politique, Paris, UGE, coll. 10-18, 1959, rééd. 2002, 224 p.

[2] Georges BURDEAU, L'État, Paris, Seuil, coll. Politique, 1970 ; Jacques CHEVALLIER, Danièle LOSCHAK, Science administrative, t. I, Théorie générale de l'institution administrative, Paris, LGDJ, 1978, 576 p., spéc. p. 175-221.

mais n'a en aucune façon affecté substantiellement la nature même de l'institution étatique et ses fonctions classiques.

Positionnée au périmètre national de conversion internationale des mouvements de personnes et des échanges de biens marchands, non marchands, financiers, artistiques et de trésor national [3], l'administration des douanes est par vocation fonctionnelle étroitement articulée aux relations internationales.

Aussi longtemps que les relations d'interdépendance ont été largement inégalitaires, l'État a assuré pour l'essentiel la régulation de ses échanges internationaux par ses actes unilatéraux, et selon sa propre conception des relations internationales et de l'ordre public international. Ainsi, par exemple, c'est un acte unilatéral de droit interne, le décret du 25 août 1861 tel que repris et interprété par la circulaire 1528 du 9 janvier 1882 de M. le conseiller d'État Ambaud, directeur général des douanes, qui énonça que « les blés et froments étrangers, sans distinction d'espèce ni d'origine, peuvent être importés pour la mouture sous le régime des admissions temporaires ». La Chambre de commerce de Marseille ayant « demandé que le même traitement fût étendu aux grosses farines, connues dans le commerce sous le nom de semoules, qui servent à la fabrication des pâtes alimentaires », le ministre des Finances décida que « […] les minotiers seront autorisés à présenter à la décharge de blés durs importés temporairement, les farines désignées sous le nom de semoules, semoulettes, farines rondes et grossants[4] ».

Le rappel aux réalités de la mondialisation/globalisation économique, financière, juridique, technologique, idéologique et culturelle a imposé un autre mode de déploiement de l'activité douanière. Et ici comme ailleurs, c'est l'impératif d'efficience qui a

---

[3] Dans son arrêt du 10 décembre 1968 *Commission c/Italie* dit arrêt *Œuvre d'art*, rendu à propos de l'interdiction d'exportation de certaines œuvres d'art par l'Italie (aff. 7/68, *Rec.* p. 617), la CJCE avait donné de la marchandise une définition extensive permettant d'insérer dans la catégorie tout bien appréciable en argent et comme tel susceptible de faire l'objet de transactions commerciales. Les œuvres d'art et autres trésors du patrimoine artistique et culturel ne sont donc pas par nature hors commerce. Il revient à l'État, le cas échéant, de les admettre au bénéfice d'exemptions ou d'exceptions, dans le respect des principes de nécessité et de proportionnalité auxquels le droit de l'Union européenne soumet généralement des mesures restrictives. Sur l'ensemble, on consultera l'excellente thèse de Sébastien JEANNARD, Les transformations de l'ordonnancement juridique douanier en France, Paris, LGDJ Lextenso, coll. Biblioth. Finances publ. et fiscalité, t. 52, 2011, 494 p.

[4] Direction générale des douanes, Lois et règlements des douanes, années 1882 et 1883, tome douzième de la 5e partie et trente-sixième de la collection générale, Paris, Imprimerie nationale, M DCCC LXXXV.

fourni le modèle. La conception impériale de la compétence extraterritoriale d'action souveraine telle que les lois américaines extraterritoriales Helms-Burton du 12 mars 1996 et D'Amato-Kennedy du 5 août 1996[5] en ont constitué de fracassantes formules, avait semblé offrir la voie la plus avantageuse. Mais l'atteinte à la souveraineté des États tiers et leurs légitimes réactions en rétorsion ont très vite montré l'impasse des portes étroites auxquelles conduit une telle démesure dans l'exercice de la souveraineté : la résistance du milieu international s'organise inévitablement[6].

Souverainistes et protectionnistes s'étaient beaucoup trop empressés d'exagérer l'efficacité et la portée de l'unilatéralisme pour refuser de voir la dominance de la globalisation et la culture de l'accord international patiemment négocié qui en est la superstructure politico-idéologique. La création de l'OMC, la conclusion de grands accords commerciaux multilatéraux et plurilatéraux, la généralisation des accords de libre-échange couvrant de vastes aires géographiques, la mobilité vertigineuse des capitaux sur l'ensemble de la planète, la banalisation de leur substituabilité et l'accroissement frénétique des produits dérivés, tout cela a ramené les États à l'observance d'une leçon de bonne gouvernance déjà fort ancienne : le choix de l'accord international comme acte et norme de principe de l'action douanière.

---

[5] La loi Helms-Burton (Cuban democratic liberty and solidarity Act) fait interdiction à toute personne morale ou physique où qu'elle se trouve au monde et quelle qu'en soit la nationalité d'entretenir des relations d'affaires avec une entreprise cubaine ayant fait usage de biens américains nationalisés depuis la prise du pouvoir par les révolutionnaires castristes en 1959. Autant dire que le veto s'applique aux relations avec la quasi-totalité des entreprises cubaines grandes et moyennes, à l'exception de celles créées après 1996, dans des secteurs non considérés comme stratégiques. La loi D'Amato-Kennedy (Iran and Libya Sanctions Act) pour sa part fait interdiction aux mêmes personnes de réaliser dans le secteur du pétrole ou du gaz en Iran ou en Libye, un investissement supérieur à 40 millions de dollars US, à peine de lourdes sanctions.

[6] Sauf dans la matière pénale internationale ou dans les matières donnant prise et sens au droit/pouvoir naturel d'encadrement juridique et de contrôle par l'État des mouvements internationaux de marchandises, de services, de capitaux et de personnes à destination ou au départ de son territoire, un État ne peut adresser d'injonctions qu'aux personnes physiques et aux personnes morales exerçant leurs activités sur son territoire. À l'étranger, ses commandements ne peuvent être adressés qu'aux personnes qui ont sa nationalité, à l'exclusion, donc des personnes physiques ou morales étrangères. C'est ce que l'Union européenne avait rappelé par le règlement du Conseil du 22 novembre 1996 faisant obligation à toutes les personnes physiques ou morales ayant la nationalité d'un État membre et exerçant leurs activités hors du territoire des États-Unis, ainsi qu'aux entreprises étrangères non américaines exerçant leurs activités sur le territoire d'un État membre, de ne pas se plier au respect de ces lois extraterritoriales illicites en ce qu'elles adressent leurs commandements à des personnes physiques ou morales non américaines n'exerçant pas leurs activités sur le territoire des États-Unis.

Il ne pouvait en être autrement alors que dans toutes les grandes économies libérales du monde actuel, l'idée d'« administration concertée » a prospéré en doctrine et en pratique comme prise de conscience au plus haut niveau des États du caractère dérisoire et illusoire de l'autorité verticale ou commandement de sommet, dans les situations où existent des centres de décision privés capables de définir et conduire des stratégies indépendantes efficaces[7].

Le pouvoir unilatéral de décision et d'action de l'administration est certes l'un de ses traits de nature, le plus caractéristique sans doute, mais il s'est transformé en profondeur par l'effet de la consolidation continue de l'État de droit et de la démocratie. Sans même se référer à ce que la France n'a ratifié la Convention européenne des droits de l'homme que le 3 mai 1974, bien plus tard que les autres signataires[8], Marcel Gauchet avait observé et expliqué par la philosophie politique comment la montée en puissance de deux figures de contrôle des pouvoirs, la figure du juge et celle de l'opinion publique, ont coïncidé avec l'épanouissement des libertés et de la démocratie représentative[9]. Le « gouvernement des juges » si mal reçu dans nos sociétés démocratiques n'est rendu possible que par le surgissement de l'opinion publique et de la société civile dans la sphère des compétences unilatérales de l'administration, pour un exercice partagé ou au moins concerté des pouvoirs qui s'y exercent[10]. Dès lors que l'on admet en plein accord avec le Pr Serge Sur que les fonctions de l'État sur son propre territoire et à l'égard de sa population sont internationales par nature parce qu'elles s'exercent nécessairement

---

[7] On consultera en particulier, Susan STRANGE, *States and markets*, 1988, London, Printer Publishers Limited, Reprint. 1989 and 1993, 139 p. ; *The Retreat of the State*, 1996, Cambridge University Press, 218 p. ; Jacques CHEVALLIER, L'État post-moderne, Paris, LGDJ, coll. Droit et société, 2e éd., 2004, 226 p. ; Thomas GOMART, Guerres invisibles. Nos prochains défis géopolitiques, Paris, éd. Tallandier, coll. Essais, 2021, 316 p.

[8] Signée le 4 novembre 1950, la Convention est entrée en vigueur en 1953, à l'issue de la 10e ratification. La Cour européenne des droits de l'homme est quant à elle entrée en activité en 1959. On mesure le peu d'empressement de la France, qui s'explique pour l'essentiel par les difficultés et risques juridiques liés à la conduite incertaine de la décolonisation.

[9] Marcel GAUCHET, La révolution des pouvoirs, Paris, Gallimard, 1995 ; « Contre-pouvoir, méta-pouvoir, anti-pouvoir », *Le Débat*, n° 138, 2006, p. 17.

[10] Ainsi Michel Rocard, Premier ministre, écrivait à ses ministres dans une circulaire présentée comme un « code de déontologie de l'action gouvernementale » : « Il conviendra […] de tirer parti, dans la formation de vos projets, des initiatives, des bonnes volontés et des idées dont est riche la société civile. […] Nous devons préférer, toutes les fois que c'est possible, aux arguments d'autorité des négociations réelles, loyales, méthodiques et, s'il y a lieu, formalisées par des conventions. À cet égard, il vous reviendra en propre de conduire, avec les organisations représentatives relevant de votre secteur de compétences, les concertations qui s'imposent », *Le Monde*, 27 mai 1988.

dans une société internationale à composantes interdépendantes, ouverte, égalitaire et néanmoins hiérarchisée, que d'ailleurs elles ne peuvent être utiles et durables qu'informées par les exigences communes de paix, coopération, sécurité et développement partagé[11], on souscrit à l'idée que l'activité douanière, forme concrète particulière de la compétence extraterritoriale de principe reconnue à tout État, ne prend corps, sens et efficience que dans le cadre d'accords internationaux par lesquels les souverainetés étatiques se concilient et se réconcilient. Sur le plan de l'enjeu, ces accords règlent toujours des questions d'ordre public international au sens du droit interne, ce qui fonde à les ranger dans la catégorie des traités dont l'article 53 de la Constitution subordonne la ratification ou l'approbation à une autorisation parlementaire[12].

Le praticien pragmatiste sidéré ou retors s'accroche à l'idée ancienne qui expliquait que l'activité administrative, forme élaborée et socialisée de l'expérience, est le lieu et le mode de production d'énoncés normatifs de « vérité par correspondance », c'est-à-dire d'énoncés ajustés aux dimensions du vrai et qui, selon Pierce, permettraient de distinguer avec certitude entre « ce qui est vrai » et « ce que l'on tient pour vrai[13] ». Vaine prétention en théorie et en pratique. Mal à l'aise avec cette manière de voir, les voix dominantes de la philosophie pragmatiste anglo-américaine ont entrepris de la questionner à travers le concept d'« acceptabilité garantie », qui donne sa préférence à un modèle de « vérité » fondé sur la cohérence. La Douane et le droit douanier constituent un système de normes dont le sens, la valeur et la portée n'expriment pas la finitude du « vrai », ne touchent pas aux limites de l'expérience, mais bien au contraire, résultent de nos descriptions variées, constructions multiples qui en

---

[11] Serge SUR, « Sur quelques tribulations de l'État dans la société internationale », *RGDIP*, 1992, p. 881-900.

[12] La distinction que les articles 53 et 55 de la Constitution établissent entre les « traités » et les « accords internationaux » ne sert qu'à la différenciation des procédures internes de confirmation de l'engagement conventionnel de la France et n'affecte pas la nature et l'étendue des obligations internationales ainsi contractées. D'ailleurs, l'article 2, al. 1*a* de la Convention de Vienne du 23 mai 1969 sur le droit des traités entre États regarde comme traité tout acte conventionnel conclu sous l'empire de ses critères, « quelle que soit sa dénomination particulière ».

[13] Charles Sanders PEIRCE, Pragmatisme et sciences normatives, dans *Œuvres philosophiques*, II, trad. Paris, éd. du Cerf, 2003. Pour Peirce en effet, rien de ce qui peut avoir un effet direct sur la conduite ne pourrait ne pas résulter de l'expérience. Il en déduit que la définition complète d'un concept pourrait s'épuiser dans la possibilité de saisir avec exactitude l'intégralité du phénomène expérimental concevable qui sert de support, de référent ou de vecteur de l'affirmation ou de la négation dudit concept.

densifient sans cesse la sémantique juridique au fil du temps et du mouvement des idées. Richard Rorty pouvait ainsi joindre sa plume à celles de Dewey, Nagel, Wittgenstein ou Putnam pour écrire d'une main sereine approuvant Roland Barthes qu'« il n'existe pas de contact antérieur au langage, qui permettrait de mettre le doigt sur ce qu'est un objet en lui-même, par opposition à ce qu'il est au regard des descriptions variées que nous en donnons[14] ».

La Douane participe de la nature et du principe de légitimité de l'État dont elle est l'organe, principe d'investissement juridico-institutionnel, idéologique, psychologique qui forge l'adhésion sociale et se cristallise selon le Pr Serge Sur, dans une certaine idée-force diffusée dans la conscience collective comme récit fondateur d'un groupe humain qui se contemple comme collectivité politique indépendante et apparaît comme tel aux yeux des tiers[15]. C'est le contenu de ce principe de légitimité et l'investissement de sens juridique et politique résultant des constructions multiples de l'institution qui dressent les traits d'identité de l'État et de ses organes. Et dans ce processus de condensation institutionnelle des contenus et des valeurs, la part des accords internationaux est essentielle, sauf à admettre que la volonté des plus puissants est le critère de référence imposé à tous[16].

Si ces contenus caractéristiques de l'identité de l'État et de ses organes s'articulent dans l'exercice de la même fonction étatique, certains sont dysfonctionnels par la relation de conflit qu'ils entretiennent avec les principes sociaux et juridiques universellement reconnus comme fondamentaux à une époque donnée. Il en est ainsi parce que les valeurs sociales évoluent et que la diversité des faits perceptuels, les différences de descriptions que nous faisons des mêmes phénomènes, sont autant de « Ways of Wordmaking[17] ». En effet, nous n'avons pas les moyens de saisir la totalité des événements du monde. Nos visions des choses sont partielles. Chacun n'y perçoit qu'un « profil », disait Husserl[18]. La seule manière d'en obtenir une connaissance cohérente et satisfaisante au regard des critères de

---

[14] Richard RORTY, Objectivisme, réalisme et vérité, 1991, trad. Jean-Pierre Cometti, Paris, PUF, 1994.

[15] « Sur quelques tribulations de l'État dans la société internationale », préc.

[16] Voir Charles CHAUMONT, *Cours général de droit international public*, RCADI, 1970, vol. II, spéc. p. 18-25.

[17] Titre de l'ouvrage de Nelson GOODMAN, Harvester Press, 1978, traduit sous le titre *Manières de faire des mondes*, Paris, Gallimard, 1992, rééd. collection Folio essais, 2006.

[18] Edmund HUSSERL, *Méditations cartésiennes*, Vrin, 1931, Paris, PUF, 1986, 136 p.

l'objectivité, de la connaissance critique et du progrès humain est de les considérer successivement, à partir de points de vue variés et à l'aide de concepts éprouvés[19], d'autant plus appropriés au dialogue de l'humain avec son milieu naturel et social qu'ils se démarquent aussi bien du nominalisme dogmatique du praticien arc-bouté sur des certitudes éphémères qui le rassurent que du formalisme doctrinaire stérile du théoricien hors sol[20].

Parce que les faits humains ont un sens immédiat qui oppose une puissante « résistance épistémologique » au découpage scientifique, perception première solidement adossée à la présomption de vérité dont se revêt le sens commun[21], ils prospèrent davantage dans la description que dans l'investigation. Dès lors, nous ne saurions sérieusement motiver un rejet de la leçon de Gaston Bachelard : la connaissance critique ne travaille pas sur un monde « donné » et à décrire, mais correspond à un monde-projet à construire[22]. La connaissance organisée de la Douane dans ses rapports aux traités internationaux ne saurait donc s'épuiser dans les formes rationalisées d'une action administrative refermée sur elle-même. Avec le haut niveau intellectuel et culturel des classes d'âge successives depuis une quarantaine d'années, l'attractivité à leur égard des administrations publiques demeurées prisonnières des modèles de fermeture intellectuelle hérités du passé ne pourra que décliner. La pratique à vue basse qui peine à accompagner le développement accéléré des capacités individuelles et collectives d'investissement sélectif, d'efficacité sociétale, d'innovation et de productivité soutenable alors que les administrations publiques sont de plus en plus soumises aux pressions concurrentielles du marché et doivent donner des réponses idoines aux attentes d'une opinion publique gagnée par la culture du

---

[19] Gaston BACHELARD, *Le nouvel esprit scientifique*, Paris, Vrin, 1934, rééd. PUF, 2020, 264 p. ; *La formation de l'esprit scientifique*, Paris, Vrin, 1938, rééd. Gallimard, collection Bibliothèque des textes philosophiques, 2005, 256 p.

[20] On doit ainsi rendre raison au Pr Olivier Beaud d'avoir rappelé que « le test fondamental de validité d'une théorie juridique réside dans le fait de savoir si elle permet de mieux interpréter le droit positif » (p. 142), même si dans le même ouvrage il n'écarte pas l'affirmation d'Alfred Kölz (1789) selon laquelle « Ce n'est pas parce qu'une idée ne trouve pas d'application dans une forme concrète d'organisation qu'elle est fausse par voie de conséquence » (p. 151) ; Olivier BEAUD, *Théorie de la Fédération*, Paris, PUF, coll. Léviathan, 2007.

[21] G. G. GRANGER, *Pensée formelle et science de l'homme*, Paris, Aubier Montaigne, 1967.

[22] Gaston BACHELARD, *La formation de l'esprit scientifique. Contribution à la psychanalyse de la connaissance objective*, Paris, éd. J. Vrin, 1934, 5e éd., coll. Biblioth. des textes philosophiques, 1967, réimpr., Univ. Chicoutimi, 2018 ; *Le nouvel esprit scientifique*, Paris, PUF, 1934, PUF coll. Quadrige, 2005.

résultat, ne suffit plus à motiver puissamment une jeunesse en quête de savoirs critiques, de pratiques efficientes socialisées et d'idées neuves. Il s'impose dès lors d'aller plus loin, à la racine des choses, pour explorer les voies et moyens d'une relance éthique, politico-écologique, technologique et culturelle vigoureuse des institutions administratives.

Administration dynamique positivement portée par une réelle volonté de changement maîtrisé, la Douane a fait le choix de l'ouverture intelligente. Sans résigner ses missions traditionnelles, elle n'a pas craint d'en soumettre les pratiques professionnelles de réalisation à des modalités de production et d'évaluation qui mobilisent les acquis les plus sûrs des sciences et technologies, outils classiques du chercheur. Il n'est cependant pas demandé à l'administration d'incarner « le nouvel esprit scientifique » de Gaston Bachelard [23]. C'est au chercheur juriste, des sciences sociales, humaines ou exactes qui se penche sur la Douane comme objet d'investigation qu'il revient de la reconstruire rationnellement, à l'aide d'une problématique et de concepts permettant de se dégager des notions de sens commun pour accéder à la « juridicité » de son *corpus juridicum*, c'est-à-dire à « la qualité signifiante de la norme, telle qu'elle résulte du jeu [de ses] mécanismes d'accession [...] à la signification et des moyens attachés à la reconnaissance de cette signification [24] ». On ne saurait abandonner la connaissance et l'exercice des fonctions administratives, douanières ou non douanières, aux hasards d'une raison unique, unilatéraliste et immuable, dont les composants systémiques auto-validés se reproduiraient réciproquement en s'enchaînant dans une sorte d'hyper-cycle[25].

Le système des accords douaniers mis en relation avec les éléments pertinents de son environnement juridique, économique, politico-

---

[23] Gaston Bachelard visait avant tout la démarche intellectuelle du chercheur et les critères de pertinence et de validité de ses outils techniques d'investigation, d'interprétation et d'évaluation critique.

[24] Gérard TIMSIT, *Les figures du jugement*, Paris, PUF, 1993, p. 122. Ludwig Wittgenstein l'explique par le fait que nos jeux de langage dans une situation donnée mobilisent la totalité de nos jeux de langage, de telle sorte que les faits et les valeurs s'entremêlent intimement. Il se met ainsi en retrait de la position qui avait conduit Peirce à postuler un « idéal de la recherche » caractérisé par la coïncidence du vrai et du réel par la possibilité de différencier le « vrai » de « ce que l'on tient pour vrai », L. WITTGENSTEIN, *Recherches philosophiques*, 1953, Paris, trad. Gallimard, coll. Bibliothèque de philosophie, 2005.

[25] Tel est toutefois le présupposé de l'idée positiviste de l'existence d'un « pouvoir monopolistique de parler pour la légalité », selon la belle formule du Pr Jean COMBACAU, « Le droit international bric-à-brac ou système ? » *Arch. phil. dr.*, 1986, p. 85–105.

diplomatique, technique et social offre des perspectives de revitalisation de la fonction douanière qu'une approche linéaire de pure raison utilitaire n'explore que dans sa portion congrue. La réalité juridique est plurielle selon les dialecticiens de l'École de Reims parce qu'elle est un traitement spécial — jamais porté à un niveau d'harmonie totale — de la réalité naturelle et sociale, qui confronte le réel non juridique aux demandes et exigences normatives et extra-normatives du temps présent sans compromettre les transformations qu'appellent les besoins des générations futures[26].

D'après la lecture qu'en donnent la théorie générale du droit, la science des relations internationales et la science administrative, le complexe des accords internationaux touchant à l'activité, aux missions et aux fonctions de la Douane la représente comme un système d'action, c'est-à-dire un mode d'opération particulier de l'État, sujet souverain du droit international et à la fois puissance publique et service public dans l'ordre interne, soumettant les flux économiques, humains, culturels et technico-juridiques assortis à ses missions à des mécanismes spécifiques de contrôle, de régulation et de mise en usage. Il s'agit alors de servir la puissance souveraine de l'État, de mettre son appareil économique, son territoire et sa population en situation de captation optimale des ressources positives du milieu international, et d'œuvrer à l'avènement et à la stabilité de règles du jeu de l'échange international dont il ne tient en main qu'une partie des cartes maîtresses (I).

Source principale dominante du droit international, les accords internationaux permettent aussi d'analyser la Douane sous l'angle de sa dimension de système d'organisation institutionnalisé. Elle forme un ensemble cohérent, régulant sa stabilité et son efficacité aussi bien par un certain type de management des sous-systèmes qui la composent que par sa capacité à influencer les conduites des acteurs de son environnement national et international. Mais la dimension d'organisation est étroitement articulée au processus de fondation ou

---

[26] Lorsque les positivistes héritiers légitimes des nominalistes font remarquer que la méthode juridique n'est pas l'étude de la réalité sociale telle qu'elle est perçue en première intention, ils disent vrai. Affirmer le contraire reviendrait à effacer toute différence entre le droit et la sociologie ou l'anthropologie. Monique CHEMILLIER-GENDREAU l'a fort bien souligné : « La méthode [de la science] juridique est l'étude de la réalité juridique, qui est elle-même un certain traitement de la vie sociale […] accepté par les protagonistes. […] Il y a donc […] une certaine distance du droit aux faits ; leur assimilation totale supprimerait le droit comme instance spécifique de la vie sociale », « Origine et rôle de la fiction en droit international public », *Arch. phil. dr.*, 1987, n° 32, p. 159.

de don initial de la norme, qui fait de la Douane une institution au sens que le doyen Hauriou donnait à ce concept, c'est-à-dire un centre de pouvoir institué au service d'une idée d'œuvre ou d'entreprise qui se réalise, s'organise, s'officialise et se revêt de l'indispensable consensus social grâce auquel les institutions durent dans le temps. La Douane, comme l'État lui-même, est une institution de droit international.

Par son statut d'institution internationale, la Douane est apte à concourir, ensemble avec d'autres administrations — financières ou non — à l'établissement de certaines situations de fait que les traités touchant à l'activité douanière reconnaissent comme dignes d'une consécration juridique, et se bornent pour l'essentiel à enregistrer, c'est-à-dire à investir officiellement de la valeur juridique sans rien changer à leur figure antérieure. Mais dans les matières douanières, ouvertes aux mouvements de la mondialisation/globalisation, il est plus fréquent que les normes conventionnelles créent des institutions, des concepts, des mécanismes, des procédures, qui mettent en place un régime juridique cohérent et opératoire ne devant son existence qu'à ces règles expresses[27]. De telles règles nées de la seule volonté créatrice des États ont alors besoin d'un renfort de légitimité, qui leur est insufflé par d'autres normes, pour leur part reçues comme transcendantes et reconnues dans leur fonction de repères permanents et nécessaires de toute activité administrative, juridique ou politique[28]. C'est du conflit entre ces règles prééminentes « posées » comme suprêmes et des règles de rang inférieur qui ne se prévalent pas moins d'être douées d'un caractère irréfutable tiré leur ancienneté, de la demande sociale objective et permanente et de l'innocence de leur fonction, qu'est né le contentieux constitutionnel sur l'ex-article 60 du code des douanes. Dans les sociétés démocratiques actuelles si profondément imprégnées de droit, c'est en particulier par l'effet des

---

[27] Sur les différentes dimensions du rapport entre les normes juridiques et la réalité qu'elles visent, voir Serge SUR, « Système juridique international et utopie », *Arch. phil. dr.*, 1987, n° 32.

[28] Dans son ouvrage d'une exceptionnelle densité, le Pr Laurent Sermet fait une mise au point critique sur une certaine approche explicative de la transcendance de ces droits : « L'expérience humaine révèle que les droits de l'homme ne sont pas inhérents à la nature humaine ; ils sont le fruit d'une longue prise de conscience, car rien n'est moins naturel que le respect d'autrui, du plus faible et de sa dignité. N'est-ce bien souvent la discrimination, l'exclusion, la prédation qui caractérisent les rapports humains ? » Laurent SERMET, *Une anthropologie juridique des droits de l'homme. Les chemins de l'océan Indien*, préface d'Abdou Diouf, secrétaire général de l'Unesco, Paris, Éditions des archives contemporaines — Agence universitaire de la francophonie, 2009, p. 18.

accords internationaux que le travail d'institutionnalisation de la Douane se réalise et l'installe solidement dans la modernité politique et l'État de droit policé, informé par les droits fondamentaux (II).

Il a été observé à juste vue que « la capacité du droit à donner une rationalité à l'ordre international [ou national] est si forte que le discours juridique a tendance à supplanter les autres discours, sociaux, religieux, philosophiques ou politiques [29] ». Si l'État et le droit constituent une seule et même réalité comme l'affirmait Kelsen[30], la Douane, dans tous ses secteurs d'activité, apparaît alors comme un système d'action juridique spécial stabilisé, dans lequel le droit international conventionnel occupe la place la plus importante.

I. La Douane comme organe d'action internationale de l'État, puissance souveraine et service public

C'est une vérité commune depuis la deuxième moitié du XXe siècle : les accords internationaux occupent une place centrale dans les fonctions et les activités de la Douane et en font un acteur international primordial dans son univers spécial de service public économique articulé aux relations internationales. Des accords conclus dans le cadre de l'Union européenne depuis la CEE jusqu'aux grands accords multilatéraux et plurilatéraux de l'OMC, des accords de l'Organisation mondiale des douanes (OMD) à ceux conclus dans le cadre de l'OCDE ou du FMI sans préjudice de la masse impressionnante d'accords bilatéraux, sous-régionaux ou régionaux, tout ou presque tout en douane repose sur des bases conventionnelles. De ces accords surgissent des règles directrices qui harmonisent et finalisent l'ensemble du système normatif douanier. Ces normes directrices à valeur conventionnelle tiennent leur autorité particulière de leur caractère universel et se sont même cristallisées parfois en principes généraux du droit international économique (A). D'ailleurs la Douane participe en amont, directement ou indirectement, à l'élaboration technique des accords internationaux qui l'impliquent de façon significative. Elle est aussi et surtout l'instance primordiale de mise en œuvre de ces accords, ce qui lui confère un pouvoir de

[29] Bertrand BADIE, Marie-Claude SMOUTS, *Le retournement du monde. Sociologie de la scène internationale*, Paris, Presses de la FNSP et Dalloz, 1992, p. 119. Les auteurs ajoutent : « Il est rare qu'un acteur en infraction sur la scène internationale nie l'existence du droit. […] Si l'infraction est courante, la revendication de la transgression est exceptionnelle » (p. 119).
[30] Hans KELSEN, *Théorie pure du droit*, trad. Ch. Eisenmann, Paris, Dalloz, 1962, réimpr.

création normative bien plus étendu que celui habituellement prêté à un organe d'exécution (B).

A/ Les piliers du temple : les principes généraux et standards d'encadrement et de guidance de l'activité douanière essentielle

En phase avec les exigences de la bonne gouvernance, les missions et activités de la Douane s'inscrivent, elles aussi, dans la quête permanente des meilleurs modes techniques de gestion des activités humaines et des ressources économiques, financières, culturelles et technologiques. La production de normes communes résultant d'une solide convergence des volontés étatiques concourt à une stabilisation des règles du jeu collectif qui assure la conciliation des intérêts nationaux respectifs aussi longtemps que les facteurs de dépassement des contradictions résiduelles l'emportent. Si l'Union européenne a pu se doter d'une politique commerciale commune à tous les États membres et d'un code des douanes de l'Union servant de référence d'application et d'interprétation aux règles nationales, les grands principes du commerce international issus des accords du GATT 1947 n'y sont pas pour rien[31]. Quelques exemples furtifs nous permettront de confronter les mots et les choses.

a) Des principes de comitas gentium *considérés comme nécessaires dans une société internationale à la poursuite d'intérêts partagés*

L'accord GATT 1947 avait pris la mesure du penchant naturel des États en faveur de certains obstacles non tarifaires ponctuels, d'autant plus insidieux que leur caractère non systématique ne les expose pas crûment au champ d'opération prioritaire des systèmes conventionnels. L'article VII du GATT, par exemple, définit le régime de l'évaluation en douane des produits importés de manière à priver les administrations nationales d'un pouvoir discrétionnaire de déterminer la valeur de ces produits, c'est-à-dire l'assiette des droits de douane à appliquer, ce dont elles auraient été trop contentes de profiter pour dresser de solides barrières protectionnistes qui ne disent pas leur nom. L'article VII : 2a) de l'accord a condamné l'American Selling Price qui retenait comme base de calcul de la valeur de certains produits chimiques importés aux États-Unis, non pas le prix de la marchandise

[31] Par son économie générale, l'ouvrage de Sébastien Jeannard précité va dans le même sens.

à l'export, mais celui des produits comparables fabriqués par les producteurs américains [32]. La mesure américaine affichait les apparences d'une égalité de traitement, mais en réalité avait pour effet et pour but de plomber la compétitivité des produits étrangers sur le marché américain. La stipulation conventionnelle GATT 1947 a ciblé spécifiquement ce type d'évaluation pour rappeler au bon droit, qui impose que l'évaluation porte sur la « valeur réelle de la marchandise importée » et non pas sur la « valeur de produits d'origine nationale ou sur des valeurs fictives ou arbitraires ». Devant la persistance des États-Unis à défendre le bastion de l'American Selling Price, d'autres membres du GATT comprirent la nécessité d'agir par contournement en concluant entre eux l'accord relatif à la mise en œuvre de l'article VII, plus connu sous le nom de « code d'évaluation en douane », entré en vigueur à leur égard le 1er janvier 1981. Dans le mouvement de globalisation impulsé par le cycle d'Uruguay (1979-1994), cet accord non avare de détails pour mieux contraindre la liberté de manœuvre des États fut remis sur le métier, complété par des adjonctions particulières au bénéfice des pays en développement (partie III), et intégré à moindres frais dans les accords de Marrakech du 15 avril 1994, fondateurs de l'OMC. L'inventaire précis des diverses méthodes d'évaluation autorisées auxquelles il se livre à ses articles 1 à 8 ne laisse plus aucun droit de passage inoffensif à l'État qui voudrait s'en écarter.

Les règles d'origine sont une autre figure de ces normes élevées à hauteur de l'universel par le puissant consensus dont elles bénéficient. Imbus d'idéologie de la souveraineté absolue qu'ils furent, les gouvernements signataires des accords GATT en 1947 s'étaient mal dégagés de l'héritage protectionniste. Les règles d'origine qu'ils posèrent avaient les jambes courtes, ne visant que la certification de l'origine des produits importés, à des fins de garantie des consommateurs d'une part, et d'ouverture du marché national d'autre part. La Convention franco-suisse du 14 juin 1881 relative au régime douanier entre le canton de Genève et la zone franche de la Haute-Savoie, modèle d'inspiration des droits douaniers suisses et français, avait ainsi stipulé à son article 6, § 4 : « Tous les habitants de la zone seront admis, sans distinction de nationalité, au bénéfice des dispositions des cinq articles précédents, moyennant l'observation des

---

[32] D. CARREAU, P. JUILLARD, R. BISMUTH, A. HAMANN, *Droit international économique*, Paris, Dalloz, 6e édition, 2017, p. 195.

mesures de surveillance et de contrôle, telles que certificats d'origine, etc., jugées nécessaires par l'administration des péages fédéraux, en vue de s'assurer de la provenance des marchandises importées[33]. » Or outre la question du marquage de sûreté, la détermination de l'origine des produits emporte des suites juridiques plus importantes encore, relativement au régime juridique dont ils seront justiciables une fois la frontière à l'export franchie.

L'intérêt d'un régime conventionnel est dans cela qu'il est naturellement plus favorable qu'un régime de pur droit national, qu'il s'agisse d'accès aux marchés, de recours aux mesures de défense commerciale, d'invocation d'exceptions ou d'aménagement de régimes dérogatoires. Le GATT 1947 ne s'était pas attardé sur la question malgré l'importance des enjeux qu'elle comporte. Les négociateurs du cycle d'Uruguay ont remis les pendules à l'heure. L'accord sur les règles d'origine par lequel les membres de l'OMC se sont liés évoque leurs obligations dans les termes innocents d'une simple « harmonisation » des lois nationales, alors qu'elles sont coulées dans un moule commun de critères de convergence exigeants, visant à ce que les lois nationales de détermination du pays d'origine soient « objectives, compréhensibles et prévisibles » (art. 9 : 1 c), et qu'elles présentent les qualités utiles et suffisantes pour être appliquées de « manière cohérente, uniforme, impartiale et raisonnable » (art. 9 : 1er). Somme toute, il est attendu d'elles qu'elles offrent les garanties formelles attestant leurs capacités à recueillir l'assentiment de tous… comme un traité, alors que le procédé utilisé pour atteindre ce résultat est présenté comme émanant de la volonté souveraine de l'État telle que sa loi nationale l'exprime. On est en présence de l'acclamation de la fiction comme procédé de technique juridique par lequel « on qualifie une situation de manière contraire au réel, en vue de lui attribuer des conséquences juridiques découlant de la qualification[34] ». Ainsi, alors qu'il est convenu que le but recherché

---

[33] Décret de publication du 24 juin 1882, Lois et règlements des douanes, années 1882 et 1883, Tome douzième de la 5e partie et trente-sixième de la collection générale, Paris, Imprimerie nationale, M DCCC LXXXV. Les instruments de ratification de la Convention ont été échangés entre les gouvernements des deux pays le 12 juin 1882.

[34] Jean SALMON, « Le procédé de la fiction en droit international », *RBDI*, 1974, p. 11. Monique Chemillier-Gendreau explique que la norme juridique résulte d'un certain traitement de la vie sociale effectué sur la base de rapports de forces, et que le produit normatif de ce traitement spécifique — juridique — ne peut fonctionner comme stabilisateur social qu'à la condition qu'il soit accepté, ensemble avec le rapport de force qui l'a surdéterminé. Il est évidemment accepté sans artifice lorsqu'il satisfait au sentiment commun de justice et d'équité des partenaires. Mais dans les cas plus fréquents où le rôle du rapport de force est

dans le cadre du cycle d'Uruguay n'est pas d'élaborer un régime juridique international unique en matière de règles d'origine, il est affirmé par voie conventionnelle que le pays d'origine sera celui dans lequel la « marchandise aura été entièrement obtenue », et dans les cas bien plus nombreux où la production a impliqué plusieurs pays, ce sera celui de la « dernière transformation substantielle » (art. 9 : 1 b). À vrai dire, c'est seulement dans cette dernière hypothèse que l'État en charge d'administrer la procédure pourra user d'une faible marge de pouvoir d'appréciation.

Les exemples parlent pour tous les éléments de la catégorie. Ils sont d'autant plus signifiants qu'ils illustrent un type de situations présent dans des cadres juridiques diversifiés. S'il n'y a pas d'isomorphismes fondamentaux entre des institutions de milieux socio-culturels différents, la production de normes juridiques d'objets différents par les mêmes acteurs, dans un même contexte économique et social, au moyen du même code culturel, social et juridique, sous la contrainte des mêmes demandes sociales et à la poursuite d'un même but débouchera toujours, sauf cas accidentel, sur des règles quasi identiques. Leurs différences ne tiendront qu'au niveau d'affinement plus poussé de celles promises à une applicabilité directe. La définition de la marchandise aux fins du commerce international permet de le vérifier amplement. Pas plus que le GATT 1947, le GATT 1994 ne donne de définition générale synthétique de la marchandise, à l'instar de celle de la Cour de justice des Communautés européennes (CJCE) dans son arrêt Commission c. Italie du 10 décembre 1968[35]. Les Nations unies ne se sont saisies de la question qu'en vue d'élaborer une Classification centrale des produits (CPC) à des fins d'harmonisation statistique[36]. L'œuvre internationale la plus avancée est sans doute celle de l'Organisation mondiale des douanes (OMD), qui a institué le Système harmonisé (« SH ») sur la base de la Convention sur le système harmonisé de

insuffisamment dépassé, donc mal masqué, le droit a recours à des moyens idéologiques pour « forcer » l'acceptation. La fiction est l'un de ces moyens. Prenant place dans la distance séparant le droit des faits, « elle falsifie la réalité pour la rendre acceptable sous le visage que lui donne la norme », Monique CHEMILLIER-GENDREAU, « Origine et rôle de la fiction en droit international public », *Arch. phil. dr.*, 1987, n° 32, p. 160.

[35] CJCE, 10 décembre 1968, *Commission c. Italie*, aff. 7-68. Selon la Cour, au sens du droit communautaire, les marchandises sont des « produits appréciables en argent et susceptibles, comme tels, de faire l'objet de transactions commerciales ».

[36] Cf. Hervé ASCENSIO, Droit international économique, Paris, PUF, coll. Thémis droit, 2e éd., 2020, p. 162. L'auteur précise qu'il existe aussi une Classification internationale type, par industrie (CITI), de toutes les branches d'activité économique.

désignation et de codification conclue à Bruxelles du 14 juin 1983[37]. C'est ce modèle qui a fait tache d'huile. L'OMC s'en est emparée. Il n'est jusqu'à l'Organe d'appel qui n'ait cherché à fonder en droit la référence au SH[38], devenu ainsi l'instrument de mesure de l'aptitude d'un bien à franchir le seuil de la marchandisation.

Libéralisation économique, protection des droits et libertés économiques des personnes privées, mais aussi sauvegarde de la cohésion sociale nationale, des fonctions collectives essentielles de l'État et de ses intérêts économiques, tels sont les objectifs poursuivis à travers les accords internationaux qui affectent l'activité douanière. Du GATT 1994 aux nombreux traités OMD, UE ou FMI en passant par les MRTA (mega-regional trade agreements de type TTIP, CETA ou TPP), les normes convergent pour l'essentiel, se confortent mutuellement à bien des égards, se complètent souvent. La Communauté européenne a adhéré à l'OMC, dispose à l'OMD d'un statut spécial depuis le 1er juillet 2007 par lequel elle est admise au bénéfice de « droits et obligations semblables à ceux des membres de l'OMD[39] », et s'est liée par nombre de conventions conclues dans le cadre de ces deux Organisations. Un grand nombre de conventions de l'OMD comme celles sur la simplification et l'harmonisation des régimes douaniers, l'évaluation en douane, les règles d'origine, l'inspection avant expédition, les licences d'importation et autres développent dans le détail des stipulations conventionnelles du GATT 1994 en prenant soin de dire mieux, sans jamais dire plus.

Tout aussi révélatrice de l'articulation de normes d'objets différents par une même grammaire tirée du primat de la libéralisation des échanges internationaux est l'interdiction faite par le General Agreement on Trade and Services[40] (GATS) à tout membre de l'OMC de mettre en échec un engagement spécifique qu'il a pris en matière de libéralisation d'un service, par une utilisation de son droit d'appliquer une restriction de change en matière de paiement en capital qui pourrait produire un tel effet. En effet, parce que la fourniture de services implique souvent la réalisation d'une opération en capital sous la forme d'un investissement, l'absence de liberté des investissements à l'international peut constituer un puissant frein,

---

[37] Convention amendée par le Protocole du 24 juin 1986.

[38] OA, 12 septembre 2005, *CE — Morceaux de poulet*, § 197-199.

[39] Jean-Luc ALBERT, *Le droit douanier de l'Union européenne*, Bruxelles, Bruylant, 2e éd., 2023, p. 39.

[40] AGCS en initiales françaises, pour « Accord général sur le commerce de services ».

voire un empêchement pur et simple à la prestation de certains services. Le GATS articule ainsi la libre prestation de service expressément consentie par un membre dans tel secteur ou telle poche de secteur, avec la liberté qui est aussi la sienne en vertu des statuts du FMI de réglementer les opérations d'investissement international en capital sur son territoire. Chacun des membres de l'OMC étant tenu en vertu du GATS de faire en sorte que son pouvoir de réglementation des mouvements de capitaux aux fins d'investissements internationaux n'abolisse ni même ne restreigne de façon significative les concessions de libéralisation qu'il a faites, l'OMC a ainsi reçu compétence implicite en matière de mouvements de capitaux et d'investissements dans la mesure nécessaire à l'exercice sans entrave de la libre prestation de services, pour produire des règles subsidiaires apportant un complément bienvenu à celles prévues par les statuts du FMI[41].

Le droit douanier de l'Union européenne s'affirme et prospère en coexistence conventionnelle avec les systèmes OMC-OMD-FMI, dont il partage la philosophie, les lignes de base et l'économie générale. L'affinité n'est pas de simple circonstance. L'OMC aménage un statut spécial, dérogatoire aux accords d'intégration régionale de type « unions douanières » et « zones de libre-échange » (art. XXIV : 4), *a fortiori* lorsque les formes d'intégration sont encore plus avancées comme c'est le cas des marchés communs ou des unions économiques et monétaires. Leurs effets créateurs de courants d'échanges les rendent particulièrement éligibles à un traitement de faveur de la part de l'Organisation mondiale[42]. Il faut ainsi donner raison au Pr Jean-Luc Albert qui fait observer que « Le système OMC/OMD a produit un ensemble de conventions multilatérales devenu à présent incontournable pour les économies désirant commercer. Que cela concerne les règles relatives à l'origine des marchandises, à leur valeur, à leur classification, aux procédures douanières, à la coopération [...], s'est développée une sorte de système juridique

---

[41] R. BISMUTH, « Financial Sector Regulation and Financial Services Liberalisation at the Crossroads: The Relevance of International Financial Standards in WTO Law », *JWT*, 2010, vol. 44, n° 2, p. 489 ; D. SERVAIS, « GATS et services financiers : un accord complexe… et temporaire », *Rev. dr. banc. et de la Bourse*, 1996, n° 53, p. 13.

[42] Ils doivent donc poursuivre une visée stratégique que des choix conjoncturels ne sauraient inverser : « faciliter le commerce » entre les parties à l'Accord (art. XXIV : 4), et s'interdire « d'opposer des obstacles au commerce avec les pays tiers » (art. XXIV : 4 et XXIV : 5, a) et b).

mondialisé auquel l'UE a adhéré[43]. » La stratégie douanière de l'Union s'appuie ainsi sur un large spectre d'accords internationaux dont les règles centrales tendent à se cristalliser en « standards internationaux », voire en principes généraux du droit international économique applicables à l'activité douanière.

Le libéralisme économique n'est pas une doctrine univoque et figée. Avec Milton Friedman, Eugene Fama ou Hyman Minsky de nos jours, nous sommes loin d'Adam Smith, David Ricardo ou Jean-Baptiste Say. Quoique dominé par la liberté des acteurs, le marché est une construction institutionnelle qui doit sans cesse être repensée, réorganisée, adaptée. C'est de ce travail d'adaptation fonctionnelle que naissent les standards et principes généraux du droit international économique qui forment l'ossature du droit commercial et douanier international.

La prolifération des normes, casse-tête des gouvernements, des opérateurs économiques et des juristes, a brisé à la masse les cadres des ordres juridiques unitaires qui, depuis l'ère des codifications nationales aux XVIIIe et XIXe siècles, liaient les différentes branches du droit en un faisceau de normes relativement interdépendantes et hiérarchisées. La mutation a été si étourdissante dans sa rapidité et son ampleur que l'on a l'impression que le droit national, ensemble avec ses déterminants de droit de l'Union européenne, de droit de la Convention européenne des droits de l'homme et de droit international général, économique, financier ou pénal, s'est démarié de son propre État pour mieux affirmer ses affinités avec les nouveaux centres de pouvoir observés par Susan Strange[44]. Le phénomène est d'autant plus déstabilisant qu'une forme de communauté juridique mondiale semble émerger du mouvement des idées du temps présent et connaître des réalisations parcellaires, alors qu'au niveau national, c'est le souci de maintenir ou réhabiliter l'unité juridique initiale qui persiste ou connaît des poussées éruptives dans bien des situations[45]. Le Brexit en a donné l'enseignement le plus édifiant. Les standards et principes généraux du droit international économique et douanier sont, au fond,

---

[43] Jean-Luc ALBERT, *Droit douanier de l'Union européenne*, préc., p. 190.

[44] Susan STRANGE, *The Retreat of the State*, 1996, *op. cit.*; trad. fr., Paris, éd. Temps présent, 2010, préc. Il s'agit des forces vives du marché et des entités qui leur sont proches, mais aussi des organisations internationales, devenues en quelque sorte les refuges aléatoires des États.

[45] Mireille DELMAS-MARTY, *Le pluralisme ordonné. Les forces imaginantes du droit*, II, Paris, Seuil, 2006 ; *Vers une communauté de valeurs ? Les forces imaginantes du droit*, IV, Paris, Seuil, 2011 ; Marie-France RENOUX-ZAGAME, « Le droit commun européen entre histoire et raison », *Droits*, 14, 1991, p 27-37.

des références d'évaluation permettant d'apprécier l'aptitude des règles de droit établies en ces matières à figurer au sein de l'ensemble articulé de normes hiérarchisées constitué en un tout cohérent, car seule l'intégration aboutie d'une norme dans la totalité dont elle se réclame par son contenu permet de la soumettre aux moyens d'application et d'interprétation propres au système juridique considéré.

Kelsen expliquait que c'est le système juridique qui précède la norme et non l'inverse, qu'ainsi une norme ne peut exister juridiquement si elle n'appartient pas au système juridique, et que par suite, une norme est dite supérieure à une autre si elle en détermine le mode de production, dans le cadre d'une articulation générale dont le niveau ultime, suprême, est la norme fondamentale (la *Grundnorm*). Et bien entendu, celle-ci ne peut être une norme posée, mais une norme supposée ayant la propriété de contenir en quelque sorte l'ADN du système normatif dans son ensemble[46]. Tel est le sens à donner à la formule quelque peu ésotérique de Michel Troper selon laquelle la validité est le « mode d'existence spécifique » des normes[47], ce mode étant spécifique parce qu'une norme n'existe jamais seule. Par la substance les standards et principes généraux du droit international économique et douanier révèlent eux aussi « les valeurs auxquelles le droit positif doit correspondre et qu'il doit exprimer parce que, loin de n'être qu'un ensemble de prescriptions, il est un ensemble de valeurs que la société se donne à elle-même[48] ».

Les principes généraux du droit international économique ont trouvé dès l'origine dans le droit international de la condition des étrangers une terre d'accueil particulièrement hospitalière. Moins d'ailleurs pour des raisons économiques que par déférence aux dogmes de la tradition chrétienne[49]. Mais le droit international de l'époque moderne était dépourvu de l'autorité qui lui aurait permis de dicter au Souverain territorial les obligations de faire à l'égard des étrangers. Tout au plus pouvait-il l'attendrir par des maximes de

---

[46] Hans KELSEN, *Théorie pure du droit*, trad. Ch. Eisenmann, Paris, Dalloz, 1962, p. 13 et suiv.

[47] Michel TROPER, *La philosophie du droit*, Paris, PUF, coll. Que sais-je ?, p. 77-78 ; *La théorie du droit, le droit, l'État*, Paris, PUF, coll. Léviathan, 2001, p. 31.

[48] Pierre BRUNET, « Les principes généraux du droit et la hiérarchie des normes », dans *Mélanges Michel Troper*, Paris, Economica, 2006, p. 74.

[49] V. VERDROSS, « Les règles internationales concernant le traitement des étrangers », RCADI, La Haye, vol. 38, 1931, p. 324 et suiv., notamment, p. 348 : « … chaque État doit respecter dans tous les hommes, même dans les étrangers, la personnalité humaine ».

comportement appelant sa conscience à l'observance du juste éthique et juridique tel qu'il découle de l'idée de fraternité universelle[50]. Ainsi s'affirmait progressivement l'idée de « standard » international de justice comme mesure de la conversion des actes du Souverain pris vis-à-vis des étrangers aux qualités émergentes du droit international. Fondé sur l'exigence universelle d'équité, le standard international de justice ne pouvait qu'être promis à un bel avenir. En même temps qu'il gagnait en autorité, ses normes s'adaptaient à la diversité des situations de manière à s'appliquer à une variété croissante d'objets. L'idée finit par s'imposer selon laquelle l'État de séjour de l'étranger doit respecter celui-ci dans sa personne, mais aussi dans ses biens. Ainsi prit forme le standard du « traitement juste et équitable » ou encore le standard de « pleine et entière protection », qui imposent l'un et l'autre à l'État territorial une obligation générale de comportement à l'égard des étrangers, aussi bien dans leurs personnes que dans leurs biens[51]. Les accords bilatéraux ont intégré la règle avant de la transmettre aux conventions multilatérales.

b) Les raisons de la science économique comme justification rationnelle de l'autorité des principes généraux du droit commercial et douanier international

Les principes généraux du droit international économique qui s'épanouissent dans la foulée des standards internationaux ne diffèrent pas fondamentalement de ceux-ci. Les deux catégories de règles présentent les mêmes caractères. Leur critère distinctif est dans la charge d'autorité juridique, si forte dans les principes généraux par l'effet des interprétations jurisprudentielles, notamment celles des tribunaux arbitraux, qu'elle a abouti à transformer certains standards, de simples maximes de comportement en véritables maximes d'action.

---

[50] Georges SCELLE, « Règles générales du droit de la paix », RCADI, vol. 46, 1933, p. 327-696.

[51] Patrick JUILLARD, « Existe-t-il des principes généraux du droit international économique ? », *Mélanges Alain Plantey*, Paris, Pedone, 1997, p. 243-252. Ainsi, l'article 3 du traité de commerce et de navigation conclu le 6 février 1882 entre la France et l'Espagne (promulgué par le décret du 13 mai 1882) stipule que « Les Français en Espagne et les Espagnols en France jouiront réciproquement d'une constante et complète protection de leurs personnes et de leurs propriétés [et] auront, en conséquence, un libre et facile accès auprès des tribunaux de justice, tant pour réclamer que pour défendre leurs droits, à tous les degrés de juridiction établis par les lois ; ils pourront employer dans toutes les instances les avocats, avoués et agents de toute classe qu'ils jugeront à propos… », Lois et règlements des douanes, Années 1882 et 1883, Tome douzième de la 5e partie, Paris, Imprimerie nationale, M DCCC LXXXV.

De cette mutation impulsée par l'internationalisation poussée des échanges commerciaux et financiers depuis le milieu du XIXe siècle, le droit international des investissements a tiré les meilleurs avantages pour son propre développement.

Le neuf à la fin du XXe siècle, c'est la redécouverte du libéralisme commercial dans le contexte de l'économie mondialisée. Le droit international économique nouveau n'a pas renié ses racines historiques et demeure encore sensible aux considérations éthiques. Mais dès lors que le ralliement général à la doctrine du libéralisme commercial a pris la dimension d'un mouvement universel précisément parce que la science économique a démontré que le système économique international libéral est celui-là seul qui atteint à un plus grand degré d'efficacité[52], il devient hautement souhaitable, voire indispensable de passer du stade de l'explication scientifique à celui de la prescription juridique. Et cette transcription empruntera le plus souvent la voie conventionnelle. Les principes du libre-échange en matière commerciale, principes de la science économique, ont été progressivement enregistrés par des traités bilatéraux, puis multilatéraux, dont les accords multilatéraux et plurilatéraux de l'OMC sont un point culminant. C'est à la faveur de l'adhésion générale du plus grand nombre d'États représentatifs de toutes les composantes de la communauté internationale à ces principes de la science économique qu'ils ont été magnifiés en doctrine indépassable de la modernité économique et par cela, reconnus aptes à se cristalliser en principes généraux du droit international économique et douanier[53].

Si l'existence des principes généraux du droit international économique et douanier ne prête pas à controverse, la question de leur

---

[52] Le *Restatement on Foreign Relations Law of the U.S.*, 3 rd, dans sa partie VIII — entièrement nouvelle — énonce qu'il y a lieu d'entendre par l'expression « droit des relations économiques internationales » des règles qui autorisent ou interdisent les actes unilatéraux des États en matière économique, étant entendu que les actes unilatéraux des États ne doivent pas porter atteinte au fonctionnement global du système international économique. C'est bien l'efficacité économique qui est au premier plan dans cette conception ; A.L.I. Publishers, 1987, t. 2, 8e part, *Introductory note on Selected Law of international trade relations*, p. 261.

[53] Ces principes ne s'épuisent donc pas dans une « synthèse constructive accomplie par le juge à partir des données juridiques que lui fournit un milieu donné » (Pierre DELVOLVE, Droit administratif général, t. I, Paris, PUF, coll. Thémis, 12e éd., 1992, p. 473), mais affirment plutôt, à la manière d'un « principe fondamental reconnu par les lois de la République », une norme générale qui se revêt d'une supériorité « objective » fondée sur son caractère nécessaire, c'est-à-dire « juste ». Voir sur ce point, Véronique CHAMPEIL-DESPLATS, *Les principes fondamentaux reconnus par les lois de la République. Principes constitutionnels et justification dans les discours juridiques*, Paris/Aix-Marseille, Economica-PUAM, 2001.

complète dépendance à l'égard des accords internationaux peut donner lieu à des positionnements doctrinaux plus nuancés. Certains de ces principes généraux structurent spécialement la matière douanière et l'agrègent en un tout au regard duquel les règles constitutives prennent du sens et par cela se prêtent à un travail d'application et d'exécution. L'idée selon laquelle les principes généraux du droit international économique et douanier sont et demeurent pour l'essentiel des principes de la science économique mués en principes juridiques par l'effet de leur incorporation conventionnelle n'est plus sérieusement discutée[54]. Cela ne dispense pas pour autant de garder l'éveil sur cette manière de voir, car c'est à mon sens tailler la part trop large à l'économie que de le dire de la sorte. Elle n'est certes absente d'aucun de ces principes. Mais elle cède parfois — sans jamais s'effacer — à des considérations d'équité et de solidarité, parce qu'il n'y a de droit que dans un mélange intime de formes, de faits et de valeurs[55].

Partons du principe de non-discrimination, pierre angulaire de l'OMC en ses différents accords multilatéraux. C'est un principe ancien et pour ainsi dire permanent. Mais prenons garde que les sonorités désirables du mot « non-discrimination » en aient subsumé le sens sous l'idée d'équité ou de juste juridique, dont en réalité il ne relève pas en droit international économique[56]. Le principe se décline en deux formules complémentaires dont la première, le traitement de la nation la plus favorisée, est la colonne vertébrale du GATT 1994, mais trouve aussi à se déployer sous des formes appropriées dans les accords GATS/AGCS et TRIPR/ADPIC. La seconde formule, le traitement national, est en quelque sorte l'authentification de la première.

Premier principe sous-jacent au principe de non-discrimination, le « traitement de la nation la plus favorisée » est l'appellation donnée à la clause conventionnelle en vertu de laquelle chacune des parties contractantes consent à ce que des avantages commerciaux nouveaux

---

[54] Patrick JUILLARD, « Existe-t-il des principes généraux du droit international économique ? », préc., p. 249.

[55] Monique CHEMILLIER-GENDREAU, Humanité et souverainetés. Essai sur la fonction du droit international, Paris, éditions La Découverte, 1995, spéc. p. 59.

[56] Loin de reposer sur des considérations de morale ou d'équité, la clause de non-discrimination apparaît plutôt comme un principe de rationalité économique visant à assurer une « égalité des possibilités de concurrence pour les produits importés similaires en provenance de tous les Membres » selon l'Organe d'appel dans ses rapports *CE-Produits dérivés du phoque*, WT/DS400/AB/R, WT/DS401/AB/R, 22 mai 2014, § 5.82 et 5.86.

qu'elle viendrait à accorder à un pays tiers bénéficient automatiquement à toutes les Parties si elle est inconditionnelle, ou seulement à charge de concession réciproque, auquel cas elle est de caractère conditionnel. Naturellement, les concessions commerciales en cause peuvent porter sur des droits de douane ou des impositions de toute nature à l'importation, ou encore l'octroi de licences d'importation, à moins qu'elles consistent en des mesures non tarifaires comme ce serait le cas des formalités douanières ou fiscales. L'Accord général sur le commerce des services (AGCS) et l'Accord sur les droits de propriété intellectuelle touchant au commerce (ADPIC) étendent la clause aux personnes (physiques ou morales) en les constituant clairement destinataires des droits attachés au traitement de la nation la plus favorisée, indépendamment de la question de l'applicabilité directe (effet direct) ou non de la clause[57].

L'obligation de traitement national est le prolongement nécessaire à la plénitude du traitement de la nation la plus favorisée. Que les marchandises importées d'origines nationales diverses soient traitées sans discrimination devant l'importateur laisse encore entière la question de leur égal traitement avec les produits nationaux similaires de celui-ci. C'est ce statut d'égalité que la clause de traitement

---

[57] De son arrêt *Portugal c. Conseil* du 23 novembre 1999 (aff. C 149/96, *Rec.* 1999 I-08395) à l'arrêt *Léon Van Parys* rendu par la Grande Chambre le 1er mars 2005 (aff. C— 377/02), la CJCE a décidé sans discontinuer, comme elle l'a rappelé sur un ton comminatoire dans la dernière décision, qu'« Il est de jurisprudence constante que, compte tenu de leur nature et de leur économie, les accords de l'OMC ne figurent pas en principe parmi les normes au regard desquelles la Cour contrôle la légalité des actes des institutions communautaires » (point n° 39). La jurisprudence de la Cour est sur ce point en parfaite conformité avec les prévisions du droit international des traités, qui subordonne l'applicabilité directe d'une norme conventionnelle, certes à la désignation claire des personnes physiques ou morales en tant que destinataires de la norme – ce qui est bien le cas de l'AGCS et de l'ADPIC – mais aussi à la clarté, aux qualités opératoires et à la suffisance quantitative des normes de détail pour régler adéquatement les situations propres aux particuliers, et plus en amont encore, à la volonté des parties au traité telle qu'elle est enregistrée par l'acte conventionnel, c'est-à-dire l'interprétation qu'elles font de la stipulation conventionnelle. La liberté du juge international d'interpréter les traités sans aucune nécessité de se lier par l'interprétation d'une autorité internationale autre que lui-même n'est pas la reconnaissance à son bénéfice d'un pouvoir de se soustraire aux règles coutumières d'interprétation posées par les conventions de Vienne du 23 mai 1969 sur le droit des traités entre États et du 21 mars 1986 sur droit des traités entre États et organisations internationales ou entre organisations internationales. On consultera sur ces points, en particulier, Serge SUR, *L'interprétation en droit international public*, Paris, LGDJ, 1974, 449 p. ; M. K. YASSEEN, « L'interprétation des traités d'après la Convention de Vienne », *RCADI*, 1976-III, vol. 151, p. 1-114 ; Suzanne BASTID, *Les traités dans la vie internationale. Conclusion et effets*, Paris, Economica, coll. Droit international, 1985, 303 p. : Paul REUTER, « Le traité international, acte et norme », *Arch. phil. dr.*, n° 32, 1987, p. 110–117.

national s'est efforcée de conquérir. Elle bénéficie aux marchandises, même n'ayant pas fait l'objet d'une consolidation[58], mais pas aux exportateurs de ces marchandises, alors que dans l'AGCS elle vise les services et les fournisseurs de services (art. XVII) et désigne dans l'ADPIC pour bénéficiaires les ressortissants des membres de l'OMC.

Le principe de la protection douanière exclusive affirmé par l'article XI : 1 du GATT 1994 comme exception à l'interdiction générale faite à tout membre de l'OMC d'instituer ou de maintenir, à l'importation ou à l'exportation, des prohibitions ou des restrictions aux échanges « autres que des droits de douane, taxes et autres impositions », est d'autant plus remarquable qu'il semble s'attacher au contenu incompressible de la puissance publique. Il est en capacité de résister alors que toutes les autres barrières protectionnistes ont cédé. La transparence et le caractère non discriminatoire des droits de douane ne nous paraissent pas suffire à expliquer leur licéité de principe, et moins encore le paradoxe de leur étiolement rapide et continu[59]. Cet abandon progressif par les membres de l'OMC d'un droit incontesté qui est le leur nous paraît trouver une explication plus cohérente dans la fonction économique et politique souterraine de ce droit, qui est pour chaque souverain importateur un moyen de compenser le montant élevé des ressources financières nationales qu'il mobilise en paiement du prix des marchandises ou des services importés, et par ailleurs de neutraliser par anticipation le manque à gagner en compétitivité constitué par les droits de douane et autres taxes appliqués à ses produits et services par les importateurs. Les membres de l'OMC étant titulaires à égalité de ce droit/pouvoir de taxation, sa fonction dissuasive ou persuasive en est substantiellement atténuée pour tous, même de façon inégale.

Le principe de non-distorsion de la loi du marché est de tous celui qui, par son nom, affiche sans complexe son appartenance au système de l'économie marchande. Il vise à combattre les comportements anticoncurrentiels que sont le dumping et les subventions illicites, qui causent un préjudice commercial irréparable par nature ou au moins difficilement réparable aux producteurs de l'État ou du territoire

---

[58] OA, *Japon — Boissons alcooliques II*, 4 octobre 1996, WT/DS8/AB/R.

[59] Dominique CARREAU, Patrick JUILLARD, Régis BISMUTH et Andréa HAMANN soulignent dans leur ouvrage que « force est de reconnaître que les droits de douane ont vécu en tant qu'obstacles sérieux au commerce, du moins sur les produits industriels. Dans ce domaine, les droits de douane ont perdu leur fonction économique de protection : ils ne constituent plus un obstacle significatif à l'accès aux marchés », Droit international économique, Paris, Dalloz, 6e éd., 2017, p. 192, n° 480.

douanier affecté. L'entité dont les opérateurs économiques subissent un tel préjudice peut prendre et appliquer des mesures de défense commerciale consistant en des droits antidumping, et pour les subventions illicites, prendre la forme d'une surtaxe douanière appelée « droit compensateur ». Un membre de l'OMC peut aussi être autorisé à percevoir une surtaxe douanière sur les produits originaires d'un autre membre en sanction de l'inexécution par celui-ci d'un rapport d'un groupe spécial ou de l'organe d'appel rendu contre lui, en faveur de l'auteur de la réaction légitime à l'inexécution[60].

Transversal par excellence, le principe de non-distorsion de la loi du marché s'épanouit également dans le cadre des statuts du FMI, tout particulièrement aux articles I et V sect. a) qui interdisent aux États membres toute manipulation perverse des taux de change à des fins de guerre commerciale. Ce n'est qu'en cas de déséquilibre structurel grave de sa balance des paiements qu'un État membre peut dévaluer sa monnaie, encore que le taux de dévaluation appliqué ne puisse avoir pour effet de fausser les conditions de la concurrence par un détournement déloyal de trafic commercial au profit de l'auteur de la mesure illicite. Ici, les règles du FMI et celles du GATT se tiennent la main. C'est d'ailleurs aussi bien sur le fondement des articles I et V des statuts du FMI que sur les exceptions des articles XII : 1, XII : 2, et XIX du GATT 1994 que l'exubérant président Trump des États-Unis avait décidé en janvier, mars et septembre 2018, puis en mai 2019, d'appliquer des hausses drastiques sur les droits de douane perçus sur un nombre phénoménal de produits chinois [61] — et accessoirement de l'UE — la Chine étant accusée par le président des États-Unis de manipuler les marchés de devises et d'user de pratiques commerciales déloyales et arbitraires.

---

[60] Andrea HAMANN, *Le contentieux de la mise en conformité dans le règlement des différends de l'OMC*, Boston/Leiden, Brill/Nijhoff, 2014, XIX-840 p. ; Pierre MONNIER, Hélène RUIZ-FABRI, « OMC — Règlements des différends », *Jcl. dr. intern.*, Fasc. 130-15, 17 mai 2016.

[61] Acier, aluminium, panneaux solaires, machines à laver, écrans plats, pièces automobiles et batteries, armes, matériel médical, aéronautique, viande bovine, coton, vin, tabac, soja… ensemble avec près de 1 300 autres produits, tout y est passé. Ce sont les négociations relancées après l'annonce en mai 2019 de l'interdiction faite à la société chinoise Huawei de vendre des équipements de réseau aux États-Unis qui ont permis d'aboutir au 1er volet de l'accord commercial signé à Washington le 15 janvier 2020 par le président américain et le Premier ministre chinois, M. Liu He. Donald Trump suspend les droits de douane qui devaient entrer en vigueur le 15 décembre 2019 et allège ceux en cours d'application depuis janvier 2018.

D'autres principes pourraient encore être évoqués : principe de prévisibilité, principe de nécessité, d'impartialité et de proportionnalité des mesures nationales, etc. Et les libertés de circulation des marchandises, des services, des capitaux et des personnes, si familières en Europe ? Ce sont des libertés de l'Union européenne, non instituées en principes à l'échelle mondiale[62]. À cette échelle, la libre circulation n'est qu'une pétition de principe qui réserve le droit souverain de l'État d'en aménager les modalités d'exercice au gré de ses intérêts et de ses capacités à les promouvoir dans ses rapports aux autres.

De tous les principes généraux du droit international économique douanier, c'est sans doute le principe d'équité qui a les résonances éthiques et morales les plus affirmées. Dans le sens de l'approche dualiste initiale des règles du GATT de 1947, c'est la fameuse clause d'habilitation adoptée dans le sillage des négociations du cycle de Tokyo le 28 novembre 1979 sous l'intitulé « Traitement différencié et plus favorable, réciprocité et participation plus complète des pays en voie de développement », qui a constitué l'instrument décisif de stimulation de la croissance et du développement économique des pays ciblés, au moyen des régimes préférentiels qu'elle autorise, dont en particulier le Système généralisé de préférences (SGP). La décision adoptée par le Conseil général de l'OMC le 30 août 2003 comme dérogation à l'article 31 f) et intégrée à l'ADPIC par un amendement de conversion au droit commun du 6 décembre 2005 (entré en vigueur le 23 janvier 2017) prend souci des préoccupations spécifiques des pays en développement face aux pandémies comme le Sida, le paludisme, la tuberculose, la fièvre jaune et autres, en reconnaissant à tout membre de l'OMC le droit d'accorder à tout autre membre dit « membre éligible » des licences obligatoires pour la fabrication de médicaments génériques que ce fabricant de second rang pourra exporter en totalité vers des « membres importateurs admissibles », dépourvus des capacités de le faire eux-mêmes. La protection des droits de propriété industrielle des grands laboratoires pharmaceutiques est ainsi assouplie dans l'intérêt de sa valorisation sur le terrain médico-social, éthique et humaniste de la protection sanitaire des plus vulnérables, qui sont aussi les plus nombreux[63].

---

[62] Voir Sébastien JEANNARD, *Les transformations de l'ordonnancement juridique douanier en* France, Paris, LGDJ Lextenso, 2011, préc.

[63] Pour l'ensemble, voir Habib GHERARI, *Les accords commerciaux préférentiels*, Bruxelles, Larcier, 2013, 270 p. ; *Droit international des échanges*, Bruxelles, Bruylant, 2017, 455 p. ;

B/ Dans et au-delà des règles officielles : l'administration des douanes, co-auteur et destinataire des accords internationaux douaniers

Sans nul doute, c'est le droit international qui rend compte avec la visibilité la plus grande de l'analyse politique et juridique qui conclut à la primauté du pouvoir exécutif dans l'agencement des pouvoirs au sein de l'État. Exclusivement intéressé par les institutions nationales en capacité de représenter et d'engager internationalement l'État, le droit international n'a de regard que pour le Gouvernement, incarnation de l'État personne juridique internationale souveraine, tant et si bien que dans certaines conventions internationales, la partie contractante est indifféremment tantôt l'État, tantôt le Gouvernement. Mais qu'est-ce que le Gouvernement, si ce n'est un ensemble d'organes administratifs dédiés à la réalisation des fonctions collectives essentielles de l'État ? L'administration étant l'intelligence collective, la mémoire, le pouvoir d'agir et la puissance publique en actes de l'État et de son gouvernement, elle est nécessairement une partie collaborative silencieuse à la confection des traités qui configurent son domaine d'activité. Les traités une fois conclus doivent être appliqués de bonne foi (art. 26 de la Convention de Vienne du 23 mai 1969 sur le droit des traités entre États). Il s'agit pour le Gouvernement de mobiliser et d'articuler de la façon la plus rationnelle les moyens juridiques, matériels et humains dont l'administration dispose. Mais dans la mesure où l'accord international vise aussi, directement ou indirectement, des situations propres aux sujets de droit interne, l'administration a l'obligation de prendre les mesures nécessaires pour amener ceux-ci à se conformer aux prescriptions et interdictions de l'acte conventionnel. La diversité et la complexité des mesures d'exécution des obligations conventionnelles, associées à l'inéluctable travail d'interprétation des traités, produisent l'effet indirect non prévu de réintroduire du travail de création normative dans le processus d'application et d'interprétation des accords existants.

Hervé ASCENSIO, *Droit international économique*, 2e éd., Paris, PUF, coll. Thémis droit, 2020, 379 p. ; H. HESTERMEYER, *Human Rights and the WTO: The Case of Patents and Access to Medicines*, Genève, OUP, 2007.

a. L'administration des douanes dans la production des accords douaniers

Aux termes de l'article 52 de la Constitution, c'est au président de la République qu'est dévolu le pouvoir de négocier et ratifier les traités. On n'imagine pas un seul homme exercer une tâche devant laquelle Hercule lui-même aurait fléchi. C'est à l'administration la plus intéressée d'initier un avant-projet de texte conventionnel ou d'émettre un avis de première intention sur un texte à elle transmis par son ministre de tutelle ou par les ministères en charge des Affaires étrangères et européennes. La négociation est presque toujours conduite par un haut fonctionnaire du corps diplomatique nanti d'une lettre de pouvoirs ou de pleins pouvoirs pour diriger la délégation, à moins que le processus conventionnel ait pris place dans le cadre d'une organisation internationale où la France dispose d'un représentant permanent. Dans ce dernier cas, l'équipe de négociation peut inclure le cas échéant l'attaché douanier ou un chargé de mission *ad hoc* de la DGDDI. En tout état de cause, c'est le plénipotentiaire, ce professionnel de haute voltige qui a « appris non seulement à parler plus naturellement, mais surtout à débattre, à argumenter, à convaincre, sans trop d'efforts […], discuter, et [se] faire entendre, dans l'arène publique […] où la *Streitkultur*, la "culture de la dispute" […] si largement répandue [64] », qui réalise la conversion des données techniques du problème en langage diplomatique et juridique de l'État.

La DGDDI a sans doute les mains plus libres à l'OMD, organisation internationale à compétence technique comprenant 183 membres et qui, dans son rapport annuel 2020-2021, se présente à la fois comme « centre mondial d'expertise douanière » et « porte-parole de la communauté douanière internationale [65] ». Une « communauté douanière internationale » ? La formule est « sans doute importante », pour reprendre l'euphémisme du Pr Jean-Luc Albert. L'OMD tient un rôle décisif dans l'élaboration des règles techniques de normalisation, de facilitation, de coordination, de sécurisation et d'innovation technologique du commerce international et de la pratique douanière[66]. Mais l'amour n'y règne pas comme dans une communauté primitive. Rivaux malgré des liens historiques et

---

[64] Claude MARTIN, *Quand je pense à l'Allemagne, la nuit. Mémoires d'un ambassadeur*, Paris, Éditions de l'Aube, 2023, p. 463.

[65] Jean-Luc ALBERT, *Le droit douanier de l'Union européenne*, Bruxelles, Bruylant, 2023, p. 40.

[66] L'ouvrage précité du Pr Jean-Luc ALBERT y consacre de substantiels développements.

parfois même mortels ennemis, les États ne se transfigurent pas en fontaines d'innocence et de douceur par cela seul qu'ils sont unis par les liens de la douane. Ce qui se vérifie dans le cadre de l'OMD, c'est la dominance de la logique et de la culture douanières, dans ce qu'elles peuvent avoir de fond commun. Les accords — nombreux — de l'OMD sur le système harmonisé de désignation et de codification des marchandises, sur le carnet ATA pour l'admission temporaire des marchandises, sur l'évaluation en douane, les règles d'origine, la simplification et l'harmonisation des régimes douaniers, les décisions techniques comme la mise en place d'un facilitateur des règles d'origine (Rules of Origin Facilitator), la mise au point d'un cadre de normes sur le commerce électronique transfrontalier par la création d'un format international normalisé et unique de numéro d'identification des entreprises [67] (NIE)… toute cette activité normative internationale cristallise des intérêts plus financiers que politico-diplomatiques, plus douaniers que macro-économiques, et donnent à la DGDDI une légitimité de négociation plus forte que celle des grandes directions du ministère de l'Europe et des Affaires étrangères.

La négociation internationale consécutive aux avis internes des administrations redonne l'avantage aux « diplomates », qu'ils le soient de métier ou par le statut fonctionnel, mais ne signe pas la fin des rivalités corporatistes. Le traité en cours de négociation, qu'il concerne la matière douanière ou pas, représente un enjeu important par son impact sur les politiques publiques et de ce fait entraîne la mobilisation en interne des acteurs collectifs ou individuels qu'il affecte plus ou moins, soit qu'ils ont une compétence exclusive à protéger, soit qu'ils ont dans les arbitrages une influence prépondérante à préserver, soit encore qu'ils peuvent trouver dans la situation en cause une aubaine pour pénétrer dans un domaine dont ils étaient écartés jusqu'alors. L'orientation de la ligne de négociation ne cesse pas de se moduler au gré du rapport de force tel qu'il s'établit entre les différentes administrations ayant des intérêts spécifiques à faire valoir, mais au-delà, c'est la capacité à convaincre les autres délégations qui surdétermine les choix. Et ici, plus que de compétences techniques, c'est le talent magnifique d'un Clemenceau, d'un Mendès France ou d'un Delors, qui ouvre les voies du succès ou au moins d'un insuccès acceptable. De Jacques Delors l'ambassadeur

[67] Pour l'ensemble, on se référera encore à l'ouvrage du Pr Jean-Luc ALBERT précité.

Claude Martin écrit dans ses *Mémoires* : « Il excellait à rapprocher des hommes dont les croyances, les réflexions, les intentions paraissaient peu compatibles. Il savait les convaincre de se parler, et de travailler ensemble. Il arrivait même souvent à leur démontrer qu'au fond ils pensaient et voulaient la même chose, à l'image de ces jésuites qui avaient (presque) réussi au XVIIe siècle à convaincre le pape et l'empereur de Chine qu'ils appartenaient à la même Église[68]. »

Il y va des traités douaniers comme de tous les autres : à se focaliser sur les détenteurs officiels du pouvoir de négocier et conclure ou sur les administrations les plus intéressées à la matière du traité, on perd de vue la réalité masquée par les apparences alors que les faits n'ont de cesse de nous montrer qu'un traité résulte toujours d'une élaboration collective dont les participants débordent le cercle étroit des délégués officiels des États et des organisations internationales pour s'étendre à bien des acteurs publics et privés. Pour ces derniers d'ailleurs, mention spéciale doit être faite des groupes d'intérêt, qui exercent une emprise directe ou médiate sur la production conventionnelle[69]. Les enjeux économiques et financiers de la douane sont tels que la possibilité pour un acteur privé ou public d'intervenir dans le processus conventionnel douanier est en soi un enjeu de pouvoir. D'où l'importance de la lutte contre la corruption, regardée comme « l'un des aspects de la responsabilité des acteurs économiques les mieux ancrés dans le droit international contemporain[70] ». La ratification large du faisceau de conventions internationales conclues à cet objet[71] et la convergence étroite de leurs dispositions, souvent reconnues d'ordre public international au sens du droit international public[72], en disent long sur les enjeux de la

[68] Claude MARTIN, *Quand je pense à l'Allemagne, la nuit. Mémoires d'un ambassadeur*, Paris, Éditions de l'Aube, 2023, p. 308.

[69] R. VERNON, *Les entreprises multinationales. La souveraineté en péril*, Paris, Calmann-Lévy, 1973 ; Les multinationales, Paris, La Découverte, 1987 ; Ph. MERCIAL, *Les entreprises multinationales en droit international*, Bruxelles, Bruylant, 1995 ; AFRI, 2008 : Relations internationales et acteurs privés, p. 245-299 ; Ph. ROBE, A. LYON-CAEN, S. VERNAC (eds.), *Multinationals and the Constitutionalization of the World Power System*, New York, Routledge, 2016; A.-M. SLAUGHTER, *A New World Order*, Princeton, Princeton University Press, 2004; SFDI, L'entreprise multinationale et le droit international, colloque de Paris VIII, Pedone, 2017. L'efficacité de l'influence dépend naturellement du prestige politique des relais institutionnels ainsi que des ressources économiques, financières, diplomatiques et technologiques qu'ils sont à même de mobiliser.

[70] Hervé ASCENSIO, *Droit international économique*, 2e éd., Paris, PUF, coll. Thémis droit, 2020, p. 354, n° 722.

[71] Voir infra, au A de la 2e partie.

[72] L'ordre public international du droit international privé renvoie dans l'hypothèse haute à

cause, aussi bien pour l'effectivité, la loyauté, la sécurité et l'équité des opérations commerciales, monétaires et financières internationales que pour la fluidité, l'efficience et le développement équilibré des flux macro-économiques qui servent à l'échelle mondiale à assurer la stabilité économique et politique, la paix et la sécurité internationales globales et l'épanouissement humain dans un environnement sain et revitalisé.

L'Administration des douanes est naturellement l'instance opérationnelle de mise en œuvre des accords conclus par la France dans les matières douanières, péri-douanières, ou seulement confiées à la protection de la Douane. Pour l'exercice de cette fonction de réalisation des obligations juridiques dont elle est tenue, elle édicte des normes d'application sous la forme de circulaires, instructions de service, notes de service et autres mesures réglementaires de détail, mais aussi accomplit des actes concrets de réalisation matérielle portant sur des biens et des personnes, sans préjudice des décisions, certificats et actes de constatation dont celles-ci font usage. D'ailleurs, l'exclusivité de la compétence de l'UE pour produire les règles de l'union douanière n'a pas retiré aux États membres les compétences

« l'ordre public véritablement international » évoqué par l'arrêt *Lautour*, qui se réfère à « l'ensemble des principes de justice universelle considérés dans l'opinion comme doués d'une valeur absolue » (Civ.1, 25 mai 1948, *RCDIP*, 1949,89, note Batiffol ; *Sirey*, 1949.1, note Niboyet ; *JCP*, 1948.II.4532, note Vasseur). Au sens du droit international public, l'ordre public international a un contenu plus large et diversifié qui englobe la définition du droit international privé. Difficilement saisissable d'une formule catégorique, il renvoie invariablement aux exigences de maintien de la paix et de la sécurité internationales, de protection de la souveraineté et de l'autorité internationales de l'État, de respect des considérations élémentaires d'humanité, de sauvegarde des droits fondamentaux de la personne humaine et des personnes morales, et de préservation de l'environnement. Voir, Mireille DELMAS-MARTY, *Vers une communauté de valeurs ? Les forces imaginantes du droit*, IV, Paris Seuil, 2011 ; ouvrage collectif, *L'ordre public*, *Arch. phil. dr.*, t. 58, 2015/1; Maurice KAMTO, *La volonté de l'État en droit international*, *RCADI* 2004, t. 310 ; Robert KOLB, *Théorie du* jus cogens *international, essai de relecture du concept*, Paris, PUF, 2001 ; Pierre MAYER, « Le rôle du droit public en droit international privé », *RDIDC*, 1 986 467 ; M.-J. REDOR (dir.), *L'ordre public : ordre public ou ordres publics ? Ordre public et droits fondamentaux*, Actes du colloque de Caen, 11 et 12 mai 2000, Bruxelles, Nemesis/Bruylant, coll. Droit et justice, 2001 ; ouvrage collectif, *L'ordre public à la fin du XXe siècle*, Paris, Dalloz, 1996. Sous cet entendement, il ne se confond pas avec l'ordre public international du droit interne ou exception d'ordre public international, qualifié encore d'ordre public international atténué (l'expression est passablement inadéquate, quoique couramment utilisée), dont le juge ou l'administration tire exception pour mettre obstacle à l'application des lois et décisions étrangères dont le contenu heurte les conceptions dominantes de l'ordre juridique du *for* (Civ. 1, 7 janvier 1964, *Munzer*, *JCP* 1964.II.13590, note Ancel ; *RCDIP*, 1964.344, note Batiffol ; 4 octobre 1967, *Bachir*, n° 66-10294, *GA*, n° 45 ; Paris, 28 juin 1973, *dame Bendoleba*, *RCDIP*, 1974.505, note J. Foyer).

qui étaient les leurs relativement aux opérations matérielles de réalisation des règles de droit sur le territoire national, que celles-ci soient de source conventionnelle ou non conventionnelle : organisation de l'administration des douanes, règles d'établissement de la compétence des agents, mise en œuvre des contrôles, exécution de sanctions européennes ou internationales par saisies conservatoires de biens, transaction douanière et poursuite des infractions douanières, etc. Pour les besoins de l'application de l'Accord OMC sur la facilitation des échanges adopté par la conférence ministérielle de Bali en décembre 2013[73] et par suite celles du Protocole d'amendement pour l'insertion de ce nouvel accord à l'Annexe A du GATT 1994 le 27 novembre 2014 (l'Union européenne a adhéré à l'accord en octobre 2015), la Commission de l'UE pouvait donc concevoir les séries programmées d'actes nécessaires ainsi que les risques de conflits de normes, notamment au niveau des interférences avec les dispositions constitutionnelles des États membres. Elle n'a pas parlé pour rien en rappelant que « les autorités douanières de l'UE joueront un rôle de premier plan dans la mise en œuvre de l'accord, à la fois en montrant l'exemple à suivre et en agissant comme moteur du progrès en matière de facilitation des échanges au sein de l'UE et sur la scène internationale[74] ».

En effet ce sont les autorités douanières nationales, tous échelons confondus, qui sont les abeilles ouvrières de la ruche. Ce sont elles que l'organe d'appel vise, adossé à l'article XVI : 4 du GATT 1994, lorsqu'il rappelle non sans insistance l'« obligation claire pour tous les membres de l'OMC d'assurer la conformité de leurs lois, réglementations et procédures administratives existantes avec les

---

[73] Fondé sur le principe de confiance légitime mutuelle et sans préjudice de l'intérêt commun des membres de l'OMC au lissage des obstacles tarifaires impliquant leur réduction au niveau le plus bas, l'accord a l'ambition d'aller plus vite et plus loin encore dans l'accélération du mouvement international des marchandises par un allègement drastique des procédures de mainlevée et de dédouanement des marchandises, à l'import/export ou en transit ; voir J. M. FINGER, « The WTO Trade Facilitation Agreement: Form without Substance Again? », *JWT*, 2014, vol. 48, n° 6, p. 1279 et suiv. ; B. Czapnik, « The Unique Features of the Trade Facilitation Agreement: A Revolutionary New Approach to Multilateral Negotiations or the Exception Which Proves the Rule? », *JIEL*, 2015, vol. 18, n° 4, p. 773 et suiv.

[74] Communiqué de presse de la Commission européenne du 22 février 2017. Titulaire de la compétence pour conclure les accords internationaux de l'Union, le Conseil a adopté son instrument de ratification de l'accord le 1er octobre 2015 et l'a déposé auprès de la Direction générale de l'OMC le 5 octobre 2015. L'adhésion de l'UE est entrée en vigueur le 22 février 2017. Pour l'ensemble, voir Jean-Luc ALBERT, *Le droit douanier de l'Union européenne*, 2e édition, Bruxelles, Bruylant, p. 41-43.

obligations énoncées dans les accords visés[75] ». D'un regard plus discriminant, le GATT 1994 impose à ses membres le respect de certaines obligations en matière de « législation douanière » au sens large. L'article X : 1 exige que les lois douanières soient publiées par les moyens les plus adéquats, et l'article X : 3 a) impose qu'elles soient appliquées de manière « uniforme, impartiale et raisonnable ». Encore fallait-il que le contrôle du respect de ces obligations juridiques fût assuré par des tribunaux « indépendants » et investis du pouvoir d'agir avec célérité pour « réviser et [...] rectifier les mesures administratives se rapportant aux questions douanières ». C'est la condition même de l'existence d'un « état de droit » en matière douanière, dont l'affirmation contredit et rejette le protectionnisme forcené que les produits importés de l'étranger — c'est-à-dire hors UE — subissent en victimes expiatoires[76]. L'article X : 3 b) s'est chargé de poser cette norme de garantie.

L'effet direct — ou applicabilité directe — d'un traité international lui permet de régir directement les situations propres aux particuliers, sans aucune nécessité pour l'État d'adopter des mesures internes d'exécution autres que la publication du traité. Le procédé est donc favorable aux particuliers bénéficiaires de droits en vertu d'un traité : l'acte conventionnel étant d'effet direct, la loi ou le règlement ne peut plus faire écran à son entrée dans le patrimoine juridique des particuliers, ce qui lui assure une pleine effectivité. Or par une jurisprudence constante, et d'accord avec le Conseil, la CJCE a toujours statué dans le sens contraire des conclusions de l'avocat général pour dénier tout effet direct aux accords de l'OMC ainsi qu'aux recommandations et décisions de l'ORD qui en sont les applications juridictionnelles. Quelque peu lassée de dire et redire le même droit en réponse à la même question, la Cour statuant en Grande Chambre dans l'affaire Léon Van Parys n'a pas craint de laisser penser que sur cette question de l'effet direct elle s'inspire de la règle du précédent obligatoire, en soulignant par des traits de plume trois fois repassés qu'« Il est de jurisprudence constante que compte tenu de leur nature et de leur économie, les accords de l'OMC ne

[75] OA, CE — Sardines, WT/DS231/AB/R, 26 septembre 2002, § 213.
[76] OA, *Thaïlande — Cigarettes (Philippines)*, WT/DS/371/AB/R, 17 juin 2011, § 186-222 ; voir D. CARREAU, P. JUILLARD, R. BISMUTH, A. HAMANN, *Droit international économique*, préc., spéc., p. 67-68.

figurent pas en principe parmi les normes au regard desquelles la Cour contrôle la légalité des actes des institutions communautaires[77] ».

Les subtilités du droit européen et international sont parfois telles qu'elles forcent à l'égarement des esprits les plus affûtés. Alors qu'il paraît évident que la CJCE règle ici une question de rapport hiérarchique entre les accords de l'OMC et le droit communautaire dérivé, c'est en réalité une question bien distincte, celle de l'effet direct des accords de l'OMC dans l'ordre juridique de l'Union européenne qui est tranchée. Puisque l'Union européenne a adhéré à l'OMC au 1er janvier 1995, qu'il s'ensuit par une exigence logique irréfutable que le droit communautaire, droit interne de l'Union est impuissant à justifier la méconnaissance des engagements internationaux par lesquels elle s'est liée dans le cadre de cette organisation, la seule question posée et à résoudre est celle de savoir si au-delà des États et territoires douaniers membres, les traités OMC pertinents incluent les particuliers dans les relations juridiques qu'ils instaurent, et de la sorte créent des obligations et/ou des droits dans le chef de ces particuliers qu'il est de l'office des juridictions nationales de protéger. En considération de ces données juridiques, si la CJCE décide que les accords de l'OMC ne sont pas en principe au nombre de normes conventionnelles au regard desquelles elle contrôle la légalité des actes des institutions communautaires, ce n'est pas pour rejeter le principe de primauté de la norme conventionnelle — librement consentie — sur le droit interne, mais pour signifier qu'en l'absence d'effet direct de ces accords commerciaux, les situations propres aux particuliers échappent à l'emprise de leurs stipulations, ce qui rend sans objet et donc juridiquement stérile l'exercice de la mission impartie au juge de sanctionner le respect de ces droits et obligations : dans la situation considérée ils n'ont pas été conférés aux particuliers, ce dont il suit que ceux-ci ne peuvent agir en réclamation judiciaire de droits qu'ils ne possèdent pas.

Conforté dans sa prise de position par la jurisprudence de la CJCE, le Conseil a pris le parti de dénier tout effet direct à l'accord instituant

---

[77] CJCE, Gr. Ch., 1er mars 2005, *Léon Van Parys*, aff. C. 377/02, *Rec.*, point 39. Par cette décision solennelle, la Cour a entendu clore de façon définitive un débat remis maintes fois sur l'ouvrage, et sans cesse tranché par elle dans le même sens. Voir en particulier CJCE, 12 décembre 1972, *International fruit company*, aff. 21 à 24-1972, *Rec.*, p. 1220 ; 23 novembre 1999, *Portugal c. Conseil*, aff. C 149/96, *Rec.* 1999 I-08395 ; Ass., 30 septembre 2003, *Biret et Cie SA c. Conseil*, aff. C 93/02.P., Rec. 2003 I-10565. Pour la doctrine, voir Sébastien JEANNARD, *Les transformations de l'ordonnancement juridique douanier en France*, préc.

l'OMC, y compris ses annexes, non seulement par un souci d'harmonisation de sa manière de voir avec celle d'autres partenaires, notamment les États-Unis, mais aussi pour ne pas priver les institutions de l'Union ainsi que les États membres de toute marge de manœuvre normative dans l'exécution de leurs obligations conventionnelles. Le défaut d'effet direct d'un traité impose aux parties contractantes d'adopter des mesures internes d'exécution qui sont le passage obligé pour que le contenu des stipulations conventionnelles soit accessible aux particuliers. Le droit communautaire dérivé (règlements, directives, décisions, avis pris en forme d'actes législatifs ou non législatifs) suffit pour l'essentiel à ces mesures internes d'exécution puisqu'il est en général d'effet direct, qu'il a primauté sur les droits nationaux des États membres, et surtout, qu'il est intégré aux droits nationaux de ces États[78]. L'unité, et l'homogénéité, des mesures internes européennes d'exécution est ainsi pleinement assurée. Mais le Conseil constitutionnel se borne à contrôler la conformité à la Constitution des dispositions législatives nationales de transposition qui relèvent de la marge nationale d'appréciation des États selon l'article 34 du TUE. Il n'est pas juge de la constitutionnalité du droit de l'UE, pas davantage d'ailleurs qu'il ne peut apprécier la conformité des lois au droit de l'UE à l'instar des juridictions administratives et judiciaires. Les directives de l'UE (ce sont elles qui posent le plus souvent une obligation de transposition) seraient-elles donc hors de portée de toute critique au regard de la Constitution ? Ce serait aller bien vite en besogne que de l'imaginer. La directive qui heurte « une règle ou un principe inhérent à l'identité constitutionnelle de la France » ne pourrait y survivre qu'à la seule condition « que le Constituant y ait consenti[79] ».

---

[78] Le Conseil constitutionnel l'a clairement indiqué dans sa décision du 19 novembre 2004 : « le Constituant a consacré l'existence d'un ordre juridique communautaire intégré à l'ordre juridique interne et distinct de l'ordre juridique international », n° 2004-505 DC, *Traité établissant une Constitution pour l'Europe*, *GDCC*, n° 25, consid. 11. L'article 88-1 de la Constitution énonce que la « République participe à l'Union européenne constituée d'États qui ont choisi librement d'exercer en commun certaines de leurs compétences en vertu du Traité sur l'Union européenne et du Traité sur le fonctionnement de l'Union européenne tels qu'ils résultent du traité signé à Lisbonne le 13 décembre 2007 ». Et le Haut Conseil d'en déduire une exigence constitutionnelle de transposition en droit interne d'une directive de l'Union européenne (CC, n° 2004-496 DC, 10 juin 2004, loi sur l'économie numérique), confirmant ainsi l'intégration à la Constitution du principe de primauté du droit dérivé de l'UE, et par la même occasion la compétence du Conseil pour contrôler le respect de cette obligation constitutionnelle, sans que son pouvoir s'étende pour autant à l'examen de la conformité du droit dérivé aux traités européens.

[79] CC, 27 juillet 2006, n° 2006-540 DC, consid. 9 ; 30 novembre 2006, n° 2006-543 DC,

De son côté, lorsqu'il est saisi d'un recours pour excès de pouvoir invoquant l'inconstitutionnalité d'un décret transposant une directive de l'UE, le Conseil d'État est contraint à un équilibrisme plus délicat encore, tenu qu'il est de faire droit à la primauté constitutionnelle du droit de l'UE sur le droit interne tout en assurant le respect de la norme universellement admise qui place la Constitution au-dessus de tout, comme l'Allemagne dans l'hymne national qu'elle s'est donné. Alors, il écoute tout d'abord la Constitution dire la volonté du Constituant relativement à la primauté du droit de l'UE, et pour ne pas en déduire une règle constitutionnelle de subordination de la Constitution elle-même au droit de l'UE, s'impose de tenir la balance égale entre les deux ordres juridiques en recherchant dans le droit de l'UE un principe ou une règle susceptible de sanctionner par ricochet l'inconstitutionnalité du décret de transposition, en tenant la Constitution hors de cause. Si s'élève une difficulté d'interprétation de la règle ou du principe extrait du droit de l'UE, le Conseil d'État saisira la CJUE d'une question préjudicielle (art. 267 TFUE). C'est en l'absence d'une règle ou d'un principe de droit de l'UE assurant une sanction effective du décret irrégulier équivalente à celle prévue dans le cadre d'un contrôle de constitutionnalité que le Conseil d'État n'aura d'autre choix que de s'appuyer sur la Constitution pour apprécier la conformité juridique du décret de transposition[80], sauf s'il apparaissait que ce décret a été pris par ailleurs en application d'une loi dont la constitutionnalité n'est pas litigieuse. Cette loi fait alors écran entre le décret et la Constitution, et aussi longtemps que l'inconstitutionnalité de la loi n'aura pas été établie par la voie de la QPC, l'inconstitutionnalité du décret qui en fait application en transposant à la fois une directive de l'UE, ne pourra pas être vérifiée[81].

Au bout du compte donc, c'est la Constitution qui l'emporte, soit qu'elle laisse la main au droit de l'UE à charge pour celui-ci d'offrir les règles et principes assurant des garanties équivalentes à celles des dispositions constitutionnelles, soit qu'en l'absence de telles normes dans le droit de l'UE, elle pose les siennes en substitut naturel désignant au droit de l'UE les valeurs juridiques supérieures qu'il doit s'attacher à conquérir. Parce que c'est le peuple souverain organisé en

---

Secteur de l'énergie, *GDCC*, n° 18 ; CE, Ass., 8 février 2007, *Société Arcelor Atlantique et Lorraine et autres*, n° 287110, *Rec.* ; GAJA, n° 109.

[80] CE, Ass., 8 février 2007, *Société Arcelor Atlantique et Lorraine et autres*, *GAJA*, préc.

[81] CE, 6 décembre 2012, *Société Air Algérie*, req. n° 347870, 347871, *Rec.*, 398.

pouvoir constituant qui a lié sa volonté souveraine en consentant au principe de primauté du droit de l'UE, ce principe posé ne peut se hisser au-dessus de l'autorité publique qui l'a instauré. C'est cette vérité fondamentale assez vite oubliée que le Conseil d'État s'est efforcé de reconquérir en énonçant dans son arrêt du 2 décembre 2001, Syndicat national de l'industrie pharmaceutique, que le principe de primauté du droit communautaire articulé par la Constitution elle-même « ne saurait [pour autant] conduire dans l'ordre interne à remettre en cause la suprématie de la Constitution[82] ».

Sous l'éclairage de l'adhésion forte de l'UE à la facilitation et à la simplification des échanges pour une revitalisation vigoureuse du commerce international assise sur « un plan d'action » devant « faire passer l'union douanière à l'étape supérieure » selon la Déclaration faite par le Conseil de l'UE le 21 décembre 2020[83], on saisit tout le sens des prescriptions d'apparence anodine faites par la Commission aux autorités douanières de l'Union — c'est-à-dire les administrations douanières des États membres — pour jouer un rôle de premier plan dans la mise œuvre de l'Accord sur la facilitation des échanges, à la fois en se posant comme modèle d'inspiration universelle et en tenant un rôle de moteur du progrès en la matière[84]. La Commission laisse entendre sans ambiguïté ce qu'elle ne peut dire ouvertement et soutenir juridiquement : elle ne peut clamer à haute voix que l'exécution des engagements commerciaux et douaniers de l'Union européenne passe par un ensemble d'opérations que le droit communautaire dérivé ne détermine pas intégralement.

En effet, les dispositions constitutionnelles des États membres peuvent tenir en échec certaines règles d'exécution édictées à l'échelle de l'Union nonobstant l'effet direct et la primauté du droit communautaire dans les ordres juridiques des États membres[85]. Parce

---

[82] CE, 3 décembre 2001, *Rec.*, 624.

[83] Déclaration du Conseil de l'UE, 21 décembre 2020, 14 292/20 REV 4, et 13831/20, site Conseil UE.

[84] Communiqué de presse de la Commission européenne, 22 février 2017, dans Jean-Luc ALBERT, *Le droit douanier de l'Union européenne*, préc., p. 41 ; *adde*, p. 42 et 43, où l'auteur indique que l'Union a poursuivi son action multilatérale de promotion de la gestion des frontières « avec très clairement la volonté de faciliter et simplifier davantage les échanges » en souscrivant à la Déclaration de l'OMC du 2 décembre 2021 sur la conclusion des négociations sur la réglementation intérieure dans le domaine des services, que la Chine, les États-Unis, le Japon, la Russie et bien d'autres ont cosignée.

[85] Il est constant en droit international que le droit interne, même constitutionnel, est impuissant à justifier la violation d'un engagement international [ou d'une obligation non conventionnelle]. L'article 27 de la Convention de Vienne du 23 mai 1969 sur le droit des

que dans l'exécution des accords douaniers et para-douaniers comme ailleurs il s'agit de mobiliser et d'articuler de la façon la plus adéquate les moyens juridiques, matériels et humains dont l'administration dispose, cela emporte presque toujours la réalisation de séries plus ou moins programmées d'actes successifs ou concomitants, matériels ou juridiques, impliquant un nombre plus ou moins important d'individus ou de services. La rationalisation de ce système d'action collective se résout dans la prise de décisions d'application au niveau central et/ou à un niveau déconcentré fixant aux différentes catégories d'acteurs intéressés de nouveaux objectifs, présumés inférieurs au regard du statut et des fonctions de leurs destinataires, mais non moins susceptibles d'affecter en feedback le contenu de la norme supérieure à exécuter. Dès lors, à bien considérer les choses, il n'apparaît pas que l'acte inférieur par le statut le soit entièrement par la portée pratique.

b. L'ingérence muette de la création normative dans l'interprétation et l'application des accords douaniers

Lorsque l'on évoque les sources du droit douanier, le regard se porte instantanément sur les traités conclus en la matière par l'Union européenne et la France, le droit communautaire dérivé, et les textes nationaux — lois, décrets et arrêtés — qui en transposent les règles. Si le « code des douanes » est assorti du sous-titre « code des douanes de l'Union », c'est justement pour déférer à l'exigence de mise en conformité de l'appellation du Code dans son ensemble avec les réalités de la répartition des compétences entre l'UE et les États membres, les règles de l'union douanière, économique et monétaire étant l'une des composantes principales des domaines de compétence exclusive de l'Union. Or limiter les sources du droit douanier aux formes juridiques classiques auxquelles s'arrêtent nos manuels de droit international et européen (traités internationaux classiques, droit originaire et dérivé de l'UE, lois, décrets, arrêtés, jurisprudences internationale, européenne et nationale) serait de la même veine que la

---

traités qui codifie pour l'essentiel des règles coutumières l'énonce en des termes clairs et définitifs : « Une partie ne peut invoquer les dispositions de son droit interne comme justifiant la non-exécution d'un traité. » La résolution AG-ONU 56/83 du 12 décembre 2001 qui « prend note des articles sur la responsabilité de l'État pour fait internationalement illicite présentés par la Commission du droit international » (art. 3) réaffirme le principe : « La qualification du fait de l'État comme internationalement illicite relève du droit international. Une telle qualification n'est pas affectée par la qualification du même fait comme licite par le droit interne. » Cela convie certes à admettre le principe de primauté du droit international en termes d'obligation de non-divergence du droit interne, mais n'implique nullement de percevoir les rapports entre les deux ordres juridiques en termes de hiérarchie et de validité.

conception doctrinale et de sens commun qui réduit le droit aux lois, manière de voir conduisant à amputer le droit de ses racines de vie et de production de sens. Il importe dès lors d'aller plus loin, à la recherche des marques de ces « petites sources » en apparence que sont les sources interprétatives (circulaires, instructions, déclarations…) auxquelles les silences, les ambiguïtés et la dynamique sémantique de la règle écrite peuvent conférer le premier rôle. L'importance de ces sources présumées « mineures » a d'ailleurs grandi au point que le Conseil d'État a été amené à hisser certaines d'entre elles au rang de circulaires impératives[86] et que, surtout, certains actes pris par les autorités douanières en forme de circulaire, d'instruction de service, voire de simple déclaration peuvent prendre valeur d'actes de gouvernement dans les relations internationales, ce qui leur confère, on le sait, un statut juridique d'exception qui les immunise de toute contestation devant un juge[87].

Si l'on admet que l'application et l'interprétation sont indissociables, dès lors que l'administration est en charge de l'application combinée des règles de droit international, de droit de l'Union européenne et de droit interne, elle est au cœur de l'ingénierie juridique et politique par laquelle jaillit la force créatrice de la juridicité et de l'effectivité de la règle de droit. On se suffira d'un exemple simple montrant que hors les directives, il arrive que le droit de l'Union européenne ouvre par l'interprétation des champs d'action permettant aux États d'exprimer leurs volontés législatrices autonomes.

La circulaire NOR : FCPD 1611516C du 29 avril 2016, « relative à l'instruction rénovée sur la certification Opérateur économique agréé (OEA) suite à l'entrée en application du code des douanes de l'Union » rappelle à son point B.2. que « le pouvoir de définir et d'adopter les mesures d'exécution relatives aux textes communautaires appartient en principe aux États membres ». Seulement en principe ! C'est dire que l'Union n'en est pas entièrement dépourvue et peut elle aussi l'exercer quand il apparaît « indispensable » que des « conditions uniformes d'exécution » soient définies, conformément aux dispositions de l'article 291 TFUE. Et la circulaire en déduit, se référant au considérant 5 du CDU, que l'acte

[86] CE, Ass., 18 décembre 2002, Mme Duvignères, *GAJA*, 23e édition, 2021.

[87] Pour une étude détaillée, voir M. SINKONDO, « Une pierre d'angle de la construction juridique de l'État : l'irréductible acte de gouvernement dans les relations internationales », *RRJ*, 2006-1 préc.

de la législation européenne soucieux de son exécution uniforme « devra prévoir explicitement le recours à des mesures d'exécution élaborées à l'échelle communautaire ». L'interprétation de la disposition, guidée par la volonté du législateur européen elle-même adossée aux mécanismes de combinaison productive des règles du droit international et du droit communautaire, admet ainsi que, dans les hypothèses — de principe — où ce sont les États membres qui édictent ces mesures d'exécution, les conditions de mise en œuvre puissent varier d'un État à l'autre. De la sorte, le contenu de la circulaire transcrit dans un droit de l'UE un principe structurel du droit international selon lequel chaque État étant le juge naturel en première instance de ses propres obligations internationales et de celles d'autrui à son égard, il est par cela titulaire d'un large pouvoir d'appréciation n'excluant pas les interprétations et applications différenciées de la norme, sa marge de manœuvre n'étant limitée que par quelques règles prohibitives tirées de l'ordre public international et de l'obligation de bonne foi dans l'application des traités, si tant est d'ailleurs que cette obligation soit déterminable avec certitude[88].

La capacité de comprendre et d'interpréter est sans conteste une ressource de pouvoir. Cela vaut notamment pour tout ce qui relève de l'art, du langage et des textes. Mais « comprendre » et « interpréter », où est la différence ? En un certain sens, les deux termes se valent parce que la relation de l'acte [de comprendre ou d'interpréter] à son objet est de la même nature dans les deux cas. L'interprétation est une figure de la compréhension. On l'admettra volontiers, de la même manière que l'on ne pourra sérieusement contester que comprendre c'est toujours déjà interpréter, en considération de ce que « la compréhension est toujours un acte donateur de sens[89] ». Un élément de contraste se glisse néanmoins entre les deux actes de pensée. Appliquée au domaine du droit, la compréhension illustre le mouvement de séparation du droit d'avec le non-droit. C'est « le geste originaire du don de la loi, le silence qui fonde l'autorité de celui qui dit le droit [...] Il faut la redécouvrir dans l'émerveillement à l'origine de toute normativité », écrit le Pr Gérard Timsit[90]. La compréhension

---

[88] On consultera sur la question l'ouvrage suggestif du Pr Serge SUR, *L'interprétation en droit international public*, Paris, LGDJ, coll. Bibliothèque de droit international, vol. LXXV, 1974, spécialement la 1re partie où l'auteur démonte les arcanes de l'interprétation charnière entre le droit et la politique.

[89] Ioana VULTUR, *Comprendre. L'herméneutique et les sciences humaines*, Paris, éd. Gallimard, coll. Folio Essais, 2017, p. 14.

[90] Gérard TIMSIT, *Les figures du jugement*, Paris, PUF, 1993, p. 120-121.

est en quelque sorte le langage créateur de l'objet dans les systèmes de représentation, puisqu'il n'existe aucune possibilité de contact antérieure au langage qui permettrait de vivre l'objet en soi[91]. Par sa nature même, l'acte de compréhension est de l'ordre de la totalité englobante, de l'achevé clos qui n'a pas à convaincre de sa valeur et de sa portée. La compréhension est transparente, évidente, et de ce fait suffit pleinement, de son expression implicite, à la différence de l'interprétation, travail conscient de reconstruction de l'objet, du discours ou du texte qui en précise le sens en même temps qu'il en démultiplie à plus ou moins grande échelle les ressources productives.

La théorie de l'acte clair longtemps appliquée par le Conseil d'État et la Chambre criminelle de la Cour de cassation comme condition de la compétence du juge pour interpréter les traités internationaux est en quelque sorte la version rationalisée de l'interprétation allégorique dont saint Augustin fut sans doute la figure la plus représentative[92]. L'acte international clair renvoie pour ceux qui y croient à des référents précis et sûrs, qui sont à la fois le départ et le terme de la signification. L'interprétation d'un tel acte serait donc une clause de style à fonction d'insistance confirmative parce que le changement de formules linguistiques n'apporterait aucune plus-value de sens, de valeur et de portée. Le juge ne pouvait ainsi se livrer à l'interprétation des traités que dans les seuls cas où il avait l'absolue certitude de ne courir aucun risque d'erreur dans la restitution de la volonté commune des parties[93]. La jurisprudence sur ce point a changé. Les hautes juridictions administratives et judiciaires se sont désormais réservé le pouvoir d'interpréter les traités dans les affaires soumises à leur examen[94] sans que cela affecte le pouvoir propre de l'administration

---

[91] R. RORTY, *Objectivisme, réalisme et vérité*, 1991, Paris, PUF, 1994, trad. Jean-Pierre Cometti. La philosophie pragmatiste américaine depuis Charles Sanders Peirce au tournant du XIXe et du XXe siècle a été particulièrement prolixe sur ce point.

[92] Selon saint Augustin, l'Écriture sainte peut être comprise par tout le monde, ses énoncés étant souvent si pleins de clarté qu'ils envahissent la conscience du chrétien. Aussi ne faut-il recourir à l'herméneutique et plus spécialement à l'interprétation allégorique que pour déchiffrer les passages obscurs et ceux qui ne paraissent pas conformes à la doctrine chrétienne. Si le sens littéral — immédiatement accessible — ne convient pas ou soulève des questionnements légitimes, il faut se demander quel est le sens figuré ou spirituel qui se cache derrière le premier sens. Voir, Tzvetan TODOROV, Symbolisme et interprétation, Paris, Seuil, coll. Poétique, 1978, p. 92 et 106.

[93] CE, 23 juillet 1823, *Dame veuve Murat Comtesse de Lipona*, Rec. p. 545 ; 3 septembre 1823, *Rougement*, S. 1822-24, 2, p. 264 ; 19 juin 1964, *Société des pétroles Shell-Berre*, n° 47 007 ; Cass., crim., 27 juillet 1877, *Yter*.

[94] Le revirement de jurisprudence du Conseil d'État est survenu avec l'arrêt *GISTI* rendu le 29 juin 1990, où la haute juridiction administrative affirme qu'il est de l'office du juge

en la matière dans le quotidien de la vie économique, politique et sociale. Ce pouvoir d'interprétation est d'ailleurs si bien établi que la première chambre civile de la Cour de cassation a cru devoir souligner dans son arrêt de revirement jurisprudentiel Banque africaine de développement rendu le 15 décembre 1995 que lorsque l'interprétation gouvernementale existe déjà, le juge doit s'y tenir dès lors qu'elle est claire, suffisante et non controversée : elle est le décodage parfait de la volonté des parties consignée dans le texte du traité.

La « communauté douanière » européenne et mondiale a été séduite, comme Schleiermacher, par l'esprit du nominalisme, mais d'un nominalisme ouvert, non dogmatique, tel celui hérité des premiers nominalistes ou « scotistes[95] » qui avaient, eux, le sens des obligations découlant des règles de la justice générale ou des principes de la morale sociale attestés par l'ancienneté, la généralité et la répétition. Schleiermacher tenait l'interprétation pour une composante de l'activité langagière, le langage n'étant à son regard éclairé plus tard par Ferdinand de Saussure, rien d'autre qu'une combinaison arbitraire de signes rendant possible la faculté de penser et consacrée par un usage social communautaire[96]. Par les caractères qu'elle tient de son

---

administratif d'interpréter les traités dans les affaires soumises à son examen, sans aucune nécessité de renvoyer à l'interprétation d'une instance non juridictionnelle. La première chambre civile de la Cour de cassation a repris la même formule dans son arrêt *Banque africaine de développement* du 15 décembre 1995 consécutif à l'arrêt *Beaumartin c. France* de la Cour européenne des droits de l'homme (24 novembre 1994). La Chambre criminelle a suivi le mouvement d'alignement des jurisprudences nationales à partir de l'arrêt du 11 février 2004 (nº 02-84.472, *Bull. crim.* 2004, nº 37, p. 150) qui reprend lui aussi à l'identique le motif de l'arrêt *GISTI.*

[95] Même si le plein essor du nominalisme est lié au nom de Guillaume d'Occam (1285-1347), c'est John Duns Scot (vers 1266-1308) qui fut le plus remarquable des premiers nominalistes.

[96] Dans le *Cours de linguistique générale* publié sous ce titre en 1916 (Payot, Paris) après sa mort survenue en 1913, par certains de ses étudiants d'après les notes prises pendant ses cours magistraux, Ferdinand de Saussure explique que le signe linguistique ne fonctionne pas isolément, qu'il n'a de pertinence que mis en relation avec les autres signes de la langue, que c'est dans ce cadre que l'on peut précisément parler de « système de signes », et qu'intervient la notion de « valeur ». « Psychologiquement, enseigne-t-il, abstraction faite de son expression par les mots, notre pensée n'est qu'une masse amorphe et indistincte. […] Il n'y a pas d'idées préétablies, et rien n'est distinct avant l'apparition de la langue. […] Le rôle caractéristique de la langue vis-à-vis de la pensée n'est pas de créer un moyen phonique matériel pour l'expression des idées, mais de servir d'intermédiaire entre la pensée et le son, dans des conditions telles que leur union aboutit nécessairement à des délimitations réciproques d'unités. […] Non seulement les deux domaines reliés par le fait linguistique sont confus et amorphes, mais le choix qui appelle telle tranche acoustique pour telle idée est parfaitement arbitraire. […] Le lien de l'idée et du son est radicalement arbitraire. À son tour, l'arbitraire du signe nous fait mieux comprendre pourquoi le fait social peut seul créer un système

appartenance au langage, toute interprétation juridique est conventionnelle : la justice et l'équité ne tiennent pas les premiers rôles dans le scénario des normes juridiques puisque le droit n'est pas plus l'expression du réel que le langage articulé dont il participe, mais constitue comme celui-ci un simple instrument de compréhension et de communication abstrait et socialement neutre. Il s'ensuit que son changement de code relève du temps long et aléatoire, parce qu'il répond à des influences économiques, politiques et sociales faibles[97]. Définie comme « un système de pures valeurs[98] », la langue est douée d'un mode de fonctionnement dont la description ne peut que faire abstraction des transformations qui l'ont généré. Pour assurer une communication efficace, fluide, sûre, précise et totale, la langue ne pouvait se construire que par un système de valeurs linguistiques épuré, complexe et rigoureusement organisé[99]. Le droit international s'en est inspiré aussi bien dans la matière conventionnelle que coutumière, et la communauté douanière européenne et mondiale y a trouvé le modèle de son propre système de communication.

Dans le cadre du système de coopération inclusive ou d'agrégation politique qui est celui de l'Union européenne, le décloisonnement des canaux de la communication juridique interne est plus qu'une nécessité : c'est un comportement inhérent au système, comme la CJUE l'a souligné dans une ordonnance du 1er octobre 2018 au sujet de la liberté la plus large reconnue aux juridictions nationales pour saisir la Cour d'une demande préjudicielle en interprétation d'une norme du droit de l'Union[100] (art. 267 TFUE, ex-art. 234 TCE). Le

---

linguistique. La collectivité est nécessaire pour établir des valeurs dont l'unique raison d'être est dans l'usage et le consentement général ; l'individu à lui seul est incapable d'en fixer aucune », Ferdinand de SAUSSURE, *Cours de linguistique générale*, Paris, Payot, 1916, réimpr., p. 155-157.

[97] Friedrich D. E. SCHLEIERMACHER, « Les discours de 1829 », dans *Herméneutique. Pour une logique du discours individuel*, trad. de l'allemand par Christian Berner, Paris, éd. Cerf/PUL, 1987.

[98] Ferdinand de SAUSSURE, *Cours de linguistique générale*, préc., p. 116.

[99] Ferdinand de SAUSSURE y insiste : « [...] aucun système ne porte ce caractère [de système de valeurs complexe et rigoureusement organisé] à l'égal de la langue : nulle part on ne constate une pareille précision des valeurs en jeu, un si grand nombre et une telle diversité des termes, dans une dépendance réciproque aussi stricte », *Cours de linguistique* générale, préc., p. 117.

[100] CJUE, ord., 1er octobre 2018, *Miastro Lowicz*, aff. jointes C-558/18 et C-563/18, dans Jean-Luc ALBERT, *Droit douanier de l'Union européenne*, 2e éd., préc., p. 489, note n° 990. Le renvoi préjudiciel assure l'unité d'application et d'interprétation du droit de l'Union européenne et constitue un instrument de protection des justiciables, tout particulièrement des personnes privées. Ces fonctions d'harmonisation intégrative et de protection égale du droit communautaire sont à l'arrière-plan de toute la jurisprudence européenne. La Cour l'a rappelé

besoin naturel d'une intercommunication fluide, continue, efficace et sûre, trouve son répondant dans le modèle de lissage des statuts, des fonctions, des procédures et des langages, tels que l'organisation et le fonctionnement du Comité du code des douanes et le passage au « tout électronique » du commerce international et des formalités douanières en constituent des figures achevées.

Les traités communautaires et le droit communautaire dérivé relatifs à la coopération loyale, au respect et à l'assistance mutuels entre l'Union et les États membres dans l'accomplissement des missions découlant des traités, ainsi qu'à l'uniformité d'application et d'interprétation du droit communautaire ou à la codification des langages du droit de l'Union, ne sont pas fondamentalement surdéterminés par des considérations économiques, politiques, éthiques, idéologiques, ou des préoccupations d'intérêts individuels ou de justice commutative. C'est par cela qu'ils s'apparentent à un système de pures valeurs, que rien ne détermine du dehors pour l'essentiel, leurs liens — sans rapports de détermination directe — avec les réalités de la vie internationale constituant malgré tout l'élément de compréhension ou d'interprétation qui vient atténuer et relativiser l'étendue de la liberté de faire et dire le droit conventionnel. Ainsi, parce qu'il est un type idéal des organes de coopération intégrative inhérents au système communautaire, le Comité du code des douanes associe tous les États membres, laisse à chacun des États la liberté de décider de la composition de sa délégation, habilite un État membre à en représenter un autre, et même permet que certains États non membres de l'Union (Turquie, Suisse, Andorre, Norvège) ou

---

avec éclat dans les affaires *Aziz Melki* et *Selim Adeli* jugées le 22 juin 2010 (aff. C—188/ 10 et C-189/10) sur renvoi de la Cour de cassation française, concernant le caractère prioritaire accordé par le droit français à la procédure de la QPC lorsque se pose simultanément la question de la compatibilité de cette loi avec le droit de l'Union. La CJUE rappelle dans un style comminatoire que le juge national doit être libre de saisir la Cour de justice à toute hauteur utile de la procédure, de toute question préjudicielle qu'il juge nécessaire à la protection juridictionnelle provisoire des droits conférés par l'ordre juridique de l'Union, et même à l'issue du contrôle de constitutionnalité, doit laisser la loi nationale inappliquée s'il la juge contraire au droit de l'Union. Le mécanisme de la question préjudicielle « repose sur un dialogue de juge à juge » ainsi le dit la CJCE dans son arrêt *Kempter* du 12 février 2008 (*Rec.*, 2008, p. 411). Dans une perspective plus ouverte encore sur le projet d'intégration juridique communautaire, l'avocat général Darmon y a même vu « le détour communautaire d'une procédure nationale » (« Réflexions sur le recours préjudiciel », *CDE*, 1995, p. 578). Pour l'ensemble, voir en particulier, Claude BLUMANN, Louis DUBOUIS, *Droit institutionnel de l'Union européenne*, Paris, Litec LexisNexis, 4e éd., 2010 ; J.-L. CLERGERIE, *Le renvoi préjudiciel*, Paris, Ellipses, 2000 ; J. PERTEK, *La pratique du renvoi préjudiciel en droit communautaire*, Paris, Litec, 2001.

en procédure d'adhésion puissent participer aux activités des sections du Comité qui les intéressent particulièrement.

C'est cependant le processus de dématérialisation totale du commerce international et des formalités douanières vigoureusement engagé depuis la « décision d'exécution établissant un programme de travail pour le Code des douanes de l'Union » adoptée par la Commission le 29 avril 2014 qui symbolise au plus haut point l'agrégation des États membres en une véritable communauté douanière. En son sein, l'unification des procédures douanières par leur conversion en un système de signes et de valeurs commun maximalise la communication interne, contribuant ainsi, selon le Pr Jean-Luc Albert, « à une intégration européenne nettement plus avancée, à défaut de voir se créer une administration des douanes européenne[101] ». L'observation est édifiante pour l'émancipation de fait de l'administration des douanes de sa sphère de pouvoir statutaire, officiellement bornée par la loi et les traités. Elle s'étend de fait à l'allocation de valeur juridique à ces instruments par libre détermination des mécanismes d'accession à la juridicité, sans interférence significative d'éléments exogènes de conditionnement, comme procède un pouvoir de souveraineté, le souverain étant celui-là qui, de son acte totalement discrétionnaire, « décide de la situation d'exception » selon la célèbre formule de Carl Schmitt[102].

On l'a dit, bien davantage que la Justice et la police, que la nature de leurs missions respectives place sous le regard direct des libertés et droits individuels considérés dans la culminance de leur transcendance, la Douane est du parti de Hegel, pour qui la liberté de chacun a une finalité indissociable des buts de la communauté. L'immense philosophe du « Tout », de l'État et du droit en avait extrait un axiome fondateur, celui de l'État expression institutionnelle évolutive d'un intérêt général considéré comme le mode d'existence, de perfection et de garantie des intérêts particuliers[103]. L'État hégélien n'étant pas un produit du contrat social comme chez Hobbes, Locke ou Kant, mais le dépassement de l'individu par une réalité institutionnelle qui rend possible l'affirmation de son individualité irrétractable, il devient ainsi la plus haute des réalités, une réalité totalisante, « en soi et pour

---

[101] Jean-Luc ALBERT, *Le droit douanier de l'Union européenne*, préc., p. 492.

[102] Carl SCHMITT, *Théorie de la Constitution*, 1928, Paris, PUF, 2013, préface de Olivier Beaud.

[103] HEGEL, *Principes de la philosophie du droit*, 1820, Paris, PUF, coll. Quadrige, édition critique établie par Jean-François Kervégan, 2013, 816 p.

soi[104] », en laquelle l'intérêt général trouve sa force productive la plus aboutie[105]. Conscience claire de la société, l'État contractant par traité ne saurait mal dire. L'interprétation pourrait ainsi se réduire à la compréhension en collant étroitement aux réalités de l'accord ou de l'acte unilatéral de droit international ou interne qui en dérive. Mais l'existence d'un degré « zéro » de l'écriture, c'est-à-dire d'un mode d'expression qui dispenserait du travail d'interprétation, serait selon Roland Barthes l'acte de mort de la compréhension, donc du texte lui-même. C'est l'idée d'un « degré zéro de l'écriture » qui se profile derrière la théorie de l'acte clair, que Barthes tient pour une illusion de fakir[106].

Barthes n'a cependant pas été prophète en sa propre cause. C'est encore à Schleiermacher que l'on doit d'avoir plaidé pour une solution de continuité allant de la compréhension que l'on peut qualifier d'interprétation primaire parce qu'elle conditionne toute conscience de soi, des autres et des choses, à l'interprétation savante des philologues et des théologiens de son époque[107]. Mais pour lui, si l'interprétation savante est de même nature que la compréhension, elle met en œuvre des capacités d'abstraction et un potentiel de créativité dont la simple compréhension est dépourvue. Elle est un art complexe, donc une activité constituante de l'activité langagière, et de ce fait n'est accessible que par référence à la densité institutionnelle, psychologique, sociale et culturelle de l'organe qui en est l'auteur[108], c'est-à-dire par ce que cet organe se représente comme étant le service de son autorité, de son efficacité, de sa respectabilité et de son prestige,

---

[104] La formule est de Hegel lui-même, indique Michel Villey, qui met en contraste l'absolu de la conception hégélienne avec le « réalisme modéré » d'Aristote et de saint Thomas, pour lesquels les individus constituent la « substance première », Michel VILLEY, *Philosophie du droit. Définitions et fins du droit. Les moyens du droit*, Paris, rééd. Dalloz, 2001, p. 126.

[105] Jacques CHEVALLIER et Danièle LOSCHAK décrivent le glissement par lequel, de l'impératif faisant obligation à l'État d'agir dans le sens et en vue de l'intérêt général, on est passé à l'idée inverse selon laquelle c'est l'État lui-même qui est par nature la forme institutionnalisée de l'intérêt général, qu'il réalise toujours et nécessairement par ses fonctions, ses actes et ses activités. « De fondement de l'autorité – écrivent-ils – l'intérêt général se transforme en attribut spécifique du pouvoir d'État imprégnant l'ensemble de ses activités ; l'État apparaît seul capable de définir un intérêt collectif transcendant les particularismes sociaux », *Science administrative*, tome I, *Théorie générale de l'institution administrative*, Paris, LGDJ, 1978, p. 359, nº 391.

[106] Roland BARTHES, *Le degré zéro de l'écriture*, Paris, éd. Points, coll. Essais, 1953, rééd. 2014, 192 p.

[107] Friedrich D. E. SCHLEIERMACHER, « Les discours de 1829 », dans *Herméneutique. Pour une logique du discours individuel*, trad. de l'allemand par Christian Berner, Paris, éd. Cerf/PUL, 1987.

[108] *Ibid.*

dans le cadre de l'idée qu'il se fait de sa mission et des voies et moyens de la réaliser. Sans l'éclairage de ces considérations institutionnelles, psycho-sociales et culturelles, l'interprétation administrative court à l'exégèse gratuite ou à l'erreur candide que les juridictions n'hésitent pas à censurer.

Prenons l'exemple de l'interprétation faite de l'article 129 du CDU par l'administration des douanes. Cet article intitulé « Rectification et invalidation de la déclaration sommaire d'entrée » [des marchandises introduites sur le territoire douanier de l'Union] est ainsi rédigé :

> « 1. Le déclarant peut, sur demande, être autorisé à rectifier une ou plusieurs des énonciations de la déclaration sommaire d'entrée après le dépôt de celle-ci. Aucune rectification n'est possible après que : a) les autorités douanières ont informé la personne qui a déposé la déclaration sommaire d'entrée qu'elles ont l'intention d'examiner les marchandises ; ou [que] b) les autorités douanières ont constaté l'inexactitude des énonciations de la déclaration sommaire d'entrée ; ou que c) les marchandises ont été présentées en douane. 2. Lorsque les marchandises pour lesquelles une déclaration sommaire d'entrée a été déposée n'ont pas été introduites sur le territoire douanier de l'Union, les autorités douanières invalident ladite déclaration sans tarder dans l'un des cas suivants : a) à la demande du déclarant ou b) à l'expiration d'un délai de 200 jours suivant le dépôt de la déclaration. »

Comment l'interpréter ? On ne tentera pas l'aventure en proposant des recettes de méthode. Il n'en existe guère. Seuls peuvent nous aiguiller les pôles de référence qui devraient être ceux des organes d'application du droit, si l'on admet avec le Pr Michel Troper que la signification objective de la norme juridique est celle à vue universaliste donnée par ses organes d'application, puisque c'est cette interprétation-là qui permettra de dire s'il y a ou non violation, et s'il y a lieu d'appliquer en conséquence de la violation éventuelle les mesures de sanction prévues[109].

La rectification — on commencera par elle — n'est pas ici un avantage dont l'attribution est un droit, le déclarant étant l'auteur de la déclaration qu'il a rédigée en pleine liberté d'appréciation. Si le déclarant pouvait la modifier à toute hauteur utile pour lui, c'est la stabilité et l'efficacité de l'acte qui seraient mises en péril. Il ne lui est donc pas interdit d'en faire demande à l'Administration, mais c'est à celle-ci qu'il revient de l'autoriser ou de s'y opposer, et si elle

[109] Michel TROPER, *La théorie du droit, le droit, l'État*, Paris, PUF, 2001.

l'autorise, d'en déterminer l'étendue. L'interprétation est ici guidée par le principe constitutionnel de délimitation des contours de la liberté par la loi, et plus spécialement par la règle de la conciliation des droits et libertés individuels avec les nécessités de l'action administrative elle-même tournée vers les mesures de sauvegarde collective de ces libertés. D'où la faculté du déclarant de demander la rectification de la déclaration après le dépôt de celle-ci, et la capacité de l'Administration d'autoriser ou de ne pas autoriser la rectification s'il lui apparaît dans cette dernière hypothèse que rien ne s'y oppose. La déclaration acceptée par l'administration des douanes est donc revêtue de l'autorité de la pleine reconnaissance administrative de l'exercice d'une liberté individuelle par le déclarant, ce qui prive celui-ci de tout intérêt à agir devant un juge en annulation d'une déclaration par laquelle il a exercé sa liberté sans aucune entrave, sous le contrôle de l'Administration[110].

Relativement au point 2 de l'article 129, on aurait pu interpréter à courte vue l'obligation d'invalidation de la déclaration faite à l'administration des douanes comme limitée aux cas où cette obligation apparaît comme une nécessité de fait et de droit, les marchandises en cause n'ayant pas été introduites sur le territoire douanier de l'Union. Les pôles de référence de l'interprétation obligent à aller plus loin, à la recherche des significations multiples dont ils investissent les énoncés. L'énoncé du point 2 de l'article 129 condense des principes et des valeurs reconnus et consacrés par la conscience juridique commune comme relevant de l'ordre public au sens large. Il est par ailleurs producteur de sens par la simple référence aux compétences, pouvoirs et obligations de l'administration des douanes. Il enrichit enfin sa trame sémantique par les fins qui lui sont assignées à raison du but d'intérêt général poursuivi par l'administration, ce but impératif permettant de faire le tri entre les différentes significations rendues possibles par l'indétermination relative de la notion d'intérêt général, « type même d'une notion-écran, dont l'efficacité idéologique n'a d'égale que son imprécision conceptuelle[111] ». Le point 2 de l'article 129 doit ainsi être interprété comme prévoyant que, même si la bonne foi du déclarant n'est pas en cause, la déclaration en douane erronée qu'il a faite ne saurait être relevée de ses irrégularités par l'effet d'une décision d'invalidation

---

[110] CJUE, 15 septembre 2011, n° C-138/10, *Rec.* I, p. 8369.

[111] Jacques CHEVALLIER, Danièle LOSCHAK, *Science administrative*, tome I, *Théorie générale de l'institution administrative*, Paris, LGDJ, 1978, p. 359, n° 391.

prise à sa demande par l'administration des douanes, dès lors qu'il apparaît qu'une telle décision aurait pour effet d'admettre le déclarant au bénéfice de l'exonération du droit antidumping dont il aurait pu se prévaloir s'il n'avait commis aucune erreur : la violation de la règle de droit, même par commission d'une erreur excusable, ne saurait produire les mêmes effets que le comportement de pleine conformité à la norme juridique.

Une règle claire, tranquille et bien circonscrite *prima facie* comme celle de l'article 185 du CDU emporte même des développements juridiques d'interprétation qui vont bien au-delà des limites du périmètre de sa compréhension/interprétation initiale. Cet article est ainsi libellé :

> « Auto-évaluation. 1. Les autorités douanières peuvent, sur demande, autoriser un opérateur économique à effectuer certaines formalités douanières qui leur incombent, à déterminer le montant des droits exigibles à l'importation ou à l'exportation et à réaliser certains contrôles sous surveillance douanière. 2. Le demandeur de l'autorisation visée au paragraphe 1 est un opérateur économique agréé pour les simplifications douanières. »

À supposer résolues les questions relatives à l'harmonisation des pratiques nationales pour un traitement d'égalité de ces opérateurs devant le droit de l'UE, ou celle de l'effectivité de la reconnaissance mutuelle de ce statut dans les différents États membres, subsistera encore un épineux problème d'interprétation de l'autorisation donnée à l'opérateur économique pour effectuer certaines formalités douanières incombant aux autorités douanières, et réaliser certains contrôles sous surveillance douanière.

On le sait, les États membres de l'UE ont l'obligation d'assurer l'efficacité du droit de l'Union. Et si un règlement de l'Union ne prévoit par lui-même aucune sanction spécifique ni ne renvoie aux États membres le soin d'organiser eux-mêmes de telles sanctions, l'exécution de l'obligation impose à ces États d'organiser des sanctions de telle sorte qu'aussi bien par le fond que par la procédure elles soient « analogues à celles applicables aux violations du droit national d'une nature et d'une importance similaire[112] ». Il en va de même des recours devant le juge national. La CJCE/CJUE l'affirme très clairement : « Tout type d'action prévu par le droit national doit

[112] CJCE, 21 septembre 1989, *Commission c. République hellénique*, aff. C 68-88 ; 10 juillet 1990, *Anklagemyndigheden c. Hansen et autres*, aff. C 326-88 ; 2 octobre 1991, *Paul Vandevenne et autres*, aff. C 7-90.

pouvoir être utilisé pour assurer le respect des règles communautaires d'effet direct dans les mêmes conditions de recevabilité et de procédure que s'il s'agissait d'assurer le respect du droit national[113]. » Dans le cadre du droit français, on ne pourra donc faire l'économie d'un questionnement sur le statut juridique de l'opérateur économique agréé, habilité à effectuer certaines formalités douanières incombant à l'administration des douanes et à réaliser certains contrôles sous surveillance douanière. Impossible de soutenir que l'opérateur économique agréé n'exerce pas à certains égards une activité relevant du service public. Que cette activité publique lui ait été confiée pour être exercée dans le cadre de ses propres activités privées n'y change rien. Dès lors que l'acte d'habilitation « a pour objet de confier [...] aux intéressés l'exécution même du service public[114] », le critère de rattachement indirect à une personne publique — en l'espèce l'auteur de l'habilitation — est satisfait :

> « Même en l'absence de prérogatives de puissance publique, une personne privée doit être regardée, dans le silence de la loi, comme assurant une mission de service public lorsque, eu égard à l'intérêt général de son activité, aux obligations qui lui sont imposées, ainsi qu'aux mesures prises pour vérifier que les objectifs qui lui ont été assignés ont été atteints, il apparaît que l'administration a entendu lui confier une mission d'intérêt général[115]. »

L'opérateur économique agréé s'inscrit parfaitement dans de cas de figure.

L'opérateur économique agréé étant ainsi associé à l'exécution même du service public douanier, les fautes qu'il pourrait commettre dans l'exercice des activités relevant de ce service public ne sauraient être jugées plus sévèrement que si elles avaient été commises par l'administration des douanes elle-même. Le fait qu'une personne privée bénéficie des privilèges de l'administration ne suffit pas à mettre à sa charge des obligations plus lourdes que celles assumées par l'administration elle-même dans des conditions identiques ou analogues. Aussi, toute erreur, toute faute ne devrait pas nécessairement engager sa responsabilité. « Si toute illégalité est fautive, toute faute n'engage pas nécessairement la responsabilité de

---

[113] CJCE, 7 juillet 1981, *Rewe Handelsgesellschaft et Rewe Markt Steffer c. Hauftzollant*, aff. 158-80, *Rec.* p. 1805-1856, point 44.

[114] CE Sect., 20 avril 1956, *époux Bertin*, GAJA, nº 75.

[115] CE Sect., 22 février 2007, *Association du personnel relevant des établissements pour inadaptés (APREI)*, nº 264541, *Rec.* ; *RGD*, 2008, nº 1872.

l'administration dans tous les cas[116]. » L'Opérateur économique agréé est en droit de se prévaloir lui aussi de cette règle, dans les activités à lui déléguées par l'administration. Il sera exigé qu'il ait commis une faute lourde pour que sa responsabilité puisse être engagée, dans les matières présentant des difficultés particulières en considération desquelles le juge administratif ou judiciaire estime qu'il y a lieu de laisser une marge d'appréciation ou de balancement à la personne privée, comme il le fait au bénéfice de l'administration elle-même.

Lorsque l'administration a transmis une part de ses prérogatives à une personne privée, elle se tient toujours à moindre distance pour garder le regard sur l'usage qui en est fait. L'article 185 du CDU n'a pas failli à la règle. L'opérateur économique agréé n'est pas libre comme Pénélope. L'autorité douanière d'habilitation y a consenti : il pourra être admis « à réaliser certains contrôles sous surveillance douanière ». Mais la « surveillance douanière » ne saurait être exercée sans suites juridiques. Elle peut se révéler insuffisante, défaillante ou excessive et ainsi manquer à son but d'accompagnement préventif et curatif de l'opérateur économique. Le dommage qui en résulterait pour l'opérateur demanderait réparation, sur le fondement de la faute simple pour les activités ne présentant pas de difficultés particulières, comme c'est le cas quand il s'agit pour l'Opérateur agréé de réaliser ou pas les mesures contraignantes mises à sa charge. L'administration des douanes entreprend de s'assurer que les mesures normatives de sécurité imposées à l'opérateur ont été bien respectées. Une telle vérification de conformité à des normes techniques ou juridiques ne présente pas de complexités particulières : la faute simple de l'administration pourra être retenue[117]. La surveillance douanière des contrôles effectués par l'opérateur économique ne nous paraît pas comporter une complexité comparable au contrôle de légalité des actes administratifs des collectivités territoriales décentralisées pour l'exercice du déféré préfectoral, dans le cadre duquel le juge administratif lie la responsabilité de l'Administration à la seule commission d'une faute lourde[118].

---

[116] Martine LOMBARD, Gilles DUMONT, Droit administratif, Paris, Dalloz, coll. HyperCours, 5e éd., 2003, p. 479, n° 956. *Adde*, J.-F. COUZINET, « La notion de faute lourde administrative », *RDP*, 1977, p. 283.

[117] CE Sect., 13 mars 1988, *M. Améon et autres*, *AJDA*, 1998, p. 461, chron. Girardot et Raynaud ; 21 juin 1997, *Theux*, *RFDA*, 1998, p. 8, concl. Stahl ; 10 novembre 1999, *Port de Campoloro*, n° 181538, *Rec*.

[118] CE Sect., 21 juin 2000, *Commune de Roquebrune-Cap-Martin*, n° 202058, *Rec* ; 6 octobre 2000, *Commune de Saint-Florent*, n° 205959, *Rec*.

Parce que les jeux de langage que nous mobilisons dans une circonstance donnée communiquent avec la totalité de nos jeux de langage et par cela invoquent notre accès au savoir et plus globalement notre attitude devant le monde comme Wittgenstein ou Bernstein l'ont admirablement démontré[119], l'improbable coïncidence du vrai et du réel comme « idéal de la recherche » chez Peirce[120] revitalise sans cesse l'interprétation comme degré supérieur de production/précision de sens, d'explicitation du schème conceptuel de dispositions réglementaires, législatives, conventionnelles, constitutionnelles ou de textes doctrinaux, en quête de la détermination des conditions optimales de leur mise en œuvre. À ses degrés successifs, l'interprétation réduit toujours plus l'incertitude de la question de droit positif à laquelle elle tend à répondre, de manière à satisfaire toujours mieux à la demande de sécurité juridique d'application uniforme des normes et de transparence maximale de l'écran législatif, conventionnel ou autre, teinté d'un certain sombre mystère dans sa forme d'origine.

La circulaire du 15 juin 1987 relative aux circulaires ministérielles énonçait, sûre d'elle-même, qu'une « circulaire ne peut créer, pour les usagers, d'obligations qui ne résulteraient ni de la loi, ni du règlement[121] », ni *a fortiori* des traités. Ses vertus se sont très vite épuisées, comme l'atteste une certaine forme d'émancipation de certaines sources administratives du droit international privé ou public[122]. Lorsque l'administration des douanes a interprété la notion de « similarité » entre produits importés et produits nationaux pour l'application de l'article 110 TFUE comme désignant une identité des caractéristiques et des usages qui suffit à l'inter-substituabilité de ces

---

[119] Ludwig WITTGENSTEIN, *Recherches philosophiques*, 1953, trad. Gallimard, coll. Biblioth. de philo., 2005 ; Basil BERNSTEIN, *Langage et classes sociales. Codes sociolinguistiques et contrôle social*, trad. Éditions de Minuit, 1975.

[120] Puisque tout ce qui peut avoir un effet direct sur la conduite résulte nécessairement de l'expérience selon Peirce, la recherche peut se constituer légataire d'un idéal de réalisation caractérisé par l'idée d'une exacte correspondance entre l'esprit connaissant et le monde, qui la soustrait à l'emprise de la croyance dont elle reste néanmoins solidaire ; Charles Sanders PEIRCE, *Pragmatisme et sciences normatives*, dans *Œuvres philosophiques*, II, Paris, Éditions du Cerf, 2003.

[121] *JO*, 17 juin 1987, p. 6460.

[122] Par exemple, la circulaire du 16 février 1999 relative à l'adoption internationale, adressée par le garde des Sceaux aux ministères publics, tend « indiscutablement à infléchir la teneur des solutions du conflit de lois aujourd'hui admises en ce domaine par la Cour de cassation », Horatia MUIR WATT, *RCDIP*, 1999, p. 471. Virginie GODRON est du même avis : « La circulaire, en modifiant le droit applicable par le Parquet dans l'exercice de son pouvoir de décision, modifie l'ordonnancement juridique », *D.* 2001, somm. p. 2795.

produits sans aucune nécessité de prendre en considération les perceptions subjectives des consommateurs, elle a retenu une interprétation créatrice, émancipée de la conception communautaire traditionnelle confirmée par la jurisprudence de la CJCE, plus hospitalière et particulièrement favorable à l'effectivité de la libre circulation des marchandises ainsi qu'à l'élargissement des possibilités de choix des consommateurs[123].

Question banale dans l'imaginaire de sens commun et d'envergure modeste dans le discours officiel, l'interprétation des traités se révèle être l'une des principales activités de production du droit international public économique et douanier en particulier. Ce que le Pr Michel Villey a dit de l'interprète des lois vaut aussi pour celui qui applique cet art aux traités : « Son office ne se réduit pas à reconstituer scientifiquement la signification des lois. L'interprète en s'aidant des lois va plus loin que les lois, continue le travail du législateur[124]. » Ainsi disant, il a donné son parti à la théorie de la formation du droit par degrés qu'inspira la pensée féconde du doyen Duguit, l'éminent maître de l'École de Bordeaux dans le premier quart du XXe siècle.

À l'encontre de la conception issue de la Révolution française qui établit une nette séparation entre l'activité de création du droit qui serait proprement législative, et l'exécution qui relèverait, elle, des fonctions ancillaires, qu'elles soient administratives ou judiciaires, la théorie de la formation du droit par degrés soutient l'idée que chaque intervention successive de l'autorité publique, depuis la Constitution jusqu'à la décision administrative individuelle en passant par les traités internationaux, se présente à la fois comme un acte d'exécution d'une norme antérieure et un acte de création d'une norme nouvelle[125].

---

[123] Dans son arrêt du 27 février 1980 *Commission c. France* (aff. 168-78, *Rec.* p. 347), la CJCE s'est démarquée de la manière de voir de l'administration française pour dire et juger que la similarité ne se réduit pas l'identité, et qu'elle s'accommode de simples traits d'analogie physique ou technique, pourvu que les produits mis en comparaison aient une valeur symbolique comparable aux yeux des consommateurs, dans l'utilisation actuelle ou potentielle qu'ils en font ou en feraient.

[124] Michel VILLEY, *Philosophie du droit*, préc., p. 322

[125] Léon DUGUIT, *Les transformations du droit public*, Paris, Armand Colin, 1913, réimpr. « La mémoire du droit », 1999 ; Raymond CARRE DE MALBERG, *Confrontation de la théorie de la formation du droit par degrés avec les idées et les institutions consacrées par le droit positif français relativement à sa formation*, Paris, Dalloz, 2007 (reprint de la 1re édition parue en 1933 aux éditions Sirey) ; R. BONNARD, « La théorie de la formation du droit par degrés dans l'œuvre de Merkl », *RDP* 1928, p. 685 ; S. PAULSON, « Ce que nous apprend la *Stufenbaulehre* sur le concept de droit de Kelsen », dans *Mélanges Michel Troper*, Economica, 2007, p. 791 ; *adde*, Dominique BUREAU, « Les sources administratives du droit international privé », *Mélanges Paul Lagarde*, Dalloz, 2005, p. 169 et suiv.

Le droit est ainsi créé par ceux que l'on présente habituellement comme de simples exécutants. Hans Kelsen ne pouvait qu'en être réjoui. Il s'empara opportunément de cette théorie contestataire pour en faire l'un des supports de sa pyramide des normes, en mettant en évidence l'incompressible pouvoir discrétionnaire qui subsiste dans l'exercice de toute autorité[126]. L'interprétation et l'application des textes, y compris les accords internationaux, sont sans conteste une activité de reproduction/création normative mal contrainte. Des administrations de l'État, la Douane est sans doute de celles qui en ont tiré le meilleur parti, à la faveur de son histoire, de son domaine principal d'activité, de ses réalités institutionnelles et de l'internationalité objective de son cœur de métier[127].

II. La représentation de la Douane comme institution internationale par l'effet des accords internationaux

« Société relationnelle » et « société institutionnelle », voici des formules-concepts que nous devons à la brillance intellectuelle et rhétorique du Pr René-Jean Dupuy[128]. La société relationnelle est celle des unités étatiques juxtaposées, qui ne sont reliées entre elles que par un droit international de pure coordination résultant de leurs volontés concordantes, droit limité à ce qui est nécessaire à la poursuite de

---

[126] Hans KELSEN, Préface à la 2e édition de *Main Problems in the Theory of Public Law*, trad. S. Paulson et B. Litschneski Paulson, Oxford, Clarendon Press, 1998, p. 13-14 ; *Théorie pure du droit*, 1934, préc.

[127] L'administration des douanes tient de son histoire et de ses réalités institutionnelles actuelles une certaine proximité de l'institution militaire, qui explique le vif esprit de corps qui y règne et la déférence remarquable au principe hiérarchique. Par ailleurs cela donne aux sources administratives du droit douanier une influence de fait bien plus importante que celle des sources administratives applicables à d'autres administrations régaliennes de l'État. Guidant une pratique administrative largement diffusée par les actions d'information, de formation et d'accompagnement de la DGDDI et en particulier de sa sous-direction du commerce international au bénéfice des entreprises, les réglementations douanières nationales et européennes exercent une influence déterminante sur ces opérateurs économiques, qui s'y soumettent volontiers aussi longtemps qu'elles ne sont pas contestées. De manière comparable, il est prévisible que la prudence habituelle des praticiens du droit dans l'entreprise les retiendra souvent de se lancer dans une interprétation hasardeuse dont les chances de prospérer seraient douteuses au regard de la position fixée par l'administration. On ne niera même pas que la doctrine administrative exerce une forte influence sur le juge, dès lors qu'elle participe à la production de la culture juridique et de la sorte donne aussi au juge des repères utiles à l'acceptabilité sociale et politique de sa décision.

[128] René-Jean DUPUY, « Communauté internationale et disparités de développement », *RCADI*, 1979, vol. 165, p. 115-227 ; *Le droit international*, Paris, PUF, coll. « Que sais-je », 1963, 8e éd., 1990.

leurs objectifs partagés, parce que rétif à toute autorité constituée en pouvoir au-dessus de ces entités souveraines. Ne pourrait-on voir dans la « communauté douanière internationale » exaltée par l'OMD dans son rapport annuel 2020-2021 l'anticipation de cette société relationnelle d'administrations douanières conscientes d'incarner la puissance de chacun de leurs États d'appartenance à l'intérieur, et leur irréductible liberté à l'extérieur [129] ? Le réseau des accords internationaux a constitué les douanes en de nombreux cadres d'organisation dédiés à la réalisation des fins voulues par les États parties. La puissance souveraine sans la coopération internationale est vaine. Les conditions de la réussite ou au moins d'évitement de lourdes pertes pour chacun tiennent à la qualité et à la solidité des liens tissés avec les autres, mais doivent néanmoins composer avec un certain désordre périphérique lié à la présence fatale de relations de pouvoir, voire de conflits dans toute organisation (A).

La société institutionnelle, celle relevant selon René-Jean Dupuy d'un « droit de superposition applicable à des unités assemblées » et non plus « juxtaposées », contraint la tentation libertaire de la société relationnelle, mais ne l'élimine pas. D'ailleurs, l'institutionnel est déjà dans la société relationnelle : « ... les mêmes États relèvent de l'une et de l'autre. L'organisation est en travail dans le monde des États souverains[130]. » De cette dialectique de la puissance et du droit naît un droit relationnel, volontariste, néanmoins ouvert aux nécessités du monde actuel portées par l'idée de « communauté internationale », cependant que le droit institutionnel, pétri de considérations d'ordre public international postulant la soumission des États à un droit international objectif hissé au-dessus d'eux, doit composer très largement avec l'insubordination radicale par laquelle la souveraineté se définit[131]. La Douane est l'une de ces institutions-organes de l'État puissance souveraine, dont le champ d'action dépasse son territoire et par suite mobilise surtout le droit international conventionnel comme

---

[129] Pour Peter HAAS, la communauté en cause est une « communauté épistémique », ce qui s'entend d'un « réseau de professionnels avec une expertise reconnue et une compétence dans un domaine particulier, ainsi qu'une revendication crédible à un savoir utile pour les politiques dans le domaine considéré », « Epistemic communities and international policy coordination », *International Organization*, Winter 1992, p. 47.

[130] René-Jean DUPUY, *Le droit international*, PUF, 1990, préc., p. 19.

[131] Située au plan des règles formelles et des organes en charge de leur application, cette approche peut être mise en parallèle avec un autre rapport, celui exprimant la dialectique de la puissance et de la justice, analysé dans le cours à l'Académie de droit international de La Haye de 1979, vol. 165.

caution nécessaire à la licéité des actes accomplis à l'étranger par les douaniers, mais aussi comme déterminant de l'application et de l'interprétation des dispositions du droit douanier touchant aux droits et libertés fondamentaux, ainsi que le vif débat sur la déclaration d'inconstitutionnalité de l'ex-article 60 du Code des douanes l'a parfaitement illustré (B).

A. Les réalités du droit douanier vivant : la coopération/compétition entre administrations douanières ou le jeu des relations de pouvoir dans le cadre d'accords de volontés libres

Le droit international conventionnel regarde les multiples réseaux d'administrations douanières comme autant d'organisations, c'est-à-dire de systèmes complexes d'acteurs, d'organes, de fonctions rationnellement articulés et en relation d'échange avec un environnement international et des tissus nationaux qui les informent, les influencent, et qu'ils tentent en retour de remodeler au gré des besoins de leurs propres stratégies. Chaque administration des douanes travaille sur les marchandises, les biens non marchands, les capitaux, les services, les personnes, la faune, la santé, la sécurité, l'ensemble en relation avec la mobilité internationale des personnes, des choses, des situations et des solutions juridiques, et sauf à recourir à des moyens de force illicites et périlleux, ne peut que préférer la méthode douce et consensuelle de l'accord international. Or le droit n'emplit pas l'intégralité de l'espace des relations sociales internationales et internes. Les stipulations conventionnelles expriment les règles du jeu officielles momentanément acceptées par toutes les parties à l'accord. Mais à l'intérieur de ce cadre et dans sa périphérie, chaque administration des douanes utilise la marge d'appréciation et d'autonomie de son État pour élargir son espace de liberté et de pouvoir en vue de maximiser ses gains. L'étendue de ce pouvoir est variable, mais le fait que dans tout cadre d'organisation internationale — quel qu'en soit le degré d'intégration — persiste toujours en chaque État membre un minimum de latitude d'action autonome, une certaine liberté de choix, suffit à rendre compte de ce que le pouvoir de fait évacué par les règles officielles s'installe dans les « zones grises », espaces d'indétermination relative mal arbitrés par le droit, et qui deviennent par cela de véritables zones de décision. Le contrôle de ces sources d'incertitude confère un réel pouvoir, parce que dans ces espaces relationnels là, la sécurité juridique, la prévisibilité des comportements et la transparence des moyens ne règnent pas en maîtres[132]. On en tire deux conséquences majeures : le réinvestissement des règles du jeu officielles (conventionnelles) à des fins d'intérêt national par l'effet de règles du jeu informelles ou relations de pouvoir (a) et le repositionnement du renseignement et de la coopération internationale comme outils stratégiques de développement des capacités douanières (b).

a. Le réinvestissement à des fins nationales des règles conventionnelles ou : l'effectivité sans titre des règles informelles

La coopération internationale postulée et aménagée par un traité en tant qu'acte et norme fixe les règles du jeu formelles contraignantes pour chacune des parties, tenue de l'obligation d'agir conformément aux normes de son rôle pour satisfaire partiellement les attentes de ses partenaires à son égard. C'est la condition de l'existence même et de la poursuite du jeu. De ce fait, l'organisation apparaît comme une combinaison de rôles structurée par des règles acceptées et reconnues comme la nécessaire rançon de l'efficacité et de l'efficience prélevée sur la liberté. Mais les rôles et systèmes de rôles sociaux sont évolutifs, du fait du mouvement dialectique qui préside aux transformations de la société et de son droit[133]. C'est ainsi que la Chine, considérée comme pays en développement il y a à peine une cinquantaine d'années, est devenue en si peu de temps la première puissance commerciale et la deuxième puissance monétaire au monde, et de ce fait exerce sur le commerce international une telle pression à l'écrasement non compensé des droits de douane perçus sur ses produits à la frontière du pays importateur que le président Trump en

---

[132] Michel CROZIER et Erhard FRIEDBERG ont mis en évidence le lien entre l'existence de zones d'incertitude et le développement de relations de pouvoir, le pouvoir exercé par certains acteurs tenant au fait que le comportement de leurs partenaires ne parvient pas à se dégager des règles formelles et reste donc prévisible, alors que le leur ne l'est pas ; voir *L'acteur et le système. Les contraintes de l'action collective*, Paris, Seuil, 1977, coll. Points essais, 1992. Le constructivisme élargit la perspective en envisageant les faits sociaux comme des constructions permanentes des acteurs, fondées sur l'interaction continue entre les contraintes et les choix, les individus et les groupes, les structures et les données conjoncturelles ; voir Philippe CORCUFF, *Les nouvelles sociologies*, Paris, Nathan, 2006.

[133] Telle est l'hypothèse centrale de l'École de Reims, dont les Prs Charles Chaumont, Monique Chemillier-Gendreau, Jean-Pierre Colin et Jean Salmon furent les éminents fondateurs. Sur ce point, on consultera en particulier, *Réalités du droit international contemporain*, 2. *La relation du droit international avec la structure économique et sociale*, actes de la quatrième rencontre de Reims, Presses univ. Reims, 1978.

avait fait un *casus belli* commercial. Les vigoureuses mesures d'augmentation des droits de douane qu'il avait décidées entre 2018 et 2020 à l'encontre des produits chinois, mais aussi européens pour une moindre part, rappelaient que les règles formelles, pour nécessaires qu'elles soient, ne suffisent pas à rendre le système entièrement rationnel et ce faisant, à exclure les relations de pouvoir. Un système d'organisation opérationnel ne peut maintenir une prévisibilité intégrale des comportements de ses membres. Son souffle de vie est dans la tension entre la « logique rationnelle » des règles formelles et la « logique culturelle » qui détermine l'acceptabilité sociale des relations fondées sur la capacité à infléchir et rallier à soi le comportement des autres, en marge des règles formelles[134]. Ce sont ces invincibles relations de pouvoir présentes jusque dans les rapports entre alliés les plus fidèles, qui justifient l'adoption de principes et disciplines générales destinés à fixer les bornes de la liberté et garantir une certaine prévisibilité des comportements. Mais ces principes et règles de stabilisation des comportements sont eux-mêmes investis par les relations de pouvoir, parce que l'alliance, aussi étroite soit-elle, ne dissout pas les souverainetés étatiques en présence dans un ensemble qui dépasserait l'addition des composants. Trois principes généraux nous serviront de points d'appui pour l'illustration.

1. Le principe de transparence

Il est de l'essence même de la « société démocratique », valeur centrale de l'« ordre public européen » selon la Cour européenne des droits de l'homme[135], qui caractérise une telle société par « le pluralisme, la tolérance, l'esprit d'ouverture[136] », ou d'autres « fondements essentiels » comme « la liberté d'expression », « la liberté de pensée, de conscience et de religion[137] », ou encore le « principe de non-discrimination » consacré expressément par

---

[134] Jean-Claude THOENIG, « La rationalité », dans Michel CROZIER et autres, *Où va l'administration française ?*, Paris, éd. d'Organisation, 1974. En s'intéressant à tous ceux qui « agissent pour autrui » (médecins, enseignants, juges, travailleurs sociaux…), François DUBET peut ainsi observer que la perte de légitimité de leurs institutions d'appartenance s'explique pour l'essentiel par le déséquilibre entre la fonction de représentation symbolique de l'institution telle qu'elle concorde avec les règles de son statut d'un côté, et de l'autre l'autonomie des acteurs, qui leur permettrait de jouer un rôle social défini selon les règles informelles du milieu actuel ; voir *Le déclin de l'institution*, Paris, Seuil, 2002.

[135] CEDH, 14 novembre 1960, *Lawless c. Irlande*, n° 332/57, A.1. C'est le tout premier arrêt rendu par la CEDH.

[136] CEDH, 7 décembre 1976, *Handyside*, GACEDH, n° 7

[137] CEDH, 25 mars 1993, *Kokkinakis*, GACEDH, n° 47

l'article 14 de la Convention[138]. Par la profondeur de sa portée politique, juridique et morale dans le gouvernement des collectivités étatiques contemporaines, l'exigence démocratique a porté le principe de transparence au cœur des systèmes d'organisation économiques, commerciaux et douaniers actuels, dont le tissu dense et la philosophie marchande sont l'une des manifestations fortes de la mondialisation[139].

La transparence est la condition de base de la sécurité juridique, si essentielle à un fonctionnement serein, concurrentiel et non discriminatoire du commerce international. L'organe d'appel de l'ORD, dans ses rapports, a souvent remis cette exigence sur le métier, rappelant comme il le fit à l'endroit des États-Unis l'obligation des membres de l'OMC de ne pas trahir la confiance légitime des opérateurs économiques, et positivement, de satisfaire leurs « attentes » quant à l'accès dans un délai raisonnable aux « mesures gouvernementales qui peuvent les affecter[140] ». Sous cette modalité, la transparence emprunte les canaux de la publication et de la notification des mesures nationales et des accords internationaux qui ont une quelconque incidence sur les opérateurs économiques internationaux et les opérations qu'ils réalisent. C'est le principe de primauté de la règle de droit acclimaté au contexte de l'OMC qui l'impose[141]. Comment d'ailleurs les organes et mécanismes de surveillance des politiques commerciales et de stimulation des échanges commerciaux des membres de l'OMC pourraient-ils accomplir leurs missions si l'opacité et l'arbitraire étaient la norme de comportement de chacun et de tous ? On comprend alors la raison d'être du principe de la protection douanière exclusive posé par l'article XI : 1 du GATT 1994 : la déclaration de licéité de la seule protection douanière, emportant même la faculté d'appliquer des contingentements tarifaires de marchandises admises au bénéfice de droits de douane préférentiels ou tout bonnement affranchis de ces droits, est la méthode permettant d'attraire à découvert les pratiques

---

[138] CEDH, 31 juillet 2001, *Refah Partisi (Parti de la prospérité) et autres c. Turquie*, n° 41 340/98, 41 342/98, 41 343/98 et *al.*

[139] Voir sur ce point, Jean-Pierre COLIN et Marcel SINKONDO, « Principe de non-discrimination et protection de la concurrence en droit international et en droit communautaire », *RMC UE*, n° 364, janvier 1993, p. 36-55.

[140] OA, Rapport, 7 juillet 2014, *États-Unis — Mesures compensatoires et mesures antidumping (Chine)*, WT/DS449/AB/R, § 4.65-4.67.

[141] G. MARCEAU, M. HURLEY, « Transparency and Public Participation: A Report Card on WTO Transparency Mechanisms », *Trade, Law and Development*, 2012, vol. 4, n° 1, p. 19 et suiv.

diffuses de protectionnisme commercial sur le terrain nu de la taxation tarifaire, de fixer les regards sur le fait que les droits de douane sont des actes de volonté discrétionnaire d'exercice de la puissance publique, et sur ces bases, de souligner l'intérêt et la possibilité ouverte de les réduire par le jeu de concessions réciproques généralisées[142].

C'est à l'obligation de transparence que l'on doit les politiques vigoureuses qui ont abouti à une réduction inédite des droits de douane et au lissage des tarifs douaniers par le travail d'érosion des « pics tarifaires ». Mais sous les pressions conjuguées de l'intérêt financier immédiat, de la licéité de principe de la taxation douanière et de l'appartenance de la fonction douanière aux prérogatives de puissance publique de l'État, l'obligation de transparence est soumise à la tentation forte d'être utilisée comme alibi pour homologuer les taxes d'effets équivalents à des droits de douane au régime de ces droits eux-mêmes. Certes, le droit de l'Union européenne les interdit dans les rapports entre les États membres, de la même manière qu'il abolit les droits de douane (art. 30 TFUE). Cette assimilation à des fins de non-évitement de la prohibition dans le cadre de l'Union européenne ne saurait toutefois valoir dans celui de l'OMC. Si ces taxes qui refusent de s'afficher comme des droits de douane alors qu'elles en présentent les caractères et les effets[143] pouvaient être assimilées à de tels droits, elles seraient par cela regardées comme couvertes par les listes de concessions commerciales. On serait alors en présence d'une situation proche du phénomène dit de « free ride » que la fièvre libérale du GATT 1947 avait stimulé, mais auquel les négociateurs des accords de l'OMC avaient pour leur part convenu de renoncer[144]. On conviendra aisément que c'est à la faveur des relations

---

[142] Groupe spécial, Rapport, 31 mai 1999, *Turquie — Textiles*, WT/DS34/R, § 9,6 ; OA, Rapport, 23 septembre 2002, *Chili — Système de fourchettes de prix*, WT/DS207/AB/R. La clause de la nation la plus favorisée insérée à l'article 1er de l'accord GATT 47 en est le mécanisme fondamental.

[143] Selon la CJCE, la taxe d'effets équivalents à des droits de douane est une charge pécuniaire, aussi minime soit-elle et quelles qu'en soient la dénomination et la structure, imposée unilatéralement par un État membre de l'UE sur des marchandises originaires d'un autre État membre ou en libre pratique de l'Union, appliquée exclusivement aux produits importés et non aux produits nationaux similaires, et ayant pour résultat d'altérer le prix du produit importé, comme un droit de douane ; CJCE, 14 décembre 1962, «*pain d'épice*», *Commission c. Luxembourg et Belgique*, aff. jtes 2/62 et 3/62, *Rec.* p. 813 ; 1er juillet 1969, *Commission c. Italie*, aff. 24/68, *Rec.* p. 193; 22 janvier 1997, *Opel Austria c. Conseil*, aff. T-115/94, Rec. 1997 II-00039 ; 21 juin 2007, *Commission c. Italie*, aff. C—173/ 05, *Rec.* I p. 4917.

[144] Le phénomène dit de *free ride* consiste à intégrer en bloc des concessions commerciales

de pouvoir structurées par la domination des grandes puissances économiques, commerciales et technologiques que les concessions accordées dans le cadre de l'accord sur les technologies de l'information, accord plurilatéral et non point multilatéral de l'OMC, ont été versées dans les listes de concessions, par exception au refus de principe d'une telle manière de faire.

2. Le principe de la reconnaissance mutuelle

On l'a souvent confondu avec le principe de réciprocité… à tort ! Le principe de réciprocité subordonne l'obligation de l'État d'exécuter le traité qu'il a conclu à l'exécution parallèle du même traité par son partenaire. Si l'une des parties cesse d'exécuter le traité et que cette inexécution est fautive, le principe de réciprocité est rompu et sauf dans l'hypothèse d'un traité excluant cette condition[145], l'autre partie pourra s'en prévaloir pour cesser d'exécuter à son tour. Tels sont d'ailleurs les termes de l'article 55 de la Constitution. Le principe de la reconnaissance mutuelle s'applique, lui, dans le cadre des échanges économiques, commerciaux, techniques, scientifiques, administratifs, culturels entre deux ou plusieurs États, qui décident d'un commun accord que des institutions et des normes unilatéralement construites par chacun sont reconnues par tous les autres, chacun dans son ordre juridique interne, comme analogues ou équivalentes aux normes et institutions nationales correspondantes, ce qui les rend aptes à y produire les effets juridiques que l'État auteur a entendu leur attacher.

---

consenties dans le cadre d'un accord international spécifique dans les listes de concessions d'un accord commercial mondial du type GATT 1947 ou OMC, de manière à leur appliquer le traitement de la nation la plus favorisée dans ce cadre élargi. Les membres de l'OMC avaient exprimé leur réticence à l'égard de cette pratique qui revient à nier les spécificités de l'accord sélectif en transposant ses concessions dans celles de l'accord général. L'accord sur les technologies de l'information a été utilisé de la sorte, mais c'est sans doute l'une des exceptions qui confirme la règle ; voir sur ce dernier point, D. CARREAU, P. JUILLARD, R. BISMUTH, A. HAMANN, *Droit international économique*, 6e éd., Paris, Dalloz, 2017, préc.

[145] Certains traités échappent à la condition de réciprocité, en vertu du droit international, et plus exceptionnellement des droits internes. C'est le cas des traités de sauvegarde des droits fondamentaux de la personne humaine, des traités de droit international humanitaire et de droit de l'Union européenne pour les États membres, et plus généralement des traités qui réaffirment des normes impératives du droit international général (*jus cogens*) ; CC, n° 98-408 DC, 22 janvier 1999, *Traité portant statut de la Cour pénale internationale* (droit international humanitaire) ; TPIY, Ch. d'appel, 10 décembre 1998, *Furundzija* (droit international humanitaire ; *jus cogens*) ; CEDH, 21 novembre 2001, *Al-Adsani* (droit international humanitaire ; *jus cogens*) ; CIJ, 3 février 2006, *Activités armées sur le territoire du Congo*, RDC c. Rwanda (principes de la Charte de l'ONU ; principes du droit international humanitaire et du droit international des droits de l'homme ; *jus cogens*).

Le principe de la reconnaissance mutuelle comporte donc une dimension de réciprocité, mais demeure distinct de l'obligation de réciprocité par son objet et par suite, par les conditions de la formation d'une action en responsabilité internationale pour violation dommageable des obligations qu'il implique[146]. Il est nécessaire à l'effectivité des mesures douanières nationales hors du territoire de l'administration des douanes qui en est l'auteur.

Parce qu'ils diffèrent souvent d'un pays à l'autre, les règlements techniques, les normes et les procédures d'évaluation de la conformité des produits ainsi que les prescriptions administratives douanières et non douanières[147] peuvent constituer des lames de fond de mer installées à l'effet d'étioler et évincer, de manière inavouée, certains produits étrangers du marché national. Le franchissement de ces obstacles revêtus de la légalité de droit interne contraint parfois les producteurs étrangers à réaliser de lourds investissements sans réelle plus-value qualitative. Les coûts importants générés par ces efforts d'adaptation ne profitent pas à l'exportateur sans apporter non plus aucun avantage à l'importateur ni ne servent les intérêts du commerce international. Aussi, tout en reconnaissant aux membres de l'OMC une « marge nationale d'appréciation » pour l'adoption et l'application de leurs règlements, normes, procédures d'évaluation de la conformité et autres prescriptions administratives, l'article 2.2 de l'annexe à l'accord sur les obstacles techniques au commerce (OTC) limite cette marge de liberté à l'adoption ou au maintien des seuls obstacles

---

[146] Le principe de réciprocité est un pari sur la sagesse de chacune des parties pour exécuter son obligation envers les autres en contrepartie du comportement identique de chacune d'entre elles. Telle est la raison pour laquelle le Conseil d'État a longtemps décidé que l'appréciation de la condition de réciprocité est essentiellement politique et qu'ainsi il n'est pas de l'office du juge administratif de s'y livrer (CE, Ass., 29 mai 1981, Rekhou ; 9 avril 1999, Mme Chevrol-Benkeddach). La reconnaissance mutuelle porte sur des critères scientifiques, des normes techniques, administratives, ou des comportements rationnellement déterminés, que chacune des parties en présence reconnaît comme équivalents ou au moins compatibles avec les siens dans la matière considérée. L'existence de la reconnaissance mutuelle relève donc d'appréciations non discrétionnaires, et sa méconnaissance légitime ne peut reposer que sur des motifs scientifiquement, techniquement ou rigoureusement fondés, à moins qu'un changement fondamental de circonstances puisse être valablement invoqué.

[147] Pour les définitions et le contenu de ces concepts, voir D. CARREAU et *al.*, *Droit international économique*, préc., spécialement p. 310-333 ; R. WOLFRUM, P.-T. STOLL (eds), *WTO – Technical Barriers and SPS Measures*, Leiden, Nijhoff, 2007; T. EPPS, M. J. TREBILCOCK, *Research Handbook on the WTO and Technical Barriers to Trade*, Edward Elgar, 2013.

légitimes, c'est-à-dire ceux-là seuls qui sont nécessaires à un développement sain et équilibré du commerce international[148].

L'accord OTC a ainsi engagé les parties à des négociations en vue de la reconnaissance mutuelle des résultats de leurs procédures d'évaluation de la conformité, en renfort à la pratique traditionnelle de reconnaissance mutuelle des mesures et prescriptions administratives douanières nationales. L'article 20 du traité de commerce et de navigation conclu le 6 février 1882 entre la France et l'Espagne stipulait déjà que :

> « Chacune des hautes parties contractantes pourra exiger que l'importateur, pour établir que les produits sont d'origine ou de manufacture nationale, présente à la douane du pays d'importation une déclaration officielle faite par le producteur ou le fabricant de la marchandise ou par toute autre personne dûment autorisée par lui, devant les autorités locales du lieu de production ou d'entreposage ; les consuls et agents consulaires respectifs légaliseront, sans frais, les signatures des autorités locales[149]. »

Sauf dans le cas d'un régime préférentiel établi par voie conventionnelle, le statut d'exportateur agréé (EA) n'actionne pas une question de reconnaissance mutuelle. L'exportateur agréé que vise l'article 120 du règlement d'exécution UE n° 2015/2447 du 24 novembre 2015 est un exportateur établi sur le territoire douanier de l'Union, réalisant habituellement des exportations de produits originaires de l'Union au sens de l'article 59, § 2 du règlement délégué UE 2015/2446 du 28 juillet 2015, et admis au bénéfice de ce statut par l'autorité douanière compétente et selon les procédures douanières nationales applicables, pour vérifier et assurer le caractère originaire des produits (y compris lorsqu'il s'agit de règles d'origine aux fins de mesures tarifaires préférentielles arrêtées unilatéralement par l'Union européenne pour certains pays et territoires, conformément aux sous-sections 4 et 5, section I, chapitre I, titre II du règlement), à charge pour l'autorité douanière compétente de contrôler l'usage fait de l'habilitation octroyée, son pouvoir de la révoquer à

---

148 OA, Rapport, 29 avril 1986, *États-Unis — Essence ancienne et nouvelle formule*, WT/DS2/AB/R, WT/DS4/AB/R ; 16 mai 2012, *États-Unis — Thon II (Mexique)*, WT/DS381/AB/R ; 6 octobre 2016, *UE — Biodiesel*, WT/DS473/AB/R.

149 *Lois et règlements des douanes*, années 1882 et 1883, tome douzième de la 5e partie et trentième de la collection générale, Paris, Imprimerie nationale, M DCCC LXXXV. Le traité a été approuvé en vertu de la loi du 11 mai 1882 promulguée par le décret du 13 mai 1882 et la circulaire d'application n° 1549 du 13 mai 1882.

tout moment étant pleinement réservé sans être discrétionnaire[150]. La question de la reconnaissance mutuelle est ici sans objet utile parce que le régime juridique en cause a un caractère unilatéral et par ailleurs ne vise qu'à renforcer la confiance des tiers dans la qualité et la sûreté de l'attestation de l'origine européenne du produit. Il en va autrement du statut d'exportateur enregistré (EE) ou encore de celui d'opérateur économique agréé (OEA).

Institué dans le cadre du schéma des préférences tarifaires généralisées (SGP) de l'UE et dans celui de l'accord économique et commercial global UE-Canada (CETA), le statut d'exportateur enregistré permet depuis le 1er janvier 2017 à son titulaire exportateur d'assurer l'auto-certification de l'origine des produits bénéficiant d'avantages tarifaires inhabituels à l'entrée sur le territoire de la partie importatrice, en vertu du régime préférentiel conventionnel qui leur est applicable. Le statut d'opérateur économique agréé[151] est plus ambitieux, mais aussi plus sévère en raison de l'étroite association de l'opérateur au fonctionnement du service public. C'est le mécanisme américain de défense préventive contre le terrorisme à la suite des attentats terroristes du 11 septembre 2001 dit « Customs-Trade Partnership Against Terrorism » (C-TPAT) qui en est la formulation initiale. Il réalise une sorte d'union sacrée de tous les acteurs de la chaîne logistique pour la production collective de la sécurité à toutes les phases de l'intervention de chacun. L'Union européenne s'en est inspirée. Le certificat « OEA C » fait bénéficier de « simplifications douanières » et n'exige de son bénéficiaire que des preuves d'une solidité financière non démentie depuis au moins trois ans ainsi qu'une absence de condamnations graves pour des infractions économiques ou douanières qui lui sont imputables ou le sont aux personnes intervenant dans la chaîne logistique. Le certificat dit « OEA S » pour sécurité/sûreté exige de son postulant la preuve que son circuit logistique dans son ensemble, y compris les bâtiments et espaces logistiques, est sûr et protégé de toute intrusion, que ses partenaires et collaborateurs sont fiables, sensibles aux problèmes de sécurité, et désireux de travailler à les régler dans le respect des lois et politiques publiques sécuritaires de l'État. Le certificat plein et entier

---

[150] Voir, Jean-Luc ALBERT, *Le droit douanier de l'Union européenne*, 2e éd., Bruylant, 2023, spéc. p. 445-447.

[151] Règlement délégué (UE) n° 2015/2446 du 28 juillet 2015 (titre I, chapitre II, section 3) complétant le règlement (UE) n° 952/2013 du Parlement européen et du Conseil au sujet des modalités de certaines dispositions du code des douanes de l'Union.

est celui dit « OEA F », qui cumule les exigences, mais aussi les avantages des deux certificats partiels[152].

L'établissement du statut d'exportateur enregistré (EE) ou de celui d'opérateur économique agréé (OEA) résulte d'actes administratifs unilatéraux destinés par nature à produire leurs effets à l'étranger, dans les États membres du partenariat commercial et douanier ou liés par un traité bilatéral. Or, s'il est de jurisprudence internationale constante qu'un État ne peut, sauf consentement exprès donné par le tiers intéressé conformément aux règles d'ordre public international, accomplir des actes de puissance publique sur le territoire de celui-ci[153], il est aussi admis qu'un État peut reconnaître et appliquer sur son territoire un acte de droit public d'un autre État, dès lors que ce faisant il ne se livre pas à une application à titre principal de l'acte ou n'agit pas au bénéfice immédiat de l'État étranger, ou encore ne méconnaît aucun de ses intérêts propres. Même s'agissant des lois qui sont l'expression directe de la puissance publique de l'État comme les lois fiscales ou douanières, le principe classique de leur inapplicabilité à l'étranger ne rend plus compte du droit positif actuel[154]. D'où l'intérêt

---

[152] On renverra ici aussi à Jean-Luc ALBERT, ouvrage préc., spéc. p. 447-473.

[153] CIJ, 28 novembre 1958, *Affaire relative à l'application de la Convention de 1902 pour régler la tutelle des mineurs* dite « *affaire Boll* », Pays-Bas c. Suède, *Rec.*, p. 55 ; CPJI, arrêt, 7 septembre 1927, *Affaire du « Lotus »*, France c. Turquie, *Rec.* 1927, série A, n° 10, *GDJI*, n° 5 ; CIJ, 12 avril 1960, *Affaire du droit de passage sur le territoire indien* (fond), *Rec.*, p. 39 ; 24 mai 1980 (arrêt), *Affaire du personnel diplomatique et consulaire des États-Unis à Téhéran*, États-Unis d'Amérique c. Iran, *Rec.*, p. 3, GDJI, n° 25.

[154] L'État se caractérisant par un territoire, une population et un pouvoir organisé incarnant sa souveraineté, le droit international a nécessairement reconnu en lui l'exercice d'un pouvoir législatif, exécutif et judiciaire indépendant. Chacun des États doit donc reconnaître à ses pairs l'existence et la légitimité de principe des mesures juridiques qu'il adopte dans l'exercice de ces prérogatives (sent. arb. 16 novembre 1957, *affaire du lac Lanoux*, Espagne, France, *Rec. sent. arb.*, vol. XII, p. 281–317). Sans être tenu de prêter la main à l'application de ces mesures étrangères, l'État dans lequel elles sont invoquées ne peut systématiquement les ignorer. D'ailleurs, la loi étrangère, ici de droit public, n'entre pas en activité de sa propre autorité, mais parce que l'ordre juridique du *for* l'a ainsi voulu. Dans un autre ordre d'idées, une décision étrangère de droit public peut être reçue comme un fait dont la prise en considération par le *for* conditionne l'application d'une de ses règles de droit. Il en serait ainsi, par exemple, d'une lourde condamnation pénale étrangère pour infraction douanière grave, pour l'admission de l'entreprise de la personne condamnée au bénéfice du statut d'OEA. Sauf obligation conventionnelle contraire, l'application d'une règle étrangère de droit public n'est pas opposable en principe lorsqu'elle s'inscrit directement dans la réalisation des prérogatives et compétences de droit public de l'État étranger ou de l'un de ses organismes publics ; François RIGAUX, *Droit public et droit privé dans les relations internationales*, Paris, Pedone, 1977, 485 p. ; Bernard AUDIT, *Droit international privé*, Paris, Economica, 1991, 904 p., spéc. p. 87-100 et 239-245 ; André HUET, « Pour une application limitée de la loi pénale étrangère », *JDI*, 1982, p. 625 ; Pierre MAYER, « Le rôle du droit public en droit international privé », *RIDC*, 1986, p. 467. Pour la jurisprudence, voir notamment, Cass. civ. 1,

et la nécessité pour l'Union européenne de conclure avec ses partenaires, grands et petits, des accords de reconnaissance mutuelle permettant de donner effet à l'étranger aux garanties et avantages que comporte le statut d'opérateur économique agréé, et accessoirement celui d'exportateur agréé. De tels accords existent avec les principaux partenaires commerciaux de l'Union et sont appelés à prospérer.

Où sont donc les relations de pouvoir dans ces mécanismes qui paraissent entièrement imprégnés de droit ? On saisit mal les nuances dans le mouvement initial des idées, stade où le retour de la pensée sur elle-même n'a pas encore porté à une hauteur critique le processus de distinction rigoureuse des notions, concepts et systèmes de normes. En prenant de la distance intellectuelle, on se rend à l'idée que la reconnaissance mutuelle n'est pas l'adhésion bilatérale ou multilatérale à des règles identiques. Elle n'est que la réception/acceptation par les autres des normes, règlements techniques, actes juridiques et prescriptions administratives produits par chacune des parties en présence, comme compatibles avec les systèmes techniques ou normatifs nationaux de l'auteur de la reconnaissance, ou même comme équivalents, c'est-à-dire en capacité de remplir les mêmes objectifs de politique générale[155].

Il ne faut cependant pas s'y tromper. La reconnaissance par un État d'un système technique ou normatif étranger différent comme équivalent au sien ou compatible avec lui n'est jamais exempte de considérations politiques souterraines. Elle résulte toujours d'un dépassement du clivage entre les deux systèmes et par cela exprime un rapport de force accepté par les protagonistes. Pour neutraliser les effets pervers de la distance entre les deux systèmes nationaux en concurrence de telle manière que l'effectivité de l'acte de reconnaissance soit assurée, le droit y intercale souvent la fiction juridique, moyen idéologique qui légitime l'acceptation en fardant la réalité pour la rendre innocente sous le visage lisse et rassurant que lui donnent les vertus de la normativité et de la juridicité[156]. Il faut donc en convenir :

---

25 janvier 1966, *Royal Dutch*, D. 1 966 390, note Loussouarn ; 17 octobre 1972, *ép. Audouze*, *RCDIP*, 1,973,250, note Batiffol; 29 mai 1990, *Duvalier*, *JDI* 1 991 137, note Bischoff ; 2 mai 1990, *Rép. du Guatémala*, *RCDIP* 1 991 378, note Audit.

[155] Rappr., OA, Rapport, 16 mai 2012, aff. *Thon II*, États-Unis/Mexique, WT/DS381/AB/R.

[156] Voir, Monique CHEMILLIER-GENDREAU, « Origine et rôle de la fiction en droit international public », *Arch. phil. dr*, 1987, n° 32, p. 153–162 ; Jean SALMON, « Le procédé de la fiction en droit international », *RBDI*, 1974, p. 11-23.

> « La fiction juridique traduit [...] le jeu des rapports de puissance au sein de la société internationale [même s'il est permis d'objecter] que seules les grandes puissances peuvent user du procédé fictif avec quelques chances de succès et modeler ainsi la règle de droit à leur convenance en la dotant d'une nouvelle positivité[157]. »

La professeure parisienne ne croyait pas si bien dire. L'accord de reconnaissance mutuelle de leurs opérateurs économiques agréés conclu par les États-Unis et l'Union européenne le 4 mai 2012 affirme la compatibilité de leurs objectifs et moyens de politique commerciale et sécuritaire, alors que la politique européenne des OEA poursuit des objectifs de simplification douanière assortis d'exigences fortes de sécurité/sûreté des mouvements de marchandises, quand du côté des États-Unis, la formule est aménagée comme outil d'un partenariat commercial dans et par lequel les opérateurs économiques, ensemble avec la Douane et sous le contrôle de celle-ci, prennent une part active à la lutte antiterroriste à l'occasion de leur activité économique d'exportation[158].

3. Le principe de spécialité élargi de la Douane

Le principe de spécialité gouverne l'activité de toute personne morale, qu'elle soit interne ou internationale, publique ou privée. Considérer ce principe en tant qu'il régit des institutions publiques internes ou internationales dotées ou non de la personnalité juridique, c'est le regarder comme un principe d'ordre, destiné à aménager et assurer la répartition des attributions et des compétences. La spécialité comme principe d'organisation et d'action impose que l'institution interne ou internationale à laquelle elle s'applique s'en tienne à l'exercice de sa mission, qui peut être largement définie, sans préjudice de l'exercice de missions connexes que des textes spéciaux précis pourraient lui attribuer. La Douane n'y déroge pas, malgré la grande variété des missions qui lui sont attribuées et des compétences qui en découlent. Les marchandises de commerce selon leurs différentes classifications, leur transport — terrestre, maritime, aérien — leur stockage, leurs régimes douaniers, les marchandises dépourvues de tout caractère commercial, les biens à double usage ou hors commerce, les marchandises destinées à circuler ou à être

---

[157] Marie-Françoise LABOUZ, *L'ONU et la Corée : recherches sur la fiction en droit international public*, Publications universitaires de Paris, 1980, p. 304.

[158] Voir en particulier les sections II, III et V de l'accord du 4 mai 2012.

utilisées dans le cadre d'activités militaires, la police de la mer territoriale et de la zone économique exclusive, la circulation internationale des capitaux, des personnes et des produits de santé, la lutte contre la fraude douanière et fiscale, le blanchiment d'argent, les trafics de stupéfiants, d'œuvres d'art ou d'histoire, la contrefaçon et le piratage, le trafic d'espèces animales ou végétales protégées et plus récemment le terrorisme, voici autant d'indicateurs de la polyvalence de la fonction douanière et de la diversité des compétences et des statuts des agents qui en ont la charge. Pour autant l'administration des douanes demeure régie par le principe de spécialité, mais on est alors en présence d'un principe de spécialité élargi, c'est-à-dire largement défini.

L'administration des douanes a une fonction sociale consistant dans la contribution qu'elle apporte à la sécurité générale et au développement économique de l'État, de l'Union européenne et du système économique international dans son ensemble. Et si cette fonction ancienne est pour ainsi dire permanente, c'est parce qu'elle correspond à un besoin fondamental. Sans que l'on en prenne conscience active, c'est l'esprit et la logique sociale de cohérence de cette fonction centrale qui constituent le critère fondamental de compétence conduisant la Douane à intervenir dans de nombreux domaines qui sont la condition d'efficacité, le prolongement naturel, le complément ou l'accessoire de sa mission principale de protection économique et générale du territoire et de développement sain des échanges internationaux. La masse immense des traités internationaux conclus en vue de satisfaire ce besoin économique, social, commercial, financier, sécuritaire, environnemental et autres à l'échelle mondiale forme un ensemble relativement cohérent, dans le cadre duquel chaque administration douanière remplit ses fonctions propres, qui concourent à faire du « tout » la somme des parties, et à la fois l'ensemble pluriel dont le génome est en chacune des composantes organiques et matérielles malgré leur grande diversité.

Pour l'essentiel ce sont donc les accords internationaux qui définissent — si largement — le principe de spécialité de la Douane, et on ne peut que saluer ici l'œuvre des anthropologues et sociologues fonctionnalistes d'avoir mis au clair ce qui les séparait des institutionnalistes sur la question. En expliquant que la fonction crée l'organe chargé de répondre à la demande sociale ou investit un organe préexistant des capacités de réaliser les opérations propres à satisfaire le besoin collectif générateur de ladite fonction, Malinowski,

Radcliffe-Brown, Parsons, Merton et leurs successeurs intellectuels ont amené à l'idée que le réseau des administrations douanières, à l'instar de tout système social interne ou international, comporte une certaine unité fonctionnelle reposant sur une collaboration suffisamment harmonieuse et cohérente de tous les sous-ensembles composant le système pour résister à la désorganisation et même promouvoir une certaine forme d'intégration[159]. Les innombrables accords internationaux conclus aussi bien dans la matière douanière *stricto sensu* que dans les domaines complémentaires ou accessoires sont l'expression formelle, dans le langage articulé de la société des États, de la fonction sociale qui fait de la Douane une institution interne et à la fois internationale[160], et en détermine la spécialité.

En droit administratif comme en droit fiscal, « complémentarité » et « accessoriété » ne se confondent pas. Le droit international n'en dit pas moins, s'en remettant d'ailleurs aux catégories du droit interne[161].

La complémentarité articule une logique d'addition guidée par la quête du résultat complet, de la solution pleine et entière. D'un certain regard, il s'agit de faire du droit le discours parfait d'une science achevée, au moins sur certains points, par le caractère fini du résultat du rattachement de l'activité complémentaire à l'activité principale[162].

---

[159] Alfred R. RADCLIFF-BROWN, « On the Concept of Function in Social Science », *American Anthropologist* XXXVII-1935, p. 349–402; Bronislaw MALINOWSKI, *Une théorie scientifique de la culture*, 1944, Paris, Maspero, 1968, rééd. Points, 1970, 1997 ; Talcott PARSONS, *Éléments pour une sociologie de l'action*, Paris, Plon, 1955 ; Robert King MERTON, Éléments de méthode sociologique, trad. fr. Paris, Plon, 1953 ; Claude JAVEAU, « Fonction sociale », *Encyclopaedia Universalis* [en ligne], URL : https://www.universalis.fr/encyclopedie/fonctionsociale, consulté le 17 mai 2023 ; Michel LALLEMENT, *ibid.*

[160] L'affirmation pourrait surprendre, mais elle est bien loin d'une image caricaturale. En premier lieu parce que l'institution, interne ou internationale, n'est pas nécessairement dotée de la personnalité juridique. En second lieu parce que si par une troublante coïncidence les fonctions que remplit la Douane organe de l'appareil d'État se développent avant tout, comme celles de l'État lui-même, sur le territoire de l'État et à l'égard de sa population, elles présentent aussi, comme celles de l'État, un caractère international tenant à ce qu'elles s'exercent sur les mouvements internationaux de marchandises, de services, de capitaux et de personnes et coproduisent la sécurité du territoire, ensemble de variables décisives pour la paix, la sécurité et le développement économique et social de la société internationale dans son ensemble. On lira sur ce point avec un vif intérêt l'analyse vigoureuse du Pr Serge SUR, « Sur quelques tribulations de l'État dans la société internationale », *RGDIP*, 1992, p. 881-900.

[161] Henri T. ADAM, Les organismes internationaux spécialisés, Paris, LGDJ, vol. 1 et 2 (1965), vol. 3 (1967), vol. 4 (1977), vol. 5 (1992) ; Jean YANGOUMALE, « Les organismes internationaux spécialisés », *Le Monde diplomatique*, septembre 1993.

[162] La synonymie que M. Benjamin Blaquière établit entre « complémentarité » et « rattachabilité » ne nous paraît pas favoriser la bonne décantation des idées. La complémentarité est à la fois le motif, le facteur et l'intérêt de la rattachabilité et de ce fait

Ainsi, de la même manière que le Conseil d'État a jugé que la fourniture de prestations touristiques telles que la gestion de l'hébergement et l'organisation de soirées ou de visites constituait le « complément normal [de l']activité principale de gestion [du] centre des congrès [de Reims] et d'organisation de manifestations dans ce centre[163] », il est possible de dire qu'il est « normal », « nécessaire » et « utile[164] » de regarder l'intervention de la Douane en vertu de la Convention sur le commerce international des espèces de faune et de flore sauvages menacées d'extinction — dite Convention CITES — du 3 mars 1973, ou en vertu de la Convention de Paris du 22 décembre 1992 sur la biodiversité marine qui établit une liste de substances toxiques interdites de déversement pour les plus dangereuses et bien d'autres instruments conventionnels encore, comme une activité complémentaire de son activité principale. Le lien de complémentarité découle de l'article 130 R, § 2 du traité de Maastricht qui énonce que « les exigences en matière de protection de l'environnement doivent être intégrées dans la définition et la mise en œuvre des autres politiques de la Communauté », aussi bien que de la Charte des droits fondamentaux de l'Union, qui dispose pour sa part à son article 37 qu'« un niveau élevé de protection de l'environnement et l'amélioration de sa qualité doivent être intégrés dans les politiques de l'Union et assurés conformément au principe de développement durable ».

Des activités de contrôle sont sans aucun doute complémentaires à son activité principale, ainsi dilatée au maximum de ses capacités, tel le contrôle par la Douane des prohibitions à l'importation et à l'exportation ou des restrictions ou formalités particulières applicables aux produits :

---

peine à en apparaître comme un substitut. Par ailleurs, la rattachabilité n'implique pas toujours une relation de complémentarité et pourrait même trouver à s'appliquer aussi dans une relation distincte comme celle de l'accessoriété. En assimilant la rattachabilité à la complémentarité, l'auteur affaiblit singulièrement la pertinence de la distinction entre complémentarité et accessoriété ; voir Benjamin BLAQUIÈRE, *La théorie de l'accessoire en droit administratif*, Paris, LGDJ, Lextenso, coll. Biblioth. de droit public, 2022, spéc., p. 199-204.

[163] CE, 5 juillet 2010, *Syndicat national des agences de voyages*, n° 308564, *Rec.* p. 240, *AJDA* 2010, note Emmanuel Glaser ; *Gaz. Pal.* 2010, n° 275, note Cindy Gisbrant-Boinon et *al.*

[164] Ces qualificatifs sont du Conseil d'État ; CE, 9 juillet 1997, *Sté Maison Balland-Brugnaux*, n° 168629, concl. Catherine Bergeal, *RFDA*, 1998, p. 53 ; 5 juillet 2010, préc. ; 30 décembre 2014, *Sté Armor SNC*, n° 355563, *AJDA* 2015, n. Jean Lessi et Louis Dutheillet de Lamothe.

« […] liés à la défense dont le transfert est soumis à l'autorisation préalable prévue à l'article L. 2335-10 du Code de la défense, ou aux produits chimiques inscrits au tableau 1 annexé à la Convention de Paris et mentionnés à l'article L. 2342-8 du même code, aux matériels mentionnés à l'article L. 2335-18 dudit Code ainsi qu'aux produits explosifs destinés à des fins militaires mentionnés à l'article L. 2352-1 du même Code. »

Même un service entier comme la DNRED s'inscrit dans la même logique de complémentarité malgré son appartenance à la DGDDI. C'est en effet du côté de la « communauté du renseignement » qu'elle va chercher ses pratiques, son éthique et ses techniques bien davantage qu'auprès de la « communauté douanière » dont elle se réclame.

La complémentarité est de l'ordre de la coopération additive. L'activité complémentaire est juxtaposée à l'activité principale et s'exerce certes sous le régime qui lui est propre, mais de concert avec l'activité principale, dans le cadre de la communauté de but et/ou de destinataire par laquelle la mission en cause définit sa raison d'être. L'accessoriété relève, elle, d'une logique différente, qui est de l'ordre de l'adjonction ou de l'instrumentalisation plutôt que de l'association coopérative. L'activité accessoire répond au besoin ou à la nécessité que fait naître l'activité principale, ou vise à élever l'attractivité ou la qualité de l'activité principale ou encore à optimiser l'emploi des moyens matériels et humains de celle-ci[165]. Ne pourrait-on voir dans les zones franches (art. 286 à 290 du CDU qui, selon les propres termes de l'article 291, « ne portent pas atteinte aux règles établies par les traités internationaux en vigueur ») créées par l'État membre de l'UE sur demande déposée auprès de l'administration des douanes une

---

[165] Pour les exemples jurisprudentiels, voir CE, 5 décembre 1984, *Ville de Versailles c/Mme Lopez de Arias*, n° 48639, *Rec.* p. 399 (les évacuations par les sapeurs-pompiers des personnes accidentées ou blessées comme prolongement nécessaire de leur mission de secours d'urgence) ; CE, Sect., 18 décembre 1959, *Delansorme*, *Rec.* p. 692, *AJDA* 1960 II, p. 213, concl. Henri Mayras (adjonction d'un service de ravitaillement, de nettoyage et d'entretien courant de voitures à un parc situé à l'intérieur d'une ville pour inciter les conducteurs de voitures à fréquenter le parc municipal de stationnement et ainsi libérer les voies publiques urbaines) ; CE, Ass., 30 décembre 2014, *Sté Armor SNC*, n° 355 563, *RFDA* 2015, p. 57, concl. Bertrand Dacosta (le but d'amortissement des équipements ou de valorisation des moyens du service comme justification de la candidature d'une personne publique à l'attribution d'un marché public). Pour l'ensemble, voir Benjamin BLAQUIÈRE, *La théorie de l'accessoire en droit administratif*, préc. ; Marion COTTET, *Essai critique sur la théorie de l'accessoire en droit privé*, Paris, LGDJ, coll. Biblioth. de droit privé, t. 544, 2013 ; André BONNET, *La théorie de l'accessoire en droit fiscal : application en matière d'impôt sur le revenu*, thèse, Bordeaux, 1987.

offre globale destinée à stimuler l'attractivité du service par l'élévation de la qualité et de l'efficience des opérations douanières ? Le régime dérogatoire de la zone franche, fort favorable pour les marchandises non UE, consacre le dénouement du rapport de force à l'avantage des États non UE exportateurs. Le Pr Jean-Luc Albert l'a parfaitement observé : « la zone franche paraît même être devenue un instrument de négociation dans les adhésions de nouveaux États membres[166] ».

L'accessoriété est encore dans des activités comme celles visées à l'article 38 3. 3° à 15°, et 18° du CDU, soit que l'activité accessoire est un trait d'union qui assure la sauvegarde des acquis de l'activité douanière principale dans la transmission de responsabilités à l'activité de relais extérieure à la douane (art. 38 3. 3° à 8° et 14°), soit qu'elle apparaît comme un moyen d'optimiser l'utilisation des moyens et pouvoirs de la Douane au service de la sécurité sanitaire et de la dignité humaine (art. 38 3. 9° à 13°, 15° et 18°). Dans les deux hypothèses, l'activité accessoire assumée par la Douane obéit certes aux règles professionnelles, techniques ou scientifiques qui lui sont propres, mais n'en demeure pas moins sous l'empire des règles d'autorisation, de prescription, d'interdiction, de délais, de garantie, de responsabilité ou de sanction que l'administration des douanes a la charge d'appliquer et faire appliquer. Ce sont les nombreux accords internationaux sur les mesures et produits sanitaires, phytosanitaires, pharmaceutiques, phytopharmaceutiques, les biens culturels, les déchets, les organes et produits du corps humain ou encore la pédopornographie et autres qui en constituent le fondement juridique international. On devine l'immensité des enjeux économiques et financiers mis en cause et les rapports de puissance à l'œuvre dans l'application et l'interprétation de ces accords[167].

Le droit est un art de vivre tranquille qui se réalise par une bataille permanente. Parce qu'elle est impliquée dans la réalisation du droit, la Douane n'est pas au-dessus de la mêlée. Les enjeux économiques,

---

[166] Jean-Luc ALBERT, *Droit douanier de l'Union européenne*, préc., p. 385.

[167] Susan STRANGE, *States and Markets*, London, Pinter publishers, 1988; Bertrand BADIE, Marie-Claude SMOUTS, *Le retournement du monde. Sociologie de la scène internationale*, Paris, Presses de la FNSP & Dalloz, 1992 ; Robert BOYER, « Économie et gouvernance », dans Bertrand BADIE, Dominique VIDAL (dir.), *Qui gouverne le monde ?*, Paris, éd. La Découverte/Poche, 2018, p. 85-104 ; Dominique PLIHON, « Quel pouvoir à l'ère de la mondialisation ? », dans *ibid.*, p. 105–117 ; Pierre THOREZ, *Au cœur du pouvoir, les infrastructures de transport*, dans *ibid.*, p. 187-196 ; Bertrand BADIE, *Les puissances mondialisées. Repenser la sécurité internationale*, Paris, Odile Jacob, 2021.

financiers et politiques de ses missions et le caractère international de son terrain d'opération l'y attachent puissamment. Et la voici gagnée elle aussi par la loi de la concurrence et de la compétitivité dans la dynamique de réalisation de son principe de spécialité. La théorie de l'analyse économique du droit apparue à l'université de Chicago aux États-Unis dans les années 1960 n'y a pas été pour rien. Elle prétend faire du droit un instrument de maximisation des utilités ou des satisfactions individuelles et collectives, et pour cela élève un indicateur, l'efficacité économique (efficiency), en finalité (la recherche des meilleurs profits et des moindres coûts[168]). En relais efficaces d'un libéralisme économique décomplexé, les grandes institutions économiques et financières internationales ont repris et amplifié le modèle. Le rapport *Doing Business* que la Banque mondiale a publié tous les ans depuis 2004 pour mesurer la qualité de chaque droit national à l'aune de son attractivité économique a constitué un important support idéologique, politique et pratique pour ce courant de pensée selon lequel, devant la liberté économique, tout doit céder jusqu'aux principes les plus élémentaires de la morale. Sous les feux croisés de la critique, la Banque mondiale s'est rétractée[169]. Après une hésitation de bonne convenance urbaine, elle décida de mettre fin à la publication dudit rapport dans une déclaration du 16 septembre 2021. Les fortes pressions croisées des hyperpuissances et des organisations internationales économiques et financières pour une application et une interprétation dénationalisées du principe de spécialité ont produit l'effet inattendu d'adosser plus solidement la Douane à sa mission de souveraineté consistant en la défense de

---

[168] Les pionniers de cette école sont les lauréats de prix Nobel Ronald COASE (« The Problem of Social Cost », *Journal of Law and Economics*, vol. 3, 1960) et Richard A. POSNER (*Economic Analysis of Law*, Chicago, Little Brown, 1972).

[169] Outre les erreurs de méthode et les données inexactes à la base des rapports *Doing Business*, il lui a été fait grief de n'avoir cure de ce que la tradition juridique européenne n'admet pas qu'un calcul de rendement néglige voire méconnaisse tout bonnement les principes généraux du droit, les droits fondamentaux de la personne humaine et les valeurs morales, humanistes ou culturelles qui font ensemble l'identité constitutionnelle, culturelle et historique de chaque pays et de son peuple. Voir, M. HARAVON *in JCP E*, 2005, I, 1478 ; 2006, 2369 ; *D.* 2009, chron., 244 ; *D.* 2011, chron., 2427 ; Association Henri Capitant, *Les droits de tradition civiliste en question. À propos des rapports* Doing Business *de la Banque mondiale*, Paris, Société de législation comparée, 2 vol., 2006 ; B. du MARAIS, « De Koror à Palikir : à la recherche du paradis du droit des affaires », *D.* 2006, chron., 1110 ; S. UTZ, « Le paradoxe du chantage », *RRJ*, 2007, p. 1989 ; R. LANNEAU, « Analyse économique et analyse juridique », *RRJ*, 2008, p. 1865 ; L. USUNIER, « Le rapport *Doing business* 2012 : la concurrence des systèmes juridiques et l'attractivité du droit français des contrats », *RDC*, 2012, p. 575.

l'« ordre public », obligation constitutionnelle en considération de laquelle l'article XX du GATT 1994 reconnaît à chaque membre de l'OMC le droit de prendre les mesures nécessaires pour protéger la moralité publique (art. XX a), la santé et la vie des humains et des animaux ainsi que la préservation des végétaux (art. XX b), et assurer le respect des lois et règlements qui ne sont pas incompatibles avec l'Accord (art. XX d), notamment ceux concernant l'application des mesures douanières [170]. Dès lors les activités complémentaires et accessoires, au fond, apportent un concours décisif à un exercice rationnel abouti de cette mission essentielle de sécurité générale du territoire et de la population, de protection des intérêts financiers nationaux et européens, et de développement économique durable dudit territoire et de son système d'échanges.

b. Le renseignement et la coopération internationale, variables essentielles des capacités douanières dans une société internationale mondialisée

L'idée que l'efficacité de l'action administrative est liée pour une part essentielle à la quantité et à la qualité de l'information dont elle dispose n'est pas particulièrement révolutionnaire. Ce qui est nouveau, c'est le rôle crucial assigné à l'information dans le fonctionnement des systèmes complexes de la société internationale actuelle. Les organes de commande et de régulation ont besoin en permanence d'informations utiles à la réduction de l'incertitude dans le processus décisionnel, mais aussi pour guider l'action, corriger les erreurs, adapter les moyens, voire infléchir les objectifs. Le mouvement de diffusion sociale des données de la science qui déconstruit le mythe du décideur individuel ou collectif pleinement libre, informé et rationnel de la pratique administrative classique[171] met en avant le rôle essentiel des acquis des sciences exactes, naturelles, sociales et humaines ainsi que les hautes technologies de l'électronique, de l'informatique, de la robotique, de la cybernétique, des télécommunications, de la

---

[170] Dans son rapport, un groupe spécial constitué pour un différend relatif à l'application de l'AGCS/GATS a défini l'ordre public comme la « préservation des intérêts fondamentaux d'une société, tels qu'ils sont reflétés dans l'intérêt et le droit publics », *États-Unis — Jeux*, WT/DS285/R, 10 novembre 2004, § 6.467.

[171] Voir, Lucien SFEZ, *Critique de la décision*, Paris, Presses de la FNSP, 1973, 3e éd., 1981 ; *La décision*, Paris, PUF, coll. « Que sais-je ? », 1984, 2e éd., décembre 1988 ; Christian BOURGEOIS, *Décision et pouvoir dans la société française*, Paris, éd. Point, coll. 10/18, 1980.

télédétection, de l'intelligence artificielle ou encore de la mécanique quantique et autres. Le renseignement est ainsi devenu l'un des enjeux majeurs des sciences et technologies au cœur de la nouvelle révolution scientifique, technologique et intellectuelle du XXIe siècle. L'accès à ces immenses ressources immatérielles dont les titulaires de droits sont disparates et leur utilisation efficace passent nécessairement par des processus de coopération internationale reposant sur des accords formels. D'ailleurs, l'objet même de l'activité douanière et les conditions de son aménagement rationnel dans le contexte de la mondialisation économique et financière imposent de recourir à des systèmes multiples de coopération internationale, sauf à reconsidérer la règle internationale de l'interdiction des captations commerciales et du recouvrement de dettes commerciales par la force armée, acquise depuis le XIXe siècle.

1. Le renseignement douanier, instrument d'agilité opérationnelle et enjeu de pouvoir dans les relations internationales

D'éminents spécialistes du renseignement le définissent comme un processus par lequel des informations spécifiques importantes pour la sécurité nationale ou l'exercice des fonctions gouvernementales à caractère spécial imposant le secret sont demandées, collectées, analysées et fournies par une structure ou un service confiné, relevant de l'appareil d'État et placé sous le contrôle direct de l'exécutif, en vue d'informer, éclairer et aider les décideurs dans l'élaboration, la mise en œuvre et l'adaptation permanente de la politique internationale, des politiques de sécurité nationale ou d'ordre public spécial que la Constitution autorise à réaliser par le secret et le confinement [172]. La finalité générale du renseignement étant de sécuriser le fonctionnement de la vie démocratique et de protéger les conditions essentielles d'exercice de la souveraineté nationale, par quel trait distinctif le renseignement douanier se singularise-t-il au sein de la nébuleuse des agences nationales de renseignement ?

---

[172]M. HERMAN, *Intelligence Power in Peace and War*, Cambridge University Press, 1996; J.-M. PANNETIER, « The Springtime of French Intelligence », *Intelligence and National Security*, octobre 1996; P. DAVIES, *Intelligence and Politics: An Introduction*, Londres, Routledge, 2009; L. K. JOHNSON, *National Security Intelligence: Secret Operations in Defense of the Democracies*, Polity Press, 2017; M. M. LOWENTHAL, *Intelligence, from Secrets to Policy*, 8 è éd., Newbury Park, Sage, 2020; O. CHOPIN et B. OUDET, *Renseignement et sécurité*, Paris, Armand Colin, 2e éd., 2019 ; Jean-Claude COUSSERAN, Philippe HAYEZ, *Nouvelles leçons sur le renseignement*, Paris, Odile Jacob, 2015, 2017, 2021.

Le *Livre blanc sur la défense et la sécurité nationale* d'avril 2013, indique :

> « […] le renseignement […] irrigue chacune des autres fonctions stratégiques de notre défense et de notre sécurité nationale. Il doit servir autant à la prise de décision politique et stratégique qu'à la planification et à la conduite des opérations au niveau tactique. Au-delà, il éclaire notre politique étrangère et notre politique économique. »

La mission commune des gens de renseignement, la mobilisation de techniques professionnelles quasi identiques dans leur caractère d'exception, les contraintes particulières pesant sur les femmes et les hommes de ce corps de métier, leurs représentations idéologiques communes et leur sentiment d'appartenir à un même groupe au-delà des clivages de missions opérationnelles, de moyens d'action et de contraintes juridiques existant entre eux, tout cela invite à ne pas s'arrêter sur les « enveloppes administratives des agences, mais [positivement à] reconnaître l'existence de communautés transversales de praticiens du contre-terrorisme ou de contre-espionnage[173] », ce qui n'exclut pas le renseignement douanier malgré la délimitation fonctionnelle de son objet, mais ne suffit non plus à le caractériser.

En effet, le renseignement douanier est tenu de justifier de la spécificité qui le rend apte à élever les capacités opérationnelles de la Douane. Le seul objet douanier de la recherche de l'information ne suffit pas à spécifier l'activité de la DNRD. L'activité de renseignement douanier mobilise des champs fonctionnels tels les renseignements de sécurité intérieure, de défense, d'action diplomatique, d'intelligence économique, de mouvements financiers, de milieu carcéral… qu'elle exploite à ses fins propres. Il n'apparaît cependant pas que cela suffise à caractériser le renseignement douanier, dimension particulière d'un système d'action global — l'administration des douanes — fondamentalement tourné contre la fraude économique, commerciale, financière et les trafics illicites, activités de délinquance internationale grave parfois inséparables du terrorisme d'inspiration djihadiste que la loi de programmation militaire pour 2019-2025 présente comme « la menace prioritaire pour les sociétés et les populations de France, d'Europe et du monde[174] ». Il est à craindre que ces préoccupations légitimes de sécurité nationale et

---

[173] Jean-Claude COUSSERAN, Philippe HAYEZ, préc., p. 53.

[174] Rapport en annexe du projet de loi de programmation militaire 2019-2025, février 2018.

internationale aient silencieusement affaibli le principe de spécialité propre au renseignement douanier.

Dans son allocution prononcée à l'ouverture de la conférence des ambassadeurs le 29 août 2017, le président de la République Emmanuel Macron avait désigné le terrorisme djihadiste comme « la première de nos priorités », donc « la priorité du Renseignement » selon les termes de la dernière édition de la *Stratégie nationale du renseignement*, document élaboré par la coordination nationale du renseignement et de la lutte contre le terrorisme[175] (CNRLT). La politique de sécurité et de défense commune (PSDC) de l'Union européenne substituée à la politique européenne de sécurité et de défense (PESD) par le traité de refondation de Lisbonne[176] pour exprimer la volonté forte des États membres de mettre en place une défense européenne intégrée, ne fait pas mystère de son ambition : assurer à l'Union « une capacité opérationnelle s'appuyant sur des moyens civils et militaires » (art. 42.1 TUE) distribués sur un large spectre de missions couvrant « les actions conjointes en matière de désarmement, les missions humanitaires d'évacuation, les missions de conseil et d'assistance en matière militaire, les missions de prévention des conflits et de maintien de la paix, les missions des forces de combat pour la gestion des crises, y compris les missions de rétablissement de la paix et les opérations de stabilisation à la fin des conflits[177] ». Toutes ces actions et missions sont au service de la lutte contre le terrorisme en Europe et hors d'Europe comme l'énonce l'article 43.1 TUE, dans le cadre d'une stratégie générale mise en

[175] Le CNRLT a été créé par un décret du 14 juin 2017 afin de coordonner les services de renseignement dans leur activité générale (DGSE, DGSI, DRM, DRSD, DNRED, TRACFIN, DRPP, SCRT, SNRP, SDAO, notamment), piloter l'ensemble des services impliqués dans la lutte antiterroriste et s'assurer de l'effectivité de leur collaboration horizontale, et proposer des orientations au président de la République.

[176] Signé le 13 décembre 2007 par les 27 États membres de l'UE, il est entré en vigueur le 1er décembre 2009.

[177] La création de la Capacité civile de planification et de conduite (Civilian Planning and Conduct Capability) à la suite à la déclaration des chefs d'État et de gouvernement faite lors du sommet informel de Hampton Court en 2005 a constitué un moment important du processus de viabilisation du projet. La Capacité civile de planification et de conduite est placée sous l'autorité du Service européen pour l'action extérieure (SEAE) créé par le Traité de Lisbonne pour gérer les relations diplomatiques et les partenariats stratégiques de l'UE avec les États non membres et conduire la politique extérieure et de sécurité de l'Union. Le SEAE est entré en fonction le 1er janvier 2011. Voir Franck DURAND, « La force de gendarmerie européenne (EUROGENDFOR) : contribution à l'Europe de la sécurité », dans Olivier GOHIN et Franck DURAND (dir.), *Annuaire 2017 du droit de la sécurité et de la défense*, Paris, éd. Mare & Martin, coll. Droit de la sécurité et de la défense, 2017, p. 335-362.

œuvre aussi bien au sein de l'UE que de l'ONU et de l'OTAN pour barrer la route, réduire et éliminer ce nouvel ennemi commun à l'humanité tout entière. Ce n'est pas en vain qu'au lendemain immédiat des attentats terroristes du 11 septembre 2001, le Conseil de sécurité de l'ONU réuni d'urgence a adopté la résolution 1368 du 12 septembre 2011 qui qualifie ces forfaits criminels hallucinants de « menace à la paix et à la sécurité internationales » et réaffirmé avec une vigueur particulière « le droit inhérent de légitime défense individuelle et collective » des États membres de l'ONU, dans le but de reconnaître pleine liberté aux États-Unis et à tous les membres de l'Organisation universelle pour mener la riposte par tous moyens licites utiles à la protection de leurs droits et intérêts, dans le cadre d'une large autonomie de décision et d'action à l'égard du Conseil de sécurité[178]. L'OTAN en a tiré les conséquences immédiates pour le système de sécurité collective en invoquant pour la première fois de son histoire l'article 5 de sa Charte constitutive du 4 avril 1949. Le Conseil de l'Atlantique nord déclare que l'agression perpétrée contre les États-Unis ayant une origine extérieure, elle doit être considérée comme une attaque dirigée contre tous les autres membres de l'Alliance, ce qui fonde chacune d'elles à prêter assistance aux États-Unis par tous moyens utiles, y compris les moyens militaires.

---

[178] Les juridictions fédérales des États-Unis s'étaient volontairement mises en retrait dans un premier temps pour laisser au pouvoir exécutif toute latitude pour conduire les hostilités. Le président George W. Bush avait alors pu utiliser ses pouvoirs spéciaux en matière de détention pour prendre l'*Order* du 13 novembre 2001 qui autorise le secrétaire à la Défense à créer des commissions militaires pour juger les étrangers en considération des nécessités de la guerre contre le terrorisme. Le Military Commission Act du 29 septembre 2006 ne contrarie pas les pouvoirs spéciaux du président des États-Unis, et en particulier contient une disposition autorisant dans certains cas l'utilisation au cours du procès, devant la commission militaire, d'aveux obtenus sous la contrainte. C'est à partir de 2004, dans son arrêt rendu en l'affaire *Hamdi v. Rumsfeld* le 28 juin 2004, que la Cour suprême américaine affirme pour la première fois que les ressortissants américains arrêtés et détenus dans le cadre de cette guerre doivent avoir un accès au juge pour contester leur statut de « combattant ennemi ». La Cour suprême décide le même jour dans l'arrêt *Rasul v. Bush* que les personnes détenues sur la base militaire de Guantanamo Bay (Cuba) doivent bénéficier de l'accès aux juridictions des États-Unis pour demander et obtenir la protection de leurs droits. L'arrêt *Hamdan v. Rumsfeld* rendu par la même Cour le 29 juin 2006 condamne la création des commissions militaires instituées sur le fondement de l'*Order* présidentiel américain pour juger les étrangers dans le cadre de la guerre contre le terrorisme comme contraire à la Constitution des États-Unis et au droit international humanitaire. Voir Helen DUFFY, *The « War on Terror » and the Framework of International Law*, Cambridge, Cambridge Press University, 2005, 488 p. ; C. A. BRADLEY & J. L. GOLDSMITH, « Authorization and war on terrorism », *Harvard Law Review*, 2005, vol. 118, p. 2048–2133; Hélène TIGROUDJA, « L'équité du procès pénal et la lutte internationale contre le terrorisme. Réflexions autour des décisions internes et internationales récentes », *RTDH*, 69/2007, p. 3-38.

« Plus encore que la guerre froide, la lutte contre le terrorisme est une lutte de renseignement », écrivent Jean-Claude Cousseran et Philippe Hayez[179]. Elle constitue le pôle central d'attraction de toutes les agences de renseignement d'un même pays ou d'un même camp politico-idéologique, au-delà de la mission technique particulière propre à chacune. La DNRED assume la part de responsabilité qui est la sienne. La théorie de l'accessoire appliquée à la Douane l'investit d'une fonction de synapse[180] qui explique et justifie sa collaboration active avec les services nationaux de renseignement et les agences étrangères de pays amis. Le monde du renseignement est un monde d'échange de données entre acteurs — internes et externes — dans la société contemporaine de l'information où la surabondance des données de big data, le risque consécutif plus élevé de dispersion de l'information et de dilution de la menace[181], l'exposition sévère des agences de renseignement elles-mêmes aux vulnérabilités de la cyber-dimension[182], ensemble avec l'impératif de respect des institutions démocratiques, de la légalité interne et internationale et des droits et libertés fondamentaux, soumettent les agences à des contraintes d'action et d'efficacité peu communes[183]. Les inévitables tensions et frictions entre ces agences que la presse à sensation qualifie, réjouie, de « guerre des services » en sont des symptômes non épisodiques.

La concurrence/compétition des services de renseignement entre eux résulte aussi de ce que le caractère multidimensionnel et la dominance de la lutte antiterroriste tendent invariablement à

---

179 Jean-Claude COUSSERAN, Philippe HAYEZ, *Nouvelles leçons sur le renseignement*, préc., p. 239. Et les auteurs de citer l'analyse de la situation faite par le directeur de la CIA George Tenet au président George W. Bush le lendemain du 11 septembre 2001 : « Cette guerre sera portée par le renseignement, pas par la projection pure de puissance. Le défi ne sera pas de défaire l'ennemi militairement. Le défi sera de trouver l'ennemi », *ibid.*

180 Les synapses sont les points de contact entre neurones. C'est en quelque sorte le lieu où les neurones entrent en dialogue.

181 Voir Marie-Christine DUPUIS-DANON, « Excès d'information, défaut de formation : les nouveaux risques de la finance », *Documentaliste. Science de l'information*, 2014, vol. 51, p. 34-36.

182 On consultera en particulier, Stéphane TAILLAT, Amaël CATTARUZZA, Didier DANET (dir.), *La Cyberdéfense. Politique de l'espace numérique*, 2e éd., Paris, Armand Colin, coll. U, 2023, 288 p., et l'impressionnante bibliographie présentée.

183 Le paradoxe du travail des services de renseignement est dans le fait qu'ils sont tenus d'obligation de résultat plus exigeante pour un travail de collecte, d'analyse, de filtrage et de traitement de l'information de plus en plus complexe et aléatoire que les nouvelles technologies de l'information rendent également accessible aux réseaux criminels, sans préjudice des invasions de cybercriminalité que ces réseaux peuvent diriger contre les organes officiels. Voir Marie-Christine DUPUIS-DANON, *Comment le crime organisé blanchit l'argent sale*, Paris, PUF, coll. Criminalité internat., 2e éd., 2004.

uniformiser leurs missions, moyens et techniques, tant et tant que le regard critique qui refuse de se satisfaire de définir le renseignement douanier par son rattachement organique et/ou par son milieu d'opération officiel peine à en identifier la spécificité, donc les capacités d'adaptation et de productivité propres à sa spécialité. Si le renseignement n'était douanier que par sa seule appartenance à l'administration des douanes, Tracfin pourrait en cumuler l'ensemble des activités, ne fût-ce que dans un intérêt d'économie des moyens. L'expérience de la plus grande puissance technologique et de renseignement au monde l'atteste à l'envi : la pratique du renseignement non éclairée par une doctrine théorique et stratégique a le souffle court.

Par nécessité pratique et juridique, le renseignement apparaît comme l'un des domaines d'excellence de la coopération internationale adossée à des accords internationaux, les têtes de réseaux et leurs installations fixes d'affaires criminelles étant à l'étranger. Toutefois, la nature de la matière oblige à recourir à des formes d'engagement international qui s'écartent souvent à bonne distance des catégories de la Convention de Vienne du 23 mai 1969 sur le droit des traités entre États. Comme le Pr Jèze qui, au début du XXe siècle, jurait n'avoir jamais dîné avec une personne morale, nous ne connaissons aucun cas d'accord de coopération sur le renseignement transmis par les parties au secrétaire général de l'ONU pour être enregistré par ses soins conformément à l'article 102 de la Charte des Nations unies. Étant relatifs aux activités de services secrets, ces accords sont également secrets et peuvent seulement se laisser percevoir par un raisonnement déductif *a coherentia* appliqué au système de règles formelles d'un cadre de coopération donné, à moins que l'on soit en présence d'actes concertés non conventionnels conclus verbalement ou par écrit sous le sceau du secret.

Dans la première hypothèse, l'accord existe dans ses grandes lignes, voire dans le menu détail, mais constitue le prolongement sous-jacent d'un accord plus large conclu dans les formes officielles et publiques du droit international des traités. Le règlement délégué (UE) n° 2015/2446 de la Commission du 28 juillet 2015 complétant le règlement (UE) n° 952/2013 du Parlement européen et du Conseil relatif aux modalités de certaines dispositions du code des douanes de l'Union désigne au titre des « marchandises destinées à circuler ou à être utilisées dans le cadre d'activités militaires » toute marchandise destinée à circuler pour le compte ou « dans le cadre d'activités organisées par les autorités militaires compétentes » d'États membres de l'Union, ou de pays tiers liés par voie d'accord avec un ou plusieurs États membres de l'Union, lorsque ces activités militaires sont à mener sur le territoire douanier de l'Union ou sous le contrôle desdites autorités (titre I, chap. I, art. 1er, 49. a). À l'égard de « toute activité militaire menée [...] au titre de la politique de sécurité et de défense commune de l'Union (PSDC), ou au titre du traité de l'Atlantique nord signé à Washington le 4 avril 1949 », le régime douanier d'exception applicable aux marchandises destinées à y circuler ou y être utilisées est plus largement ouvert encore. Tous ces cadres d'organisation de la défense et de la sécurité collectives aménagent nécessairement des systèmes d'échanges de renseignements entre les agences nationales de renseignement des États membres, dans l'intérêt de leurs visées stratégiques communes, de l'efficacité des opérations, et des facilités techniques offertes par l'interopérabilité de leurs équipements et de leurs modes opératoires. Les accords, ici, n'ont pas besoin d'être énoncés par des stipulations expresses et séparées. Ils sont sous-jacents au cadre officiel de la coopération et constituent la réponse pragmatique aux questionnements sur les voies et moyens appropriés à la réalisation au moindre coût des buts de l'Organisation.

La seconde hypothèse, celle du recours à des actes concertés non conventionnels, est la plus solidement validée au regard de la donnée quantitative. Encore que ces textes enregistrant la volonté commune des parties n'aient pas vocation à être publiés ou même rendus publics ! Mais le droit international s'en accommode néanmoins. La question de leur caractère juridique se pose dans les mêmes termes qu'à l'égard de ceux qui ont franchi le mur du secret. La doctrine du droit international a eu souvent tendance à dénier tout caractère juridique aux engagements qu'ils contiennent [184]. Étant mis à l'isolement dans la catégorie des « actes concertés non conventionnels », ils en seraient réduits à l'état de « conventions non juridiques ». « S'il en était ainsi, objectait le Pr Paul Reuter, il y aurait

[184] Le Pr Michel VIRALLY définissait l'acte concerté non conventionnel comme « un accord entre dirigeants politiques qui ne lie pas les États qu'ils représentent sur le plan du droit, mais dont le respect s'impose à ses signataires comme une question d'honneur ou de bonne foi », *Ann. IDI*, 1983, p. 208. Le Pr SCHACHTER n'était pas d'un avis différent en soutenant que l'engagement des États en vertu d'un acte concerté non conventionnel est purement politique, « International Law in Theory and Practice », *RCADI*, 1991, p. 99 ; « Les actes concertés à caractère non conventionnel », dans M. BEDJAOUI (éd.), *Le droit international. Bilan et perspectives*, Paris, éd. Pedone/UNESCO, 1991, t. 1, p. 279.

là un acte juridique qui n'engendrerait aucune norme, à moins de dire que l'acte en cause n'est plus un acte juridique[185] »

Les conventions dites « non juridiques » conclues dans le domaine du renseignement sont la preuve que dès lors qu'un accord de volontés réel est donné par écrit, voire par propos verbal par les organes de l'État habilités à conclure des traités, que les parties à l'accord attendent que chacune d'elles règle son comportement sur le critère défini en commun, et que l'ignorance pure et simple des clauses de l'acte concerté par l'une des parties pourrait fonder les autres à manifester à son égard leur désapprobation par des réactions politiques de rétorsion, on est bien en présence d'un traité à portée juridique atténuée, qui n'en est pas moins un traité[186]. Mais ici, ce ne sont pas les mécanismes du contentieux international qui sont mis en branle pour réaffirmer l'autorité de la norme méconnue et réparer le dommage causé. Aucun juge international jamais n'a été saisi d'un différend interétatique portant sur l'application d'un accord conclu en matière de renseignement. Plus que dans tout autre domaine des relations internationales, le fondement du caractère obligatoire des accords et arrangements relatifs aux activités de renseignement est dans le rapport de force établi entre les partenaires, à l'avantage du titulaire du « pouvoir de renseignement » (intelligence power[187]). L'École de Reims du droit international dont le Pr Charles Chaumont fut la figure la plus représentative l'avait clairement énoncé[188]. Le

---

[185] Paul REUTER, « Le traité international, acte et norme », *Arch. phil. dr.* (*APD*), 1987, n° 32, p. 111. Et l'éminent juriste de droit international poursuit : « … nous sommes plutôt réfractaires à l'idée qu'au regard du droit international des engagements conventionnels puissent n'entraîner aucune obligation juridique, pas même sous la forme d'obligation de comportement très générale », *ibid.*, p. 112.

[186] Voir, W. WENGLER, « Les conventions non juridiques comme nouvelle voie à côté des conventions en droit », *Mél. Rigaux*, Bruxelles, Bruylant, 1993, p. 639 ; nous y voyons aussi des engagements internationaux par référence à des règles conventionnelles communément partagées, des normes coutumières et des principes généraux du droit, sans lesquels elles ne pourraient produire du sens juridique ni contenir la moindre obligation de comportement pour les parties, Marcel SINKONDO, *Droit international public*, Paris, Ellipses, coll. Universités, 1999, p. 84-87.

[187] Frédérick DOUZET et Stéphane TAILLAT mettent en relief « l'affirmation du leadership américain sur le cyberespace », le caractère exceptionnel de cette ressource pour l'hégémonie des États-Unis et « les formes que l'inscription du domaine numérique dans le champ politico-militaire a prises et les conséquences qu'elle génère [en soutien aux] efforts fournis par les acteurs américains afin de promouvoir des normes en matière de sécurité internationale », voir « Les enjeux de politique internationale. L'affirmation du leadership américain », dans Stéphane TAILLAT, Amaël CATTARUZZA, Didier DANET (dir.), *La Cyberdéfense. Politique de l'espace numérique*, préc., p. 153.

[188] L'obligation juridique n'est pas une simple forme abstraite de conscience politique,

temps et les changements économiques, technologiques, sociaux et culturels n'ont pas démenti l'ensemble de ses convictions.

2. La coopération internationale, instrument de rationalisation et d'amplification de l'action douanière

Elle est le souffle de vie de la Douane et irrigue tous les compartiments de son activité, comme le sang vitalise tous les organes, toutes les parties et toutes les cellules du corps. Certes, elle ne prend pas toujours la forme écrite des conventions internationales, mais c'est son concept qui donne à ces accords leur raison d'être, d'opérer et de réussir.

Coopérer est pour la Douane le mode principal d'action normative internationale, d'appui à l'efficacité des opérations douanières de toutes natures et de traitement des contentieux non judiciarisés, aussi bien au niveau mondial qu'au niveau régional ou bilatéral. De la communication aux tiers d'informations relatives aux réglementations douanières nationales ou aux accords internationaux affectant les tarifs, formalités et régimes douaniers jusqu'aux procédures par lesquelles les services douaniers de deux ou plusieurs États doivent prévenir, rechercher et poursuivre en commun les infractions, en passant par l'échange de renseignements sur les fraudes, la lutte contre le terrorisme ou le commerce illégal d'espèces sauvages, tout ou presque tout repose sur la coopération internationale. Les contributions éclairantes de MM. Dagorn, Purruaux et Vanderheyden en font foi. La question est si fondamentale que la directive 2013/36 du Parlement européen et du Conseil du 26 juin 2013 concernant l'accès à l'activité des établissements de crédit et la surveillance prudentielle des établissements de crédit et des entreprises d'investissement[189] fait

---

philosophique ou morale. La question de l'obligation juridique se pose parce que la réalité sociale est essentiellement équivoque, ambiguë, et de ce fait vit dans la contradiction, la tension permanente. Le sentiment d'obligation juridique est donc inséparable des rapports sociaux dont il est le reflet du dépassement réussi des contradictions entre les acteurs, étatiques ou non. Et ce dépassement est le résultat d'un rapport de force accepté par les protagonistes comme compatible avec la sauvegarde, voire la promotion de leurs droits et intérêts du moment. Mais au fil du temps et du mouvement des sociétés, les intérêts, ambitions et prétentions bougent et peuvent ainsi affaiblir et déclasser ce sentiment d'obligation et par cela poser la nécessité de réaliser d'autres formes de consensus autour de nouvelles normes. Ainsi va le développement du droit international. Voir en particulier Charles CHAUMONT, « Cours général de droit international public », *RCADI*, 1970, II ; « À la recherche du fondement du caractère obligatoire du droit international », Actes des 2e et 3e rencontres de Reims, Presses univ. Reims, 1980, p. 1-7, 9-10 et 18-22.

[189] La directive 2013/36 du 26 juin 2013 modifie la directive 2002/87/CE et abroge les directives 2006/48/CE et 2006/49/CE. Elle présente par ailleurs de l'intérêt pour l'EEE.

obligation aux États membres de l'Union d'organiser la coopération au plan interne entre les différentes autorités nationales compétentes investies de pouvoirs d'investigation et de sanction, et de les autoriser à coopérer avec les autorités européennes et les autorités nationales des autres États membres, ces coopérations assises sur une base conventionnelle ou extraconventionnelle constituant l'un des motifs principaux des communications d'informations entre eux, y compris celles couvertes par le secret professionnel[190]. La CJUE a pris le soin d'expliquer pourquoi la garde du secret professionnel, qui est une solide protection des droits et intérêts de l'entreprise, ne pouvait être opposée aux autorités compétentes dans leurs domaines de coopération[191].

Sur le plan du champ d'application spatial des règles douanières internationales combiné avec le domaine de spécialité des règles conventionnelles dont le contrôle de l'application est du pouvoir de l'administration des douanes, on pourrait distinguer entre les règles conventionnelles de flux mondiaux ou intercontinentaux du type OMC, ALENA, CETA, ALE UE-Singapour, ACP-UE, « Partenariat économique » UE-CARIFORUM ou SGP, les accords d'opérations douanières et de zones de coopération économique et douanière renforcée (OMD, UE, EEE, CARICOM, Communauté des Caraïbes, UEMOA, CEMAC, SADC…), les accords multilatéraux et bilatéraux d'assistance administrative ou de coopération transfrontalière, et *in fine*, les accords internationaux extérieurs à la matière douanière, mais à l'égard desquels les services des douanes sont compétents pour le contrôle de l'exécution, au titre de la théorie de l'accessoire et du principe de spécialité élargi qui en est la base ferme.

---

190 Marie-Christine DUPUIS-DANON, *Comment le crime organisé blanchit l'argent sale*, préc.

191 Aussi bien dans l'arrêt du 12 novembre 2014, *Altamann et al. c. Bundesanstal für Finanzdienstleistungsaufsicht*, aff. C—140/ 13 (*Rev. dr. bancaire et fin.*, mars-avril 2015, note Th. BONNEAU) que dans l'arrêt du 19 juin 2018, *Bundesanstal für Finanzdienstleistungsaufsicht c. Ewald Baumeister*, aff. C— 15— 16 (*Rev. dr.bancaire et fin.*, septembre-octobre 2018, note Th. BONNEAU) et celui du 13 septembre 2018, *UBS Europe SE, A. Hondequin et consorts*, aff. 358/16 (*Banque et droit*, nº 181, septembre-octobre 2018, obs. J. MOREL-MAROGER, *Europe*, novembre 2018, comm. nº 408, obs. D. SIMON), la Cour européenne a indiqué que le secret professionnel ne trouve pas son fondement seulement dans la protection des droits et intérêts des entreprises concernées par les informations, mais vise aussi à assurer le fonctionnement normal des marchés, sous la surveillance des autorités compétentes des États membres, qui doivent pouvoir échanger des informations protégées par le secret professionnel dans des conditions de sûreté qui garantissent qu'elles garderont leur caractère confidentiel.

Ce que nous appelons règles conventionnelles de flux mondiaux ou intercontinentaux désigne les grands accords commerciaux conclus dans le cadre de l'OMC ou les grands accords de libre-échange dits de la « nouvelle génération », qui ouvrent une nouvelle phase à la promotion des échanges et à l'ouverture des marchés, élargissant ainsi l'étendue du droit douanier aux dimensions de la mondialisation. Malgré leur vocation universelle par le nombre des parties ou par la généralité de leurs stipulations, ces accords n'ont pas primauté sur d'autres actes normatifs conventionnels ou non conventionnels qui lient les États. La CJCE l'avait très clairement affirmé dès 1972 et n'a pas varié sur sa position :

> « La validité au sens de l'article 177 CEE des actes pris par les institutions ne peut être appréciée au regard d'une disposition du droit international que lorsque cette disposition lie la Communauté et est de nature à engendrer pour ses justiciables le droit de s'en prévaloir en justice ; [...] l'article XI de l'Accord général [GATT 1947] ne produisant pas un tel effet, la validité des règlements [...] de la Commission [...] ne saurait être affectée par cette disposition[192]. »

Aussi, même rédigés en termes précis, clairs, abondants et suffisant à régler les situations propres aux particuliers, ces accords ne sont pas reçus comme doués d'effet direct, sauf dans les cas où l'Union en a décidé autrement, soit qu'elle « a entendu donner exécution à une obligation particulière assumée dans le cadre de l'OMC, soit que l'acte communautaire renvoie expressément à des dispositions précises des accords OMC[193] ». Si le juge de l'UE n'avait pas ainsi décidé, il aurait ouvert la voie large aux conflits de lois entre ces normes de grands flux mondiaux et les accords d'opérations douanières et de zones de coopération économique et douanière renforcée ou autres, et par ailleurs nié sans cause le fait enregistré en particulier par l'article XIV du GATT 1994, qui perçoit dans le régionalisme un phénomène positif traduisant des solidarités plus

---

[192] CJCE, 12 décembre 1972, *International fruit company*, aff. 21 à 24-72, *Rec.* p. 1220. *Adde*, 23 novembre 1999, *Portugal c. Conseil*, aff. C 149/96, *Rec.* 199 I-08395 ; CJUE, Ass., 30 septembre 2003, *Biret et Cie SA c/Conseil*, *Rec.* 2003 I-10565 ; CJUE, Gr. Ch., 1er mars 2005, *Léon Van Parys*, aff. C 377/02, préc.

[193] CJCE, 23 novembre 1999, *Portugal c. Conseil*, préc., point 47 ; CJUE, Ass., 30 septembre 2003, *Biret et Cie SA c/Conseil*, préc., point 55, qui renvoie expressément aux arrêts *Fediol c. Conseil* du 22 juin 1989, *Nakajima c. Conseil* du 7 mai 1991 et *Petrotub et Republica* c. Conseil du 9 janvier 2003.

étroites qu'au niveau universel et porteur de nouveaux progrès au niveau mondial[194].

Les accords d'opérations douanières et de zones de coopération économique et douanière renforcée sont les pivots de l'ensemble du système normatif douanier. L'OMD, par exemple, revendique sans complexe un rôle de « centre mondial d'expertise douanière » et de représentant légitime d'une « communauté douanière internationale » transcendant les clivages politiques et les conflits d'intérêts économiques qui divisent les États d'appartenance des différentes administrations douanières. Mais aussi « savant », « sage » et « impartial » soit-il, l'expert n'est pas un décideur immédiat [195]. L'OMD est sans doute admirable dans la réalisation de ses missions, mais n'a pas plus de pouvoirs douaniers que le sage Hassan, derviche de la montagne de Jaron, que Usbek entretient de ses échanges épistolaires dans les *Lettres persanes* de Montesquieu. Les textes conventionnels qu'elle adopte sont soumis à la ratification ou à l'approbation des États, et il n'est pas de son pouvoir d'en contrôler le respect par ceux qui se sont ainsi liés. La production de ces textes est déjà sans doute le résultat de coopérations fructueuses, mais le développement inédit des zones de coopération économique et douanière renforcée constitue sans conteste le phénomène le plus remarquable de ces 30 dernières années. Les expériences d'organisations régionales d'intégration économique ont fait tache d'huile sur l'ensemble des cinq continents. L'Union européenne en est à ce jour l'exemplaire le plus abouti.

Les solidarités économiques, politiques, juridiques, institutionnelles et juridictionnelles entre les États membres de l'Union sont si fortes et intégrées qu'il n'a pas été possible de trancher avec certitude la question du pouvoir d'un membre de se retirer de la

---

[194] Voir Serge SUR, *Relations internationales*, 7e éd. refondue, Paris, LGDJ Lextenso, coll. Précis Domat Politique, 2021 ; Manon-Nour TANNOUS, Xavier PACREAU, *Relations internationales*, Paris, La Documentation française, 2020 ; Maxime LEFEBVRE, *Le jeu du droit et de la puissance. Précis de relations internationales*, Paris, PUF, coll. Major, 5e éd., 2018 ; Patrick DAILLIER, Alain PELLET, *Droit international public*, Paris, LGDJ, 5e éd., 1994, spéc. p. 74-77.

[195] Jacobo Rios RODRIGUEZ, *L'expert en droit international*, Paris, Pedone, 2010, spéc. p. 50-61 ; F. X. PONS RAFOLS, *Los Expertos y las Personas que tienen Relaciones Oficiales con la Onu*, Barcelona, Promociones y Publicaciones Universitarias, 1994, 464 p. ; P. ROQUELO, *Entre savoir et décision, l'expertise scientifique*, Paris, INRA, coll. Sciences en questions, 1997, 111 p. ; Yves DAUDET, « Les membres des commissions d'experts », dans *SFDI, Les agents internationaux*, Colloque d'Aix-en-Provence, Paris, Pedone, 1985, p. 93-107.

Maison commune avant la solution posée par le traité de Lisbonne du 13 décembre 2007 (art. 50 TUE). En effet, la construction européenne communautaire a établi entre les membres un réseau de relations de coopération si dense adossé à des mécanismes de contrôle si contraignants pour les États et les personnes juridiques qui leur sont assujetties que l'on a pu se demander à juste titre si, à bien voir les choses, l'Union européenne ne serait pas un État qui ne dit pas son nom[196]. Ministre allemand des Affaires étrangères, M. Joschka Fischer fut à cet égard de ceux qui avaient su « saigner » et « ceindre » nos angoisses [197]. Dans son discours du 12 mai 2000 à l'université Humboldt de Berlin, il avait déclaré que l'UE ne devait pas être regardée comme un État fédéral, mais plutôt comme une « fédération d'États-nations » respectueuse des souverainetés nationales aussi bien dans leur exercice en commun que dans les situations plus essentielles où elles sont exercées séparément, en bonne intelligence communautaire néanmoins.

Par un approfondissement continu de la coopération à partir d'un projet politique initial ambitieux et original, le régionalisme permet la formation dans certaines conjonctures particulières d'ordres juridiques *sui generis* tellement spécifiques que l'on a parfois hésité à y voir encore des constructions régies par le droit international[198]. Tel est le

---

[196] Comment ne pas en être troublé ? L'UE dispose indéniablement des attributs essentiels d'un État fédéral : elle a ses propres organes de gouvernement (Conseil européen, Conseil, Parlement européen, Commission, Cour des comptes) qui sont titulaires de la compétence exclusive dans les matières transférées en totalité à l'Union par les États membres, et de la priorité de décision et d'action dans les matières où la compétence est partagée avec les États membres ; elle a son propre droit, qui est un ordre juridique distinct des droits nationaux, supérieur à ces normes juridiques nationales, quel qu'en soit le rang, et au surplus d'effet direct à l'égard des personnes publiques ou privées qui s'y trouvent et des situations juridiques pertinentes qui s'y forment ; elle a son propre organe juridictionnel, la CJUE autrefois CJCE, qui siège haut perché au-dessus des juridictions nationales des États membres ; elle a même sa propre Banque centrale (la BCE) et une monnaie unique pour les États membres qui réunissent les conditions économiques permettant d'y participer, la BCE se bornant à coordonner ou animer la politique monétaire des États membres n'appartenant pas à la zone euro. Les institutions de l'Union et les gouvernements des États membres avaient eux-mêmes singulièrement renforcé ce trouble en soumettant aux peuples un projet de « Traité instituant une Constitution pour l'Europe ». La peur des mots et de leurs pièges réels ou imaginaires a gagné la plupart des esprits. Le projet a échoué.

[197] Clin d'œil en hommage au président poète et académicien Léopold Sedar SENGHOR, dans son recueil de poèmes *Lettres d'hivernage* où il se laisse envahir par ses souvenirs tendres d'une enfance douce, brutalement sevrée du mouvement calme et tranquille des sociétés africaines traditionnelles : « Ma mère saignait mes angoisses, les ceignait », *Lettres d'hivernage*, Paris, Seuil, 1973.

[198] Ces ordres juridiques si spécifiques se caractérisent par la primauté des actes unilatéraux autoritaires élaborés au nom de l'organisation par ses propres institutions (dans l'Union

cas de l'Union européenne, et à un décalage près, celui des pays andins.

Le phénomène des agences trouve dans ces modèles de coopération proches de la structure de l'État fédéral une occasion délicieuse de prospérer. Europol et Agence européenne du médicament (1995), Autorité européenne de sécurité des aliments et Eurojust (2002), Agence européenne de défense (2004), Agence européenne chargée de la sécurité des réseaux de l'information (2006), Agence européenne des droits fondamentaux (2007)… l'Union européenne s'est tant et tant dotée de ces structures de gestion décentralisées réputées mieux adaptées aux exigences actuelles de la bonne gouvernance que le Parlement européen s'en est inquiété[199]. C'est dans le bain de cette culture européenne de l'« agence » que l'idée de la création d'une Agence européenne des douanes murmurée depuis une dizaine d'années a été remise sur le métier.

Doter cette agence de la personnalité juridique ou l'en priver serait une première marque signifiante de la portée de la volonté exprimée par le Conseil le 21 décembre 2020 de « Faire passer l'union douanière à l'étape supérieure : un plan d'action[200] », dans le cadre de la mise en œuvre de l'accord OMC sur la facilitation des échanges (AFE) par lequel l'Union européenne s'est liée en déposant l'instrument d'acceptation du Conseil le 1er octobre 2015. L'article 24-5 de l'AFE y a invité expressément[201]. Distincte de l'OLAF, d'Europol dont elle se serait détachée, d'Eurofisc et de

---

européenne les actes unilatéraux du rang le plus élevé portent le nom significatif d'« actes législatifs »), l'effet direct de principe de ces normes à l'égard des particuliers, et l'importance fondamentale des procédures juridictionnelles de contrôle des comportements des États membres, mais aussi des institutions communes elles-mêmes dans la réalisation du droit de l'organisation. Voir, Claude BLUMANN, Louis DUBOUIS, *Droit institutionnel de l'Union européenne*, 4e édition, Paris, Litec, 2010, spéc. p. 79-93 ; Florence CHALTIEL, *La souveraineté de l'État et l'Union européenne. L'exemple français*, Paris, LGDJ, Biblioth. constit. et de science pol., t. 99, 2000 ; Bertrand MATHIEU, *La construction européenne ne menace pas la République*, Paris, Dalloz, 2004, nº 43 ; Olivier BEAUD, « La souveraineté de l'État, le pouvoir constituant et le traité de Maastricht », *RFDA*, 1993, p. 1045.

[199] En effet, la prolifération de ces organes dont certains sont dotés de la personnalité morale pourrait accentuer la difficulté du contrôle politique ou budgétaire du Parlement européen, mais aussi affecter à la baisse les pouvoirs propres de la Commission ou du Conseil dans les domaines considérés.

[200] Conseil (UE), conclusions, 21 décembre 2020, 14 292/20 REV 4 et 13831/20, dans Jean-Luc ALBERT, *Le droit douanier de l'Union européenne*, préc., p. 42.

[201] Art. 24-5 de l'AFE : « Les membres qui font partie d'une union douanière ou d'un arrangement économique régional pourront adopter des approches régionales pour aider à la mise en œuvre de leurs obligations au titre du présent accord, y compris par l'établissement d'organismes régionaux et le recours à ces organismes », *ibid.*, p. 42.

l'Agence européenne de garde-frontières et de garde-côtes [202], l'Agence européenne des douanes, pour constituer un espace institutionnel optimal, ne devrait être ni un simple organisme d'expertise douanière reproduisant le modèle de l'OMD à l'échelle régionale ni une réplique spécialisée de la Commission, mais l'instrument d'inspiration et de mise en œuvre d'une vigoureuse stratégie douanière à caractère global qui stimule le développement intégré des services informatiques douaniers, renforce la capacité de gestion des risques douaniers, de sécurité des transactions financières avec l'étranger et de sécurité économique générale du territoire, codifie les mesures de lutte contre l'e-commerce déloyal, le terrorisme et le crime organisé, intègre les nouvelles préoccupations mondiales relatives à la protection de la biodiversité, au défi climatique et à l'environnement global, et repense la coopération entre les administrations douanières nationales sur un modèle plus dynamique reposant sur deux fonctions complémentaires et interactives : une fonction « opérations douanières » et une fonction « intégration et transformations douanières », un peu sur le modèle nouveau de l'OTAN[203].

La fonction « opérations douanières » serait celle relative à l'élaboration en réseau et au pilotage coordonné des mesures de contrôle, d'investigation, de collecte et de traitement du renseignement douanier lorsque ces mesures sont d'intérêt commun ou répondent à une priorité commune circonstancielle ou définie pour le court ou moyen terme. La fonction « intégration et transformations douanières » serait quant à elle dédiée à l'interopérabilité des équipements, l'évaluation commune des risques et des activités et leur adaptation permanente aux transformations des réalités économiques, politiques, sociales et juridiques, la mise en cohérence de la formation des personnels ainsi que des règles et pratiques professionnelles nationales, et à cette fin, la gestion d'un « Erasmus » douanier consistant dans l'organisation de mobilités de courte durée (3, 6 ou 8 mois) pour permettre aux douaniers des États membres qui le souhaitent d'effectuer un séjour dans l'administration des douanes

---

[202] « Règlement (CE) nº 2007/2004 du Conseil du 26 octobre 2004 portant création d'une Agence européenne pour la gestion de la coopération opérationnelle aux frontières extérieures des États membres de l'Union européenne », *JOUE*, L 349/1 du 24 novembre 2004.

[203] Les « patrons du renseignement français » ne paraissent pas particulièrement enthousiasmés par des solutions de forte intégration, européenne ou internationale. Voir Alain BAUER, Marie-Christine DUPUIS-DANON, *Les Guetteurs. Les patrons du renseignement français répondent*, Paris, Odile Jacob, 2018, 352 p.

d'un autre État membre de l'Union pour apprendre par l'expérience à mieux connaître leurs homologues et travailler en confiance et en bonne intelligence avec eux.

Les accords multilatéraux ou bilatéraux d'assistance administrative mutuelle ou de coopération transfrontalière, paradoxalement, ne sont pas les plus anciens et par ailleurs sont de ceux que les États ne s'empressent pas de conclure, par crainte d'être eux-mêmes victimes de l'idée inavouée qui les habite tous, à savoir pour chacun, engranger les meilleurs renseignements et autres prestations conventionnelles régaliennes fournies par le partenaire, en lui servant en retour un menu de moine que l'on fait passer pour un dîner de calife en rupture de carême. Mais nécessité fait loi. Malgré la méfiance toujours tapie à l'arrière-plan de ces accords, ils sont utiles à toutes les parties et tendent par cela à se généraliser. La France a ratifié en 2001 la Convention de Nairobi conclue sous l'égide de l'OMD le 6 juin 1977, laquelle autorise et encourage les États parties à s'échanger « tous les renseignements de caractère opérationnel ». Sur le plan bilatéral, elle a contracté avec de nombreux pays étrangers, dont certains ne sont pas de tout repos : Cuba le 8 novembre 1996, Russie le 31 octobre 1997, ou encore Afrique du Sud le 26 juin 1998. Sans contenir des dispositions identiques, toutes visent la prévention, la recherche, la constatation et la répression des infractions douanières.

Cette catégorie de conventions soulève deux grandes questions en droit international public. Il s'agit d'une part de leur mode d'applicabilité — directe ou indirecte ? — et d'autre part, du droit applicable aux mesures extraterritoriales d'exécution que des agents de l'Office national anti-fraude (ONAF) — anciennement Service d'enquêtes judiciaires des finances (SEJF) — ou des services douaniers actifs entreprendraient à l'étranger, sans préjudice de celles dont l'effectuation pourrait être confiée aux services diplomatiques et consulaires de France ou aux bases militaires françaises en territoire étranger.

Ces accords sont-ils d'effet direct — ou d'applicabilité directe ? Leur régime juridique au regard du droit international ne diffère pas fondamentalement de celui des traités conclus dans la matière pénale, parce que dans l'une ou l'autre matière on est dans l'exercice de la puissance publique de l'État. Si les dispositions et mesures répressives du droit douanier sont versées dans la catégorie des « accusations en matière pénale » au sens de la Convention européenne des droits de l'homme aussi bien par la Cour européenne des droits de l'homme que par les hautes juridictions nationales[204], c'est en rappel de ce que le droit international tient pour élément déterminant l'exercice de l'autorité publique par des moyens juridiques qui mettent en cause la personne physique ou morale visée et peuvent commander l'application à son encontre de mesures coercitives. Aussi, depuis un arrêt du 18 juillet 1851, la Chambre criminelle décidait sans s'émouvoir que les traités qui touchent à la matière pénale au sens strict, prérogative la plus redoutable de la puissance publique, ne sauraient être d'effet direct. Ce sont des actes conventionnels de haute politique en ce qu'ils règlent un rapport interétatique dans lequel chacune des hautes parties contractantes consent à exercer sa puissance publique au service des intérêts de l'autre, et de ce fait ne créent de droits qu'au bénéfice de l'État partie auquel l'exécution est due. Ce dernier seul serait le titulaire direct et exclusif de ce droit en vertu du traité. L'individu n'y a aucune part à espérer : on ne saurait être titulaire direct d'un droit appartenant à autrui.

Mais malgré la solide logique abstraite de la solution jurisprudentielle, la doctrine y a longtemps résisté, démontrant que les États règlent des rapports humains et non des nombres décimaux, et qu'un accord international dont les prestations ne valent que dans les rapports entre parties contractantes peut néanmoins violer un droit fondamental de la personne humaine, droit à caractère objectif, voire intangible, dont la violation ne saurait être couverte par quelque motif tiré de la nature interétatique du rapport qui en a été la circonstance. La Chambre criminelle s'est finalement ravisée, consciente de ce que la grâce permanente de la vérité par laquelle elle se guidait lui montrait un chemin désormais effacé. Et par son arrêt du 24 mars 1987, elle a admis l'applicabilité directe de l'article 16-4 de la Convention européenne d'extradition relatif à l'arrestation provisoire

---

[204] CEDH, 21 février 1984, *Oztürk*, GACEDH, n° 21 ; 7 octobre 1988, *Salabiaku*, A. 141 A ; 27 février 1980, *Deweer*, A. 35, § 42, *JDI*, 1982, p. 197, obs. P. Rolland ; 7 avril 1989, *Vuolanne c. France*, n° 265/1987, A/44/40, annexe X, sect. J ; 25 février 1993, *Funke, Crémieux, Miailhe*, A. 256 A ; 24 février 1994, *Bendedoun*, GACEDH, n° 22 ; CE, avis, 31 mars 1995, *ministre du Budget c. SARL Auto-Industries Méris et autres*, *RUDH*, 1995, p. 152 ; CE, 28 juillet 1999, *Groupement d'intérêt économique Mumm-Perriet-Jouet*, *AJDA*, 1999, p. 835, chron. P. Fombeur et M. Guyomar ; 29 juillet 2002, *Association Radio Deux couleurs*, *AJDA*, 2003, p. 475 ; 28 octobre 2002, *Laurent*, *AJDA*, 2002, p. 1492, note D. Costa ; 10 mai 2004, *Crédit du Nord*, n° 241587, *Rec. Tab.* ; Cass. com., 1er décembre 1998, Oury, JCP, 1999, II, 10 057, note E. Garaud ; 9 octobre 2001, *SA Unibéton*, *JCP G*, 2001, IV, 2870 ; Cass. Ass., 5 février 1999, *COB c/Oury*, Gaz. Pal., 24-25 février 1999, p. 8, concl. M.-A. Lafortune.

dans le cadre de la procédure[205]. L'obstacle est levé. Les accords multilatéraux ou bilatéraux d'assistance administrative mutuelle ou de coopération transfrontalière sont d'effet direct dans la limite des dispositions qui affectent les droits fondamentaux de la personne humaine, accessoirement des personnes morales.

La question du droit applicable aux actes extraterritoriaux d'exécution accomplis par les fonctionnaires des douanes ou d'autres agents publics de l'État dans la matière douanière comporte des enjeux beaucoup plus déterminants. On le tient d'une jurisprudence de la Cour permanente de justice internationale (CPJI) non démentie depuis 1927 : « Loin de défendre d'une manière générale aux États d'étendre leurs lois et leur juridiction à des personnes, des biens et des actes hors du territoire, il [le droit international] leur laisse à cet égard une large liberté qui n'est limitée que dans quelques cas par des règles prohibitives[206]. »

La pratique juridique internationale des États s'en est profondément imprégnée. La proposition selon laquelle les conflits de lois seraient étrangers au droit public, chaque État ne se préoccupant en la matière que de l'application des lois qu'il édicte, ne rend plus compte à suffisance du droit positif[207]. S'il est vrai qu'il n'y a pas à proprement parler de conflit de lois de droit public au sens du droit international privé où cette expression implique un choix entre deux ou plusieurs lois en concurrence dans un rapport juridique donné, en vue de l'application de la loi qui sera désignée par la règle de conflit, force est de constater que la compétence de l'État n'est pas limitée à son territoire ; elle s'exerce *a minima* à l'égard des nationaux, personnes physiques et morales, et à travers eux s'étend à leurs biens et leurs activités ainsi qu'à certaines situations juridiques dans lesquelles ils sont impliqués. Il s'ensuit que l'exercice de la compétence personnelle de l'État ou celle de sa compétence législative ou juridictionnelle internationale peut entrer en concurrence avec la compétence territoriale d'un État étranger[208]. Les

[205] Cass. crim., 24 mars 1987, pourvoi n° 86-95.720, *Bull. crim.* 1987, n° 137, p. 380.

[206] La Cour permanente avait précisé : « La limitation primordiale qu'impose le droit international est celle d'exclure — sauf l'existence d'une règle permissive contraire — tout exercice de sa puissance sur le territoire d'un autre État. Dans ce sens, la juridiction est sûrement territoriale […] », CPJI, 7 août 1927, *Lotus*, France/Turquie, série A, n° 10, p. 18-19 ; GDJI, n° 5.

[207] Bernard AUDIT, *Droit international privé*, Paris, Economica, 1991, p. 87-89 et 239-245.

[208] Georges van HECKE, « Droit public et conflit de lois », *TCFDIP* 1983-84, p. 225 ; Konrad ZWEIGERT, « Droit international privé et droit public », *RCDIP*, 1965, p. 645.

droits douanier, fiscal, social ou pénal international sont particulièrement propices à la réalisation de ces hypothèses de conflits. Le droit public connaît donc les conflits de lois, mais à la différence du droit international privé il n'a pas produit de règles de conflits de lois. Aussi est-ce la pratique des États qu'il convient d'interroger.

Lorsque la France a mandaté des agents publics des douanes ou des agents diplomatiques ou consulaires pour effectuer un acte d'exécution à l'étranger ou participer à l'accomplissement d'un tel acte avec le consentement de l'État local, quel est le droit qui a vocation à régir un tel acte ? En l'absence de règles de conflit de lois de droit public, le recours à la méthode conflictualiste ne paraît pas être le plus judicieux. Parce que l'exécution extraterritoriale du droit douanier d'un État projette à l'étranger l'ensemble des règles statutaires, substantielles et procédurales du droit public de cet État, la mise en contact des souverainetés en présence est nécessairement arbitrée par des principes de coopération internationale, eux-mêmes guidés par des exigences d'égalité souveraine des États, de paix, d'intérêt mutuel et de déférence à la légalité internationale[209]. La liberté absolue si précieuse à la souveraineté n'est pas ici la meilleure conseillère[210].

Dans l'hypothèse de l'entraide judiciaire, la collaboration se fait « à distance » par la mise en mouvement des mécanismes prévus à cet effet, principalement les commissions rogatoires délivrées à l'État étranger requis, pour exécuter sur son territoire certains actes matériels. L'élément d'extranéité de la mesure d'exécution est quasi marginal puisqu'elle se réduit à une demande adressée à un État d'agir sur son propre territoire, à des fins d'information juridictionnelle de l'État requérant. La sphère de compétence territoriale souveraine de l'État requis est intacte : l'État requérant n'y a interféré que par une simple demande que son homologue étranger aurait pu ignorer, n'eût été la force de son sentiment d'obligation juridique à l'égard des normes et principes conventionnels, politiques et humanistes de

---

[209] Alain PELLET, « *Lotus*, que de sottises on profère en ton nom ! Remarques sur le concept de souveraineté dans la jurisprudence de la Cour mondiale », *Mél. Jean-Pierre Puissochet*, Paris, Pedone, 2008, p. 215-230. Pour l'éminent auteur en effet, la fonction impartie au droit international d'organiser la coexistence des souverainetés égales donne nécessairement préséance à la légalité et à l'équité sur la liberté de l'État de faire ou de ne pas faire.

[210] Le Pr Combacau n'aurait sans doute pas approuvé cette manière de voir. Sans minimiser la place du droit dans la notion de souveraineté, il estime que c'est la liberté qui en est le principe vital ; Jean COMBACAU, « Pas une puissance, une liberté : la souveraineté internationale de l'État », *Pouvoirs*, n° 67, 1993, p. 49.

coopération[211]. L'acte d'exécution sera alors soumis au droit local, sans préjudice de la prise en compte subsidiaire du droit étranger dès lors que ce dernier ne heurte pas les règles fondamentales du droit national de l'État d'exécution[212].

La dimension d'extranéité de la mesure extraterritoriale d'exécution est également considérée comme faible lorsque ce sont les missions diplomatiques et consulaires ou les bases militaires à l'étranger[213] de l'État d'émission de la mesure qui sont saisies de l'exécution. La nature spécifique de ces services publics établis à l'étranger, leurs attributions, compétences, pouvoirs, immunités et privilèges reconnus par la communauté internationale dans son ensemble et par chacun des États en particulier[214] les qualifient pour appliquer exclusivement le droit de l'État d'envoi. Ayant librement consenti par voie conventionnelle et coutumière à assumer le statut international très spécial de ces services publics étrangers installés sur

---

[211] D'une autre manière de voir, le fait pour l'État requis de se prêter à l'exécution des mesures judiciaires qui lui sont demandées constitue une mesure d'autoprotection de sa sphère de compétence territoriale, ainsi mise à l'abri d'une immixtion étrangère qui prétendrait prendre appui sur un droit de sanction de l'inexécution.

[212] L'acte étant destiné à produire des effets devant les juridictions de l'État requérant, son travail de production par les organes compétents de l'État requis serait peine perdue s'il ne prenait aucun souci des exigences fondamentales du droit interne du demandeur de l'acte ; Maurice TRAVERS, *Le droit pénal international et sa mise en œuvre en temps de paix et en temps de guerre*, Paris, Sirey, 1921, t. IV, p. 1-3.

[213] Sur les bases militaires à l'étranger, voir Jean-Paul PANCRACIO, « Le régime juridique des bases militaires concédées. À propos de la fermeture du camp d'internement de la base américaine de Guantanamo à Cuba », Paris, Institut de recherches de l'École militaire, irsem.fr/data/files/irsem/documents, février 2009.

[214] Convention de Vienne du 18 avril 1961 sur les relations diplomatiques, entrée en vigueur le 24 avril 1964 et liant aujourd'hui (mai 2023) la totalité des États (193 États) ; Convention de Vienne du 24 avril 1963 sur les relations consulaires, entrée en vigueur le 19 mars 1967 et liant aujourd'hui la quasi-totalité des États (182 États). Dans son arrêt du 24 mai 1980 rendu dans l'affaire du personnel diplomatique et consulaire des États-Unis à Téhéran (États-Unis d'Amérique c/Iran), la Cour internationale de justice, reprenant les termes de son ordonnance du 15 décembre 1979, a fermement rappelé que « … dans la conduite des relations entre États, il n'est pas d'exigence plus fondamentale que celle de l'inviolabilité des diplomates et des ambassades » (*Rec.* § 38). Et le juge international des comportements étatiques d'ajouter que si « … aucun État n'a l'obligation d'entretenir des relations diplomatiques et consulaires avec un autre État [une fois qu'il a librement décidé d'entretenir de telles relations] il ne saurait manquer de reconnaître les obligations impératives qu'elles comportent et qui sont maintenant codifiées dans les Conventions de Vienne de 1961 et 1963 auxquelles l'Iran et les États-Unis sont parties » (*Rec.* § 41); GDJI, n° 25. Dans *l'Affaire des immunités juridictionnelles de l'État* (Allemagne c/Italie ; Grèce intervenant), la Cour constate que « … les États […] partent généralement du principe qu'il existe en droit international un droit à l'immunité de l'État étranger, dont découle pour les autres États l'obligation de le respecter et de lui donner effet », *Rec.*, § 56, GDJI, n° 49.

son territoire, l'État de résidence ne peut qu'exclure l'applicabilité de son propre droit. On ne peut à la fois souffler le chaud et le froid.

C'est dans le domaine de la coopération douanière et policière, lorsque les agents publics d'un État se rendent à l'étranger pour procéder à la constatation d'infractions douanières ou policières ou à des mesures d'investigation, que la dimension d'extranéité de la mesure extraterritoriale d'exécution est considérée comme déterminante. En effet, des agents publics d'autorité d'un État entrent dans le cercle de la souveraineté territoriale d'un autre État pour y accomplir des actes relevant de l'exercice de la puissance publique en vertu des pouvoirs qui leur sont conférés par leur État d'appartenance, qui n'a nullement abdiqué l'exercice de sa juridiction à leur égard malgré leur présence sur le territoire d'un État étranger. De ces deux intérêts étatiques pressants, il faut en privilégier un seul. La mesure d'exécution étant accomplie par les agents de l'État d'envoi au nom de leur État, dans le respect des prescriptions et interdictions du droit interne de cet État et pour son seul compte, une certaine logique guidée par la destination juridictionnelle finale de l'acte d'exécution voudrait que ce soit le droit de cet État utilisateur de l'acte qui l'emporte. Telle n'est cependant pas la solution qui se dégage de la pratique juridique des États. La primauté va au droit de l'État du territoire d'exécution de la mesure extraterritoriale, d'une manière paradoxalement plus stricte encore que dans l'hypothèse de l'entraide judiciaire. Il en est ainsi parce que l'immixtion concrète, active et assumée d'autorités étrangères dans la sphère des pouvoirs de l'État local impose des mesures de protection de sa souveraineté que ne nécessitent pas les cas d'exécution de commissions rogatoires étrangères par cet État local lui-même[215]. La primauté reconnue au droit local apparaît comme le moyen symbolique offert à l'État territorial d'exercer une emprise sur l'exécution de la mesure étrangère à l'effet de la maintenir sous le contrôle des règles nationales de l'État maître de céans.

L'exception au principe de primauté du droit local est limitée aux hypothèses de l'observation transfrontalière et de la poursuite

---

[215] Voir l'étude suggestive de Mathias FORTEAU, « À la recherche du droit applicable aux actes extraterritoriaux d'exécution : l'affaire L. R. Hape devant la Cour suprême du Canada (7 juin 2007) », *AFDI*, 2007, p. 65-104 ; *adde*, Brigitte STERN, « Quelques observations sur les règles internationales relatives à l'application extraterritoriale du droit », *AFDI*, 1986, p. 14; SFDI, *Les compétences de l'État en droit international*, Paris, Pedone, 2006, notamment partie II.

transfrontalière (*hot pursuit*), à tout le moins dans le système de la convention de Schengen du 14 juin 1985 et de sa convention d'application du 19 juin 1990. Dès lors qu'une infraction extraditionnelle donne lieu à une enquête judiciaire en vertu de l'article 40 de la convention d'application de Schengen, les agents de la police ou des douanes qui exercent une surveillance sur la personne suspectée ou sur une personne susceptible de conduire à la localisation de la personne suspectée peuvent poursuivre la surveillance sur le territoire d'un État partie frontalier, sur autorisation de cet État consécutive à une demande d'entraide judiciaire. Mais les nécessités du moment peuvent commander que le respect des procédures de circonstance ordinaire cède le pas à l'impératif d'efficacité immédiate. L'article 40, § 7 a enregistré cet état de fait en stipulant qu'en cas d'urgence, l'observation peut être poursuivie au-delà de la frontière sans autorisation préalable, à charge pour les poursuivants d'en informer promptement les autorités compétentes de l'État frontalier intéressé. D'ailleurs, l'obligation d'information des autorités compétentes de l'État frontalier de ce que leur frontière a été franchie repose moins sur la déférence due à sa souveraineté que sur des exigences de *comitas gentium* nécessaires à un déroulement pacifique et sain des relations interétatiques[216]. Cela est si vrai que le même article 40, § 7, dans sa version modifiée par la décision du Conseil du 2 octobre 2003, énonce que pour les infractions limitativement énumérées aux paragraphes 2 et 7 de l'article 40[217], l'observation sans autorisation préalable peut néanmoins être poursuivie dans un délai de 5 heures après le franchissement de la frontière si dans cette séquence de temps ladite autorisation n'a pas été délivrée. Bien d'autres conventions stipulent dans le même sens[218].

---

[216] Voir Marcel SINKONDO, « Pas un *imperium* hégémonique, mais un principe régulateur de l'application de la loi pénale : la souveraineté pénale en droit international », *RRJ*, 2019-2, XLIV-177, p. 785-845, spéc., p. 794-795.

[217] Il s'agit des infractions suivantes : assassinat, meurtre, infraction sexuelle, incendie volontaire, fausse monnaie, vol et recel aggravés, extorsion, enlèvement et prise d'otage, trafics d'êtres humains, de stupéfiants, de déchets toxiques et nuisibles, infractions aux lois en matière d'armes et d'explosifs, destruction par explosifs, escroquerie grave, filière d'immigration clandestine, blanchiment de capitaux, trafic de matières radioactives, participation à une organisation criminelle, terrorisme.

[218] La convention de Bruxelles du 18 décembre 1997 et le traité Benelux conclu à Luxembourg du 8 juin 2004 en matière d'intervention policière transfrontalière entre la Belgique, le Luxembourg et les Pays-Bas en sont d'éloquents exemples. Le traité Benelux habilite même les agents d'un État partie à intervenir d'office sur le territoire d'un autre État partie aux fins de maintien de l'ordre et de la sécurité en cas d'urgence et de danger imminent pour la santé ou les biens ; voir Éric DAVID, *Éléments de droit pénal international et*

Le droit de poursuite transfrontalier est plus catégorique encore. Surdéterminé par la nécessité pressante de sauvegarder la dignité pénale de l'État qui l'exerce à l'étranger, il n'est pas subordonné à une quelconque autorisation de la part de l'État sur le territoire duquel l'opération de poursuite est réalisée. Certes, ce dernier doit être informé au plus tard au moment du franchissement de la frontière, et la poursuite doit cesser dès qu'il en fait la demande. Mais par son régime tout entier dominé par l'urgence absolue d'agir, le droit de poursuite transfrontalier traduit le principe bien établi en droit international selon lequel le déploiement de la puissance publique répressive d'un État en situation de violation grave et flagrante de sa loi pénale[219], attribut de sa souveraineté pénale active, ne saurait être mis en échec par des considérations tenant au respect de la souveraineté pénale passive de l'État tiers dans lequel la poursuite est entreprise, l'ordre public de ce dernier n'étant nullement troublé.

Dans les relations entre la France et la Belgique, le droit de suite prévu par la convention de Tournai du 5 mai 2001 et l'échange de lettres du 10 juin 2002 n'est même pas limité dans le temps et l'espace pour les infractions figurant à l'inventaire de l'article 41, § 4 (a), qui sont les mêmes que celles pouvant donner lieu à l'observation transfrontalière sans autorisation préalable, abstraction faite du délit de fuite après la commission d'un accident ayant entraîné la mort ou des blessures graves[220].

La priorité accordée à la loi pénale de l'État dont les agents ont franchi la frontière d'un autre État pour continuer leur opération d'observation ou de *hot pursuit* trouve sa confirmation dans le fait que, en France comme dans d'autres pays de l'Union européenne, l'étendue de la compétence de ces agents étrangers est appréciée au regard de leur droit national, et l'infraction qu'ils pourraient commettre au cours de la poursuite ou dans le cadre de celle-ci échappe au pouvoir d'appréciation et de sanction des juridictions répressives de l'État dont la frontière nationale a été franchie, pour relever de la compétence exclusive de l'État de nationalité de ces agents[221].

---

européen, Bruxelles, Bruylant, 2009, spéc., p. 296, n° 4.1.25.

[219] Les infractions justifiant le droit de poursuite sont les mêmes que celles visées à l'article 40, § 7 de la convention de Schengen modifiée.

[220] Toutefois, la France n'accorde aux agents poursuivants étrangers aucun droit d'interpellation sur le territoire français ni ne leur reconnaît le droit de pénétrer dans les domiciles et locaux non accessibles au public.

[221] S. MAIDMENT, « Historical Aspects of the Doctrine of Hot Pursuit », *BYBIL*, 1972-1973,

Le consentement de l'État comme preuve de sa volonté de coopérer peut-il résulter du simple comportement de ses organes habilités à agir internationalement, la Douane par exemple ? On avait critiqué la Cour suprême des États-Unis d'avoir décidé dans son arrêt du 28 février 1990 rendu en l'affaire Verdugo-Urquiedez, ce ressortissant mexicain suspecté de trafic international de drogue impliquant le territoire des États-Unis et soumis à une perquisition de ses résidences mexicaines par les agents de la DEA (Drug Enforcement Administration) sans mise en mouvement du mécanisme de coopération policière et douanière, mais avec l'aide de la police mexicaine, que la collaboration de la police mexicaine suffisait à établir le consentement de l'État du Mexique à ce que des agents publics étrangers accomplissent des actes d'autorité sur le territoire mexicain[222]. Il ne paraît pas qu'en l'espèce le juge de la Cour suprême américaine ait vraiment procédé ici à une lecture américano-américaine du droit international. Il est bien établi en droit international que tout organe de l'État, qu'il soit décentralisé ou indépendant de l'exécutif et du législatif, qui s'est rendu auteur de violations du droit international ayant causé un dommage direct ou indirect à un État tiers, engage la responsabilité internationale de son État. Le défaut de pouvoir de celui-ci pour guider la volonté ou contrôler la conduite de l'organe par lequel la violation dommageable a été commise est parfaitement indifférent[223]. Eh bien, de la même manière, selon la théorie du parallélisme des formes et des compétences que le juge suprême des États-Unis a rappelée non sans un certain plaisir, la participation déclarée ou assumée sans revendication d'un organe de l'État à la mise en œuvre d'une mesure extraterritoriale d'exécution sur le territoire de son État suffit à établir le consentement de celui-ci, indépendamment de la question de la régularité de la procédure par laquelle ce consentement a été exprimé[224].

---

p. 365-381 ; N. POULANTZAS, *The Right of hot Pursuit in International Law*, Leyden, Sijthoff, 1969; E. DAVID, Élément de droit pénal international et européen, préc.

[222] Cour supr., *Verdugo-Urquidez* (1990), 110 S. Ct 1056, *Harvard International Law Journal*, vol. 32, n° 1, p. 295. Dans l'affaire *Alvarez-Machain* jugée deux ans après (Cour supr. [1992], 112 S. Ct 2188) La police mexicaine avait apporté une assistance efficace, mais souterraine aux agents américains; Charles ROUSSEAU, *RGDIP*, 1992, p. 890 ; Brigitte STERN, « L'extraterritorialité revisitée. Où il est question des affaires Alvarez-Machain, Pâte de Bois et de quelques autres », *AFDI*, 1992, p. 239-313.

[223] CIJ, arrêt, 27 juin 2001, *Affaire LaGrand*, République fédérale d'Allemagne c/États-Unis d'Amérique, *Rec.*, p. 466, GDJI, n° 34 ; 3 février 2012, *Immunités juridictionnelles de l'État*, Allemagne c/Italie, *Rec.*, p. 99, GDJI, n° 49.

[224] Tribunal régional de Jérusalem, 11-12 décembre 1961, Procureur général d'Israël c/Adolf,

La coopération internationale gagne également à s'épanouir en direction des acteurs non étatiques, parce que les enjeux sont souvent globaux. Les douaniers sont les compagnons de route des véhicules agréés TIR, qui circulent munis de carnets TIR délivrés par l'Union internationale du transport routier (UITR/IRU) par l'entremise d'associations nationales agréées, par ailleurs redevables à l'égard des autorités douanières compétentes d'une dette douanière pour les droits et taxes éludés en cas d'usage abusif des facilités et exemptions de transit prévues par la Convention TIR de 1975 devenue décision de l'UE en 2009[225]. Mieux encore, on constate que l'éthique de la gouvernance des sociétés mondialisées à l'honneur depuis la fin du XXe siècle investit d'une forte légitimité l'idée que des organes autres que le législateur ou les États sujets du droit international et leurs émanations (les organisations internationales) puissent concourir à la production de règles juridiques nationales ou internationales à pleine intensité normative (*hard law*) ou produire eux-mêmes des normes de basse intensité juridique (*soft law*). L'école de Reims du droit international, sur ce point approuvée par une doctrine de droit public et de droit privé devenue majoritaire, a fait valoir de longue date que le caractère obligatoire de la norme juridique tient pour l'essentiel à sa fonction sociale et moins au statut officiel de ses producteurs ou aux mécanismes de sanction attachés à sa violation. Il est heureux de lire à présent sous la plume d'auteurs qui en sont fort éloignés par la méthode d'analyse, que « la norme ne s'identifie plus à l'obligation » et que l'on peut parler de normes dès lors qu'elles formulent « des

---

fils d'Adolf Karl Eichmann, Doc. ONU A/4494 : la condamnation ferme de la violation de la souveraineté de l'Argentine par Israël n'affecte pas la régularité du procès, au nom de l'impératif de la lutte contre l'impunité ; Cass. crim., 4 juin 1964, *Argoud*, n° 64-68.000, *Bull. crim.*, 1964, n° 192 : la régularité de la procédure devant la justice pénale française est d'autant moins contestable que l'État dont la souveraineté territoriale a été violée ne s'en plaint pas ; TPIY, Ch. d'appel, 5 juin 2003, *Nikolic*, aff. IT-94-2-AR 73: pour les crimes les plus graves de droit international humanitaire, la violation de la souveraineté d'un État ne saurait être à elle seule une cause d'annulation des poursuites. Dans toutes ces hypothèses *male captus, bene judicatus* est la maxime de la situation, mais elle doit composer avec sa critique que portent d'autres maximes telles que *fraus omnia corrumpit*, ou *ex injuria jus non oritur*. Pour la doctrine, voir Jean BARALE, « L'acquiescement dans la jurisprudence internationale », *AFDI*, 1965, vol. XI, p. 421 et suiv. ; Gian Carlo VENTURINI, « La portée et les effets juridiques des attitudes et des actes unilatéraux des États », *RCADI*, 1964-II, t. 112 ; Philippe CAHIER, « Comportement des États comme source de droits et d'obligations », *Mél. Paul Guggenheim*, Genève, 1968, p. 27 et suiv. ; Maurice KAMTO, « La volonté de l'État en droit international », *RCADI*, 2008-II, t. 310.

[225] Décision 2009/477/CE du Conseil du 28 mai 2008, JOUE, L. 165 du 26 juin 2009 ; voir Jean-Luc ALBERT, *Le droit douanier de l'Union européenne*, 2e éd., préc., p. 378-380.

modèles, des références sur lesquelles les acteurs juridiques peuvent ajuster leurs comportements[226] », ce qui fonde à inclure le droit souple (*soft law*) dans la catégorie des « normes ».

Dans de nombreux domaines en effet, l'activité quotidienne des praticiens (agents publics, juges, avocats, juristes d'entreprises, ingénieurs…) et des chercheurs juristes s'appuie aussi bien sur la loi, les traités et la jurisprudence que sur diverses « normes molles », en forme de « standards », « labels », « règles techniques », « recommandations », « normes prudentielles », etc. Entreprises à l'export/import, agents portuaires, compagnies maritimes, agents de transport ou d'assurances, douaniers, juges, agents fiscaux, tous se réfèrent aux Incoterms de l'International Chamber of Commerce (anciennement Chambre de commerce internationale), formules contractuelles originales qui transcrivent et codifient les pratiques générales, constantes et uniformes des opérateurs du commerce international dans l'intérêt de la clarification et de la stabilisation des obligations respectives des parties, y compris le partage des coûts et des risques. Une fois choisis par les parties à l'opération du commerce international, les Incoterms ont à leur égard une force obligatoire comparable à celle des lois et règlements. C'est pour le dire que les jurisprudences interne et européenne n'ont pas hésité à les invoquer comme fondement du caractère pleinement juridique du lien contractuel qu'ils ont créé entre les parties qui, soit dit pour mémoire, les ont librement choisis d'un commun accord[227].

---

[226] Stéphane GERRY-VERNIERES, *Les « petites » sources du droit. À propos des sources étatiques non contraignantes*, préf. Nicolas MOLFESSIS, Paris, Economica, 2012, n°s 134 et 123 ; *adde*, Thierry BONNEAU, « Efficacité et avenir de la régulation financière », *Rev. dr. banc. et fin.*, novembre-décembre 2010 ; *Régulation bancaire et financière européenne et internationale*, Bruxelles, Bruylant, 5e éd., 2020, 1101 p. ; C. CORCAS-BERNARD, « Les règles de bonne conduite », dans N. MARTIAL-BRAZ, J.-F. RIFFARD, M. BEHAR-TOUCHAIS (dir.), *Les mutations de la norme. Le renouvellement des sources du droit*, Paris, Economica, 2012.

[227] Cass. civ. 2, 9 décembre 1981, *Fougerolles*, pourvoi n° 80-15.306 : l'arbitre qui a fait application de la *lex mercatoria* dont les Incoterms sont une composante a statué en droit ; Cour suprême d'Autriche, 18 novembre 1982, *Norsolor*, étude, Emmanuel Gaillard, *JDI*, 1998, n° 3, p. 645-674 : rejet d'un recours articulant le moyen selon lequel la *lex mercatoria* serait d'une valeur juridique douteuse ; Cass. com., 7 octobre 1987, pourvoi n° 86-13.066, *Bull.*, n° 213 ; CJUE, 9 juin 2011, *Electrosteel Europe SA c. Edil Centro Spa*, aff. n° C-87/10, *D.*, 2012, p. 1144, note Cl. Witz. Pour la doctrine, voir notamment D. BUREAU, *Les sources informelles du droit du commerce international*, thèse Paris II, 1992 ; Cl. M. SCHMITHOFF, *Export Trade: the Law and Practice of International Trade*, 11th ed., by C. MURRAY, D. HOLLOWAY, D. TIMSON HUNT, London, Sweet and Maxwell, 2009.

La coopération intersectorielle public/privé dans le secteur bancaire et financier, inspirée de la démarche stratégique américaine[228], recèle encore d'importantes ressources qu'une refonte du code des douanes serait l'occasion de valoriser. Les missions, travaux, standards internationaux et règles prudentielles d'organismes comme l'OICV[229] ou l'AICA[230] qui visent à renforcer l'efficacité et la transparence des marchés, améliorer la régulation des marchés nationaux et la stabilité financière, protéger les investisseurs et faciliter la coopération entre les régulateurs dans la lutte contre le crime financier et le terrorisme comportent d'immenses potentialités, dont les capacités productives dépassent la taille standard du corset étroit des agissements prohibés (blanchiment de capitaux et financement du terrorisme) et des obligations essentielles (obligations déclaratives et de vigilance[231]). C'est une autre forme de coopération qui est en réserve, dans l'attente de son appel à la mobilisation.

---

[228] D. BIGO, E. BROUWER, E. GUILD et *al.*, *The EU Counter-terrorist policy responses to the attacks in Paris. Toward an EU security and liberty agenda*, Bruxelles, CEPS, CEPS paper in liberty, security and justice in Europe, 2015; L. CHATAIN, « Blanchiment de capitaux : à la recherche du bénéficiaire effectif », *JCP* (éd. *E*), 2006, p. 1328 ; H. MATSOPOULOU, « Les nouvelles règles européennes sur le contrôle de l'argent liquide et la lutte contre le blanchiment des capitaux », *Rev. dr. banc. et fin.*, n° 6, novembre-décembre 2006 ; G. BEGUE, « Transferts de fonds et prévention du blanchiment de capitaux et du financement du terrorisme », *Banque et droit*, n° 117, janvier-février 2008, p. 8 et suiv.

[229] OICV : Organisation internationale des commissions de valeurs (en anglais, IOSCO : International Organization of Securities Commissions). Elle a été créée en 1983, dans le prolongement de l'Inter-American Conference of Securities Commission and Similar Agencies, organisation presque exclusivement américaine instituée en 1974. Composée de membres ordinaires (les régulateurs de marchés de valeurs mobilières) et de membres affiliés (des bourses, des organisations financières, etc.), l'OICV a été constituée en tant que « personne morale sans but lucratif » en vertu d'une loi de l'Assemblée nationale du Québec du 1er décembre 1987 ; voir R. BISMUTH, *La coopération internationale des autorités de régulation du secteur financier et le droit international public*, préf. J.-M. SOREL, Bruxelles, Bruylant, 2011, n° 69 ; B. BRÉHIER, « Les nouveaux législateurs : OICV, Comité de Bâle, FSB, G 20 », *Rev. dr. banc. et fin.*, mai-juin 2015, Dossier 31.

[230] AICA : Association internationale des commissions d'assurance (en anglais, IAIS : International Association of Insurance Supervisors). Elle a été instituée en 1993 à l'initiative de la National Association of Insurance Commissioners (NAIC) sous la forme d'une association privée de droit de l'État de l'Illinois ; voir R. BISMUTH, *ibid.*

[231] Voir l'ouvrage de Josiane AUVRET-FINCK, *L'Union européenne et la lutte contre le terrorisme : état des lieux et perspectives*, Bruxelles, Larcier, 2010, 331 p., et en particulier la communication du Pr Serge SUR relative à la gangstérisation des relations internationales, *supra.*

B/ La portée instituante des accords internationaux dans la compliance des règles atypiques du droit douanier répressif

La Douane est un organe d'autorité de l'État institution. Et si ce qui, dans le cadre de l'institutionnalisation, définit spécifiquement l'État c'est « la nature de sa puissance » telle qu'elle s'exprime dans le concept de « souveraineté » comme l'ont si bien analysé les Prs Beaud et Rials, on doit admettre avec ce dernier, considération prise de l'existence d'un droit international de la paix, de la coopération et de la sécurité collective, que la « puissance suprême » par laquelle la souveraineté se définit dans toutes ses dimensions internes et internationales, « se trouve soumise à un droit supérieur unitaire encore que hiérarchisé[232] ». En effet, il n'y a pas d'État sans droit. L'État étant « la forme d'organisation politique qui réalise l'institutionnalisation du pouvoir » par l'effet du droit[233], les faits-conditions nécessaires à la naissance de l'État (population, territoire, autorité politique de gouvernement, idéologie de reconnaissance collective de cette autorité instituée) apparaissent comme le matériau brut que le droit travaille et transforme en la personne juridique singulière qu'est l'État de citoyens de la société internationale actuelle[234]. L'État post-moderne du temps présent, comme celui de Bodin, Grotius, Kant, Hegel, Jellinek, Weber, Anzilotti ou Kelsen, exerce ses fonctions classiques d'exercice de la contrainte légitime et de production des services publics (économiques, sociaux, culturels et symboliques) dans le cadre juridique qui aménage sa structure intérieure et ses relations avec les citoyens, et par ailleurs définit par des normes conventionnelles et coutumières l'agencement de ses rapports avec les autres États, y compris dans les matières où la relation de l'État à ses propres ressortissants est considérée comme extérieure au domaine de la compétence nationale exclusive. Qu'il suffise de renvoyer au rapport 2020 de l'OMD sur le commerce illicite et, de la même organisation, au « Recueil des pratiques opérationnelles

---

232 Stéphane RIALS, « La puissance étatique et le droit dans l'ordre international. Éléments d'une critique de la notion usuelle de « souveraineté externe », *Arch. phil. dr.*, 1987, p. 190–217.

233 *Ibid.*, p. 191.

234 C'est la présence nécessaire d'un élément juridique et politico-idéologique d'inspiration démocratique dans le corps de l'État du monde actuel qui explique qu'il ne puisse naître de la commission de l'un des crimes internationaux les plus graves par les autorités de gouvernement qui agissent en son nom. Voir sur ce point, Marcel SINKONDO, « Daech est-il un État ? Retour critique sur la théorie néopositiviste des éléments constitutifs de l'État à l'épreuve de l'actualité internationale », *RDIDC*, 2016/2, p. 239-258.

douanières en matière de lutte contre la fraude et de saisie » ainsi qu'au « Recueil sur la gestion des risques en matière douanière », à la directive 2017/1371 du 5 juillet 2017 du Parlement européen et du Conseil relative à la lutte contre la fraude portant atteinte aux intérêts financiers au moyen du droit pénal, ou encore aux articles 46 à 52 du CDU, pour se faire une idée de la diversité des fronts de lutte de la Douane contre le long cortège des fraudes. L'OMD en a tiré motif à juste vue pour impulser un processus normatif, « Douanes en réseau international » (DRI), visant dans un premier temps la production collective de normes mondiales aptes à promouvoir un système d'échanges d'informations à capacité industrielle, performant, efficient, sûr et propice à l'épanouissement de la confiance mutuelle nécessaire à l'harmonisation et à la stabilisation du système global d'échanges.

Il faut cependant prendre soin de ne pas faire dire au droit des mots qui ne sont pas les siens. La place éminente du droit international et, plus significative encore, l'exclusivité de la compétence de l'Union européenne pour l'ensemble de la matière « union douanière » n'ont pas retiré aux États membres de l'Union les compétences qui étaient les leurs relativement à l'élaboration, l'interprétation et l'application du droit douanier répressif : organisation de l'administration douanière, règles de compétence des agents, conditions, modalités et mise en œuvre des contrôles, transaction douanière et poursuite des infractions[235], etc. Il faut cependant déconstruire une croyance bien ancrée dans l'imaginaire d'un grand nombre de douaniers et entretenue par le discours peu rigoureux du législateur, qui réunit parfois dans la catégorie unique des « pouvoirs » de la Douane ce qui relève de la « compétence », du « droit de faire » ou de la « prérogative » des services douaniers[236] : le caractère répressif du

[235] Pour s'en tenir à l'exemple du contrôle douanier sur les marchandises prévu par l'article 46-1 du CDU, on ne manque pas d'être étonné par la longueur de l'inventaire — non exhaustif ! — des opérations de contrôle auxquelles les services administratifs des douanes peuvent procéder : vérification des contenus, inspection des bagages, contrôle des moyens de transport, prélèvement d'échantillon, authenticité, exactitude et validité des documents présentés (facture commerciale, certificat d'origine, liste de colisage, documents préférentiels donnant droit à réduction ou à suppression des droits de douane dans le pays d'importation), examen de la comptabilité de l'exportateur… ; il ne manquerait plus que le certificat de conformité et le certificat de qualité de l'usine !

[236] Le « pouvoir » est une capacité d'agir ou de ne pas agir, une autorité détenue sur quelqu'un ou quelque chose et qui, en droit et selon le droit, trouve ses limites dans la « compétence », qui désigne une puissance attachée à l'État par le droit positif tel qu'il résulte du conditionnement de la légalité. La « prérogative » est quant à elle une qualité spéciale de la

droit douanier n'est pas une singularité dans le champ du droit administratif français. Le Pr Jean-Luc Albert a souligné l'extrême diversité des sanctions douanières, qui vont de la confiscation ou de la saisie à l'interdiction d'exercer toute profession industrielle, commerciale, libérale, en passant par les amendes douanières et les sanctions pénales spécifiques[237]. Toutes ces sanctions existent au pouvoir d'autres administrations publiques de l'État, en particulier celui des autorités publiques indépendantes, avec parfois les mêmes caractéristiques et la même portée. Le caractère « exorbitant » du droit douanier n'est donc rien d'autre que la marque de son appartenance au droit administratif, droit de la puissance publique, « exorbitant » du droit commun. Aussi exorbitants que soient les pouvoirs, compétences et prérogatives de la Douane, ils s'inscrivent dans les prévisions du droit administratif, financier, fiscal, social, de la concurrence ou pénal, telles qu'elles sont appropriées au statut, aux missions et aux activités d'un organe infra-législatif à caractère non juridictionnel. Il ne suffit pas qu'un organe administratif de l'État exerce des pouvoirs qui interfèrent à certains égards avec ceux de l'autorité judiciaire ou constituent une expression directe de la souveraineté pour qu'ils échappent aux catégories classiques du droit administratif, financier, fiscal et pénal. Ce qui spécifie le cas de la Douane, ce n'est donc pas la nature singulière de son droit répressif, mais le seul fait que le législateur en a étendu l'exercice à un large spectre de situations, alors que dans des cas comparables concernant d'autres administrations de l'État, le pouvoir de répression est fractionné en parts attribuées à des organes différents. Henri Poincarré — le mathématicien — disait qu'un million d'indicatifs ne font pas un impératif. On pourrait s'instruire de sa maxime pour dire que, si important soit-il, le cumul de pouvoirs de répression administrative n'en change pas la nature.

La densité des accords internationaux bilatéraux et multilatéraux et des actes unilatéraux de l'Union européenne dans le domaine de la répression des infractions douanières y compris la lutte contre le blanchiment des fonds d'origine criminelle et le financement du terrorisme témoigne de l'ampleur de la mobilisation des États pour la sauvegarde de l'ordre public économique européen et international, pour la sécurité des relations économiques et politiques internationales et la protection du territoire ainsi que des intérêts économiques et

---

compétence lorsqu'elle s'exprime par « un acte juridique spécial qui manifeste la souveraineté », voir Olivier BEAUD, *La puissance de l'État*, Paris, PUF, 1994, p. 23.

[237] Jean-Luc ALBERT, *Droit douanier de l'Union européenne*, préc., p. 563.

financiers nationaux[238]. L'Office européen de police (Europol) et l'Office européen de lutte anti-fraude (OLAF) sont des supports institutionnels significatifs du transfert partiel par les États membres à l'entité internationale à connotation fédérale qu'ils ont instituée de l'un des moyens indisponibles de la puissance étatique : la puissance policière et douanière[239]. Ce n'est pas par esprit de fronde que le Rapport d'information de la délégation de l'Assemblée nationale pour l'Union européenne sur l'Office européen de lutte anti-fraude a relevé que ses « pouvoirs d'enquête étendus assimilent l'OLAF à une quasi-police financière[240] ». Les pouvoirs de police économique transférés

---

[238] Depuis une vingtaine d'années, l'Union européenne accorde un intérêt particulier au développement des accords de coopération et d'assistance administrative mutuelle en matière douanière et financière avec les États tiers. Le développement d'accords internationaux du type de ceux relatifs à l'encadrement des exportations et ventes de biens « sensibles » comme la Convention de 1972 sur les armes biologiques et les toxines, la Convention de 1993 sur les armes chimiques, l'Arrangement de Wassenaar de 1995 sur le contrôle des exportations d'armes conventionnelles et de biens et technologies à double usage, est particulièrement révélateur de la menace d'atteinte à l'ordre public et à la sécurité nationale et internationale qui pèse sur la société internationale actuelle. D'autres accords internationaux conclus dans des matières d'une sensibilité comparable n'expriment pas moins la poignante inquiétude des États : la Convention des Nations unies contre le trafic illicite de stupéfiants et de substances psychotropes conclue à Vienne le 19 décembre 1988, les Conventions des Nations Unies pour la répression du financement du terrorisme (1999), contre la criminalité organisée dite « Convention de Palerme » (2000), ou contre la corruption (31 octobre 2003), la Convention de l'OCDE sur la lutte contre la corruption d'agents publics étrangers dans les transactions commerciales internationales (21 novembre 1997) ; pour le Conseil de l'Europe : la Convention de Strasbourg du 8 novembre 1999 relative au blanchiment, au dépistage, à la saisie et à la confiscation des produits du crime, la Convention de Varsovie du 16 mai 2005 relative au blanchiment, au dépistage, à la saisie et à la confiscation des produits du crime et au financement du terrorisme, la Convention sur la cybercriminalité (2001), etc. Le foisonnement des mesures normatives unilatérales de l'Union européenne dans ces différentes matières est tout aussi symptomatique de l'immense préoccupation de l'Union et de ses États membres face à ces graves problèmes des temps actuels : Règlement 258/1012 du 14 mars 2012 sur le commerce des armes (*JOUE*, L. 94/1 du 30 mars 2012), Règlement n° 2019/125 du 16 janvier 2019 sur les biens susceptibles de servir à l'infliction de la peine de mort et des traitements cruels, inhumains ou dégradants (*JOUE*, L 30/1 du 31 janvier 2019), Règlement n° 2019/1020 du 20 juin 2019 sur la surveillance du marché et la conformité des produits présentant un risque réel d'atteinte à l'environnement, etc.

[239] Il y a un contenu indisponible ou incompressible de la puissance étatique, qui se localise dans les fonctions de police, de douane, de justice, de réglementation de la nationalité et d'élaboration de la condition des étrangers. L'État ne peut y renoncer sans perdre son statut d'État.

[240] COM(2004) 103 final/E 2517, COM(2004) 104 final/E 2518, n° 1533, présenté par M. René ANDRÉ, enregistré à la présidence de l'Assemblée nationale le 8 avril 2004. En effet, comme le souligne le Rapport de l'Assemblée nationale, l'applicabilité à l'OLAF des dispositions des Règlements (CE) n° 1073/99 du 25 mai 1999 et (Euratom) n° 1074/99 du 25 mai 1999 et du Règlement (Euratom, CE) n° 2185/96, lui confèrent des pouvoirs analogues à ceux dont disposent les enquêteurs nationaux.

en partie aux institutions de l'Union sont d'ailleurs si importants qu'ils se sont étendus aux mesures de rétorsion et aux contre-mesures, dont chaque État apprécie discrétionnairement l'opportunité pour guider sa réaction unilatérale à l'acte illicite générateur de dommage commis contre lui par un autre État[241]. Les articles 3 et 4 de la loi 23 décembre 1983 relative aux mesures pouvant être prises en cas d'atteinte aux intérêts maritimes et commerciaux de la France en énumère des types que la France se réserve le droit d'appliquer[242].

Face à l'agression perpétrée par la Russie contre l'Ukraine depuis février 2022, l'Union européenne a adopté contre elle, la Biélorussie et les « oligarques russes » une série de sanctions économiques, commerciales et financières que la Douane met en œuvre en vertu des pouvoirs qui lui sont conférés par les lois et règlements nationaux, en

---

[241] Les réactions décentralisées à l'illicite limitées aux mesures de rétorsion sont par nature conformes au droit international, qui les place sous l'empire du principe dit « d'auto-appréciation » inhérent à la souveraineté de l'État, au moins à la base. Les contre-mesures ou représailles, elles, sont par nature illicites parce qu'elles visent, non pas à désigner la violation du droit international perpétrée et adopter les mesures unilatérales propres à en contenir les conséquences dommageables, mais bien plus, à infliger à l'auteur de la violation des dommages punitifs par les moyens qui seront les plus douloureux pour lui. Ainsi, une contre-mesure telle que le gel des avoirs d'un État protégés par une immunité constitue bien une violation du droit international. Mais nonobstant son illicéité elle ne saurait engager la responsabilité internationale de son auteur dès lors qu'elle est proportionnée à l'acte illicite initial auquel elle répond ; Trib. arb., sentence du 9 décembre 1978, *Interprétation de l'accord franco-américain relatif au transport aérien international*, affaire dite « de la rupture de charge », voir également CDI, article 22 du Rapport de 2001 sur la responsabilité de l'État pour fait internationalement illicite. Pour la doctrine, voir les analyses suggestives de la thèse de Linos-Alexandre SICILIANOS, *Les réactions décentralisées à l'illicite. Des contre-mesures à la légitime défense*, Paris, LGDJ, coll. Biblioth. de droit internat., 1990, 532 p. Dans le cadre de l'Union européenne, les réactions à l'illicite ne sont pas décentralisées. Les sanctions à l'encontre des États membres relèvent exclusivement des procédures prévues par les traités et placées entre les mains des institutions de l'Union. Elle(s) « dépasse[nt] de loin les règles jusqu'à présent admises en droit international classique », CJCE, 15 juillet 1960, *Italie c. Haute Autorité de la Communauté européenne du charbon et de l'acier*, aff. 20/59, *Rec.*, p. 692.

[242] Boycottage primaire (l'État interdit les échanges commerciaux à partir ou à destination de son territoire avec l'État visé, ce que le droit international coutumier considère comme parfaitement licite), boycottage dit « secondaire » (l'État étend l'interdiction de commercer aux succursales à l'étranger de ses sociétés nationales, voire aux filières étrangères contrôlées par des sociétés nationales), gel des avoirs affectés à des activités commerciales, suspension d'accords d'aide économique ou technique, rupture des relations diplomatiques, amendes administratives, etc. Les autres États en font de même, parfois le sens de la mesure en moins. On se rappelle l'extravagante affaire de l'amende de 8,9 milliards de dollars infligée par les États-Unis à la banque BNP Paribas en 2014, pour violation des lois « Helms-Burton » et « d'Amato-Kennedy » de 1996 décidant d'un embargo à l'encontre de Cuba pour la première, puis de l'Iran et de la Libye pour la seconde. Pour l'ensemble, voir Hervé ASCENSIO, *Droit international économique*, 2e éd., Paris, PUF, coll. Thémis droit, 2020, spéc., p. 25-28 et 113-115.

vue de priver les deux pays cibles de certains biens pouvant servir à renforcer leurs capacités industrielles, militaires, et le luxe de leurs bourgeoisies[243]. La Douane a mené des enquêtes administratives qui lui ont permis d'identifier et saisir des biens mobiliers et immobiliers appartenant à des « oligarques » russes et de geler leurs avoirs. L'OLAF n'est pas titulaire de pouvoirs autres que d'investigation sur demande ou *proprio motu*, et doit aussi s'en remettre aux autorités nationales pour les suites judiciaires qui pourraient être données aux informations qu'il a collectées et communiquées. Pour autant, la part de pouvoir de police économique qu'il exerce, ensemble avec celle des institutions de l'Union par l'effet des transferts de compétence réalisés par les États membres sur le fondement des traités de l'Union, n'exprime pas moins la règle juridique selon laquelle, si les prérogatives indisponibles de l'État ne sauraient faire l'objet d'un abandon sans compromettre l'existence même de l'État dépossédé, rien ne s'oppose à ce qu'il en assure le transfert maîtrisé à une entité plus large à laquelle il participe, dès lors que le Constituant y a consenti[244]. Une plus grande efficacité de la fonction est à ce prix. Comme l'a si bien dit le Pr Pierre-Marie Dupuy, « le développement de l'institutionnel n'apporte pas de véritable exception au primat de la souveraineté[245] ».

De l'interne à l'international toutefois, le phénomène conventionnel qui assure la continuité de la dynamique d'ordre garantit de façon égale la dynamique de la liberté. Des contradictions existent sans nul doute entre les deux exigences sociales, mais elles ne sont pas de l'ordre de la mutuelle exclusion. La part d'institutionnalisation de la puissance étatique douanière par l'effet du droit conventionnel européen et international trouve ses principaux moyens d'opération dans la Charte des droits fondamentaux de

---

[243] Le Guide des sanctions Russie et Biélorussie fait apparaître huit catégories de biens visés par l'embargo envers la Russie, six envers la Biélorussie. Les exemptions et dérogations de nécessité prévues par les règlements de l'UE ne s'appliquent en aucun cas aux biens à double usage et autres biens pouvant contribuer au renforcement des capacités militaires des deux pays.

[244] Voir Stéphane RIALS, « La puissance étatique et le droit dans l'ordre international. Éléments d'une critique de la notion usuelle de « souveraineté externe », préc. ; Florence CHALTIEL, *La souveraineté de l'État et l'Union européenne, l'exemple français. Recherches sur la souveraineté de l'État membre*, Paris, LGDJ, coll. Biblioth. constit. et de sc. po., t. 90, 2000, 565 p.

[245] Pierre-Marie DUPUY, « L'obligation en droit international », *Arch. phil. dr.*, 2000, n° 44, p. 217.

l'Union européenne[246], la Convention européenne des droits de l'homme[247] et le Pacte international relatif aux droits civils et politiques[248], qui sont les principaux instruments internationaux d'influence et d'évaluation du système dense de textes conventionnels, de dispositions constitutionnelles et de normes législatives et réglementaires applicables à l'action de la Douane. Et dans cet ensemble enchevêtré des normes internes et internationales, il ne paraît pas que le dernier mot revienne à la Constitution, en dépit des dénégations réitérées des juridictions nationales suprêmes.

Les jurisprudences concordantes du Conseil d'État et de la Cour de cassation, jugeant que la suprématie conférée aux engagements internationaux [par l'article 55 de la Constitution] « ne s'applique pas, dans l'ordre juridique interne, aux dispositions de nature constitutionnelle[249] », ne visent que l'articulation hiérarchique des normes au seul point de vue du droit interne. Par le statut et le rôle qui sont les leurs, le juge interne et le Conseil constitutionnel ne peuvent statuer autrement. Mais leur position est fragile. Les conventions européennes et universelles relatives aux droits de l'homme et au droit international humanitaire reconnaissent dans certains droits de la

[246] Proclamée et signée publiquement lors du sommet de Nice le 7 décembre 2000 comme guide d'action sans force obligatoire, la Charte a été remaniée et signée en tant que traité de l'Union européenne le 12 décembre 2007 à Lisbonne. Elle est entrée en vigueur le 1er décembre 2009 ; *JOUE*, C 83/403, 30 mars 2010.

[247] Officiellement « Convention européenne de sauvegarde des droits de l'homme et des libertés fondamentales », elle a été signée le 4 novembre 1950. La ratification française est survenue le 3 mai 1974, suite à la loi d'autorisation de ratification n° 73-1227 du 31 décembre 1973.

[248] Signé au siège des Nations unies à New York le 16 décembre 1966, ratifié par la France suite à la loi d'autorisation de ratification n° 80-461 du 25 juin 1980.

[249] CE, Ass., 30 octobre 1998, *Sarran et Levacher*, n° 200286 200287, *Rec.* ; CE, 3 décembre 2001, *Syndicat national de l'industrie pharmaceutique*, n° 226514 ; Cass., Ass., 2 juin 2000, *Melle Fraisse*, n° 99-60.274, *Bull.* ; *adde*, CE, Ass., 8 février 2007, *Soc. Arcelor Atlantique et Lorraine*, n° 287110 ; par ces décisions, les juridictions nationales suprêmes valident le contrôle de constitutionnalité d'un acte réglementaire de transposition d'une directive de l'Union européenne, en accord avec la position du Conseil constitutionnel dans sa décision n° 2004-496 DC du 10 juin 2004, qui place dans l'article 88-1 de la Constitution le fondement d'une exigence constitutionnelle de transposition en droit interne d'une directive communautaire : l'obligation de transposition de la directive découle du principe de primauté du droit communautaire reconnu par l'article 88-1 de la Constitution. Mais elles reprennent habilement de la main gauche ce qu'elles ont donné de la main droite, en ajoutant que la transposition étant réalisée au moyen d'un acte de droit interne qui ne change pas de nature parce qu'il aurait transposé du droit de l'Union européenne, le droit communautaire demeure donc dépourvu de mécanisme permettant d'exercer le contrôle de l'effectivité et de la régularité de la transposition. Puisqu'il en faut un, il ne reste plus que le contrôle de constitutionnalité de l'acte réglementaire de transposition, en l'absence de toute procédure communautaire appropriée.

personne humaine un caractère intangible et parfois impératif (*jus cogens*) qui clame leur suprématie universelle, donc leur supra-constitutionnalité.

Dès son premier arrêt rendu dans une affaire interétatique, la Cour européenne des droits de l'homme avait souligné non sans insistance que la Convention, « à la différence des traités internationaux classiques [...] déborde le cadre de la simple réciprocité entre États contractants. En sus d'un réseau d'engagements synallagmatiques bilatéraux, elle crée des obligations objectives qui, aux termes de son Préambule, bénéficient d'une garantie collective[250]. » En effet, la Convention européenne des droits de l'homme présente une dimension normative que n'explique pas l'analogie contractuelle que sa forme suggère[251]. C'est au regard de cette singularité que la Cour européenne n'avait pas hésité à la qualifier « d'instrument constitutionnel de l'ordre public européen » dans son arrêt Loizidou c. Turquie rendu le 23 mars 1995[252]. La Charte des droits fondamentaux de l'Union européenne « réaffirme » dans son préambule l'obligation de « respect [...] de la Convention européenne de sauvegarde des droits de l'homme et des libertés fondamentales [...] ainsi que de la jurisprudence de la Cour de justice de l'Union européenne et de la Cour européenne des droits de l'homme ». Les plus hautes juridictions nationales n'en disent pas moins. La Cour de cassation se réfère couramment aux arrêts rendus par la Cour européenne des droits de l'homme[253]. De façon plus symbolique, mais non moins significative de la valeur transcendante de cette nouvelle théologie laïque des droits de l'homme, le législateur a institué un recours spécifique permettant

---

[250] CEDH, 18 janvier 1978, *Irlande c. Royaume-Uni*, A. 25, *JDI*, 1980, p. 449, § 239, obs. P. ROLLAND ; *adde*, 1er mars 2001, *Berkany c. Turquie*, § 151 ; 7 juillet 1989, *Soering c. Royaume-Uni*, § 87.

[251] Sur le caractère objectif des droits de l'homme, voir en particulier, K. VASAK, « Vers un droit international spécifique des droits de l'homme », dans *Les dimensions internationales des droits de l'homme*, Paris, UNESCO, 1978, p. 707 ; R. PROVOST, « *Reciprocity in Human Rights and Humanitarian Law* », *BYIL*, 1994, 383 ; Frédéric SUDRE, « L'ordre public européen », dans M.-J. REDOR (dir.), *L'ordre public : ordre public ou ordres publics. Ordre public et droits fondamentaux*, Bruxelles, Bruylant, coll. Droit et justice, n° 29, 2001 ; Pierre-Marie DUPUY, « L'individu et le droit international », *Arch. phil. dr.*, t. 32, 1987, p. 119.

[252] *GACEDH*, n° 1, § 70 et 75.

[253] C'est le cas notamment depuis : Cass. civ. 1, 10 janvier 1984, *JCP G*, 1984.II.20210, concl. Gulphe, *RTD civ.*, 1984, p. 771, se référant à l'art. 6, § 1 de la Conv. EDH tel qu'interprété par un arrêt de la Cour européenne des droits de l'homme. De façon plus inattendue, la Cour judiciaire suprême a même fait référence à un article du Code civil « tel qu'il doit être interprété au regard » de dispositions de la Conv. EDH; Cass. Civ. 1, 29 janvier 2002, *Bull. civ. I*, n° 12, *RTD civ.*, 2002, p. 865, obs. J.-P. Marguénaud.

au requérant dont la violation des droits a été reconnue par un arrêt de la Cour européenne des droits de l'homme d'obtenir la révision de son procès pénal lorsqu'il lui apparaît que cette voie seule pourrait lui permettre d'accéder pleinement à la satisfaction équitable qui lui est due[254].

L'activité douanière ne pouvait donc s'immuniser des dispositions de la Convention européenne des droits de l'homme et de celles quasi identiques de la Charte des droits fondamentaux de l'Union européenne. La CJUE l'a rappelé solennellement[255]. Tel est le contexte juridique, idéologique et psychologique dans lequel le Conseil constitutionnel a prononcé l'inconstitutionnalité de l'article 60 du code des douanes par la décision nº 2022-1010 QPC du 22 septembre 2022, créant une certaine incompréhension doublée d'un sentiment de défiance larvée au sein de la communauté douanière nationale.

L'école néolibérale contemporaine de Hayek, Coing, Dworkin et leurs amis a défendu au cours des dernières décennies du XXe siècle les mérites d'un « droit de la liberté » prônant un individualisme radical, produit d'un ordre social de la raison naturelle, en capacité de s'autoréguler dans le respect des droits de l'homme et des libertés individuelles[256]. Le droit devrait ainsi être affranchi de l'emprise de l'État pour mieux se vouer à la protection des libertés individuelles[257]. Le libéralisme des « libertariens » élève ainsi les droits de l'homme au firmament. Il fonde la liberté sur l'affirmation que « … tout homme, de par son existence même, possède des droits individuels et

---

254 Loi nº 2000-516 du 15 juin 2000 renforçant la protection de la présomption d'innocence et les droits des victimes, *JORF*, nº 0138 du 16 juin 2000 ; voir, pour une doctrine abondamment fouillée et solidement argumentée, Aurélie CAPELLO, *La constitutionnalisation du droit pénal : pour une étude du droit pénal constitutionnel*, Paris, LGDJ Lextenso, coll. Biblioth. des sciences criminelles, 2014, 506 p. En pratique, la Cour de cassation a toujours estimé qu'il n'y avait pas lieu de casser l'arrêt, ce qui revient à dire, à l'encontre du sentiment de la victime, que la satisfaction équitable dont elle conteste l'adéquation de la valeur est selon le juge tout à fait suffisante en considération du préjudice subi.

255 CJUE, 27 septembre 2017, *Peter Puskar c. Financne raditel'stvo Sloenskej republiky, Kriminalny urad financnej spravy*, aff. C—73/ 16.

256 F. HAYEK, *Droit, législation et liberté*, trad., Paris, PUF, 1985, 3 vol. ; H. COING, « Signification de la notion de droit subjectif », *Arch. phil. dr.*, t. IX, 1964; R. DWORKIN, *Taking Rights Seriously*, Harvard University Press, 1977.

257 Le libéralisme absolu n'est pleinement convenable pour personne, mais c'est le moindre mal, parce qu'il est la tendance lourde de notre état naturel. C'est ce qui explique que l'état de société post-moderne qui prétend être le remède aux incertitudes du libertarisme soit instable et constamment menacé ; V. VALENTIN, *Les conceptions néo-libérales du droit*, préf. J. Chevallier, Paris, Economica, 2002.

inaliénables, qu'il est immoral et injuste pour les autres de violer et qui s'imposent à tous, même à l'État, indépendamment de toute considération majoritaire [258] ». Et devant l'exaltation de l'incompressible liberté individuelle, qualité inhérente au sujet, tout cédera, jusqu'aux principes les plus élémentaires de la morale, abandonnée à la conscience sentimentale de chaque individu[259]. La dominance de l'idéologie des droits de l'homme s'est imposée à toutes les sociétés et toutes les institutions du monde occidental. Le législateur n'a pas toujours su ou voulu prendre la mesure des changements en cours.

On pourrait parler de « constitutionnalisation du droit douanier », en écho à la « constitutionnalisation du droit pénal » dont Aurélie Capello a fait le thème de sa belle thèse de doctorat[260]. « Le code français des douanes a parfois été dénoncé comme trop répressif [...] Il n'est pas surprenant d'avoir assisté, depuis sa mise en place, à un usage relativement fréquent de la question prioritaire de constitutionnalité afin [d'en] gommer les « aspérités », peut-on lire dans le traité de droit douanier du Pr Jean-Luc Albert[261]. Le législateur avait déjà dû tirer les conséquences de l'arrêt Funke du 25 février 1993 par lequel la Cour européenne des droits de l'homme avait déclaré que les visites domiciliaires des agents des douanes effectuées hors flagrant délit sans autorisation d'un juge constituent une violation de l'article 8 de la Convention européenne des droits de l'homme. La voie de la QPC ouverte par la révision constitutionnelle du 23 juillet 2008 a permis au Conseil constitutionnel d'entreprendre un important travail de lissage des excroissances atypiques du droit douanier.

Le Pr Jean-Luc Albert en indique les principaux tournants [262] : censure en 2010 de l'article 323-3° du code des douanes relatif à la retenue douanière dans le cadre d'un flagrant délit en ce qu'il était procédé à l'interrogatoire de la personne en retenue sans lui avoir notifié son droit de garder le silence et hors l'assistance effective d'un

---

[258] H. LEPAGE, « Le retour au droit naturel chez les libertariens », *Rev. hist. Fac. dr.*, n° 8, 1989, p. 165.

[259] Dans le contexte de contrition généralisée de l'après-guerre, le pape Pie XII déclarait au Congrès d'études humanistes le 21 septembre 1949 : « ... les droits essentiels sont tellement inviolables que, contre eux, aucune raison d'État, aucun prétexte de bien commun ne saurait prévaloir. Ils sont protégés par une barrière infranchissable. »

[260] Aurélie CAPELLO, *La constitutionnalisation du droit pénal...*, préc.

[261] Jean-Luc ALBERT, *Le droit douanier de l'Union européenne*, préc. ; Claude J. BERR et Henri TREMEAU font une analyse quasi identique ; *Le droit douanier communautaire et national*, Paris, Economica, coll. Droit des aff. et de l'entr., 2004, 614 p.

[262] *Ibid.*, préc., spéc., p. 569-572.

avocat[263] ; déclaration d'inconstitutionnalité de l'article 374 du code des douanes en 2012 en ce que cette disposition assimilait par ses effets la saisie ou la confiscation d'objets à un transfert de propriété pur et simple mettant obstacle à ce que les « propriétaires » puissent les revendiquer, alors que les articles 2 et 17 de la DDHC font du droit de propriété un droit « inviolable et sacré[264] » ; abrogation en 2013 des articles 62 et 63 du code des douanes qui établissent un droit de visite des navires, « y compris dans les parties affectées à un usage privé ou de domicile », ce droit exorbitant n'étant pas assorti d'un contrôle effectif assuré par des voies de recours accessibles, efficaces et suffisantes[265] ; inconstitutionnalité de l'article 65-1° i du code des douanes prévoyant le droit pour les agents des douanes soumis au respect du secret professionnel de requérir et obtenir communication de données de connexion dans le cadre des opérations auxquelles elles se rattachent, le recours à l'exécution forcée n'étant d'ailleurs pas exclu alors que la procédure n'offre pas des garanties propres à assurer un « droit au respect de la vie privée », qui n'est cependant pas érigé en obstacle à l'exercice de la mission constitutionnelle de « prévention des atteintes à l'ordre public et [de] recherche des auteurs d'infractions[266] ».

La décision n° 2022-1010 QPC du 22 septembre 2022 abrogeant l'article 60 du code des douanes à compter du 1er septembre 2023[267] prend place dans le long feuilleton sans doute inachevé de la « normalisation » du droit douanier à l'épreuve des droits fondamentaux des personnes. Elle réaffirme une vérité ancienne que la sagesse des nations pourrait graver en lettres d'or dans le marbre de notre intelligence collective : dans un État de droit, il ne peut y avoir de droit douanier durable sans respect des droits fondamentaux de la personne humaine ni effectivité des droits économiques, politiques,

---

[263] CC, n° 2010-32 QPC, 22 septembre 2010, qui s'inscrit dans le mouvement de la réforme de la garde à vue impulsé par la décision 2010- 14/22 QPC du 30 juillet 2010.

[264] CC, n° 2012-208 QPC, 13 janvier 2012, *Consorts B.* De ce droit inviolable et sacré, nul ne peut être privé « sauf si la nécessité publique [...] l'exige évidemment », le législateur et lui seul pouvant décider que cette nécessité publique existe et que sa constatation relève de l'évidence ; CC, n° 81-152 DC, 16 janvier 1982 et n° 82-139 DC, 11 février 1982, « Nationalisations d'entreprises étrangères », *Cahiers du Conseil constitutionnel*, n° 32, mars 2011 (1).

[265] CC, n° 2013-357 QPC du 29 novembre 2013, *Société Wesgate Charters Ltd*, modifiée par la décision rectificative n° 2013-357R QPC du 29 décembre 2013.

[266] CC, n° 2018-764 QPC du 15 février 2019, *M. Paulo M.*

[267] CC, n° 2022-1010 QPC du 22 septembre 2022, *Mounir S.*

sociaux et culturels sans les garanties d'effectivité d'un droit douanier répressif.

Quel est donc le rôle des traités dans le mécanisme d'institutionnalisation de la puissance douanière ? Pas plus que le Conseil d'État et la Cour de cassation, le Conseil constitutionnel ne soulève d'office le moyen tiré de la violation de la Convention européenne des droits de l'homme. Un tel moyen n'est soulevé d'office que dans les cas déjà prévus par le droit national ou entrant dans le champ d'opération de l'ordre public national tel que le juge judiciaire se le représente. Les organes juridictionnels, y compris le Conseil constitutionnel, préfèrent ainsi substituer au moyen tiré de la violation d'une disposition de la Convention un moyen alternatif pris de la méconnaissance d'une disposition constitutionnelle ou législative de contenu identique. Ainsi, le relevé d'office de la règle conventionnelle ne tient ni à l'autorité attachée à la Convention en vertu de l'article 55 de la Constitution ni à la valeur intrinsèque irréfutable des droits fondamentaux qu'elle se borne à enregistrer, mais à la seule présence dans le droit interne d'une règle matériellement identique[268]. C'est ce que l'avocat général à la Cour de cassation Régis de Gouttes avait qualifié de « dynamique de préférence de la norme nationale[269] ». La QPC charrie donc un bagage de droit européen et international des droits de l'homme qui contraint l'office du Conseil constitutionnel en le plaçant devant une alternative : soit réaliser le transfert du contenu des normes européennes et internationales pertinentes dans l'espace normatif des dispositions constitutionnelles de référence du contrôle de constitutionnalité de la loi promulguée, soit enfermer les dispositions constitutionnelles sur elles-mêmes, au risque d'abaisser leur performance juridique à un niveau inférieur à la portée des dispositions législatives à évaluer[270].

---

[268] Voir Eva BRUCE, « La Cour de cassation française et l'application d'office de la Convention européenne des droits de l'homme », *RTDH*, n° 62/2005, p. 401-443 ; P. HAMMJE, « Droits fondamentaux et ordre public », *RCDIP*, 1997, p. 1-31 ; F. EUDIER, *Ordre public substantiel et office du juge*, Thèse, Rouen, 1994 ; E.-B. AYISSI MANGA, *L'ordre public en droit judiciaire privé*, thèse, Rennes I, 1998 ; F. SUDRE, « Existe-t-il un ordre public européen ? », dans *Quelle Europe pour les droits de l'homme ?*, Paul Tavernier (dir.), Bruxelles, Bruylant, 1996.

[269] R. de GOUTTES, « Le juge judiciaire français et la Convention européenne des droits de l'homme : avancées et réticences », dans *Quelle Europe pour les droits de l'homme ?*, *ibid.*, p. 227.

[270] Voir Marcel SINKONDO, « La QPC, appellation de convenance constitutionnelle d'un contrôle substantiel de conventionnalité ? Sens et portée d'ensemble d'un mécanisme de juridiction suprême », *RRJ*, 2015/4, p. 1659-1697 ; Marc GUILLAUME, « Question

La préférence générale donnée par la communauté douanière aux normes nationales intégrant des droits fondamentaux de source européenne et internationale trouve son renfort dans une *opinio juris*, largement partagée par les milieux judiciaires, marquée par l'idée d'une analogie générale du droit interne de l'État de droit démocratique et social avec les règles de la Convention européenne. Il ressort clairement d'un ouvrage publié en 2001 sous l'égide du ministère de la Justice à la suite d'une rencontre d'échanges de constats, d'analyses et d'expériences à laquelle magistrats et avocats avaient pris part en nombre important, que le sentiment de la conformité essentielle des dispositions du droit interne et des pratiques judiciaires avec la Convention européenne des droits de l'homme est solidement ancré dans les milieux judiciaires[271]. Dès lors que le droit interne est pleinement informé par les droits proclamés par la Convention et les restitue sans manipulation astucieuse, on peut faire l'économie de la référence expresse à la Convention : permettant d'atteindre le même résultat, le droit interne s'impose naturellement, comme la preuve de l'effectivité du texte conventionnel[272].

La conviction générale des milieux judiciaires est aussi celle des douaniers, témoins indignés de l'effondrement des valeurs et du prix de la liberté. Les nominalistes de l'époque moderne, persuadés que l'esprit scientifique dépasse et déclasse la conscience morale, tenaient pour vérité immuable que le but du droit est le profit personnel du seul être vraiment existant, chaque individu, que désormais, au regard de son essence irréductible, rien ne relie aux autres. Les libéraux

---

prioritaire de constitutionnalité et Convention européenne des droits de l'homme », dans *La conscience des droits, Mél. Jean-Paul Costa*, Dalloz, 2011, p. 293-309.

[271] Voir, J. VAILHE, « La France face aux exigences de la Convention européenne des droits de l'homme : analyse du contentieux judiciaire français devant les instances de Strasbourg », dans *Ministère de la Justice*, Paris, La Documentation française, coll. Les études de la Documentation française, Institutions, 2001, p. 101 et suiv.

[272] Les analystes de la jurisprudence interne administrative et surtout judiciaire sont quasi unanimes sur ce point. M. FABRE, « L'application de la Convention européenne des droits de l'homme et des libertés fondamentales par les juges nationaux », *LPA*, 1996, n° 93 ; p. 5 ; J.-F. BURGELIN et A. LALARDRIE, « L'application de la Convention par le juge judiciaire français », *Mél. en hommage à L. E. Pettiti*, Bruxelles, Bruylant, 1998, p. 153 ; R. de GOUTTES, « Droit pénal et droits de l'homme », *Rev. sc. crim.*, janv.-mars 2000, p. 133-144 ; « La Convention européenne des droits de l'homme et le juge français », *RIDC*, 1999, p. 17 ; S. BRACONNIER, Jurisprudence de la Cour européenne des droits de l'homme et droit administratif français, Bruxelles, Bruylant, 1997 ; J.-P. COSTA, « L'application par le Conseil d'État français de la CEDH », *RTDH*, 1997, p. 395 ; G. CANIVET, « La Cour de cassation et la CEDH », dans C. Teitgen-Colly (éd.), *Cinquantième anniversaire de la CEDH*, Bruxelles, Bruylant-Némésis, coll. Droit et justice, n° 33, 2002, p. 257.

radicaux y ont trouvé leur source d'incantation. Contre eux, les réalistes et les membres des organes de l'État en charge de l'ordre public, des fonctions collectives essentielles et des garanties socio-politiques fondamentales, ont fait le choix de Hegel, pour qui la liberté de chacun a un but indissociable des buts de la communauté, l'intérêt général dont l'État est l'expression institutionnelle étant le mode d'existence, de perfection et de sauvegarde des intérêts individuels. On n'a pas oublié en effet que pour Hegel, l'État est une « unité » qui réalise « le droit absolu », dans une évolution rationnelle. Instance de réalisation de la synthèse de l'universel et de l'individuel, l'État réalise aussi, pour Hegel, la liberté concrète. C'est en l'État et par l'État que chaque citoyen reconnaît dans l'intérêt général, attribut spécifique du pouvoir d'État, l'expression de sa volonté personnelle raisonnable et de ses intérêts particuliers finalisés[273] : « Dans l'État, l'individu s'achève en liant sa liberté et sa volonté à la moralité objective[274]. »

Comment la philosophie hégélienne aurait-elle pu ne pas exercer une forte séduction en douane ? Dans le système de Hegel, l'individu singulier, électron libre de la tradition stoïcienne reprise par les nominalistes et transmise aux libéraux radicaux de notre temps n'a pas sa place. L'État puissance souveraine, néanmoins soumis à des obligations et devoirs qui suffisent à protéger les libertés individuelles et légitiment les pouvoirs qui sont les siens, n'a pas lui-même des intérêts propres à faire valoir. Les intérêts étatiques ne sont au fond que ceux de la collectivité nationale et des individus et groupements qui la composent[275]. Le rôle de l'État et de ses organes de pouvoir est d'arbitrer entre les intérêts particuliers, de les socialiser, de les hiérarchiser en privilégiant certains d'entre eux au détriment d'autres, de les combiner et les dépasser par l'appel au bien commun. Ainsi

---

[273] HEGEL a exposé sa doctrine juridique et sa théorie générale de l'État dans sa *Philosophie du droit* parue en 1821, qui est en fait une des parties de son *Encyclopédie des sciences philosophiques*, dont l'édition définitive est datée de 1830. On consultera également, outre les *Principes de philosophie du droit*, 1821, trad., Paris, Gallimard, 1949, Gallimard, coll. Idées, 1963 ; *La société civile bourgeoise*, 1818-1820, présentation et trad., J.-P. Lefebvre, Paris, Maspéro, coll. Théorie, 1967 ; E. WEIL, *Hegel et l'État*, Paris, Vrin, 1950, rééd. 1964, 1971 ; Michel VILLEY, *Philosophie du droit. Définitions et fins du droit. Les moyens du droit*, rééd. Paris, Dalloz, 2001, spéc. p. 122-126.

[274] Albert BRIMO, *Les grands courants de la philosophie du droit et de l'État*, 2e éd., Paris, Pedone, 2018, p. 165.

[275] René CARRE de MALBERG, *Contribution à la théorie générale de l'État*, vol. 1, Paris, Sirey, 1921, réimp., p. 25.

l'État, pourrait-on dire, est la mesure de toute chose[276]. Mais gardons la ligne de Hegel bien présente à l'esprit. Hegel n'est pas l'ennemi des libertés. Si pour lui l'État est bien la puissance absolue, la société civile et l'État ne sont pas étrangers au sujet individuel, mais s'intègrent à son existence, et c'est par l'État en particulier qu'il atteint à la liberté totale[277]. Telle est la philosophie de base de l'ancien article 60 du code des douanes et la grille de lecture qui explique le malaise persistant des douaniers après l'abrogation de cette disposition par le Conseil constitutionnel.

Il existe sans nul doute une communauté douanière nationale. Elle n'est pas unanime sur tous les sujets et l'amour n'y règne pas comme dans une famille, mais elle partage une solide culture institutionnelle qui n'affirme pas une incompatibilité de principe avec les droits fondamentaux. Son approche est cependant mesurée et sélective. Elle ne donne son parti qu'à une configuration des droits de l'homme ajustée aux capacités démocratiques, de socialisation politique et d'intégration idéologique de l'État, capacités variables selon que la société civile est apaisée, en tension basse ou vive, ou gravement troublée par la banalisation des maux de l'incivilité et du crime. Conception somme toute équilibrée et pragmatique, mais mal informée par les exigences de stabilité, de prévisibilité et de développement continu des droits de l'homme[278]. L'ancien article 60 du code des douanes était particulièrement rassurant pour les douaniers par son immense hospitalité à une pratique des contrôles qui présume le respect des garanties propres à assurer une combinaison

---

[276] Telle est la critique fondamentale faite à Hegel par Michel VILLEY, qui écrit : « Il forcera le primat de l'État sur l'individu, l'érigera en dogme absolu [...] L'individu est immolé à la chose publique parce qu'il s'identifie à elle », *Philosophie du droit...*, préc., p. 125.

[277] HEGEL, *La société civile bourgeoise*, préc.

[278] Les juridictions européennes et internationales de protection des droits de l'homme, la Cour européenne des droits de l'homme en particulier, ont su faire produire des effets protecteurs sans cesse enrichis et amplifiés aux instruments conventionnels dont ils veillent à la bonne application, par la mise en œuvre d'une stratégie d'interprétation progressiste, autonome et évolutive, sous-tendue par le principe de la prééminence du droit. Voir en particulier, Jean-Pierre MARGUENAUD, *La Cour européenne des droits de l'homme*, 2e éd., Paris, Dalloz, coll. Connaissance du droit, 202 ; Frédéric SUDRE, « La Communauté européenne et les droits fondamentaux après le traité d'Amsterdam : Vers un nouveau système européen de protection des droits de l'homme ? », *JCP G*, 1998, I, p. 9 ; « À propos du dynamisme interprétatif de la Cour européenne des droits de l'homme », *JCP G*, 2001, I, p. 335 ; Frédéric SUDRE (dir.), *L'interprétation de la CEDH*, Bruxelles, Bruylant, coll. Droit et justice, n° 21, 1998 ; François OST, « Originalité des méthodes d'interprétation de la Cour européenne des droits de l'homme », dans M. DELMAS-MARTY (dir.), *Raisonner la raison d'État*, Paris, PUF, 1989, p. 405.

raisonnable du droit à la liberté et à la sûreté avec la nécessaire prévention des atteintes à l'ordre public et la recherche des auteurs d'infractions.

On l'a souvent dit et écrit, la prolifération des normes dans les sociétés mondialisées de l'ère post-moderne a fait voler en éclats les cadres de l'ordre juridique unitaire qui, depuis les codifications nationales des XVIIIe et XIXe siècles, rassemblait les différentes branches du droit en un ensemble relativement articulé et de plus en plus soumis aux contraintes normatives liées à l'apparition du concept d'État de droit au milieu du XIXe siècle[279]. La mutation est si vertigineuse qu'en même temps qu'elle portait l'État de droit à un très haut niveau de perfection, elle a noyé les droits nationaux dans un système normatif a-national dans lequel le droit européen et international économique, commercial, financier et de sauvegarde des droits de l'homme a pris le pouvoir. Le droit européen et international court plus vite que la société, ses gouvernants et ses institutions nationales, qui ont fini par en perdre les traces, le sens et l'usage[280]. Le droit douanier doit sa longue résistance à la rationalité politico-institutionnelle historique qui lui est propre[281], mais aussi et plus immédiatement à ce qu'il est sans doute le seul droit national qui cumule dans ses domaines de spécialité disciplinaire et fonctionnelle à

[279] Jusqu'au milieu du XIXe siècle la question des constitutions nationales n'était pas encore réglée et monopolisait partout en Europe l'attention des monarchies, des classes dirigeantes traditionnelles et des partis politiques naissants. C'est alors le droit administratif qui a accaparé les efforts des juristes, soucieux d'anéantir les vestiges de l'État de police grâce aux théories légalistes alors en vogue. L'exemple d'Otto Mayer, que l'on considère comme le véritable créateur du droit administratif allemand, est sans doute l'un des plus édifiants. Fonctionnaliste volontariste avant les anthropologues du XXe siècle, il attribue l'affirmation et l'essor des institutions juridiques sur lesquelles repose le droit administratif à la montée en puissance de la notion d'État de droit, seule à même de les hisser par sa légitimité intrinsèque au rang prééminent qu'elles ont tenu : l'égalité, l'équité et la sécurité juridique n'ont pas de raison à exposer. Seules l'inégalité, l'inique et l'insécurité juridique doivent en fournir. Si le droit administratif français s'est développé plus tôt et de façon plus systématique, c'est selon lui parce que l'idée d'État de droit a trouvé en France un climat intellectuel et idéologique beaucoup plus favorable qu'en Allemagne, grâce à la large diffusion des idées révolutionnaires et républicaines depuis la Déclaration des droits de l'homme et du citoyen du 26 août 1789. Voir, E. FORSTHOFF, *Traité de droit administratif*, trad. fr., Bruxelles, Bruylant, 1969, spéc., p. 102-106 ; G. LANGROD, « Les méandres de la lutte pour une science administrative », Mél. Stassinopoulos, LGDJ, 1974, p. 434-450.

[280] Marie-France RENOUX-ZAGAME, « Le droit commun européen entre histoire et raison », *Droits*, n° 14, 1991, p. 27-37.

[281] Voir Claude J. BERR, Henri TREMEAU, *Le droit douanier communautaire et national*, Paris, Economica, coll. Droit des aff. et de l'entr., 2004 ; le Pr Jean-Luc ALBERT en donne aussi quelques références cardinales du mouvement historique dans *Le droit douanier de l'Union européenne*, préc., p. 563-566.

la fois le territoire, la frontière, l'ordre public et la sécurité nationale, la sécurité internationale, le commerce international, les biens culturels, l'environnement et la biodiversité, la citoyenneté, la nationalité, matières explicitement ou implicitement imprégnées de la souveraineté par laquelle l'État se définit[282].

Un bref retour vers un passé simple non composé. La loi des 16 au 24 août 1790 et le décret du 16 fructidor an III (1792) avaient sanctuarisé l'activité administrative face aux velléités de contrôle du juge judiciaire et ainsi laissé libre cours à l'affirmation de la théorie de l'administrateur-juge : c'est l'administration elle-même qui devra trancher les litiges administratifs, et les organes spécialisés institués à cette fin relèveront de l'organisation administrative générale dans un premier temps (système de la justice retenue), avant d'être soustraits des relations de travail et de pouvoir de l'administration active, l'exercice autonome de leur fonction contentieuse les gardant néanmoins distincts et séparés des juridictions judiciaires, seules placées sous l'autorité de la Cour de cassation (système de la justice déléguée). C'est ce que l'on a appelé « la conception française de la séparation des pouvoirs[283] ».

Cette pratique théorisée a reçu un accueil particulièrement favorable pour l'administration des douanes, à la faveur de ce que les mesures opérationnelles que cette administration applique se rapportent pour l'essentiel à des situations qui ont une dimension internationale, visent la protection économique et générale du territoire, et se situent en amont des actes préparatoires à la guerre, à la paix ou à l'évitement de la guerre. La solidité des affinités statutaires et fonctionnelles de la Douane avec la guerre et les armées se vérifie de façon évidente et radicale dans les cas où, comme le décret du 22 septembre 1882 en fut une illustration ponctuelle, le corps de douanes est basculé dans son ensemble dans les forces armées et placé sous l'autorité du ministre de la Guerre[284]. Eu égard à

---

[282] Olivier BEAUD explique avec la rigueur savante du théoricien du droit accompli comment la souveraineté déborde parfois le cadre des dispositions constitutionnelles pour s'exprimer dans des supports conceptuels que la Constitution n'exprime pas expressément ; « Le Souverain », *Pouvoirs*, n° 67, 1993, p. 33-45.

[283] Michel TROPER, *La séparation des pouvoirs et l'histoire constitutionnelle française*, Paris, LGDJ, 1re éd. 1973, 2e éd., 1980 ; Jacques CHEVALLIER, *L'évolution historique du principe de séparation de la juridiction administrative et de l'administration active*, Paris, LGDJ, 1970.

[284] Décret du 22 septembre 1882 réorganisant sur de nouvelles bases le corps militaire des douanes, inséré au *Bulletin des lois* du 23 novembre 1882, n° 734.

ses implications de droit international général, humanitaire et pénal, une telle mesure tient de l'acte de gouvernement dans les relations internationales, acte administratif si chargé de sens politique qu'il apparaît comme l'expression initiale, éthérée de la puissance étatique, et par cela insusceptible d'être appelé à l'examen du juge de l'administration, et pas même du Conseil constitutionnel[285].

La fusion des prérogatives douanières attachées à la souveraineté avec des mesures douanières fortement inspirées par le régime des actes de gouvernement, l'ensemble, dans le contexte de la théorie de l'administrateur-juge, a insufflé au droit douanier une capacité de résistance singulière à la séparation de la fonction juridictionnelle administrative impliquée par le respect d'un principe de légalité en plein essor au cours de la deuxième moitié du XIXe siècle. La théorie de l'administrateur-juge a survécu en douane sous la forme atténuée de larges pouvoirs de perquisition, confiscation, saisie, consignation, amende douanière, sanctions pénales spécifiques, auxquels s'ajoute naturellement le choix entre la transaction douanière et les poursuites judiciaires. La Douane demeurait en quelque sorte juge spécial de première instance de son propre contentieux, sauf dans les cas où elle faisait le choix de la voie judiciaire ou devait emprunter cette voie en considération de la dominance des intérêts civils en l'affaire, et plus fondamentalement dans les cas où l'administration est tenue d'obligations précises dont il est facile de constater la violation, en se suffisant de confronter l'acte à la loi pénale. Tel était le cas en matière de contributions indirectes : la matière imposable et le taux d'imposition étant déterminés par la loi, la solution du litige pouvait résulter de syllogismes, raison pour laquelle la loi des 6 au 11 septembre 1790 avait confié ce contentieux aux tribunaux ordinaires[286]. Il ne paraît pas que ce profil de pouvoirs et de

---

[285] La jurisprudence administrative et judiciaire range dans la catégorie des actes de gouvernement dans les relations internationales, les actes pris par le Gouvernement et ses membres en lien étroit avec l'adoption, l'entrée en vigueur, les modalités d'exécution, la suspension et la fin de vigueur des traités, les mesures prises dans la conduite des relations internationales comme par exemple l'autorisation donnée par le Gouvernement français aux avions militaires américains et britanniques pour utiliser l'espace aérien français dans l'accomplissement de leurs missions de frappe contre l'Irak en 2003, et les actes de guerre ; voir Marcel SINKONDO, « Une pierre d'angle de la construction juridique de l'État : l'irréductible acte de gouvernement dans les relations internationales », *RRJ*, 2006-1, p. 235-275 ; P. SERRAND, L'acte de gouvernement, thèse, Paris II, 1996 ; Louis FAVOREU, « L'acte de gouvernement, acte provisoirement ou accidentellement injusticiable ? », *RFDA*, 1987, p. 544.

[286] Michel TROPER, « Fonction juridictionnelle ou pouvoir judiciaire », *Pouvoirs*, 1981, p. 5-

compétences des agents de l'administration des douanes ait pu être émincé par des considérations autres que celles, récentes, tirées de l'empire des droits fondamentaux.

Quand le Conseil constitutionnel se réfère à « la conception française de la séparation des pouvoirs » dans sa décision 86-224 DC du 23 janvier 1987 relative à la loi transférant à la juridiction judiciaire le contentieux des décisions du Conseil de la concurrence, il souscrit sous réserve d'inventaire à une conception de la fonction administrative remontant à l'Ancien Régime et largement majoritaire dans la doctrine juridique de la fin du XIXe siècle et du début du XXe siècle, selon laquelle le contentieux administratif relèverait matériellement, non de la fonction juridictionnelle dans son modèle judiciaire classique, mais de la fonction administrative. L'immense Léon Duguit s'y était rallié[287]. Si l'idée que la fonction administrative comprend le contentieux administratif n'avait pas été expressément formulée sous l'Ancien Régime, elle n'était pas moins portée par un présupposé admis notamment par les juristes de cette belle époque, qui s'étaient préoccupés de comprendre la logique par laquelle l'Assemblée constituante avait pu vouloir spécialiser et institutionnaliser la fonction juridictionnelle et à la fois retirer aux tribunaux la connaissance de certains litiges. C'est en douane que « la conception française de la séparation des pouvoirs » a sans doute connu la meilleure des fortunes, par cela qu'en matière administrative :

> « [...] il n'y a que très peu de cas, dans lesquels existe une loi prescrivant une conduite précise, de telle manière qu'on puisse affirmer clairement que l'administration a violé ou appliqué la loi. [...] Le plus souvent, la loi applicable reconnaît à l'administration une marge d'appréciation, un pouvoir discrétionnaire, et on ne peut subsumer ses conduites sous une règle générale[288]. »

La dimension internationale de l'activité douanière essentielle associée à sa source principalement conventionnelle donc découlant de la volonté souveraine de l'État, ainsi qu'à sa fonction de moyen indisponible de la puissance étatique, ouvre son régime à l'influence de la théorie des actes de gouvernement dans les relations internationales. Il s'ensuit que les actes de droit douanier répressif

---

15, reproduit dans *Pour une thèse juridique de l'État*, Paris, PUF, 1994, p. 95 et suiv. ; J.-L. MESTRE, *Introduction historique au droit administratif français*, Paris, PUF, 1985.

[287] Léon DUGUIT, *Traité de droit constitutionnel*, t. II, 1928, Paris, Hachette Livre BNF, 2018.

[288] Michel TROPER, *La théorie du droit, le droit, l'État*, Paris, PUF, coll. Léviathan, 1er éd., 2001, p. 112.

sont revêtus de la présomption simple d'être la juste mesure de la légalité, inaptes qu'ils sont par nature à servir une cause illégale, comme un acte de gouvernement dans les relations internationales[289]. Justiciables sous contrôle restreint tant la marge d'appréciation discrétionnaire de l'administration est étendue, les mesures de droit douanier répressif ont résisté à l'épreuve des siècles aussi longtemps que les droits fondamentaux n'avaient pas substantiellement infiltré le contenu de l'État de droit. L'application et l'interprétation du droit douanier répressif à l'aune des droits essentiels des personnes n'en ont cependant pas changé la nature, mais les seules conditions d'application, aussi restrictives — ou peu restrictives — soient-elles. L'étonnement indigné des douaniers devant la décision 2022-1010 QPC du 22 septembre 2022 n'avait donc pas de motif légitime. Le Conseil constitutionnel n'a pas résigné les compétences et pouvoirs de la Douane. Il en a simplement prescrit un réaménagement des conditions d'exercice. Et c'est aussi en parlant pour la Douane qu'il a rappelé dans sa décision 86-224 DC du 23 janvier 1987 l'actualité de « la conception française de la séparation des pouvoirs » et affirmé au considérant 22, comme s'il statuait en matière douanière, que :

> « Compte tenu de la nature non juridictionnelle du Conseil de la concurrence, de l'étendue des injonctions et de la gravité des sanctions pécuniaires qu'il peut prononcer, le droit pour le justiciable formant un recours contre une décision de cet organisme de demander et d'obtenir, le cas échéant, un sursis à l'exécution de la décision attaquée constitue une garantie essentielle des droits de la défense. »

Le droit douanier répressif repose sur un socle historique profond que les mécanismes de promotion de la légalité républicaine à la fin du XIXe siècle n'avaient pas sérieusement ébranlé. Acteur de premier plan de la diffusion dans l'administration du principe de légalité enrichi par les droits de la personne humaine, le Conseil d'État n'avait été que fort peu sollicité pour officier en matière de contentieux douanier, tant était grande la marge d'appréciation discrétionnaire de l'administration des douanes dans son pouvoir de décision[290]. Aussi

---

[289] TC, 15 février 1890, *Vincent*, Rec. p. 183 ; CE, 16 mars 1962, *Prince Sliman-Bey*, Rec. p. 179 ; 14 janvier 1987, *Delmas et Vieljeux*, Rec. p. 4 ; 26 juillet 1985, *Solis-Estarita*, *AJDA*, 1985, p. 628 ; 14 mai 1993, *ministre de la Coopération c/M. Bonn*, Rec. p. 153, concl. Scanvic.

[290] D'ailleurs, ce sont les juges de paix qui étaient compétents pour les infractions poursuivies sur le mode et selon les procédures du droit civil, les tribunaux correctionnels l'étant relativement aux infractions pour lesquelles la seule *restitutio in integrum* était jugée

est-ce sans surprise que la loi du 24 mai 1872 sur la compétence contentieuse du Conseil d'État et l'arrêt Cadot rendu par la juridiction administrative suprême le 13 décembre 1889, qui ont consacré l'abandon définitif de la théorie de l'administrateur-juge, n'avaient eu qu'un impact marginal sur l'étendue des prérogatives, compétences et pouvoirs des agents des douanes en matière répressive.

L'État de droit, qui impose que l'administration se fonde sur la règle de droit, se conforme à la règle de droit et se plie à son application y compris en éliminant les actes administratifs déclarés illégaux par le juge, ne pouvait effectivement conditionner les dispositions matérielles du droit douanier sans le contrôle étroit du juge administratif, organe par lequel, pourrait-on dire, l'État assure et affine l'autolimitation de sa puissance qu'il réalise au moyen de sa Constitution, de ses lois et du droit international conventionnel ou non conventionnel qui lui est opposable. La limitation de l'État et de son administration des douanes par les droits fondamentaux est exogène et irrésistible, à raison de la nature de ces droits. La seule question posée et que l'ancien article 60 du code des douanes avait négligée était celle de la conciliation équilibrée du droit à la liberté et à la sûreté avec les nécessités de la protection de l'ordre public et de la répression des infractions, ou plus exactement celle de la priorité maîtrisée que les droits fondamentaux laissent aux exigences d'efficacité de la répression dans les situations tangentes où le triomphe indu de l'une ou l'autre pourrait entraîner la perdition de toutes[291].

Le législateur a pris la leçon du Conseil constitutionnel pour adopter une nouvelle version de l'article 60, sous forme de la loi du 18 juillet 2023 visant à donner à la Douane les moyens de faire face aux nouvelles menaces[292]. La disposition législative nouvelle s'inspire certes du modèle de l'article 5, § 1 de la Convention européenne des droits de l'homme, qui fait du « droit à la liberté et à la sûreté » le principe, la privation de liberté, qui est l'exception, ne pouvant survenir que dans les seuls cas énumérés aux alinéas a) à f) et sous condition du respect des « voies légales », mais n'en épuise pas la

---

insuffisante à la pleine protection des intérêts de l'État.

[291] Rappr., Sébastien JEANNARD, « Le démantèlement du code des douanes français par le juge constitutionnel : réalité ou illusion ? », *RFFP*, septembre 2012, n° 119, p. 283.

[292] *JO*, 19 juillet 2023. En guise de rappel, l'ancien article 60 abrogé par le Conseil constitutionnel se bornait tout rondement à énoncer que : « Pour l'application des dispositions du présent code et en vue de la recherche de la fraude, les agents des douanes peuvent procéder à la visite des marchandises et des moyens de transport et à celle des personnes. »

substance. Le nouvel article 60 précise les lieux et conditions d'exercice des compétences et pouvoirs des agents des douanes pour procéder à la visite des marchandises et des moyens de transport ainsi qu'à celle des personnes : la zone frontière, le « rayon des douanes » de 40 km à l'intérieur du territoire en deçà de la bande frontière, les ports, aéroports, gares ferroviaires et routières et leurs abords. En dehors de ces lieux, le droit de visite doit s'appuyer sur des « raisons plausibles de soupçonner une infraction douanière » et nécessite l'information préalable du procureur de la République pour la recherche des infractions graves (armes, stupéfiants, contrefaçon…).

S'il est vrai que le nouvel article tente de tenir la balance d'équilibre entre le droit à la liberté et à la sûreté d'une part, l'efficacité des contrôles et recherches effectués par les agents des douanes de l'autre, il n'est pas certain qu'il se soit suffisamment prémuni des moyens juridiques lourds qu'une QPC puisse accueillir. Loin de renforcer la sécurité juridique des contrôles douaniers et de ne pas contraindre à l'excès les opérations des agents des douanes sur le terrain, l'emprunt non discerné des formules de la Cour européenne des droits de l'homme et du Conseil constitutionnel crée pour les agents de contrôle des obligations de faire qui sont hors de portée pratique. Aux termes de la loi, en dehors de certains lieux particulièrement exposés comme le rayon des douanes de 40 km, les ports, les aéroports, les gares ferroviaires et routières internationales et leurs abords, le droit de visite doit être motivé et s'effectuer, soit en cas de « raison plausible de soupçonner » la commission d'une infraction douanière, soit après information du procureur de la République pour la recherche de certaines infractions graves telles celles relatives aux armes, aux stupéfiants ou à la contrefaçon.

Pour la Cour européenne des droits de l'homme dans ses arrêts, Fox, Campbell et Hartley c/Royaume-Uni du 30 août 1990 [293] et Loukanov c/Bulgarie du 20 mars 1997, aussi bien que pour le Conseil constitutionnel dans sa décision 2003-467 DC du 13 mars 2003 [294], l'exigence de « raisons plausibles » de « soupçonner » une personne d'avoir commis une infraction ne vaut qu'à un stade de connaissance où existent déjà « des faits ou renseignements propres à persuader un observateur objectif que l'individu en cause peut avoir accompli l'infraction[295] ». La question posée à ce stade est donc davantage celle

[293] CEDH, 30 août 1990, A. 182, § 32.
[294] CC, nº 2003-467 DC du 13 mars 2003, loi pour la sécurité intérieure.
[295] CEDH, 30 août 1990, *Fox, Campbell et Hartley c/Royaume-Uni*, préc., § 32.

de l'imputabilité de faits précis ou d'éléments de renseignement confirmés à un individu. Transposer ces exigences en amont, au stade de la recherche où les « faits » et « renseignements » propres à éveiller le soupçon de l'observateur objectif ne s'expriment le plus souvent que par des indices faibles et aléatoires, c'est placer les agents en charge du contrôle dans l'impossibilité d'en exposer les motifs à la hauteur des exigences de la loi. Or le législateur ne saurait reconnaître un droit attaché à la liberté et à la sûreté et le rétracter dans la mise en œuvre. Dans les cas de contrôles infructueux, la motivation sera presque toujours insuffisante et constituera une violation des termes de la loi ainsi que de l'article 5, § 1 de la Convention européenne des droits de l'homme. En assurant une protection inadéquate du droit à la liberté et à la sûreté, la loi mal faite sera regardée comme contraire à la Constitution, qui ne transige pas sur un « droit qui occupe une place centrale dans le dispositif protecteur des droits individuels[296] » et dont la Cour européenne a reconnu l'importance particulière dans une société démocratique[297].

Une autre cause d'inconstitutionnalité de la loi réside dans l'alternative à l'exposé des raisons plausibles de soupçonner une infraction douanière. Le législateur s'est suffi de l'information du procureur de la République, de surcroît pour la recherche de certaines infractions graves. Alors que la jurisprudence de la Cour européenne des droits de l'homme est constante pour dire que les procureurs sont des magistrats, mais pas des juges au sens de l'article 5 de la Convention européenne des droits de l'homme[298], on ne voit pas comment leur seule information pourrait constituer une alternative à l'application de garanties substantielles, s'agissant au surplus des infractions les plus graves.

Le droit à la liberté et à la sûreté est ainsi un droit fondamental, c'est-à-dire un droit essentiel auquel le législateur peut cependant poser des limites parce qu'il n'est pas un droit intangible[299], mais sans

---

[296] Frédéric SUDRE, *Droit européen et international des droits de l'homme*, 7e éd., Paris, PUF, 2005, p. 305.

[297] CEDH, 18 juin 1971, *De Wilde, Ooms et Versyp*, GACEDH, n° 16, § 64-65.

[298] CEDH, 30 octobre 1991, *Borgers c/Belgique*, GACEDH, n° 25 ; 20 février 1996, *Vermeulen c/Belgique*, *RTDH*, 1996, p. 621, obs. P. Lambert ; 29 mars 2010, *Medvedyev et al. c/France*, dans Y. LECUYER, Mémento de la jurisprudence de la CEDH, Paris, Hachette sup., 2012, p. 130.

[299] Seuls sont des droits intangibles, le droit à la vie (art. 2 CEDH), l'interdiction de la torture (art. 3 CEDH), et l'interdiction de l'esclavage et du travail forcé (art. 4, § 1 CEDH). Le statut de l'interdiction des lois pénales rétroactives plus sévères reste ouvert au débat quant à l'appartenance de ce droit à la catégorie des normes intangibles.

aucun pouvoir de porter atteinte au « noyau dur » de ce droit. La théorie jurisprudentielle dite de « l'effet cliquet » développée par le Conseil constitutionnel dans la décision 84-181 DC des 10 au 11 octobre 1984 pour s'appliquer aux droits appartenant à cette catégorie signifie que le pouvoir de modulation reconnu au législateur ne peut s'exercer qu'à droit constant, la modification restrictive n'étant recevable qu'à la condition que le législateur ait prévu en compensation des garanties nouvelles, au moins équivalentes aux restrictions appliquées[300].

Ne supportant que des modifications souples et compensées, le droit fondamental à la liberté et à la sûreté tel que modulé par la loi doit *a fortiori*, comme la loi qui en est le support formel, « être [le] même pour tous », aux termes de l'article 6 de la Déclaration des droits de l'homme et du citoyen du 26 août 1789. Il ne paraît pas que la loi du 18 juillet 2003 ait réuni à suffisance les conditions de la jouissance égale pour tous de ce droit essentiel en soumettant les personnes établies à demeure dans le « rayon des douanes » de 40 km à un régime de contrôle plein et entier s'exerçant sans motif particulier et sans compensation spéciale, les personnes établies sur les autres parties du territoire national n'étant pas soumises à la même restriction de droits. Le seul fait d'avoir son domicile établi quelque part sur le territoire national ne saurait constituer en soi une cause de restriction légitime du droit à la liberté et à la sûreté, sauf à décider que l'on est désormais responsable du seul fait de sa naissance en un certain lieu du territoire national, de son histoire familiale, sociale, politique, économique, ethnique, culturelle ou religieuse, qui font de chacun le membre d'une famille et d'une quelconque communauté sociale, et le citoyen d'une commune, d'un département ou d'une région. Il ne s'agirait évidemment pas de supprimer le rayon des douanes, mais de prévoir, en compensation de la contrainte supportée par les seules personnes établies à demeure réelle et principale dans cette bande frontalière, une garantie spéciale consistant dans

---

[300] Voir en particulier, Thierry RENOUX, « Théorie des droits fondamentaux, hiérarchie des normes et séparation des pouvoirs », dans *Protection des libertés et droits fondamentaux*, Paris, Les notices de la Documentation française, 2007, p. 31-42 ; *adde*, Frédéric SUDRE, « Droits intangibles et/ou droits fondamentaux : y a-t-il des droits prééminents dans la CEDH ? », *Mél. M.-A. Eissen*, Bruxelles, Bruylant, 1995, p. 381 ; Étienne PICARD, « L'émergence des droits fondamentaux en France », dans *Les droits fondamentaux, une nouvelle catégorie juridique ?*, *AJDA*, n° spécial, 1998, p. 8 ; dans le même sens, Bertrand MATHIEU et Michel VERPEAUX, *Contentieux constitutionnel des droits fondamentaux*, Paris, LGDJ, 2002.

l'information *a posteriori* du procureur de la République ou au moins dans la mention au procès-verbal de cet élément d'inégalité de fait tenant au domicile, lorsque le contrôle est effectué sans motif particulier[301]. En tout état de cause, l'administration et le juge seraient tenus de prendre en compte cet élément objectif discriminant comme motif spécial de renfort avantageux à l'individualisation de la sanction.

Il nous faut achever le tableau en quelques touches rapides sans couleurs vives. Alfred Tarski l'immense logicien (1902-1983) enseignait qu'aucun système ne dispose de moyens suffisants pour s'auto-expliquer, dans l'impossibilité d'imaginer un méta-système endogène qui permettrait au système empirique de trouver en lui-même la puissance de dépassement de sa propre réalité existentielle. Cela est également vrai de la Douane et du droit douanier, comme d'ailleurs de toute organisation sociale. La Douane est à la fois objet, productrice et destinataire de normes européennes et internationales dont l'application et l'interprétation mobilisent à des degrés divers « toutes » les spécialités de ces droits internationaux et du droit national, sans préjudice de l'appel aux théories, concepts et mécanismes de la science juridique et des sciences politiques, administratives et sociales. C'est par le croisement des faisceaux de spots que la scène de spectacle prend le relief de luminosité qui en fait la féerie. Que les professionnels de l'activité douanière soient intéressés à dialoguer avec les juristes, politologues et sociologues universitaires, du sommet de leurs compétences respectives, nous dit qu'en dépit de leurs apparences brouillonnes, les sociétés post-modernes s'imprègnent toujours davantage des utilités de l'explication et de la création scientifiques, de la performance positive et des règles d'organisation de la vie collective, même si selon Hilary Putnam elles ont perdu la capacité d'argumenter rationnellement sur le choix des fins bonnes, en sorte que celles-ci sont posées comme des principes transcendants, à réaliser sans questionnement ni condition, comme on entre en religion[302].

---

[301] Le défaut d'information du procureur de la République ou de mention au procès-verbal ne serait pas une cause de nullité de la procédure, mais devrait pouvoir être relevé à toute hauteur utile de la procédure administrative ou judiciaire.

[302] Hilary PUTNAM, *Reason, Truth an History*, Cambridge University Press, 1981, trad., Paris, Minuit, 1984, sous le titre *Raison, vérité et histoire*.

La douane et les enjeux du transport maritime

Perry MENZ
Administrateur supérieur des douanes
Directeur régional au Havre

L'une des missions traditionnelles de la douane est la tenue des frontières, qu'elles soient terrestres, aériennes ou maritimes.

Les nombreuses crises qui émaillent le « village planétaire » depuis plusieurs années et l'accélération sans pareille des échanges économiques ont pour effet de remettre la question de la tenue de la frontière au centre des grands enjeux internationaux et nationaux.

À cet égard, la frontière maritime constitue un point particulièrement sensible pour le fret commercial, tant du point de vue l'importance du transport maritime et de ses mutations (I), que du point de vue de l'étendue de la façade maritime de la France.

Face à ces enjeux, la douane, forte de son expérience et de sa position naturelle à la frontière, en assure la tenue aussi bien pour l'exercice des missions de contrôle au centre des enjeux nationaux et européens que pour la facilitation et le soutien du commerce licite (II).

L'exemple du Havre, premier port français s'agissant du fret conteneurisé, permettra d'illustrer ces points.

I. Les évolutions du transport maritime partagées entre croissance et crises

* Il existe un lien historique très fort entre la mondialisation et le transport maritime puisqu'environ 85 % du commerce mondial en quantité et plus de 70 % en valeur est acheminé par mer vers les ports du monde entier.

Cette évolution progressive s'explique notamment par la spécialisation des navires qui s'est mise en place progressivement avant et après la Seconde Guerre mondiale. Elle a commencé avec les vracs, les liquides (pétrole), puis s'est considérablement accélérée avec la conteneurisation qui a permis de « mettre le monde en boîtes » comme le disent les spécialistes. À leur tour, ces contenants dont les dimensions et les caractéristiques sont entièrement normalisées ont permis le développement de navires porte-conteneurs toujours plus volumineux.

Cette massification du transport maritime a permis de réduire considérablement les coûts de transport en réduisant également le nombre de rotations unitaires des navires tout en accroissant la charge utile. En parallèle, l'ensemble a bénéficié du développement d'outils performants de la logistique et de la manutention portuaire qui ont permis de réduire considérablement le temps des escales.

Pour l'Europe, les grands ports du Nord, tels que Rotterdam, Anvers et Hambourg gèrent respectivement plus de 14, 11 et 9 millions d'EVP[1] par an, tandis que le port du Havre, qui est le premier port français, renoue avec une croissance forte de plus de 5 % an avec plus de 3 millions d'EVP.

Si le transport maritime a largement soutenu la croissance mondiale, sa progression doit aujourd'hui faire face à un monde en mutation et en crise dont les évolutions sont plus rapides et chaotiques.

Elles nécessitent une plus grande résilience des acteurs de l'écosystème portuaire.

Les évolutions sont de plus en plus rapides, avec l'accélération de la massification des flux. La mise en service de porte-conteneurs de 400 mètres de long qui permettent d'accueillir plus de 20 000 « boîtes » voire 24 000 au lieu de 3 000 à 10 000 pour les plus courants, atteste de cette progression.

Plus récemment, les défis énergétiques et ceux de la transition écologique deviennent des marqueurs importants des échanges au cours des prochaines années.

Pour tous les grands ports comme pour Le Havre, l'enjeu principal a été d'adapter l'outil portuaire et ses infrastructures de manière à accueillir ces « monstres des mers » tout en assurant les pré et post-acheminements pour connecter le reste du territoire. Ces défis posent d'importantes questions d'aménagement du territoire. Ainsi les acheminements à l'intérieur des terres ne peuvent plus se faire uniquement par voie routière et nécessitent de mobiliser les vecteurs ferroviaires et fluviaux, tant les volumes importés ou exportés sont

---

[1]Unité de mesure internationale des conteneurs : Équivalent vingt pieds.

importants. Au Havre 85 % des marchandises restent transportées par la route alors qu'une barge fluviale peut transporter 5 000 tonnes, soit autant que 250 camions. Des investissements importants sont envisagés dans ce secteur, ce qui conduira à une adaptation des contrôles douaniers qui pourront être lissés sur les autres ports de l'axe Seine (Rouen et Île-de-France).

À noter également que le transport maritime prend une part de plus en plus importante dans les nouveaux modèles de développement du « e-commerce ». En effet, à la différence du modèle traditionnel qui repose sur des acheminements directs par la voie aérienne (BtoC), le transport maritime permet d'abonder massivement des entrepôts temporaires en France ou dans l'Union européenne pour le compte de grandes « marketplaces » et jouer ainsi le rôle de « stocks tampons » (BtoBtoC).

* Dans le même temps, on observe également la multiplication des crises qui contribuent à désorganiser profondément les chaînes d'approvisionnement. Ainsi, dans l'actualité récente, la crise du Covid et celle de la guerre en Ukraine ont considérablement rebattu les cartes du transport maritime mondial et en Europe.

Non seulement la désorganisation durable des chaînes d'approvisionnement a renchéri le coût du transport, mais elle a également provoqué d'importantes contentions dans les ports et dans le transport à l'intérieur du territoire. Ainsi, les importants engorgements dans les ports du nord de l'Europe ont eu pour effet de détourner des trafics vers les ports français. En sens inverse, la pénurie de conteneurs sur certaines provenances (*i. e.* la concentration des conteneurs en Asie) a perturbé durablement les échanges mondiaux.

Cette désorganisation cyclique de la chaîne logistique se double à présent d'un accroissement des crises liées à la protection des consommateurs. Il s'agit par exemple des crises sanitaires qui défrayent régulièrement la chronique depuis quelques années (vache folle, pesticides, OGM, bio, etc.) ou du respect des normes industrielles dont les contrôles sont de plus en plus exigeants.

Enfin on observe — et il s'agit d'une ligne de force pérenne qui structure le commerce maritime — le développement important des enjeux sécuritaires depuis les attentats du 11 septembre avec des initiatives variées (C-TPAT[2] pour les USA, ICS[3] pour l'UE, ISPS[4] au

---

[2]Initiative US: Customs-Trade Partnership Against Terrorism.
[3]Système informatique européen : Import control system.
[4]Code international pour la sûreté des navires et des installations portuaires.

plan international) ainsi que l'explosion inédite de la criminalité organisée en lien avec le trafic des stupéfiants.

Ces crises brutales mettent à mal le transport maritime qui est avant tout un transport fondé sur la régularité des lignes : les navires suivent des routes régulières et effectuent des escales prédéfinies, un peu comme un métro ou un omnibus.

C'est dans ce contexte de mutation rapide et de besoin de résilience forte que la douane inscrit son action s'agissant du transport maritime.

II. Des défis inédits pour la douane, partagée entre l'accompagnement du commerce international et la nécessité de réguler les échanges et de lutter contre les grands trafics

La position naturelle de la douane à la frontière et sa connaissance fine de la chaîne logistique portuaire lui permettent de jouer un rôle de tout premier plan pour tenir ces deux ambitions : faciliter et réguler.

1. En ce qui concerne l'accompagnement et la facilitation des opérateurs, la direction régionale des douanes du Havre, comme toutes les directions régionales, comprend des services spécialisés (pôle d'action économique) ainsi que des services de terrain dont la vocation est spécifiquement de conseiller les entreprises et de les accompagner dans leurs démarches à l'international. Ce service concerne aussi bien les nouvelles implantations d'acteurs que l'optimisation d'une activité déjà présente au gré des modifications de trafic ou de réglementations parfois complexes.

Le développement de cette relation partenariale avec les entreprises constitue un levier essentiel d'attractivité et de compétitivité pour ces dernières.

Ainsi, très récemment, la direction régionale du Havre a proposé une solution sur mesure à base d'entrepôts sous douane pour permettre la gestion de ses stocks tampons par une grande compagnie maritime qui souhaitait faire du Havre sa tête de pont en France puis en Europe pour son secteur d'e-commerce.

2. En ce qui concerne la connexion avec le « hinterland », les douaniers havrais accompagnent plusieurs opérateurs afin de trouver des solutions qui permettront de désengorger les installations de

stockage du Havre, en permettant à des marchandises non dédouanées d'être transférées vers d'autres points du territoire en limitant les formalités.

Dans le même esprit, les services douaniers du Havre accompagnent les exploitants du nouveau terminal méthanier flottant en cours d'installation à la suite de la réduction très rapide des importations de gaz russes, afin d'élaborer un statut douanier adapté aux importations des marchandises tierces (barges, gaz, etc.) mises en œuvre.

Dans le domaine sanitaire, les services des douanes s'adaptent aux contraintes de la logistique portuaire en facilitant les prises de rendez-vous au moyen du nouveau portail numérique « France Sésame » qui permet aux opérateurs de connaître instantanément la situation d'une marchandise et les formalités restant à accomplir.

Au-delà des mesures ponctuelles, les services proposent à certains opérateurs dont la fiabilité a été constatée à la suite d'audits approfondis des statuts privilégiés, tels que celui d'opérateur économique agréé (OEA) qui permet de bénéficier d'avantages concurrentiels tels que des taux de contrôles réduits, des réductions des garanties financières pour le dédouanement, etc.

Une autre particularité de l'action de la douane sur une grande plate-forme logistique telle que le port du Havre est son intégration au sein de son « cargo community system » (CCS), qui constitue en quelque sorte l'autoroute numérique permettant de relier de manière sécurisée tous les systèmes informatiques des acteurs publics et privés. Ces outils ont été déployés dans les ports et aéroports pour répondre aux besoins de fluidité, de sécurité et de traçabilité de la marchandise pour les professionnels et les administrations. S)one, nom du produit déployé au Havre, constitue un formidable accélérateur des échanges d'information entre les acteurs et permet à la douane de suivre en temps réel les mouvements et les changements de statuts des marchandises depuis leur déchargement. Là aussi l'objectif pour la douane est de concilier fluidité et contrôle.

Au fond, la douane a développé depuis de nombreuses années une chaîne de valeur associant l'ensemble des acteurs publics ou privés de la logistique portuaire, qu'il s'agisse du gestionnaire du port (Haropa), des syndicats professionnels ou directement des entreprises (compagnies maritimes, chargeurs, manutention, transitaires, importateurs, etc.).

Au-delà de la facilitation et de l'accompagnement, il reste la question de savoir comment contrôler efficacement les marchandises en limitant autant que faire se peut l'impact sur la chaîne logistique.

Comme l'affirment souvent les acteurs de la place havraise : « Ouvrir et faire dépoter un conteneur coûte très cher. Qui va payer la facture ? »

Dès lors l'immobilisation d'un conteneur doit être réalisée à bon escient.

Cela pose la question de savoir comment sélectionner les conteneurs à contrôler par rapport à la masse et comment repérer les conteneurs à risque sur un navire comportant 20 000 boîtes empilées sur plusieurs niveaux.

L'outil méthodologique mis en œuvre par la plupart des administrations douanières modernes est l'analyse de risque. La connaissance fine des trafics et de la chaîne logistique permet la mise la mise en œuvre d'une expertise humaine spécifique adossée à des outils de ciblage des marchandises présentant un risque de fraude élevé. Cette méthodologie garantit un niveau élevé d'efficacité des contrôles en fonction de l'évaluation de la menace dans les secteurs à enjeux, qu'il s'agisse de lutter contre les fraudes aux ressources propres de l'Union européenne, d'assurer les contrôles des normes industrielles et sanitaires en vue d'assurer la protection des consommateurs ou de lutter contre les grands trafics de tabacs, de contrefaçons ou de stupéfiants.

Sur ce dernier point, force est de constater l'ampleur inédite prise par le trafic de cocaïne dans le transport maritime. Pour les ports de la Manche et de la mer du Nord, il s'agit d'une déferlante historique dont les saisies se calculent en tonnes. Pour la seule direction du Havre, les saisies douanières ont atteint 8 tonnes en 2021 (soit près de 30 % des saisies nationales) contre 1 tonne en 2017. Cette tendance est confirmée en 2022 et en 2023.

Outre les investissements importants des compagnies maritimes pour sécuriser le transport, d'importants dispositifs sont déployés dans les grands ports et particulièrement au Havre pour contrecarrer l'action des organisations criminelles.

La lutte contre le trafic de stupéfiants constitue une priorité nationale portée par le gouvernement dans le cadre de plusieurs plans d'action interministériels et ministériels. Le meurtre d'un docker il y a un peu plus de deux ans a largement accéléré cette prise de conscience et la mobilisation des moyens pour tenter d'y faire face.

Si la douane est en première ligne pour entraver les trafics de stupéfiants dans les ports, l'ensemble des autres forces de sécurité intérieure est mobilisé de manière coordonnée.

3. En ce qui concerne le vecteur maritime, il convient de garder à l'esprit que le trafic illicite est étroitement lié au trafic licite. La cocaïne emprunte les mêmes vecteurs que le trafic licite. La constitution des réseaux de complicité pour récupérer la marchandise de fraude est subordonnée aux mêmes contraintes logistiques que la marchandise licite.

Le plus souvent les cargaisons de stupéfiants sont soit dissimulées à bord dans les espaces confinés ou à l'extérieur sur la coque sous la ligne de flottaison, soit cachées dans les conteneurs au milieu de la marchandise licite ou même dans la structure du conteneur. L'imagination des organisations de fraude est sans limite. L'une des techniques employées est le « rip off » qui permet à des complices de récupérer facilement les stupéfiants déposés dans des sacs derrière les portes du conteneur contaminé.

Mais de nouvelles techniques ont fait leur apparition telles que des conteneurs « hôtel » pour héberger des complices ou le procédé du « switch » qui vise à transférer la marchandise de fraude d'un conteneur pollué vers un conteneur moins sensible.

Les agents des douanes sont spécialement formés à la détection des signaux faibles de contamination et pour intervenir dans les endroits sensibles tels que les caches aménagées à bord. Les brigades sont en outre dotées d'équipements innovants pour développer des contrôles non intrusifs efficaces qui permettent de concilier les impératifs de contrôle avec le besoin de fluidité de la circulation des marchandises.

Les équipes spécialisées utilisent par exemple couramment des vidéos endoscopes, des équipages de « maîtres-chiens », des spectromètres de masse, etc.

Les services de ciblages quant à eux misent sur les données disponibles et les outils informatiques pour effectuer une analyse approfondie des informations disponibles

Enfin des équipements lourds ont été déployés. À ce jour, un scanner fixe de dernière génération assure l'inspection des conteneurs sélectionnés au Havre.

Dès 2024 la douane va acquérir de nouveaux scanners mobiles sur les terminaux pour améliorer l'efficacité du dispositif.

Après de nombreuses années de croissance et de dérégulation, force est de constater l'importance des mutations dont le transport maritime fait l'objet et la multiplication des crises qui le désorganisent régulièrement. Avec ces crises, la gestion de la frontière est redevenue un enjeu essentiel de la régulation des flux de marchandises. Ce rôle a été largement confié à l'administration des douanes dont la résilience et l'expertise permettent d'inscrire son action tant dans l'accompagnement des opérateurs économiques que dans l'investissement de moyens humains et techniques en vue d'assurer un haut niveau de contrôle.

L'action européenne et internationale de la douane

Marc DAGORN
Administrateur supérieur des douanes,
Délégué aux relations internationales

La Douane, l'une des rares administrations mentionnées dans le traité de Rome, exerce ses missions dans un cadre essentiellement européen depuis l'instauration de l'Union douanière en 1968 et plus encore depuis l'achèvement du grand marché intérieur européen au 1er janvier 1993.

La délégation aux relations internationales (DRI) de la direction générale des Douanes et des Droits indirects (DGDDI) exerce un rôle de coordination auprès de tous les services douaniers intéressés concernant la gestion des dossiers européens (I) et de l'OMD (Organisation mondiale des Douanes) par tous les services intéressés.

En lien avec son réseau international de personnels présents à l'étranger, attachés douaniers et experts techniques, la DRI est également chargée de définir et de mettre en œuvre les orientations et les contours de la coopération douanière internationale (II).

I. La douane, au cœur des grands enjeux de l'Union douanière

Le droit douanier relève à la fois du niveau national (les pouvoirs et les sanctions douanières sont régis par le code des douanes national) et du niveau européen. Ce dernier est élaboré dans le cadre communautaire détaillé ci-dessous. À ce titre, la délégation aux relations internationales est responsable de la mise en œuvre de la stratégie européenne de la Douane. Il s'agit ainsi de renforcer la coordination des travaux européens au sein de la DGDDI, de porter une position consolidée sur le projet de réforme de l'Union douanière, de renforcer la capacité d'influence de la DGDDI auprès des institutions européennes et de disséminer le projet de réforme de l'Union douanière et la dimension européenne de la Douane française.

A/ La douane et les institutions européennes

Parmi les dix formations du Conseil de l'Union européenne, la douane est principalement concernée par deux d'entre elles : la formation Affaires économiques et financières (Ecofin), pour les questions liées au commerce, au dédouanement et à la fiscalité (dont les accises) et la formation Justice et Affaires intérieures (JAI), s'agissant de la lutte contre les fraudes et la coopération douanière.

Deux groupes, dirigés par la présidence en exercice et placés respectivement sous chacune de ces formations du Conseil précitées, sont spécialisés dans l'examen des questions douanières :

— le groupe de travail sur l'Union douanière (GUD) se réunit environ deux fois par mois pour examiner les questions relatives à la politique et à la législation douanière européenne et internationale, y compris vis-à-vis de l'Organisation mondiale des douanes (OMD). Il comprend également un sous-groupe, le groupe à haut niveau (GHN), composé des différents directeurs généraux des douanes européennes, dont le rôle est de fournir des orientations pour l'UE à un niveau stratégique. Cette formation est dirigée par la présidence en exercice ;

— le groupe application de la loi formation douane (LEWP-Customs), chargé des travaux relatifs aux activités de coopération douanière transfrontalière et aux questions opérationnelles connexes. Parmi ses sujets, on trouve par exemple le renforcement de la coopération avec les autres autorités répressives (police, justice) et avec des agences (Frontex, Europol, etc.).

Piloté par les conseillers douanes des représentations permanentes (RP) nationales éventuellement assistés par des experts des bureaux métiers de la direction générale, le résultat des travaux des groupes est ensuite présenté au Conseil en formation COREPER, où siègent les représentants permanents (COREPER II) et leurs adjoints (COREPER I).

Enfin, la douane contribue à la préparation d'autres groupes, comme le groupe des questions fiscales (GQF) en lien avec le conseiller fiscal, le Comité permanent de coopération opérationnelle en matière de sécurité intérieure (COSI) ou encore les groupes Affaires Schengen, Frontières (Frontex) et IXIM, ce dernier traitant d'échange/gestion de l'information pour le volet JAI.

Parallèlement, la Commission européenne met en place des comités, sur lesquels elle s'appuie pour la rédaction des textes d'application et pour la mise en œuvre de la législation européenne et auxquels participent les représentants (experts) des États membres. Afin de représenter au mieux les intérêts de la douane française au niveau de l'Union, la DGDDI intervient dans de nombreux comités d'experts, liés notamment à deux directions de la Commission, la DG Taxud et la DG Home, dont les propositions impactent directement les douanes européennes.

La direction générale Fiscalité et Union douanière (DG Taxud), dirigée par M. Gerassimos Thomas, est placée sous la responsabilité du commissaire européen à l'Économie, Paolo Gentiloni. Elle est chargée des politiques européennes relatives à la fiscalité (dont les accises) et les douanes. Pour suivre les travaux de la DG Taxud, la DGDDI est notamment présente au Comité du code des douanes, comité technique auquel ne participent que des agents des administrations des douanes européennes. Ce comité régit 13 sections[1] soit autant de sous-groupes et de réunions régulières d'experts.

La DGDDI est également présente au sein des comités des programmes Douane et Fiscalis. Il s'agit de programmes mis en œuvre par la Commission, qui financent des activités de coopération, mais également le développement et l'exploitation des systèmes informatiques européens, afin de favoriser l'intégration européenne au niveau douanier et fiscal.

Pour les sujets davantage axés sur la lutte contre la fraude, la DGGDI suit également les travaux de certains comités qui dépendent de la DG Migration et affaires intérieures (DG Home), placée sous la responsabilité de la commissaire aux Affaires intérieures (JAI), Ylva Johansson, qui élabore et met en œuvre la politique de la Commission dans les domaines des frontières et de la sécurité.

Enfin, il convient de noter la *participation croissante des douanes à l'élaboration et la mise en œuvre de réglementations non douanières* structurantes pour l'Union douanière, comme en témoigne le rôle important des douanes dans la construction d'un mécanisme d'ajustement carbone aux frontières (MACF) et de lutte contre la déforestation importée. La douane est aussi directement concernée par la mise en œuvre du Digital Service Act (DSA) ou encore du règlement relatif à la sécurité générale des produits (RSGP).

Outre les comités (fonctionnaires des douanes de l'UE) destinés à assister la Commission dans l'adoption des actes d'exécution (AE), on

---

[1] Législation douanière générale, nomenclature tarifaire et statistique, mesures tarifaires, franchise douanière, origine des produits, valeur en douane, dette douanière et garanties, formalités d'importation et d'exportation, intégration et harmonisation des données, statut douanier et transit, procédures spéciales, contrôle douanier et gestion des risques, respect des droits et propriété intellectuelle.

trouve aussi les groupes d'experts (fonctionnaires et membres de la société civile). Les groupes d'experts se réunissent à la demande de la Commission, afin de lui fournir conseils et expertises techniques. Ils fournissent une aide pour préparer des propositions législatives et initiatives politiques, pour mettre en œuvre la législation, les programmes et politiques de l'UE, préparer des actes délégués (AD), voire des actes d'exécution en amont et avant qu'ils soient soumis aux comités, en accord avec le règlement UE n° 182/2011. Selon leur mandat et les dossiers examinés, ils se composent de représentants des États membres, du secteur privé et même de pays tiers. Fonctionnant comme un forum de discussion, la contribution de ces groupes est purement consultative.

Pour la Douane, le groupe d'experts le plus important est le groupe Politique douanière (GPD), qui réunit les directeurs généraux des douanes européennes, avec comme vocation d'établir les lignes stratégiques des douanes de l'UE.

B/ L'élaboration de la position française sur l'Union douanière

L'Union douanière étant l'une des compétences exclusives de l'Union européenne, *de nombreuses réglementations douanières se décident à Bruxelles*. La DGDDI est donc en lien constant avec les institutions européennes, notamment la Commission et ses directions générales à l'origine des actes législatifs. Elle est aussi en lien avec les institutions françaises chargées de la détermination et de la défense de la position française : le Secrétariat général aux affaires européennes (SGAE) et la Représentation permanente de la France auprès de l'Union européenne (RPFUE).

— **Une coordination interne à la DGDDI pour les questions douanières (DRI) :** De nombreuses décisions européennes concernent les bureaux métiers DGDDI, dont les enjeux peuvent parfois diverger. Il convient donc de se concerter en interne afin de défendre une position unie et cohérente, face aux autres douanes européennes. La délégation aux relations internationales (DRI), via son pôle « institutions européennes et internationales », permet de coordonner la position de la DGDDI.

— **Une coordination interministérielle pour les questions transverses (SGAE) :** La recherche d'unité se complexifie lorsque certaines questions dépassent la seule douane et impactent d'autres administrations françaises (ministères de l'Intérieur, de la Santé, etc.) Il convient alors de se concerter au niveau interministériel, pour s'assurer de la cohérence de la position française sur les dossiers transverses[2]. Cette coordination s'opère au niveau du Premier ministre et plus précisément de son Secrétariat général aux affaires européennes (SGAE), où des personnels de la DGDDI sont en poste. Lors des réunions interministérielles du SGAE, les bureaux métiers de la DGDDI peuvent faire valoir le point de vue de la douane, face aux positions parfois divergentes des administrations partenaires. À plus haut niveau, les réunions interministérielles (RIM) réunissent à Matignon les directeurs d'administrations ou leurs sous-directeurs (voire des chefs de bureau par délégation), ainsi que des membres des cabinets des ministres, lorsqu'il s'agit d'arrêter la position française sur des sujets présentant un intérêt majeur pour la France.

[2]À l'exception de la politique étrangère et de sécurité commune (PESC) qui est suivie par le ministère de l'Europe et des Affaires étrangères,

Coordination
de la position de la DGDDI
sur des sujets impliquant
plusieurs bureaux-métiers :
à la délégation aux
relations internationales
(DRI)
de la Direction générale
RÉPUBLIQUE FRANÇAISE
Coordination
de la position française
sur des sujets
transverses :
au Secrétariat général
aux affaires européennes
(SGAE)
SGAE
Position cohérente de la France
portée à Bruxelles (aux groupes de
travail du Conseil):
par sa représentation permanente
(RP) et ses conseillers douane
REPRÉSENTATION PERMANENTE
DE LA FRANCE AUPRÈS DE
L'UNION EUROPÉENNE

C / La réforme de l'Union douanière

Une présentation plus détaillée de la réforme de l'Union douanière est mise à disposition en annexe.

La Commission européenne a publié, le 17 mai 2023, un projet de réforme de l'Union douanière d'une ampleur inédite, conférant aux missions douanières un rôle plus transversal et politique que l'actuel code des douanes de l'Union (CDU). L'adoption de ce projet conduirait les administrations des douanes à faire évoluer profondément leurs méthodes de travail, en moins de 10 ans, autour de la création d'une *autorité douanière européenne et d'un espace de données européen* centralisé auquel pourraient avoir accès les administrations non douanières (fiscales, surveillance de marché, sanitaires et phytosanitaires, etc.) ainsi que diverses institutions européennes. Le projet prévoit également pour la première fois un traitement spécifique des transactions du commerce électronique.

L'envergure du chantier de révision à venir pour les douanes européennes doit être soulignée. En termes de périmètre, il couvre à la fois la gouvernance de l'Union douanière, une gestion rénovée des données opérateurs et des systèmes informatiques, et de nombreux aspects relatifs aux procédures de dédouanement, contrôles douaniers et sanctions douanières.

Le projet présenté par la Commission est composé :

— d'un projet de règlement visant à abroger l'actuel CDU (règlement [EU] 952/2013) ;

— d'un projet de directive amendant la directive TVA 2006/112/EC ;

— d'un projet de règlement amendant le règlement (EC) 1186/2009 relatif aux franchises douanières ainsi que le règlement (EEC) 2658/87 relatif à la nomenclature tarifaire et statistique et au tarif douanier commun.

Ces travaux font suite à une réflexion de la Commission européenne, engagée dès 2019, sur l'avenir de l'Union douanière et l'affirmation du rôle majeur des administrations douanières européennes dans la protection du marché intérieur, mais aussi des intérêts financiers de l'Union. Le projet de réforme s'inscrit également dans la continuité du rapport du groupe des sages, publié en mars 2022, qui a souligné d'importantes disparités dans l'application des règles et procédures douanières, mais aussi les difficultés croissantes auxquelles font face les douanes face à la multiplication de leurs missions non douanières et à l'expansion de l'e-commerce. Sur la base de ce constat, le groupe des sages a formulé 10 recommandations pour une réforme structurelle de l'Union douanière, portant ainsi au niveau politique des discussions longtemps cantonnées à des niveaux techniques.

II. L'action internationale de la douane face aux défis contemporains

L'action internationale de la direction générale des Douanes et Droits indirects est également pilotée par la délégation aux relations internationales.

Cette dernière définit, en liaison avec le ministère de l'Europe et des Affaires étrangères et en coordination avec les besoins métiers des sous-directions et services à compétence nationale, une stratégie de coopération qui s'appuie notamment sur le réseau régional douanier des attachés douaniers, experts techniques internationaux, officiers de liaison ainsi que sur les experts nationaux détachés après de la Commission européenne.

Cette stratégie, par essence, est évolutive pour tenir compte de la géopolitique et de l'émergence de nouvelles puissances économiques.

A/ Stratégie de coopération de la délégation aux relations internationales (DRI)

Afin de conduire la stratégie de coopération, la DRI anime le réseau international douanier qui s'articule sur la connaissance des flux logistiques afin d'optimiser les missions de lutte contre la fraude, d'action économique et de coopération technique.

Elle organise régulièrement des actions de coopération bilatérale et multilatérale en lien avec :

— la direction de la Coopération de sécurité et de défense (DCSD*)* du ministère de l'Europe et des Affaires étrangères qui pilote et conduit la coopération à la fois en matière de défense-sécurité et de sécurité développement ;

— Expertise France, agence publique française de conception et de mise en œuvre de projets internationaux de coopération technique.

La DRI est aussi chargée de préparer et suivre les accords internationaux et bilatéraux.

Elle met en œuvre une veille pour prendre en compte à la fois les besoins de modernisation et d'adaptation aux nouveaux enjeux économiques et stratégiques.

B/ Un réseau international en évolution

Afin de maintenir un réseau opérationnel à l'étranger, la douane travaille en coordination avec le ministère de l'Europe et des Affaires étrangères (MEAE) notamment dans le cadre relatif au dimensionnement global des implantations des agents à l'étranger.

Le réseau international (carte ci-dessous) comprend actuellement :

— 20 attachés douaniers dont 4 attachés douaniers adjoints et un en qualité d'officier de liaison au National Targeting Center (NTC) de Sterling qui exercent leurs missions dans 93 pays d'accréditation.

— 3 experts techniques internationaux dont 2 en situation de détachement auprès d'Expertise France respectivement en qualité de coordonnateur régional du programme européen SEACOP (développement du renseignement opérationnel dans la lutte contre le trafic de stupéfiants dans le golfe de Guinée) et implanté au Sénégal et en qualité de conseiller auprès des autorités douanières libanaises.

Un expert détaché auprès en tant que coopérant pour la direction de la Coopération de sécurité et de défense du MEAE, en lien avec la douane et la garde tunisienne sur des sujets de renforcement des capacités.

— 1 officier de liaison mis à disposition du bureau de liaison France d'Europol à La Haye

— Au sein de l'Organisation mondiale des douanes, 3 agents des douanes sont en situation de détachement sur des postes en lien avec les contrôles en matière de lutte contre la fraude ainsi qu'un conseiller scientifique.

— Auprès de la Représentation permanente de l'Union européenne à Bruxelles, 1 conseiller douanier et 1 adjoint.

— 3 experts nationaux détachés dont 2 respectivement au sein de la Commission européenne (direction générale Taxud) et 1 auprès d'Europol.

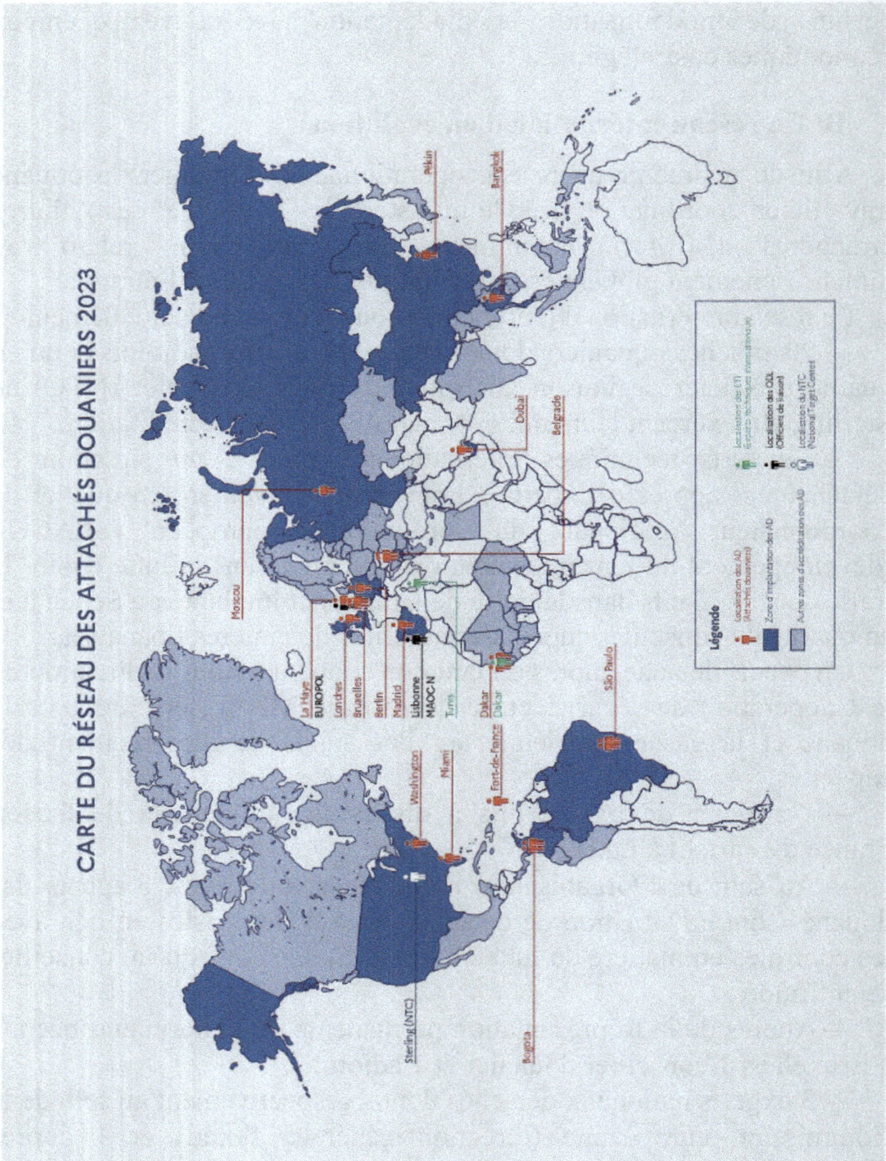

C / Missions du réseau douanier international

Lutte contre la fraude : mission permanente de *recueil de renseignements et d'assistance aux services d'enquête et de recherche*, Direction nationale du renseignement et des enquêtes douanières (DNRED), Service d'enquête judiciaire des finances (SEJF), Service d'analyse de risque et de ciblage (SARC) ; mission d'appui pour toutes opérations dans le(s) pays d'accréditation ; mission de mise en œuvre de l'assistance administrative mutuelle internationale (AAMI) ; mission d'appui du SEJF pour le suivi des commissions rogatoires internationales.

Cette mission se décline principalement *sur les contrefaçons, le trafic de tabacs, de stupéfiants, de précurseurs ainsi que les mouvements financiers* qui y sont attachés.

Action économique : Réponse aux sollicitations des opérateurs du commerce international et des particuliers.

Mission d'appui au commerce extérieur de la France ; mission en étroite coopération avec la sous-direction du commerce international (COMINT), le service des grands comptes (SGC) ainsi que la mission économique entreprises (MA2E).

Contribution à la diplomatie économique de la France en relation avec les services économiques régionaux (SER de la Direction générale du Trésor) territorialement compétents.

Coopération technique internationale : participation à l'organisation et à la mise en œuvre d'actions de formation de douaniers des administrations de cette zone en France grâce à l'appui notamment d'un vivier d'experts techniques à l'international.

Parangonnage sur les nouvelles technologies et sur les organisations des administrations.

Veille technologique sur les équipements de contrôle et sur l'usage des technologies de rupture.

D / Évolution géographique de la coopération et des partenaires

Lors de sa Conférence annuelle du président de la République devant les ambassadrices et les ambassadeurs, le 28 août 2023, le président Emmanuel Macron a d'abord mis en garde contre un « risque d'affaiblissement » de l'Europe et de l'Occident dans le contexte international actuel.

Il relevait un contexte qui « s'est plutôt durci », « se complique » et « fait courir le risque d'un affaiblissement de l'Occident et plus particulièrement de notre Europe ».

Le président de la République mentionnait notamment « l'émergence de (nouvelles) grandes puissances internationales ».

Dans ce contexte géopolitique embrasé par plusieurs conflits internationaux, une diversification des actions de coopération à l'international à caractère institutionnel et technique ou opérationnel en fonction des zones géographiques doit être intégrée dans la réflexion stratégique de la Douane.

De manière sommaire, les évolutions suivantes seront notamment observées :

— Le *gel des actions de coopération* au Mali, au Burkina Faso, au Niger.

— La *poursuite* des actions en Afrique : Sénégal et Côte d'Ivoire, dans les Balkans.

— La poursuite et le *développement de la coopération* avec la Tunisie en soutien aux frontières tunisiennes, y compris avec désormais une compétence sur la Libye, toujours dans le cadre partenarial avec la DCSD.

— L'élaboration de *nouveaux projets* avec des projections plus ambitieuses avec la Colombie, l'Équateur et un transfert de la coopération du Niger vers le Bénin.

— L'intégration du positionnement stratégique de la douane dans la *stratégie indopacifique* de la France et de l'UE avec un investissement de la coopération avec les alliés que sont l'Inde, le Japon, la Corée du Sud, Singapour, l'Indonésie à proximité des espaces de souveraineté de la France avec ses collectivités d'outre-mer.

Analyse des dispositions de la législation douanière chinoise conformes aux normes internationales[1]

Shuchun WAN
Professeur à l'école nationale des douanes de Shanghai

Résumé :
La législation douanière et l'administration des douanes s'adaptent aux changements de la Chine. Ils ont accompagné le développement du pays. Le texte de la loi douanière fait l'objet d'une révision. Elle doit permettre une nouvelle avancée. La révision de la loi douanière devrait être menée autour de domaines clés, des domaines émergents et sur les domaines liés à l'étranger. En réponse aux changements de l'environnement international, la « loi douanière » devrait contenir des dispositions juridiques pour prévenir les risques externes. Il est également nécessaire de gérer la connexion de la transformation avec les traités et accords internationaux.

Généralement, nous pensons que la loi douanière est une loi qui incarne le protectionnisme national. Par exemple, l'article premier de la « Loi douanière de la République populaire de Chine » énonce clairement que l'objectif de la loi douanière est « de sauvegarder la souveraineté et les intérêts du pays ». Cependant, l'objectif législatif de la loi douanière n'est pas unique. Les objectifs sont multiples. En plus de « sauvegarder la souveraineté et les intérêts du pays », « la promotion des échanges économiques et commerciaux et scientifiques et culturels avec l'étranger » est également un des objectifs législatifs de la loi douanière.

---

[1] Cette contribution (Rapprochement et intégration de la législation douanière et des règles internationales) a été publiée dans la *Revue européenne et internationale de droit fiscal* 2023, 3, pp. 420-425.

Cet objectif législatif fait que la « loi douanière » a non seulement les caractéristiques générales du droit administratif, mais aussi les caractéristiques juridiques d'activités « liées à l'étranger ». Cette spécificité doit répondre aux besoins des différentes époques, et aux changements des situations nationales et internationales. Chaque époque pose des défis nouveaux.

I. Le bilan : les dispositions de la loi douanière incarnant l'ouverture sur le monde

Chaque loi a son propre objectif, et chaque loi doit également apporter sa contribution au monde dans lequel nous vivons. Mais ni l'objectif national ni la contribution au monde ne peuvent être séparés de l'époque dans laquelle la loi est née. Toute loi est gravée de l'empreinte de son temps. La « loi douanière » chinoise a été promulguée en 1987, au début de la réforme et de l'ouverture, conformément à la situation internationale et nationale de l'époque. L'ouverture de la Chine en était au stade de « l'expérience pilote ». À cette époque, des zones économiques spéciales[2] et quatorze villes côtières ouvertes étaient nées. L'ouverture de la Chine était principalement basée sur les exportations, et elle s'est principalement ouverte aux pays développés. Les produits primaires sont les principaux produits qui ont été exportés. Peu de produits mécaniques et électriques ont été exportés.

La loi douanière de 1987[3] était la deuxième loi douanière de la « Nouvelle Chine » après la loi douanière provisoire de 1951. Elle a

[2] Les zones économiques spéciales chinoises sont nées à la fin des années 1970, au début des années 1980 et se sont développées dans les années 1990. En avril 1979, Deng Xiaoping a proposé pour la première fois la création de « zones spéciales d'exportation ». En juillet 1979, le Comité central du Parti communiste chinois et le Conseil d'État ont convenu de piloter la création de zones spéciales d'exportation à Shenzhen, Zhuhai et Shantou dans la province du Guangdong et Xiamen dans la province du Fujian. En mai 1980, le Comité central du Parti communiste chinois et le Conseil d'État ont décidé de renommer les quatre zones spéciales d'exportation de Shenzhen, Zhuhai, Shantou et Xiamen zones économiques spéciales. En avril 1988, la zone économique spéciale de Hainan a été créée. Les zones économiques spéciales sont également l'une des principales formes de zones portuaires franches dans le monde.

[3] Le 8 juillet 2000, la 16e réunion du Comité permanent de la neuvième Assemblée populaire nationale a adopté la « Décision du Comité permanent de l'Assemblée populaire nationale sur la modification de la loi douanière de la République populaire de Chine ». L'ordonnance a été promulguée et la « Loi douanière révisée de la République populaire de Chine » a également été promulguée en même temps.

fait l'objet d'une révision majeure en 2000. Les cinq révisions suivantes portaient toutes sur l'annulation des licences administratives[4]. En 2000, la « loi douanière » a été révisée pour la première fois. À cette époque, la chose la plus importante était l'entrée dans l'organisation mondiale du commerce (OMC). Par conséquent, les secteurs économiques liés à l'entrée dans l'OMC ont fait l'objet d'une révision[5]. De nombreux nouveaux systèmes créés par cette loi, tels que le système d'évaluation en douane, les clauses douanières de protection des droits de propriété intellectuelle, les décisions administratives, les audits douaniers, la caution des affaires douanières notamment, sont parmi les dispositions qui ont été ajoutées.

La loi douanière a été révisée en 2000, en s'inspirant des systèmes douaniers avancés et de l'expérience des pays développés. La révision de la « loi douanière » en 2000 met l'accent sur l'équilibre des droits et obligations douaniers et sur l'intégration avec les pratiques internationales.

Cette caractéristique se reflète principalement dans les dispositions législatives[6].

1. Modifications des déclarations en douane (article 26). Les données de déclaration inexactes, pour des raisons techniques ou des erreurs dans certaines circonstances particulières, doivent être considérées comme des erreurs normales. La douane doit traiter les différentes situations séparément et permettre la modification ou l'annulation des données de déclarations en douane causées par des erreurs. Il existe également des dispositions correspondantes dans les clauses types pertinentes de la « convention de Kyoto », et la « loi douanière » confère aux parties des droits correspondants.

2. Clarifier le droit du destinataire d'inspecter les marchandises avant la déclaration (article 27). La présence du destinataire dans le pays, le manque de compréhension de la situation réelle des marchandises, la déclaration des marchandises au moment de la déclaration en douane font parfois qu'il est difficile, voire impossible de remplir avec précision les déclarations en douane. Il est

---

[4] Il a été décidé de « décentraliser » pour améliorer la « gestion » du service et mieux « servir ». La « décentralisation » signifie rationaliser l'administration et déléguer des pouvoirs pour réduire les barrières à l'entrée. La « gestion » fait référence à une supervision innovante et à la promotion d'une concurrence loyale. « Servir » signifie un service efficace et la création d'un environnement pratique.

[5] Lemoine Françoise, La Chine à l'OMC : quel bilan ?, Le blog CEPIL, 22 décembre 2011.

[6] Wan Shuchun, Customs Reform for Trade Facilitation, Revue européenne et internationale de droit fiscal, 2018, 3, pp. 426-430.

raisonnable de faire une déclaration après avoir clarifié la situation des marchandises. La « loi douanière » tient compte des dispositions de la « convention de Kyoto » et de la protection des droits et intérêts des parties concernées.

3. Un système de décisions administratives douanières a été établi (article 43). Afin d'assurer la prévisibilité des échanges et l'uniformité de l'application de la législation douanière, la « loi douanière » a ouvert la voie à l'établissement d'un système de décisions administratives douanières. Après la promulgation, en 2018, des « Mesures provisoires pour l'administration des décisions anticipées en matière douanière », les systèmes de décision anticipée et de décision administrative coexistent[7]. La décision anticipée n'est contraignante que pour le demandeur. La décision administrative douanière s'applique au demandeur, ainsi qu'aux autres opérateurs qui ne sont pas le demandeur.

4. Il est précisé que les règles de l'OMC s'appliquent à l'évaluation en douane et que le prix de transaction est utilisé comme base pour déterminer la valeur à acquitter, à payer (article 55). Prendre la « valeur transactionnelle » comme base de la valeur des marchandises importées est un critère de prix qui a été généralement accepté au niveau international. Le critère du « prix de transaction » stipulé dans l'« Accord sur la mise en œuvre de l'article VII de l'Accord général sur les tarifs douaniers et le commerce (1994) » en tant qu'un des accords globaux du Cycle d'Uruguay a été adopté par la plupart des pays du monde.

5. Règles spécifiant l'origine (article 41). Les règles d'origine des marchandises importées impliquent l'application de taux d'imposition et de tarifs spéciaux, ainsi que le contrôle des échanges, l'application de la législation douanière et les statistiques douanières. Il s'agit d'un système commercial douanier de base. Sans un système normalisé, scientifique et international des règles d'origine, de nombreuses mesures d'application et de gestion douanières seraient difficiles à mettre en œuvre efficacement.

6. L'article 42 clarifie les normes de classification des marchandises, importées et exportées, ainsi que le statut juridique des essais douaniers. D'une part, la classification des marchandises par marchandise implique des taux d'imposition adaptés lors de la

---

[7] 万曙春、娄万锁、吴展：《海关法学》，法律出版社，2022年版，第128页。Wan Shuchun, Lou Wansuo, Wu Zhan: « Loi douanière », Law Press, édition 2022, p. 128.

perception des droits de douane. D'autre part, c'est aussi la base sur laquelle l'administration des douanes met en œuvre les mesures de contrôle, y compris pour les licences et les quotas d'importation et d'exportation. Les résultats des tests et des inspections des organismes de test constituent la base scientifique permettant à l'administration des douanes de classer les marchandises. Il y a un effet juridique directement lié à l'efficacité des classifications douanières des marchandises. La loi douanière contient des dispositions particulières sur ces questions.

7. Quant à l'article 44, il donne des dispositions de principe sur la protection des droits de la propriété intellectuelle. Le 5 juillet 1995, le Conseil d'État a promulgué le « Règlement de la République populaire de Chine sur la protection douanière des droits de propriété intellectuelle »), qui a été officiellement mis en œuvre le 1er octobre 1995. La mise en œuvre des mesures de protection douanière est une avancée dans la surveillance douanière traditionnelle. La loi douanière énonce le principe de la protection douanière des droits de propriété intellectuelle, garantissant l'intégrité de la base de l'application de la législation douanière.

Tout ceci traduit la situation de la loi douanière chinoise de 2000 conformément aux règles internationales.

La mission de cette loi, à l'époque, était d'embrasser le monde avec une attitude ouverte et positive[8]. Les faits ont prouvé que cette loi douanière est devenue une base juridique importante pour la surveillance des entrées et sorties de marchandises de la Chine depuis plus de vingt ans. La loi a contribué à faire que la Chine soit devenue le plus grand négociant mondial de marchandises.

II. Le présent : les défis actuels du droit douanier dans un monde changeant

Lorsque la « loi douanière » chinoise a été promulguée en 1987, le PIB chinois ne représentait que 2 % du PIB mondial. Aujourd'hui, il est la deuxième puissance économique mondiale avec 19 ou 20 %. du PIB mondial. C'est 10 fois plus que dans les années 1980.

La Chine est le plus grand pays dans le commerce des marchandises. Par conséquent, la caractéristique la plus importante de

---

[8] Wan Shuchun China Customs' Reform and Legislation, *Revue européenne et internationale de droit fiscal*, 2020, 2, pp. 282-286.

cette époque est que la Chine est entrée dans une nouvelle ère. L'environnement international dans lequel on vit a également subi d'importants changements. La loi douanière doit être révisée et adaptée au monde dans lequel on vit.

A/ Le développement du commerce extérieur de la Chine a créé une situation nouvelle pour la révision de la loi douanière

Depuis la révision complète de la « loi douanière » en 2000, le volume du commerce extérieur de la Chine a augmenté rapidement. En 2020, le volume total des importations et des exportations de la Chine était de 32 160 milliards de yuans, soit une augmentation de 8,2 fois par rapport à 2000.

Au cours des onze premiers mois de 2022, l'importation et l'exportation totales de marchandises ont représenté 12,6 % de la part mondiale. La structure commerciale a été continuellement optimisée et l'énergie solaire, les batteries au lithium et les véhicules électriques sont devenus de nouveaux moteurs de croissance des exportations. Les relations économiques et commerciales sont plus diversifiées et plus stables. En 2022, la proportion des échanges de mon pays avec l'ASEAN[9] est passée à 15,5 %, et la proportion des échanges avec les pays situés le long de la « la Ceinture et la Route » (les nouvelles routes de la soie[10]) à 32,9 %[11].

Dans le même temps, la sécurité traditionnelle et la sécurité non traditionnelle se chevauchent, la facilitation des échanges et les barrières commerciales vont de pair, le système de contrôle douanier et le modèle de contrôle évoluent constamment. La Chine a intensifié son ouverture institutionnelle conformément aux normes internationales les plus élevées et au meilleur niveau, et la volonté d'ouverture au monde n'a cessé d'augmenter.

La zone pilote de libre-échange, le port de libre-échange de Hainan et la zone de coopération profonde Hengqin Guangdong-Macao ont grandi à partir de rien et se sont développés de manière innovante, explorant et formant un grand nombre d'innovations institutionnelles

---

[9] Association of Southeast Asian Nations (ASEAN): Vietnam, Malaisie, Singapour, Brunei, Indonésie, Philippines, Thaïlande, Laos, Myanmar, Cambodge.

[10] Voir les actes du colloque « Les nouvelles routes de la soie. Approches fiscales et douanières », *Revue européenne et internationale de droit fiscal*, 2022, 1, pp. 100-101.

[11] 俞建华：《为推进中国式现代化贡献海关力量》，载于2023年2月22日《人民日报》（第 10 版）。Yu Jianhua : « Contributing Customs Strength to Promoting Chinese-style Modernization », publié dans « People's Daily » (10e édition) le 22 février 2023.

qui peuvent être reproduites et promues, et sont devenues de nouveaux hauts plateaux. Des percées ont été faites dans la réforme du système de gestion portuaire, des changements substantiels ont été réalisés dans la gestion du dédouanement, l'efficacité de la supervision a été grandement améliorée et l'environnement des affaires dans les ports a continué d'être optimisé. En décembre 2022, le temps global de dédouanement pour les importations et les exportations à travers le pays a été réduit de 67,1 % et 91,6 % respectivement par rapport à 2017[12].

La réforme et l'ouverture de la Chine doivent se faire à un niveau supérieur. L'ouverture de la Chine sur l'extérieur n'est pas seulement une ouverture tous azimuts, de l'est, au centre à l'ouest, elle non seulement « entrante », mais aussi « sortante », s'ouvrant non seulement aux pays développés, mais aussi à tous les pays du monde. Un niveau plus élevé se reflète dans la promotion de la libéralisation et de la facilitation du commerce et de l'investissement. La Chine a participé au RCEP, au CPTPP et au DEPA ; la « Ceinture et la Route » (route de la soie) a été lancée et l'Organisation de coopération de Shanghai a été mise en œuvre. La Chine utilise une perspective plus large pour prêter attention aux changements des conditions nationales et des conditions mondiales.

La douane est au « carrefour » de la double circulation nationale et internationale, non seulement elle est en « première ligne » pour le maintien de la sécurité nationale, mais elle assume également d'importantes responsabilités afin de promouvoir une ouverture de haut niveau et un développement de haute qualité. En tant que base essentielle de l'application de la législation douanière, la « loi douanière » assume d'importantes fonctions de sauvegarde de la souveraineté et des intérêts nationaux, mais aussi de promotion de la sécurité et de la commodité des échanges.

B/ La mise en œuvre du concept global de sécurité nationale a donné une nouvelle mission à la révision de la loi douanière

La Chine insiste pour garantir le nouveau modèle de développement avec un nouveau modèle de sécurité et s'efforce de maintenir une sécurité ouverte tout en élargissant l'ouverture. La douane met en œuvre le concept global de sécurité nationale, empêche l'introduction d'épidémies animales et végétales majeures et

---

[12] *Idem.*

d'espèces exotiques envahissantes, contrôle strictement l'inspection et la surveillance des produits et aliments importés et exportés et protège la sécurité du pays. Nous réprimons sévèrement la contrebande de déchets étrangers, d'ivoire et d'autres espèces menacées d'extinction. Nous maintenons la sécurité de l'environnement écologique.

La Chine a reçu quatre fois le « Asian Environmental Law Enforcement Award » des Nations unies. Elle fait tout pour maintenir une forte pression pour lutter contre la contrebande et maintenir aussi la sécurité économique et la stabilité sociale. Parmi les dispositifs établis par la « loi sur la biosécurité » promulguée et mise en œuvre en 2020, vingt-six articles sont étroitement liés à l'application de la loi douanière, et sept d'entre eux sont principalement mis en œuvre par les douanes. Conformément à la « loi sur la biosécurité », le dispositif reflète pleinement la nouvelle mission des douanes en matière de protection de la sécurité du pays.

C / L'inquiétude généralisée de la population nationale a mis en avant de nouvelles exigences pour la révision de la « loi douanière »

La législation douanière est étroitement liée aux intérêts vitaux des entreprises d'importation et d'exportation et de la population. Le lien entre la « loi douanière » et les traités internationaux et les lois nationales, l'unification des concepts juridiques et la reconstruction des concepts de gouvernance douanière et des rôles de gouvernance nécessitent que l'on se concentre sur ces sujets.

D / Faire des efforts actifs pour apporter des contributions internationales

La Chine promeut sans relâche la construction d'une communauté de destin pour l'humanité et l'établissement de relations économiques et commerciales internationales diversifiées et stables. En se concentrant sur la construction conjointe de haute qualité de « la ceinture et la route » (les routes de la soie), les douanes ont promu et diffusé le concept de coopération de « douanes intelligentes, frontières intelligentes et connectivité intelligente », approfondi la coopération internationale multilatérale et bilatérale et signé plus de 1 000 accords de douane et de documents de coopération internationale. La reconnaissance mutuelle d'opérateurs économiques agréés (OEA) a été réalisée avec quarante-huit pays (régions) et près de

5 000 entreprises sont certifiées par les douanes. Elles bénéficient de la même commodité de dédouanement à l'étranger qu'en Chine. La Chine a contribué à élaborer le « Cross-Border E-Commerce Standard Framework » et a participé à la refonte des règles douanières internationales[13].

III. Les perspectives : la prochaine révision de la loi douanière

Le « Plan pour la construction de l'État de droit en Chine (2020-2025) » et le « 14e Plan quinquennal » ont clairement indiqué que dans les cinq prochaines années, dans la construction de l'État de droit, il est nécessaire d'améliorer le système juridique socialiste avec des caractéristiques chinoises centrées sur la Constitution, de renforcer les domaines clés, les domaines émergents. Il s'agit de légiférer dans les domaines liés à l'étranger, en améliorant les textes. La loi douanière s'inscrit dans ce cadre. Il s'agit de « renforcer la législation dans les domaines émergents et les domaines liés à l'étranger ».

Premièrement, la révision de la loi douanière devrait être menée autour de domaines clés. Les domaines clés comprennent deux aspects. Le premier concerne le système juridique nécessaire pour la gouvernance nationale, qui implique principalement la mise en œuvre du concept global de sécurité nationale et de santé publique, environnement commercial portuaire international de premier ordre. Le deuxième tient au fait que les douanes chinoises supervisent le plus grand nombre de marchandises importées et exportées au monde et doivent fournir un soutien juridique pour « contrôler, libéraliser et passer rapidement ». Des centaines de millions de passagers entrent et sortent du pays chaque année. Nous avons des procédures pour surveiller efficacement les bagages à main des passagers entrants et sortants, et surveiller efficacement les articles livrés. Les gens aspirent à une vie tranquille et ne veulent pas être ennuyés par des formalités douanières excessives.

Deuxièmement, la révision de la loi douanière devrait être menée autour des domaines émergents. Les domaines émergents comprennent principalement les nouvelles technologies, les nouvelles industries, les nouveaux formats, les nouveaux modèles, etc. Le lien entre la loi douanière et ces domaines revêt deux aspects principaux.

---

[13] *Idem.*

D'une part, les domaines émergents font l'objet d'un contrôle douanier, tels le commerce électronique transfrontalier, les nouvelles énergies, le commerce numérique, etc. Ceux-ci peuvent être les points de croissance du futur commerce d'importation et d'exportation. D'autre part, il s'agit d'une mise à jour des méthodes de surveillance douanière, telles que le big data, le renseignement, la gestion des risques, etc. Celles-ci seront prises en compte dans la loi douanière. Pour construire des coutumes socialistes modernes de manière globale, le principal point de départ est de construire des coutumes intelligentes. La révision de la « loi douanière » doit assurer une protection juridique de ces zones, au moins pour réserver à l'avance les interfaces.

Troisièmement, la révision de la loi douanière devrait porter sur les domaines liés à l'étranger. En réponse aux changements de l'environnement international, la « loi douanière » devrait contenir des dispositions juridiques pour prévenir les risques externes. L'objectif est de renforcer l'État de droit et la loi douanière doit y contribuer. L'inspection et la quarantaine extraterritoriale, les mesures commerciales techniques, le contrôle des exportations, l'amélioration des textes pour le règlement des différends commerciaux internationaux sont quelques-uns des objectifs fixés.

Conclusion

La loi douanière promulguée en 1987 a été révisée six fois : la première révision en 2000, puis cinq révisions successives. La loi douanière s'adapte aux changements d'époque et crée une série de systèmes de surveillance pour répondre à de nouveaux besoins de développement du commerce.

La loi douanière est une loi nationale qui contribue à la réforme, à l'ouverture de la Chine et au développement du commerce extérieur ainsi qu'à l'établissement d'un système moderne de régime douanier. Le système de gestion du crédit d'entreprise, le système de gestion des risques et le système de divulgation volontaire mis en place par les douanes ces dernières années doivent être consolidés en modifiant les lois. Les domaines émergents et les formats commerciaux émergents tels que la biosécurité et le commerce électronique transfrontalier doivent être réglementés. Il est également nécessaire de gérer correctement la connexion de la transformation avec les traités et accords internationaux.

La réforme et l'ouverture d'aujourd'hui doivent être menées à un niveau supérieur. La Chine est ouverte aux pays développés, mais aussi aux pays en développement. Un niveau plus élevé se reflète dans la promotion de la libéralisation et de la facilitation du commerce et des investissements. La Chine prête attention aux changements des conditions nationales et mondiales dans une perspective plus large. La loi douanière montrera également l'empreinte d'une nouvelle ère.

Réflexions sur certains enjeux auxquels sont confrontés les services douaniers nationaux

Peter Kirby
Avocat aux barreaux du Québec, de l'Ontario et de New York

I. La tension entre les rôles de sécurité publique et de politique commerciale d'un service douanier national

— L'Agence des services frontaliers du Canada (ASFC) est une entreprise d'État placée sous le contrôle politique ultime du ministre de la Sécurité publique, et le ministre est beaucoup plus préoccupé par les questions de sécurité publique que par la politique commerciale.

— La formulation de la politique commerciale en matière de commerce international est du ressort d'Affaires mondiales Canada et du ministère des Finances, mais les ministres de ces ministères n'ont aucun contrôle direct sur l'Agence des services frontaliers du Canada.

A/ Le mandat de l'Agence des services frontaliers du Canada à la frontière canadienne comprend :

— La sécurité (en particulier les armes à feu, les drogues et le terrorisme)

— Le contrôle de l'immigration et des voyageurs

— Le contrôle des exigences des autres organismes gouvernementaux à la frontière (Santé Canada, Agence canadienne d'inspection des aliments, Transports Canada, Agriculture Canada, etc.)

— Trafic commercial (déclarations en douane et perception des recettes)

B/ À l'intérieur du Canada, le mandat de l'Agence des services frontaliers du Canada comprend :

— Effectuer des vérifications de divers programmes douaniers (évaluation, origine, classement, programmes d'exonération des droits, etc.)

— Entendre et décider des appels des importateurs.

— Fournir des conseils et des décisions à la communauté des importateurs commerciaux

— Soutenir les services de police en matière de renseignements.

C / Quelques questions sur un double rôle de sécurité frontalière et de politique commerciale pour la fonction douanière

— Dans quelle mesure les rôles de la politique de sécurité et de la politique commerciale sont-ils compatibles ?

— Dans quelle mesure la fonction « police » influence-t-elle et informe-t-elle la fonction « commerce » ?

— L'existence de fonctions de police et de gestion de la police dans une agence double empêche-t-elle le développement d'une solide expérience en matière de politique commerciale chez les cadres supérieurs ?

II. Questions découlant des enquêtes sur les droits antidumping et compensateurs

— Le coût de la défense des enquêtes AD/CVD

— L'acceptation croissante de descriptions vagues et ouvertes des marchandises soumises aux enquêtes. Par exemple, « extrusions d'aluminium, « sièges domestiques rembourrés » et « composants usinés industriels en acier »

— Le nouveau protectionnisme

III. L'impact des accords commerciaux du Canada

— Le Canada a conclu des accords de libre-échange avec 14 pays ou groupes de pays

— Le Canada négocie actuellement des accords de libre-échange avec 21 autres pays

A/ Les accords commerciaux ou les relations commerciales historiques ont-ils un impact plus important ?

— Les pays faisant l'objet de quatre accords commerciaux représentent entre 87 % et 90 % des échanges commerciaux du Canada.

— Deux pays avec lesquels le Canada a conclu ou négocie des accords commerciaux, ainsi que le reste du monde, ne représentent que 10 % du commerce canadien.

B/ Questions à méditer

— Les accords de libre-échange sont-ils un outil de développement commercial ou un exercice de diplomatie ?

— Si les accords de libre-échange n'augmentent pas le commerce de nombreux pays partenaires, que devrions-nous faire de plus pour augmenter ce commerce ?

— Devrions-nous envisager de lier les accords commerciaux de manière que le statut d'origine prévu par un accord puisse être transféré dans un autre accord ?

TABLE DES MATIÈRES

Structures éditoriales du groupe L'Harmattan

L'Harmattan Italie
Via degli Artisti, 15
10124 Torino
harmattan.italia@gmail.com

L'Harmattan Hongrie
Kossuth l. u. 14-16.
1053 Budapest
harmattan@harmattan.hu

L'Harmattan Sénégal
10 VDN en face Mermoz
BP 45034 Dakar-Fann
senharmattan@gmail.com

L'Harmattan Cameroun
TSINGA/FECAFOOT
BP 11486 Yaoundé
inkoukam@gmail.com

L'Harmattan Burkina Faso
Achille Somé – tengnule@hotmail.fr

L'Harmattan Guinée
Almamya, rue KA 028 OKB Agency
BP 3470 Conakry
harmattanguinee@yahoo.fr

L'Harmattan RDC
185, avenue Nyangwe
Commune de Lingwala – Kinshasa
matangilamusadila@yahoo.fr

L'Harmattan Congo
219, avenue Nelson Mandela
BP 2874 Brazzaville
harmattan.congo@yahoo.fr

L'Harmattan Mali
ACI 2000 - Immeuble Mgr Jean Marie Cisse
Bureau 10
BP 145 Bamako-Mali
mali@harmattan.fr

L'Harmattan Togo
Djidjole – Lomé
Maison Amela
face EPP BATOME
ddamela@aol.com

L'Harmattan Côte d'Ivoire
Résidence Karl – Cité des Arts
Abidjan-Cocody
03 BP 1588 Abidjan
espace_harmattan.ci@hotmail.fr

Nos librairies en France

Librairie internationale
16, rue des Écoles
75005 Paris
librairie.internationale@harmattan.fr
01 40 46 79 11
www.librairieharmattan.com

Librairie des savoirs
21, rue des Écoles
75005 Paris
librairie.sh@harmattan.fr
01 46 34 13 71
www.librairieharmattansh.com

Librairie Le Lucernaire
53, rue Notre-Dame-des-Champs
75006 Paris
librairie@lucernaire.fr
01 42 22 67 13

www.ingramcontent.com/pod-product-compliance
Lightning Source LLC
LaVergne TN
LVHW080926071026
849535LV00013B/4118